税收经济

分析理论与方法

Theory and method of
Tax Economic
Analysis

王鲁宁◎著

分析税收数据
让税收数据"说话"

立信会计出版社
LIXIN ACCOUNTING PUBLISHING HOUSE

图书在版编目(CIP)数据

税收经济分析理论与方法/王鲁宁著.—上海：立信
会计出版社,2021.8
ISBN 978-7-5429-6901-9

Ⅰ.①税… Ⅱ.①王… Ⅲ.①税收管理-经济活动分析-
研究-中国 Ⅳ.①F812.423

中国版本图书馆 CIP 数据核字(2021)第 160412 号

策划编辑 张巧玲
责任编辑 张临林

税收经济分析理论与方法

SHUISHOU JINGJI FENXI LILUN YU FANGFA

出版发行	立信会计出版社				
地　　址	上海市中山西路 2230 号		邮政编码	200235	
电　　话	(021)64411389		传　　真	(021)64411325	
网　　址	www.lixinaph.com		电子邮箱	lixinaph2019@126.com	
网上书店	http://lixin.jd.com			http://lxkjcbs.tmall.com	
经　　销	各地新华书店				

印　　刷	固安华明印业有限公司			
开　　本	787 毫米×1092 毫米		1/16	
印　　张	23.25		插　　页	1
字　　数	420 千字			
版　　次	2021 年 8 月第 1 版			
印　　次	2021 年 8 月第 1 次			
书　　号	ISBN 978-7-5429-6901-9/F			
定　　价	89.00 元			

如有印订差错,请与本社联系调换

前　言

经济决定税收,税收反映经济。税收的产生源于经济,税收的主要作用之一在于调节经济,所以税收与经济之间关系密切,相互作用,相互影响。税收经济分析是在说明税源特征和税收特征的基础上,进一步开展税收与经济关系的分析,从静态上说明两者之间比例关系的合理性,从动态上说明两者之间变化关系的合理性,从而揭示两者之间相互影响的因素和程度,为组织税收收入、完善税收征管、调整税收政策提供决策依据。

我国的税收征管工作已由税收管理时代进入税源管理时代。税源管理是税收管理的基础,是实现税收收入持续稳定增长的前提。税源管理的实质就是要求了解税源,掌握税源。其基本方法就是进行税源分析。作为税收经济分析的重要组成之一,税源分析是指税务机关运用各种科学的手段和方法,对大量的经济税源调查资料进行综合统计分析,对税收政策执行及税收征收管理活动作出客观的评估和预测,找出引起税收增减变化的原因,揭示影响税收收入进度的因素,预测税收发展的趋势,为编制税收计划、完善征管措施、开展纳税评估以及实施税务稽查提供依据,并以此堵塞征管漏洞,完善征管措施,提高征管效率,改善税收状况。

税收是财政收入的主要来源。税收收入为我国深化经济体制改革,促进国民经济持续快速发展,推动社会各项事业全面进步作出了巨大贡献。税收收入的变化是经济因素、政策因素、征收管理因素等共同作用的结果。研究税收收入与这三个影响因素之间的关系,把握其中的内在规律,对于提高税收,调控国民经济发展和调节国民收入分配,实现税收收入与经济社会的协调增长,具有十分重要的意义。

税收经济分析是发挥税收调控经济职能的重要前提。税收政策是国家宏观经济政策的重要组成部分。在很多情况下,税收政策是国家调控国民经济运行的重要工具。充分有效地发挥税收在调控宏观经济和调节收入分配中的作用,就必须深入分析经济发展与税收增长的内在联系,在把握其一般规律的基础上,根据特定时期经济运行的特征和国内外经济形势的要求,制定有关税收政策方案,并运用有关政策分析工具,对实施相关政策方案的影响尽可能地进行定量分析,从而为各级政府和有关部门科学决策提供客观依据。

税收经济分析是深化和完善税制改革的必要工具。1994 年以来,我国税制改革逐步展开,从内、外资企业所得税统一到增值税的全面转型,从"营改增"政策调整到个人所得税改革、减税降费政策实施,每一项改革的影响和意义都极其深远。"十四五"期间,我国税制改革的任务还十分繁重,地方税制完善等多项税制改革将继续进行。为了确保税制改革方案的科学性和可行性,在每一项税制改革开始之前,都要开展深入细致的调查论证工作,准确分析和预测改革方案的实施对于经济的发展、收入分配以及税收收入的影响。在新的税制实施过程中,也要加强税制改革的经济效应分析,积极反映税制改革的成果,及时反馈政策执行过程中出现的问题,并采取必要的调整措施。

税收经济分析是强化税收征收管理的重要内容。当前,我国正处于不断深化税费征管体制改革、构建现代化税费征管体系的过程中,税费征管体制改革平稳推进,优化高效统一的税费征管体系效能越来越强大。构建现代化税费征管体系,要以"风险＋信用"管理为导向,把风险管理、信用管理贯穿于税费征管的全过程。其中,风险管理、信用管理离不开税费的日常分析,尤其是税收经济分析。税收经济分析水平的高低直接决定着构建现代化税收征管模式的成败。2020 年年底,税收统计数据显示,在"十三五"期间,"减税降费"和组织收入任务圆满完成。全国新增减税降费累计超过 7.6 万亿元,累计办理出口退税 7.07 万亿元,有效地激发了市场主体活力;新办涉税市场主体 5 745 万户,较"十二五"时期增长 83%,为稳住就业和经济基本盘作出了积极贡献。同时,连年完成预算收入任务,累计组织税收收入(已扣除出口退税)65.7 万亿元,为经济社会发展提供了坚实的财力保障。

税收经济分析是贯彻组织收入原则的内在要求。税收组织收入的原则是"依法征收、应收尽收、坚决不收'过头税'、坚决防止和制止越权减免。税收组织收入原则就是要正确认识税收收入与经济发展的关系,切实处理好完成税收收入计划与坚持依法治税的关系,实现税收收入随着经济发展协调增长;要切实转变传统的按计划征税的做法;要准确地预测税收收入规模,做好中长期税收收入规划,准确地判断一定时期的税收收入形势,密切监控税收运行状况,及时发现组织收入中的问题,结合税收收入管理工作的总体部署,严堵征管漏洞促增收;深入查找薄弱环节,及时发现并纠正存在的问题,确保各项税款及时、足额入库,掌握组织税收收入工作主动权。

2021年是实施"十四五"规划、开启全面建设社会主义现代化国家新征程的第一年。2021年全国税务工作会议指出,要围绕税收现代化总目标,进一步完善拓展新发展阶段税收现代化"六大体系"具体目标内容,进一步强化提升新发展阶段税收现代化建设的"六大能力",持续不断改进健全"十大举措"。这些都为推进高质量的税收经济分析工作绘就"制度图谱",提供了全方位指引。

目　录

第二篇　税收经济分析主要内容

附　录

第一篇

税收经济分析理论

第一章　税收经济分析概述

本章主要从税收经济分析的定义、基本方向和分类等方面对税收经济分析进行初步介绍,此外还介绍了目前国内外关于税收经济分析研究的相关成果,以便读者初步认识税收经济分析的相关概念、进行后续章节的学习。

第一节　税收经济分析的定义

一、"分析"的分类

在解释什么是税收经济分析前,首先要了解什么是"分析"。一般来讲,"分析"是一种科学的思维活动,这种思维活动是在感性认识所获得的大量经验材料的基础上进行的。科学思维的分析活动与感官分析这种感性的分析活动是不同的,它是一种理性的认识活动。从哲学的角度上讲,"分析"是指对于客观存在的某种事务或现象,辩证地剖析其各方面相互联系、相互作用、相互影响的矛盾关系,从中揭示出其本质属性和最普遍、最一般的规律。

经济分析是指以各种经济理论为基础,以各项基本资料为依据,运用各种指标和模式,对一定时期的经济动态及其产生的效果进行分析研究,从中找出规律,并指出发展方向的研究活动。经济分析可按分析对象的范围,分为宏观分析和微观分析。税收属于经济学的范畴,因此,税收经济分析属于经济分析的一种。税收经济分析中的"分析"可以概括为以下基本类型。

(一) 定性分析

定性分析就是对研究对象进行"质"的方面的分析。主要解决"是什么""是不是"的问题,定性分析分为三个过程:①分析综合;②比较;③抽象和概括。例如,在税收经济分析中,我们要认识税收与经济之间的客观规律,就必须首先要认识税收与经济所具有的性质,并把它与其他的分析对象区别开来。因此,定性分析属于经济学规范分析中最基本和最重要的分析。

(二) 定量分析

定量分析是对社会现象的数量特征、数量关系与数量变化的分析。主要解决"有多少"的问题。例如,在税收经济分析中,对研究对象的成分进行数量的研究,不仅体现在质的区别,还有量的区别,特别是在当前大数据分析技术成为优化税收征管重要手段的环境下,海量数据为税收经济分析提供了必要的信息源,因此,税收经济的定量分析具有更重要的意义。

(三) 因果分析

因果分析是为了确定引起某一现象变化原因的分析,主要解决"为什么"的问题,即在研究对象的先行情况中,把作为它的原因的现象与其他非原因的现象区别开来,或者是在研究对象的后行情况中,把作为它的结果的现象与其他的现象区别开来。例如,在税收经济分析过程中,要对税收与经济之间的因果联系进行充分说明,即要对影响税收规模与性质的经济性原因进行分析。因此,研究税收与经济之间的因果联系是税收经济分析的重要目的之一。

(四) 局部分析

局部分析是一种"静态分析",它是分析一种现象发生变化对另一种现象的影响情况,将研究对象看作是局部的静态的分析。例如,在经济学中,局部均衡分析是指分析一种商品(或一种要素)市场上供求变动或政府政策对本产品价格、产量以及直接涉及的消费者和生产者的影响。税收经济分析中的局部分析也是采用局部均衡分析的方式进行的,是对税收影响经济局部问题开展静态对比分析,仅考虑研究对象的一个联系,没有把税收与经济的相互作用全面地考虑进去。

(五) 系统分析

系统分析是一种"动态分析",它是将客观对象看成一个发展变化的系统而进行的分析。系统分析又是一种多层次的分析,它把对象看作是一个复杂的多层次的系统。经济学中的系统性分析最常用的是一般均衡分析。例如,税收经济分析应用一般均衡的分析方法分析税收与经济的关系是指把各种税收和经济的相互作用都考虑进去的分析。这点与局部均衡分析相反。

此外,从分析对象的角度来划分,经济分析还可以分为概念分析、文献分析、调查分析,等等。

二、税收经济分析的内涵

从税收与经济的关系来看,两者之间是一种相互作用的关系。一方面,税收是经济发展到一定阶段的产物,税收的结构、规模、增长速度是由经济结构、经济总量以及经济发展决定的,经济的发展是税收增长的决定因素;另一方面,税收作为经济活动中最活跃的因素,时刻对国民经济起着调控性作用,税收通过自身的调控影响社会经济的各方面。因此,税收与经济的这种关系要求我们在实际工作中要坚持用经济发展的眼光来制定和改革我们的税收政策,尤其是在税种结构、税率设计、宏观税负以及税收收入计划的制定等方面,要根据经济发展的实际需要和发展水平来决定,否则就会对经济的发展产生消极影响。

税收经济分析就是利用相关的税收经济数据指标,进行统计和对比分析,从而揭示税收与经济发展的协调程度,查找税收管理中存在的问题,有针对性地采取加强管理的措施。目前较为权威的关于税收经济分析的定义是:税收经济分析就是利用相关的税收经济数据指标进行统计和对比分析,从而揭示税收与经济发展的协调程度,查找税收管理中存在的问题,有针对性地采取加强管理的措施。2021年,全国税务工作会议中提出:要深化税收经济分析、打造权威性、可信度高的税收经济指数,进一步提高数据服务大局的能力。因此,税收经济分析旨在透过税收放眼经济,利用税收数据反映经济运行状况及经济结构调整情况,系统研究税收数据在监测国民经济运行中的应用,揭示税源发展中存在的问题,为党中央国务院和各级党委政府宏观决策提供意见和建议。因此,在实际税收经济分析工作中,要以丰富的税收数据资料为基础,通过数据的挖掘与整理,对税收经济工作和经济运行状况进行客观的描述和评价,对税收经济关系予以解析,并对未来发展形势进行预测与推断,为政府决策提供参考。

第二节　税收经济分析的基本方向与分类

一、税收经济分析的基本方向

税收经济分析主要包括两个基本方向:一是税收负担分析;二是税收弹性分析。其中,还包括税源分析和税收关联分析。

(一)税收负担分析

税收负担(以下简称税负),是指一定时期内纳税人因国家征税而承受的经济负担。从绝对的角度看,它是纳税人应支付给国家的税款额;从相对的角度看,它是指税收负担率,即纳税人的应纳税额与其计税依据价值的比率。税收负担分析是研究税收制度和税收政策的核心,反映的是一定时期纳税人税收与税源的比例关系,是一个静态数据。而如果对其进行变动率的分析,则表现为动态数据。税收负担是描述税收经济关系最直接的数据指标,因此,税收经济分析的核心在很大程度上是针对具体纳税人的税收负担开展的分析。

税负分析分为宏观税负分析和微观税负分析。宏观税负分析包括地区税负、税种税负、行业税负等分析。例如,地区税收总量与地区生产总值对比,工商业增值税与工商业增加值对比,企业所得税与企业利润对比,行业税收与相关经济指标对比等。微观税负分析是针对企业层面的税负分析,通常采取同行业税负比较的方式,揭示企业税负与同行业税负的差异,查找税收征管漏洞。

(二)税收弹性分析

税收弹性,是指税收收入的增长自然地快于人均国民生产总值(GNP)增长的性能。它用于从税收与经济的内在关系,在动态状况下所体现的数量关系的理论描述。最早由西方经济学家提出,后被许多国家所重视和运用。税收弹性是对税收负担概念的拓展,可以反映一个国家税收调节能力的大小,反过来,它也可以反映社会各类经济主体(通过影响总产出)对税收变动的适应能力。

税收弹性反映的是税收增长与税源增长的关系,用以描述税源变化对税收收入的影响,是一个动态数据。该数据是研究税收经济关系的第二个重要指标。税收弹性分析分为总量弹性分析和分量弹性分析。总量弹性分析是从全国(地区)税收总量和经济总量上作弹性分析,分析税收增长与经济增长是否协调。分量弹性分析是从税种、税目、行业以及企业税收等分量上与对应税基或相关经济指标进行细化的弹性分析,分析税收增长与经济增长是否协调。其中,要注意剔除税收收入中特殊因素的影响,以免由于特殊因素导致增收或减收,从而影响真实的弹性,掩盖税收征管中的问题。

税收负担与税收弹性分别从静态和动态描述税收经济关系,二者均是反映税收与税源的比例关系。尤其是从描述税收经济关系的微观数据指标出发,可以形成纳税人税收特征的分析和纳税人税源特征的分析。

(1)税源分析。通过企业生产经营活动的投入产出和税负率等指标的分析对企业财务核算和纳税申报质量进行评判。利用工商、银行、统计以及行业主管等外部门数据,细致测算判断企业税源状况。通过对宏观经济数据的分析,开展税种间税基关系的研究,开展增值税、消费税、企业所得税等主要税种的纳税能力估算,从宏观层面测算分析各地税源状况和征收率,减少税收流失。

(2)税收关联分析。对有相关关系的各种税收、税源数据进行对比分析,包括发票销售额与申报表应税销售额,申报应征税收与入库税款和欠税,增值税与企业所得税,宏观经济和企业财务经营状况与税收、税源等关联数据分析,有效地发现企业纳税申报、税款征收和入库中存在的问题,加强税收管理。

二、税收经济分析的分类

税收经济分析涵盖的内容和对象非常广泛,涉及经济、税收的方方面面,每一篇税收经济分析成果又有其各自的侧重点,因此依据的标准不尽相同,税收经济分析的具体分类也各不相同。具体来说,有以下几种分类方法。

(一)按工作职责分类

目前,税收经济分析是收入规划核算部门的重点工作,收入规划核算部门按工作职责,主要分为三类岗位:组织收入、税收会计和统计、重点税源监控等。税收经济分析是三类岗位的共同职责,但具体内容和特点又因岗位设置而有所区别,具体来说包括以下几种。

1. 组织收入分析

组织收入分析主要是描述税收收入在某个时期内的组织完成情况,从地区、产业、行业、企业类型、企业规模等角度分析税收收入的结构特征,剖析影响税收收入变化的经济因素、政策因素和征管因素,提出加强组织收入工作的意见和建议。其分析的角度包括税种、入库级次、行业、区域、企业注册类型、企业规模等方面。该类分析主要侧重于服务税收组织收入工作,目的是及时准确地了解税收收入的变化情况及产生原因,把握组织收入工作主动权,并对未来影响组织收入工作的因素及其可能产生的结果进行预测与判断。

2. 税收会统分析

税收会统分析是以税收会统核算资料为主要依据,运用科学的分析方法,对税收资金运动过程及其结果与构成特点进行综合、全面的研究和评价,揭示税收工作的成绩、问题及其原因,并提出完善措施,以保证税收资金的安全,确保税收的及时足额入库,是税收会统核算工作的延续。该类分析主要侧重于关注税收资金在不同形态间的变化及其存在的问题,目的在于充分发挥税收会计的反映和监督职能,确保税收资金的安全运行,增强组织收入工作的基础和保障。

3. 重点税源监控分析

重点税源监控分析是依据重点税源监控报表数据,对所辖各类重点税源企业的经营运转和税收征纳状况进行及时掌握和科学分析。管好所辖的各类重点税源企业是做好税收征管和组织收入工作的重要方面,了解和掌握重点税源企业的经营和税收情况,也就大体上了解和掌握了其所在地区和行业的经济税收状况。相对而言,重点税源企业分析更侧重从微观层面揭示税源企业的相关情况和问题,从而了解和掌握税收经济的总体情况。

(二)按时间环节分类

在税收管理和组织收入工作的不同环节,开展税收分析都是一项必不可少的工作内容。根据不同的时点和环节,分析的内容和要求又有所不同,具体来说可以分为以下几种。

1. 事前的预测判断分析

对税收收入进行预测和判断是组织收入工作的一项重要内容,是现行国家预算体制的客观要求,也是科学把握组织收入工作主动权的重要手段。预测可分为以下两种类型。

（1）常规税收预测，即对当前或下一时期的收入完成情况进行预测，主要依据的是对经济税源的运行情况和政策调整变化情况的充分掌握，预测结果是各级党政机关和财政部门制定预算、合理安排各类支出的依据，对经济社会的平稳运行有至关重要的作用。常规预测按预测时间划分，有年度预测、季度预测、月度预测等；按照预测内容划分，有当期完成情况预测和未来期完成情况预测。

（2）政策效应测算，即在某项经济税收政策调整实施前，就此项调整对税收可能产生的影响及其程度进行预测判断。其方法主要是通过详细研究税制模型及其调整内容，使用已有的税收经济数据或其预测值，按照科学方法测算各类政策实施后可能产生的经济效应和税收效应，包括税收增减变化情况，税收影响经济而引起的税源变化情况等。这既是科学预测税收的方法和手段，也是政策管理部门制定实施各项政策的依据，对科学调控宏观经济运行有重要作用。

2. 事中的运行情况分析

事中分析是了解掌握经济税收运行情况的主要手段，是最常见的税收分析类型，也是各类税收经济分析的基础。其主要方法是在税收日常征管和组织收入过程中，及时掌握各类税收经济数据信息，深入分析税收的增减变化及其构成与分布特点，把握税收收入完成进度。通过事中分析，不仅可以及时掌握当前经济税收的运行情况，还可以及时掌握各项政策执行落实情况。通过科学合理的事中分析，也可以及时发现和解决税收征管和组织收入过程中存在的问题，并提出针对性的建议和意见。因此，科学合理的事中分析是对下一步税收经济走势进行准确判断与把握的基础。可见，事中分析既是基础，也是最直观最有效的分析形式。

3. 事后的评价建议分析

事后分析是在某一时期的税收征管或组织收入工作完成后，或在税收政策调整实施一定时期后，对前一时期工作所进行的总结与分析。它既包括对收入完成情况的通报，也包括对政策实施相应的分析计算，还可以包括对过去一定时期经济税收发展情况的描述和评价。其主要意义在于通过整理分析过去的相关情况，总结经验，吸取教训，为未来工作提供借鉴和建议。这种分析，既是对既有成果的总结和展示，也是对未来走势的预测和判断。

（三）按分析对象内容分类

根据税收经济分析所针对的不同对象和具体内容，税收经济分析可以分为以下几大类。

1. 经济税源分析

经济决定税收，税收来源于经济，要真正把握组织收入工作的主动权，就必须关注经济、了解经济，密切跟踪税源的变化发展。因此，通过税收经济税源分析，准确把握税源的特点和变化趋势，也是日常税收征管工作的客观要求。经济税源分析要从宏观和微观两个层面开展，必须坚持宏观分析和微观分析相结合，统筹并全面地反映经济税源状况及其发展趋势。常用的分析思路有税负分析、税收弹性分析和税源分析三种，有时也涉及税收关联分析。

2. 政策效应分析

税收既是宏观调控的重要手段，又是经济发展的"晴雨表"。加强宏观经济政策和税收政策的效应分析，反映宏观调控效果，及时把握税收收入的影响因素，及时发现经济运行和税收中的问题，是税收经济分析的一项重要任务。此外，税收政策效应分析又可分为经济政策效应分析和税收政策效应分析。政策效应分析对于经济和税收政策制定、了解掌握经济政策落实情况、及时调整税制改革相关措施等起到最直接、最有效的作用。

3. 风险管理分析

税收风险管理以提高税收征管质量与效率为主要目标，牢固树立税收风险管理意识，着力开展税收管理风险分析，能够最大限度地减少税收流失。因此，风险管理分析是税收经济分析工作的一项重要内容，也是收入规划核算部门加强税收征管服务的集中体现。目前已经开展的税收风险管理分析主要包括税收与经济指标对比分析、税收征管质量分析、税收征收效率分析等。

4. 经济预测、预警分析

税收经济分析不仅要分析过去和现在，还要预测未来，把握经济税收发展的趋势，税收经济预测、预警分析正是基于这一要求开展的。税收经济预测分析，主要是针对税收收入的预测，是通过基本的税收收入信息与数据，对未来的税收收入的规模及变化趋势作出合理的、科学的预测分析工作。同时，税收经济预警分析是通过对已有的税收指标、经济指标进行对比，找出当前税收管理工作中的疑点，并提醒相关税收管理人员，及时利用相关技术去解决问题。

(四) 按分析层面分类

1. 按分析内容的具体层面分类

按分析内容的具体层面,税收经济分析可以分为宏观税收经济分析和微观税收经济分析。

1) 宏观税收经济分析

宏观税收经济分析反映全国或地区、税种、行业税收总量等宏观领域税收与经济总量的关系,包括税收与经济关系研究、税源测算、纳税能力估算等。运用税负比较、弹性分析等手段从宏观层面揭示税收增长与经济发展是否协调,税源管理和征收情况是否正常。宏观税收经济分析是以宏观国民经济核算为基础、以说明税收经济关系为核心而开展的分析。宏观税收经济分析的基本任务有:说明税制的优劣,监测征管体系是否完善,评价税收职能实现的程度。其核心是说明税收经济关系。宏观税收分析可以从"两个方面、五项内容"展开,"两个方面"是指数量分析和质量分析;"五项内容"包括税收总量分析、静态税负分析、动态税负弹性分析、税源质量分析和税收征管状态考核分析。

2) 微观税收经济分析

微观税收经济分析反映微观领域税款征收入库情况。通过对企业生产经营活动的监控分析、与同行业平均税负比较以及纳税评估等手段,及时发现企业财务核算和纳税申报中可能存在的问题,发现征管的薄弱环节,进而提出堵住漏洞、加强征管的建议。微观税收经济分析是对具体纳税人的生产经营情况、财务状况及税收缴纳情况的系列分析。

宏观税收经济分析与微观税收经济分析相比,分析的基本内容和核心事项是一致的,都是对税收经济内在基本关系的分析,其区别主要在于分析的切入点和数据源不同。从切入点看,宏观税收经济分析是从国民经济核算账户入手,数据源是反映宏观经济层面的数据指标。宏观税收经济分析通过了解和掌握宏观经济指标内涵,建立税收与经济关系模型,说明税收经济的内在联系,评价税收经济关系运行情况和发展态势,为宏观上把握税收经济形势提供决策支持和数据支撑。而微观税收经济分析就是针对具体纳税人而开展的税收经济关系分析,其核心内容是针对具体纳税人的税收负担分析和税收弹性分析,两者分别从静态和动态上描述了税收经济关系。按照指标推进关系,可分为总量分析、征收关系分析和影响因素分析,其基本内容主要包括税源预警分析、税负预警分析、影响因素分析、征收力度分析和征收效能分析等。

2. 按分析的递进关系分类

按分析的递进关系,税收经济分析也可以分为三个层次,即税收总量分析、税收计征关系分析和税收影响因素分析。

1) 税收总量分析

总量分析,是指把多个经济主体作为一个整体的运行当作考察对象的分析方法,又称为宏观经济分析法,亦可称"宏观经济分析"或"总体经济分析"。总量分析是实证分析方法在宏观经济学中的具体运用。考虑到宏观经济学的研究对象是整个国民经济活动,因此在数量分析上它只研究与整个国民经济活动有关的经济总量的决定及其变动,以及各有关经济总量之间的影响和关系。税收总量分析是以纳税人税收总量和税源总量为内容而开展的税收经济关系分析。

2) 税收计征关系分析

税收计征关系分析是以税收计算征收为基础指标的经济逻辑关系分析,计征是依照税法规定的税率计算缴纳税款,计征关系是企业的经济指标对于企业税收总量的合理性的逻辑关系,而计征指标包括财务指标、涉税经济指标和纳税申报指标。

3) 税收影响因素分析

税收影响因素分析是因素分析法的重要应用。因素分析法是利用统计指数体系分析现象总变动中各个因素影响程度的一种统计分析方法,包括连环替代法、差额分析法、指标分解法等。因素分析法是现代统计学中一种重要而实用的方法,它是多元统计分析的一个分支。使用这种方法能够使研究者把一组反映事物性质、状态、特点的变量简化为少数几个能够反映出事物内在联系的、固有的、决定事物本质特征的因素。因此,税收影响因素分析是以纳税人生产要素指标为基础进行的纳税评估分析,其目的是说明税源指标的合理性。

以上三个层次的分析,既相对独立,又密切联系,三个层次的分析深度层层递进,分析指标更趋于详细,分析方法逐渐复杂,分析难度也在逐渐加大。总量分析是反映税收负担最直接的税收经济指标。这一指标给出了现有税收制度和征管条件下税收收入的直接结果。然而,正是由于这一指标的简洁性,看不到税收经济关系详细的计算过程,这使税收经济关系的合理性得不到印证,因此需要结合计征关系分析和影响因素分析对总量指标进行合理性评估。

第三节 税收经济分析的基本内容

税收经济分析包括的内容有很多，从分析对象的明确性上来看，包括税收收入分析、经济税源分析、税收政策效应分析、税收管理风险分析等；从税收专业的角度来看，包括税收收入预测分析、税收会计分析、税收统计分析等。后者时常包含前者的分析内容。

税收经济分析是运用科学的理论和方法，对一定时期内税收与经济税源、税收政策、税收征管等相关影响因素及其相互关系进行分析、评价，查找税收管理中存在的问题，进而提出完善税收政策、加强税收征管措施建议的一项综合性管理活动。它是税收管理的重要内容和环节，是促进税收科学化精细化管理、充分发挥税收职能的重要手段。因此，其基本内容主要包括经济税源分析、税收效应分析和其他综合分析三个方面。

一、经济税源分析

经济税源分析的内容主要包括产业、行业、企业生产经营情况，工商登记信息、企业资金状况等相关情况，实现应征、上缴入库税收情况，税收政策执行情况，征管措施实施情况，税制变化、政策调整影响税收情况等。在进行经济税源分析前，经济税源调查必不可少，可对上述内容采取全面调查或抽样调查、经常性调查或一次性调查、案头调查或实地调查等方式。在实际工作中，要根据调查目的科学确定调查方式。经济税源分析是税源专业化管理的内容之一，税源专业化管理是税务机关根据税收法律、法规对税收收入的来源渠道通过科学的、规范的、现代的方法和手段，进行全方位的信息跟踪和纳税控制，保证税收收入实现的一系列税收管理活动。

税源管理是税收征管工作的核心，而税源评估分析又是税源管理的重心之一。该分析是对纳税人税源申报的正确性和完整性进行评估，是检验纳税人纳税申报的相关税源数据是否完整地反映了企业生产经营活动所取得的全部收入，检验纳税人申报数据是否按税法要求的形式和内容填报，并通过对纳税人申报内容的完整性和准确性的鉴别,对纳税人的诚信度予以评估,为税收征管提供数据。税源评估分析具体包括税源真实性分析、税源质量分析和税源变化趋势分析等。

二、税收效应分析

税收效应一般指的就是税收经济效应,税收经济效应是指政府课税所引起的各种经济反应。政府课税除为满足财政所需外,会对经济产生某种影响。但其影响的程度和效果如何,不一定会完全符合政府的最初意愿,纳税人对政府课税所作出的反应可能和政府的意愿保持一致,但更多的情况可能是与政府的意愿背道而驰。例如,课税太重或课税方式的不健全,都可能使纳税人不敢去尽心尽力地运用他的生产能力。又如,政府课征某一种税,是想促使社会资源配置优化,但执行的结果可能是社会资源配置更加不合理。凡此种种,都可归于税收的效应。税收效应在理论上常分为正效应与负效应、收入效应与替代效应、中性效应与非中性效应、激励效应与阻碍效应等。在实际分析中,根据需要,税收的效应还可进一步分为储蓄效应、投资效应、产出效应、社会效应、心理效应等。

(一)正效应与负效应

某种税的开征必定使纳税人的经济活动作出某些反应。如果这些反应与政府课征该税时所希望达到的目的一致,税收的这种效应则谓之正效应;如果课税实际产生的经济效果与政府课税目的相违背,税收的这种效应则谓之负效应。例如,我国曾开征的烧油特别税,课征的主要目的是通过对工业锅炉和窑炉烧用的原油和重油征税,以达到限制和压缩烧油,实现以煤代油。如果有充分的数据说明,一年或若干年的课税之后,政府课征该税所取得的收入越来越少,则说明工业锅炉和窑炉烧用应税油品的现象在逐渐减少,该税发挥的效应是正效应。税收负效应最明显的一个例子是1747年英国课征的窗户税,征税的目的是想取得财政收入,但其结果是纳税人为了逃避该税纷纷将窗户堵塞。显然英国政府通过该税的课征不仅未能使税收收入逐渐增长,反而使纳税人将窗户堵塞,从而减少税收收入,甚至降低了纳税人的居住满意度。

政府课征某种税究竟是在产生正效应还是在产生负效应,可用课征该税取得收入的环比增长率来测定。收入环比增长率公式表示如下:

$$收入环比增长率＝(本期收入－上期收入)÷上期收入×100\%$$

如果政府课征该税的主要目的是筹集财政收入,上式中收入环比增长率为正时,则说明该税产生的效应是正效应;上式中收入环比增长率为零或为负时,则说明该税没有产生正效应或产生了负效应。

如果政府课征该税的主要目的不是筹集财政收入,而是限制经济活动向原有方向发展或促进其向新的方向发展,那么上式中收入环比增长率为负时,则说明该税产生的效应为正效应;上式中收入环比增长率为零或为正时,则说明该税无正效应或产生了负效应。

在这里,政府的职责在于应经常对税收的正负效应进行分析,要根据产生负效应的原因,及时修正税则,使课税产生的效果和政府的初衷保持一致。

(二) 收入效应与替代效应

从税收对纳税人的影响来看,一般可产生收入效应或替代效应,或两者兼有。

税收的收入效应,是指课税减少了纳税人可自由支配的所得和改变了纳税人的相对所得的状况。税收的收入效应本身并不会造成经济的无效率,它只表明资源从纳税人手中转移到政府手中。但由收入效应而引起纳税人对劳动、储蓄和投资等所作出的进一步反应则会改变经济的效率与状况。

税收的替代效应,是指当某种税影响相对价格或相对效益时,人们就选择某种消费或活动来代替另一种消费或活动。例如,累进税率的提高,使得工作的边际效益减少,人们就会选择休息来代替部分工作时间。又如,对某种商品课税可增加其价格,从而引起个人消费选择无税或轻税的商品。税收的替代效应一般会妨碍人们对消费或活动的自由选择,进而导致经济的低效或无效。

(三) 中性效应与非中性效应

中性效应,是指政府课税不打乱市场经济运行,即不改变人们对商品的选择,不改变人们在支出与储蓄之间的抉择,不改变人们在努力工作还是休闲自在之间的抉择。能起中性效应的税我们称之为中性税。中性税只能是对每个人一次征收的总额税——"人头税",因为"人头税"不随经济活动的形式变化而变化,所以它对经济活动不会产生什么影响。但由于"人头税"课及所有的人,它可能会影响到纳税人家庭对人口多少的规划。所以,即使是"人头税",在一般情况下,也不可能是完全中性的。可以肯定地说,在现代社会,完全意义上的中性税是根本不存在的。

非中性效应,是指政府课税影响了经济运行机制,改变了个人对消费品、劳动、储蓄和投资等的抉择,进而影响到资源配置、收入分配和公共抉择等。几乎所有的税收都会产生非中性效应,因而现代社会的税收均属非中性税收。

(四)激励效应与阻碍效应

税收激励效应,是指政府课税(包括增税或减税)使得人们更热衷于某项活动。阻碍效应,是指政府课税使得人们更不愿从事某项活动。但政府的课税究竟是产生激励效应还是产生阻碍效应,取决于纳税人对某项活动的需求弹性。弹性很少,则政府课税会激励人们更加努力地工作,赚取更多的收入,以保证其所得不因课税而有所减少;如果纳税人对税后所得的需求弹性大,则政府课税会妨碍人们去努力工作,因为大多数人的想法是与其努力工作,赚取收入付税还不如少赚收入不付税。

以上仅从经济理论的角度探究税收产生的效应,税收效应分析本身还包含税收政策效应分析,后者往往需要依据现实经济要求进行实证分析。

三、其他综合分析

其他综合分析是在掌握企业税源信息和税负信息的基础上,相应地开展税源预警分析、税负评估分析、征管效能分析和影响因素分析等。

(一)税源预警分析

税源预警分析,是指通过对同一个行业样本个体税源规律特征、税负规律特征和税负离散状况的分析,总结个体税收样本的关系特征,并参考这一规律特征,查找异常税收事件并予以警示报告的分析。其中,重点税源预警分析是指对本级负责监控的重点税源企业情况进行风险管理专题分析,并按季进行综合分析,着重反映重点税源企业收入特点、税源的潜力、行业结构分布、增减变化、对本地税收收入的贡献程度、税负状况等,及时掌握重点税源总体发展变化趋势,为领导决策提供依据。

(二)税负评估分析

税负评估分析是纳税评估工作的重要内容之一。纳税评估是税务机关对纳税人履行纳税义务情况进行事中税务管理、提供纳税服务的方式之一。通过实施纳税评估发现征收管理过程中的不足,强化管理监控功能,体现服务型政府的文明思想,寓服务于管理之中,在帮助纳税人发现和纠正履行纳税义务过程中出现的错漏,矫正纳税人的纳税意识和履行纳税义务的能力等方面具有十分重要的作用。税负评估分析是对纳税人税收负担的合理性进行评估,即在企业税源既定的情况下,检验企业税收负担是否满足税法规定要求和经济运行客观规律。通过对纳税人税收负担合理性的分析,为揭示税收征管工作的问题,挖掘税收潜力,完善税收征管措施提供数据支持和服务。税负评估分析具体包括税负水平测算、税负差异评估、税负变化趋势分析等。

(三) 征管效能分析

税收征管效能,是指征收效果和纳税能力。征收效能分析,是指旨在通过引入税收质量和税收征收效能位差分析模型加强税源管理的新型税收征收效能评价方法。该方法旨在通过对纳税人的纳税能力的估算与其实际征收效果的关联分析,说明税收征收实际状况与纳税能力之间是否一致,为对纳税人进一步开展税收评估工作奠定基础。

(四) 影响因素分析

影响因素分析是针对企业税源评估和企业税负评估两者出现的异常的因素开展的系列分析。通过这种分析,掌握发现税收问题,了解问题产生的原因,为进一步完善税收征管提供数据支持和服务。影响因素分析经常用于税收经济总量分析和相关行业、产业的税收负担、税收收入等方面的分析。

第四节　税收经济分析的意义

税收经济分析工作,特别是通过建立税收经济分析、企业纳税评估、税源监控和税务稽查的互动机制,推进税收科学化、精细化管理,及时发现税收征管中的薄弱环节和存在的问题,提高税收征管的质量和效率,具有十分重要的意义。表现在以下几个方面。

一、准确描述税收特征,精确认识税收现象的特点

税收收入是税务部门关注的中心,完整的税收收入特征至少包括税收收入规

模、增长、税负、弹性、结构、周期等六个基本特征。各影响因素的共同作用,形成了税收收入的基本特征。所有与"税收收入"或"税收"相关的特征、税收与影响因素之间的关系或影响方式的量化分析和结论等都可以对应税收的这六个特征。

二、认识税收特征的成因,深化对税收的理解

税收由经济因素、财税体制因素和税收征收管理决定。

(1) 经济因素:经济规模、经济质量、经济结构。

(2) 财税体制因素:现行财政体制、现行税制、税制调整。

(3) 税收征收管理:内部管理,征管力度加大;外部环境,纳税人和政府行为方式(积极的影响和消极的影响)。对外部因素一般不作分析:一是因为无法定量分析;二是这些影响会反映在征管力度上。

三、掌握税源特点,把握税收收入管理的主动权

税源以税源调查为基础,通过税源分析把握税源分布,施行税源调度,把握组织税收收入的主动权。其中"税源调查"指对税源总量和分布、税源结构变动以及经济质量变动可能引起税源变动情况的调查。税源调查的目的是增加组织收入工作的预见性。

(1) 税源管理是税收收入工作的基础和起点,各级税务机关必须不断扩大重点税源管理范围,有条件的地区尽快实现由重点税源管理向整体税源管理的过渡。

(2) 目前重点税源管理主要为分析收入服务,但其监控作用将越来越突出,为此设置较多的指标是必要的。

(3) 必须确保税源管理数据真实、信息准确。

四、预测未来税收收入变动趋势

税收收入目标的制定必须以对经济的预测、对税收的预测为基础,制定详细的收入目标体系。这个目标体系应包括总目标、分税目标、分地区目标、分行业目

标以及有关动态目标等。一般需要对应税收与经济关系设定目标,并进行逐一预测,同时要对未来十年的情况进行连续滚动预测。

（1）预测结果体现着对税源的了解程度、税收分析的深度和上下级之间的信任程度,对其进行考核是促进整体工作开展的有效手段。

（2）预测时期要逐步缩短,由重点进行年预测到持续进行月度收入预测以至旬预测,提高对税款入库情况的认知和分析。

第五节　国内外关于税收经济分析的介绍

随着我国市场经济的不断完善和发展,特别是政府提出税收治理的现代化目标和要求,这对我国税收管理机构在内的政府部门的管理水平提出了更高的要求。面对新形势的发展,税收部门必须更加精准地把握税收政策与税收收入总量、结构和各个经济部门的相互关系,不仅应该具备从定性的角度把握这些关系的能力,还应该能够从定量的角度深入地分析这些关系,从而为制定相关税收政策提供更有效的支持,深化税收经济分析,进一步提高数据服务大局的能力。

一、税收经济分析的角度和应用范围

近年来,关于税收经济的研究方法和模型越来越受到重视。目前国内外税收理论界对税收经济问题已经进行了大量研究,特别是在税收经济分析的分析角度和应用范围方面,取得了丰硕的成果。

（一）税收经济分析角度

目前国内外税收经济理论分析大体可以分为税收政策效应分析和税收制度设计理论两个方面的内容,其中税收政策效应分析有两个分析角度。

（1）整体分析,即分析税收政策与经济整体运行的相互关系,体现在宏观税负和税收政策对经济影响力度（税收乘数）等方面的内容。例如,税收与经济增长、税收与宏观经济运行、税制设计等内容。

（2）局部分析,即分析税收政策与经济社会的各个方面的相互关系（比如税收与投资、储蓄的关系等）。例如,税收微观效应分析,主要包括税收与储蓄、投资、劳动供给和人力资本投资等相互关系分析。此外税负的转嫁和归宿以及税收对再分配的影响等方面是当前税收经济分析的热点问题。

(二) 税收经济分析应用范围

当前税收经济应用分析的方法和模型是在经济理论的基础上,结合经济学(特别是数量经济学)应用研究的方法和模型,研究出来的能够用于税收经济分析实际工作的方法和模型。根据税收经济分析应用范围,分析方法和模型可以分为两类。

(1) 分析特定税收经济问题的分析方法和模型,它包括税源分析、税收收入能力测算、税收收入预测和税收依从分析等四个方面的方法和模型。

(2) 分析多种税收经济问题的综合分析方法和模型,它包括经济计量模型、投入产出模型、可计算一般均衡模型、微观模拟模型、系统动力学模型、基于数据仓库的分析方法和模型等六类综合分析模型。

此外,税收经济分析还需要构建税收经济分析系统。该系统是利用现代信息技术,在税收经济理论分析的方法和模型的基础上,整合税收经济应用分析的各种方法和模型,建立的一个统一的分析系统。借助税收经济分析系统,能够用多种方法对税收经济问题进行分析、比较和预测,以便科学地作好现代税收计划管理、税源管理和政策管理等工作。

二、税收经济分析国内外研究的理论与模型

国内外对税收经济分析的方法和模型的研究,主要是按照方法和模型进行分类研究的,尚没有建立统一的税收经济分析系统,因此,下文按照不同的分析方法和模型来考察国内外的研究和应用。

(一) 国内外税收经济分析理论

国外税收经济分析理论的发展始终是与经济理论的发展同步进行的。在古典时期,税收就一直是古典经济学家研究的重要课题,比如亚当·斯密在他的《国富论》一书中就用大量篇幅论述税收问题;大卫·李嘉图在《政治经济学及赋税原理》中更是将税收问题和其他经济学问题并列。随着以数理经济学为标志的现代经济学的发展,税收理论也采用了数理经济学的表达形式和研究方式。税收理论

研究中逐步采用了数学分析、线性代数、集合论、线性规划和拓扑论等多种数学工具，特别是引入了博弈论和不确定信息的研究成果，大大增强了税收经济理论研究的深入性和实用性。另外，随着人们对经济系统复杂性认识的不断深化，已采用更加复杂和具有系统适用性的研究方法来研究经济问题，这进一步丰富了税收经济理论研究的方法。

与国外相比，国内对数理经济学的认可程度和使用范围也在逐渐加强，国内税收经济理论的研究除集中在文字描述、逻辑推理和思辨的研究之外，一个重要的进步就是引入国外的研究方法和理论用于国内税收经济问题的研究。特别是进入21世纪，这种研究方法呈现扩大趋势，广泛地用于各类税收理论分析的论文和专著。目前，在国内税收经济理论研究领域，虽然有不少国外的专著传播到国内来，有许多国外的研究方法在国内得到应用，但是国内的研究范式基本上还是以文字推理为主，以及介绍和引用国外计量模型，还没有形成税收经济特有的数理分析和推导研究方法体系。

（二）税收经济数量分析模型和专项应用

1. 税收经济数量分析模型

目前现代经济研究在理论上最大的特点是采用数理经济学的方法进行研究，在实证上最大的特点是极其广泛地应用数量分析方法。几乎所有的重要结论都必须用数量方法进行实证研究。相对而言，我国税收经济的实证研究因理论的局限、方法的局限和数据的局限，显得尤其薄弱。总结来看，近几年税收经济数量分析模型主要有以下几种。

1）税收宏观经济计量模型

第一个宏观经济计量模型是荷兰经济学家、诺贝尔经济学奖获得者丁伯根（Tinbergen）于1939年建立的。经过多年的发展，宏观经济计量模型已经成为一个庞大的"家族"，国外发展了地区、国家和国家间的宏观经济计量模型。我国从20世纪80年代开始研究宏观经济计量模型后，中国社会科学院数量经济研究所等单位进行了大量研究，研制出以中国宏观经济计量模型为代表的一大批模型。应该说，在宏观经济计量模型研制方面，我国与国际先进水平的差距是比较小的，但是在应用上差距巨大。目前除了有少数地区研制了财税经济计量模型，国内还没有税收宏观经济计量模型。而且，在国内税收研究工作中，尽管税务部门对计量分析感兴趣，但是尚未形成一套税收经济计量模型，展开大规模的税收相关问题分析。

2）税收投入产出模型

投入产出模型是综合分析经济活动中投入与产出之间数量依存关系（特别是分析和考察国民经济各部门在产品生产与消耗之间的数量依存关系）的一种经济数学模型。它由投入产出表和根据投入产出表平衡关系建立起来的数学方程组两部分构成。里昂惕夫（Leontief）于 1936 年提出投入产出模型后，该模型受到了高度的重视。目前国内在税收经济分析中也采用了该模型，用来分析税收对价格、投资等的影响，也用来进行增值税收入的估算等。

3）税收可计算一般均衡（CGE）模型

可计算一般均衡（Computable General Equilibrium，简称 CGE）是以经济学一般均衡理论为架构而应用于实际社会的模型。CGE 模型是以瓦尔拉斯（Walras）一般均衡理论为基础建立的。在国外，约翰森于 1960 年构建了第一个CGE 模型。经过 40 多年的发展，CGE 模型在模型构建技术、模型求解技术以及计算机技术运用等方面都有极大发展。CGE 模型的应用范围十分广泛，在税收方面，国外比较有代表性的模型就有 1975 年建立的 Whalley 模型、1976 年富勒顿·肖文·怀利建立的美国税收 CGE 模型、1980 年建立的 Keller 模型等。这些模型的建立标志着在 20 世纪 80 年代后，CGE 模型就广泛地应用于税收政策的分析中，几乎成为税收政策分析的标准工具。

在国内，中国社会科学院数量经济研究所等单位对中国 CGE 模型的建设进行了大量研究，构建了多个中国 CGE 模型或针对某一问题的中国 CGE 模型，并有少量模型应用于税收政策分析，比如，数量经济研究所利用其研制的中国 CGE模型研究实施碳税对中国经济的影响。国内第一个用于税收政策分析的 CGE 模型是由中国人民大学陈波博士于 1999 年建立的，并成功用于税收超额负担的定量分析研究。另外，国家税务总局在"税收系统工程"研究课题中也组织有关单位进行了税收政策 CGE 模型的研究。至今，国内不少专家学者在用 CGE 模型开展税收政策效应研究，已经取得了丰硕的成果。

4）税收微观模拟模型

美国经济学家奥卡特（Orcutt）于 1957 年首先提出了微观模拟的思想，并于1961 年和他人合作建立了第一个微观模拟模型。税收微观模拟模型在国外应用非常广泛，是税收制度设计和税收政策分析不可缺少的工具。20 世纪 90 年代，随着信息技术的发展,国外出现了以美国经济微观模拟 ASPEN 为代表的基于主体的微观模拟模型,将微观模拟模型的研究带到了新的阶段。我国微观模拟模型应用极少,除了李善同等的研究,几乎只有理论上的跟踪。不过,中国人民大学、西安交通大学和吉林大学等单位在微观模拟模型的理论和建模等方面的研究上具有较好的基础,有不少科研成果,应该可以为将来加强税收领域的微观模拟模型奠定基础。

5) 税收系统动力模型

美国麻省理工学院的福利斯特(J.W.Forrester)教授于 1956 年创立了系统动力学,并从 1972 年开始,经过 11 年的工作完成了美国全国模型,该模型是至今为止世界上规模最大的系统动力学模型。我国对系统动力学模型的研究比较早,相关应用也比较多。在经济学方面,比较具有代表性的就是数量经济研究所研制的中国中长期系统动力模型。有专家研制了税收系统动力模型,比如,天津大学赵黎明等研制的税收系统动力学模型等。税收系统动力模型在应用中存在和宏观经济计量模型一样的问题,就是模型对税收的处理过于简单,已经建立的模型使用者不多。目前税收理论研究领域和税收实务部门逐渐关注系统动力模型,并增强其应用性。

6) 基于数据仓库的分析模型

数据仓库技术由美国计算机专家威廉·英曼(William Inmon)在 20 世纪 90 年代最早提出,随后由于数据分析的强劲需求的推动,得到了飞速发展,并迅速商业化。国外已经建立了多个 TB 级的数据仓库,大大提高了数据的利用率。基于数据仓库的分析方法主要包括 OLAP(联机分析,通常指多维分析)分析和数据挖掘两类。一般来说,OLAP 分析技术比较简单成熟,而数据挖掘技术则是在逐渐成熟的过程中。目前这两种分析方法都在国外有着广泛和深入的应用,比如在信贷管理、客户分析等方面。在税收经济分析方面,可以广泛用于税源分析、税收收入分析、税收预测分析和纳税人偷逃税分析等方面的研究和应用。国内税务部门的数据仓库建设才刚刚起步,比较先进的地区,比如广东和山东等地税务部门已经建立了数据集市(针对某一个方面应用的"小"数据仓库),并广泛用来进行 OLAP 分析。中国人民大学金融与财税电子化研究所对数据挖掘技术在税收分析中的应用有较为深入的理论研究,但是目前在实际的税收应用系统中还没有采用数据挖掘技术进行数据分析。

2. 税收经济分析专项应用

除了上述六类综合的税收经济应用分析方法和模型,本书还论述了四类与税收管理密切相关的税收经济分析的专项应用。专项应用分析与具体税收管理工作密切相关,更多的体现在实际应用中,因此,这部分内容着重关注国内实际情况。

1)税源分析

国内外税源分析均与数据库和数据仓库技术应用密切相关,其功能是由具体的税收信息系统实现的。在国内除了采用上述的数据仓库技术进行分析,也建立了数据库的税收监控系统,对税源和税收收入进行了监控。这些系统存在的问题是比较重视收入的监控,相对轻视税源变化的分析。

2)税收收入能力测算

自20世纪90年代中期引入税收收入能力测算以来,国内也逐渐开始研究并用于实践,最具有代表性的成果是以国家税务总局为主研究的一系列成果。当前国内已经研究出多种税收收入能力测算的方法,但是这些方法的使用尚停留在研究阶段,或者说实验室阶段,只有一部分研究成果得到应用。产生这个问题的主要原因是方法的繁杂和数据的匮乏。还需要加强计算机的应用以及相关模型的构建。

3)税收收入预测

关于税收收入预测的研究比较早,在20世纪80年代国内预测学兴盛的时候,逐渐开始对税收收入进行预测。在20世纪90年代,税务部门对税收收入预测方法进行了多种尝试,并总结了许多实用的简单预测方法。目前,税收收入预测最主要的问题是方法很多,但使用者不多,而且每个人各行其是,方法虽同但模型各异,整个预测过程中主观性过强,其技术原因是没有简单易用的分析工具进行分析和模型交流。

4)税收依从度分析

税收依从度分析在国内判断纳税诚实申报的应用比较广泛,具体都包含在税收稽查系统或者纳税评估系统中,但这些系统中采用的判断方法主要是一些指标的简单对比,很少采用更为科学的统计判别方法,目前只是在上海市税务局研发的税收稽查系统中采用了比较初步的统计判别方法。

第二章 税收经济分析的思路与方法

我国的税收经济分析传统上都以定性分析为主,以定量分析为辅。目前,国家对税收经济分析工作的目的越来越明确,就是通过大数据分析,对定性推演出来的结论进行计量分析和验证。开展税收经济分析工作之前,首先要明确分析的思路与目标,进而寻找一种合适的方法,收集相关资料开展税收经济分析工作。

第一节 税收经济分析的思路

税收经济分析的基本思路可以概括为分析核心、分析对象、分析基点、技术路径四个方面。

一、分析核心

税收经济关系是税收经济分析工作展开的核心。首先要以纳税人普遍诚信为基本假设。该假设是以广大纳税人纳税诚信为前提,诚信纳税是现代市场经济条件下,社会普遍存在的相互信任关系在税务领域的具体体现,或者说是把诚信规范落实到履行纳税义务上。诚信纳税是指按照法律规定自觉、准确、及时地履行税收给付义务与各种作为义务,是表现和反映征纳双方相互之间信任程度的标的,是由"规矩、诚实、合作"的征纳行为所组成的一种税收道德规范。诚信纳税在一个行为规范、诚实而合作的税收征纳群体中产生,它既促进税收征纳双方共同遵守规则,改善征纳关系,也是在潜移默化中提高征纳主体成员的素质,在相互信任中转化成合作关系。税收经济分析工作在这一假设基础上,以研究税收经济关系为核心展开,而不是以税源的真实性为起点展开。视纳税人普遍诚信这一假设可以大大减少税收分析工作量,并明确分析思路。当然,纳税人普遍诚信假设也不排除个别纳税人不诚信,因此,虽然以税收经济关系为核心,但也不排除对税源真实性的调查,当税收经济关系分析过程中遇到疑点,则同时开展税源真实性分析。

目前税收经济分析主要向税源和税收两个方向展开。

一是按照现行税法规定,明晰税收与税源的计算关系,按照税法规定的计征关系,找到税收与税源对应经济指标和计算口径。

二是说明税收与税源数量比例关系的合理性,包括税收与税源竞争关系的合理性和税收与经济相互作用影响的合理性。前者属于纳税评估的范畴,后者属于政策分析的范畴。

二、分析对象

除了分析税收与宏观经济之间的联系,税收经济分析还常以具体的纳税人为主要对象,就其税金缴纳情况而开展系列分析。纳税人是“纳税主体”,构成了宏观经济的微观主体。税法规定,纳税人是直接负有纳税义务的单位与个人,是税收制度的基本构成要素之一。每一种税都有相应的纳税人。因此,税收经济分析对象的基本单位就是纳税人,税收经济分析的基本思路是以具体的纳税人为基点,以具体纳税人的税收经济关系为基本内容开展分析。在研究具体纳税人税收经济关系的基础上,进而扩展至纳税人样本群体的规模特征分析,并以此进行总体的推断。

此外需要注意的是,以纳税人为基本分析单位,并不排除其具有的宏观认识效果。因为总体特征是众多个体特征的综合反映,所以通过一定数量纳税人数据的分析,就可以对总体纳税人的税金缴纳状况进行推断。因此,税收经济分析虽然从微观入手,但不局限于微观,而是有一定样本数量的支持,从而可以达到宏观认识的效果。在分析方法和手段上,也不排除宏观经济技术的支持,特别是对具体纳税人的纳税评估,除了纳税人涉税数据逻辑关系分析,在数据不完整的情况下,更需要宏观数据结果作参考。因此,税收经济分析离不开宏观分析技术支持,如宏观经济指标比对、计量经济模型、概率预测等分析技术。

三、分析基点

对具体纳税人进行税收经济分析时,通常以纳税人税收总量和税源总量的比例关系为基点进行，主要原因如下：

（1）从重要性上来看，总量税收经济关系是整体经济税收负担程度的总体体现，直接关系到纳税人的经济利益，是纳税人最关心的问题。

（2）从分析结果上看，总量税收经济关系是税收政策实施于具体纳税人的综合体现，是税收政策研究最直接相关的数据信息，是税收合理与否的最终展现。

（3）从分析层次上看，总量分析会使分析工具由简单到复杂，形成层层深入的递进关系，分析比较容易。

总量税收经济关系分析包括总体税负分析、税负结构检验、单项税负合理性检验和税源税收评估分析四个流程。

（1）总体税负分析是指对纳税人缴纳各项税金总量与其税源总量比例关系的分析。基本方法是纳税人具体税负值与标准值的对比分析。当总体税负偏低时，为检验不合格，分析进入下一环节税负结构检验。

（2）税负结构检验是对纳税人的主要税种的税负进行测算，分析总体税负偏低是受哪种税种税负偏低的影响，选定税负偏低的税种将进入单项税负合理性检验。

（3）单项税负合理性检验是针对某一税负偏低情况开展的合理性分析。这一分析将根据该税种的计征特点和所处行业特点进行计征关系分析。这一环节不能通过时，将进行税源税收评估分析。

（4）税源税收评估分析是指在确定某种税种税负偏低时，围绕其税源和税收的计征关系的合理性而开展的分析。这一环节将对税源的真实性、税收计算的合理性、税收减免的影响、欠税影响等诸多因素进行详细审查。

四、技术路径

税收经济分析的技术路径就是采用同业税负的分析方式。其中，同业税负与行业税负虽然只有一字之差，但是两者之间的内涵却相去甚远，是不同的概念。

（1）行业税负是指某一行业的税收总量与税源总量之间的比例关系，是一项反映行业税收经济关系的数据指标，是一个具体数据。它可以是一个行业所有税种税收总量负担的概念，也可以是该行业一个税种税收总量负担的概念。口径定义可以依据分析目的不同自行定义。

（2）同业税负是指同一个行业税收负担形成过程中所表现出的税收与经济的一系列相关关系，包括个体与整体的相关关系，个体之间的相关关系，以及由这一系列关系所反映出的行业税收经济关系的规律特征。同业税负就是要研究同一行业个体与整体、个体之间税收负担的相对关系，同业税负分析就是要找出同一行业各种税收负担关系所具有的规律性特征，并总结这种规律特征为税收征管实践提供数据支持。

具体来说，同业税负研究的内容应包括：①行业税负水平；②同一行业个体税负实际状况、相对关系及其相对关系所决定的征收力度；③同一行业个体税负的离散情况、规律特征及其在税收管理实践中的指导意义等。

同业税负的一个特点就是具有可比性，其三个基本假设前提：①同一个行业或同一产品的生产技术和工艺相近；②同一行业或同一产品的原材料和能源消耗相近；③同一行业或同一产品适用的税收政策相同。由此排除了税收负担中经济结构的影响、税收政策的影响，使影响税收负担的因素集中于税收征管，强化了可比性。企业税负评估就利用同业税负分析可比性这一特点，通过对大量数据样本的测算，总结出行业税负形成规律和特征，确定行业税负水平，比较企业税负差异，对企业税负的合理性给予评估。

第二节　税收经济分析的方法

税收经济分析的常用技术方法有三种，包括市场经济指标参比法、指标逻辑关系推断法和数据规律特征引证法。

一、市场经济指标参比法

市场经济指标参比法，是指将企业纳税申报数据加工处理后形成特定的与市场经济指标口径相匹配的相关数据，然后比较企业数据与市场经济当前数据的一致性和差异性。如果企业数据与市场经济当前数据差异过大，表明企业申报的相关数据违背市场经济规律，应引起税源管理部门的注意。对企业质疑数据，按照市场经济当前情况进行重新核定。因此，市场经济指标参比法适用于以下行业。

（1）新兴起步成本核算难度较大的行业，如计算机系统集成行业、软件行业、电子商务网站服务业等。

（2）发展趋势平稳的行业，如婴幼儿食品行业、生物制药行业、新材料及电机一体化行业、节能减排行业等。

常用的市场经济参比指标有产品销售单价变动率、主营业务收入变动率、成本费用变动率、利润总额变动率、营销人员佣金提成率等。

市场经济指标参比法在诸多税收经济分析方法中，从技术上看相对简单，但从数据采集情况上看，采集工作难度较大，在社会上很难采集到企业纳税评估所需要的全部市场经济统计数据。

二、指标逻辑关系推断法

指标逻辑关系推断法是基本分析方法中的一种，指在微观税收分析中利用采集的企业数据指标之间内在的逻辑关系来推断指标体系中某一特定指标的真伪性和合理性。比如在企业财务报表中，会计核算过程中的各种时期数与时点数之间、各项收入与各项支出之间都严格地按照会计准则存在一定的逻辑关系，各项财务指标中任何一项指标没有严格按照会计准则处理，都必然破坏这种逻辑关系。

指标逻辑关系推断法就是利用数据之间的逻辑关系，通过对企业数据的加工整理发现问题，推断企业税收的真实性和合理性。指标逻辑关系推断法，在技术上有成熟的经验可以借鉴，在数据采集上也较容易实现，因此，这种方法在当前的企业纳税评估分析中较为常见。这种方法的应用，要求从事纳税评估的人员熟悉企业会计知识和税收制度的相关知识。常用逻辑关系推断法有以下几种。

（一）配比比率分析法

配比比率分析法，是指运用数理统计技术，通过对大量样本数据的挖掘整理，对企业财务当期存在内在配比关系的若干变动率等财务指标进行相关性分析对比，从分析增减变化方向和变化幅度判别合理性，从而推断企业财务数据的真实性。

（二）跨期数据稽核法

企业财务指标是一定时期或时点企业生产经营情况和资产构成状况的客观

反映,因此,企业的各项财务指标既有一定的时效性又存在跨期的衔接性。运用会计核算基本原理和分析技术展开对企业财务数据的跨期数据稽核,也可揭示企业财务数据的真实性和合理性。数据稽核重点就是实现数据的完整性和一致性检查,提升数据质量。数据稽核是一个从数据采集、预处理、比对、分析、预警、通知、问题修复的完整数据质量管控链条。

(三)杜邦分析法

杜邦分析法(DuPont Analysis)是利用几种主要的财务比率之间的关系来综合地分析企业的财务状况,对企业综合经营理财及经济效益进行系统分析评价的方法。具体来说,它是一种用来评价公司盈利能力和股东权益回报水平,从财务角度评价企业绩效的一种经典方法。其基本思想是将企业净资产收益率逐级分解为多项财务比率乘积,这样有助于深入分析比较企业经营业绩。

(四)因素分析法

因素分析法,又称经验分析法,是一种定性分析方法。该方法主要指根据价值工程对象选择应考虑的各种因素,凭借分析人员的知识和经验集体研究确定选择对象。该方法简单易行,要求价值工程人员对产品熟悉,经验丰富,在研究对象彼此相差较大或时间紧迫的情况下比较适用,缺点是无定量分析、主观影响大。因素分析法是利用统计指数体系分析现象总变动中各个因素影响程度的一种统计分析方法,包括连环替代法、差额分析法、指标分解法等。因素分析法是现代统计学中一种重要而实用的方法,它是多元统计分析的一个分支。使用这种方法能够使研究者把一组反映事物性质、状态、特点等的变量简化为少数几个能够反映出事物内在联系的、固有的、决定事物本质特征的因素。

三、数据规律特征引证法

数据规律特征引证法,是指在税收经济分析中,运用数理统计技术,通过对大量样本数据的挖掘和整理,总结出相关的规律和特征,并以此鉴定个别样本数据的真伪性和合理性。考虑到数据规律特征,引证法需要应用数理统计技术,在计算机技术的支持下对大量的数据样本进行技术处理,因此在诸多企业税收经济分析当中,该方法比较复杂。常用的数据规律特征引证分析有以下两个基本方面。

（一）纵向趋势分析

纵向趋势分析，是对特定研究对象不同历史时期的财务信息和数据进行规律特征分析，通过对时间序列的单一指标和多项指标的相关性进行分析，从而找到规律，发现差距，辨别真伪的一种比较分析方法。

（二）横向规律分析

横向规律分析，是对特定研究对象在相同条件和环境下不同样本的财务信息与经济数据进行规律特征分析，通过对大量样本数的挖掘、整理、测算，揭示出样本群体的规律特征，从而发现差距、明辨真伪的一种分析比较方法。

第三节　税收经济分析的基本原则

一、税收经济分析工作体现的原则

各级税务机关在开展税收经济分析工作时，应始终坚持实事求是、经济与税收相互作用、定性与定量相结合、宏观与微观相结合的原则。

（一）实事求是的原则

税收经济分析必须客观地反映实际发生的情况，实事求是地分析某一阶段税收的实际情况、存在的问题和发展趋势，这是税收经济分析所遵循的最基本原则，它贯穿于税收经济分析的全过程，如果违背客观性原则，不仅不能为各级领导作出正确决策提供科学依据，反而会起误导作用，甚至会给税收征管和组织收入工作造成不必要的损失。

（二）经济税收相互作用的原则

一方面，税收来源于经济，经济决定税收。税收的发展受经济影响，随着经济形势的变化而变化；另一方面，税收作为经济有机统一整体的重要组成部分，税收又反作用于经济，各项税收政策调整与实施都会对经济运行产生影响。国民经济是一个由众多因素构成的复杂整体，每一个要素的发展变化都受其他要素的影响，而且反过来又影响其他要素。因此，对作为其中一部分的税收进行分析时，必须把它放在整体中加以考察，深入研究税收与经济之间的整体与整体、整体与部分、部分与部分之间的相互关系和内在联系,揭示其本质规律,保证税收分析的准确性和科学性,同时对税收、经济相互作用进行深入分析,也是税收服务职能的集中体现。税收分析的职能是"四个服务",即为做好组织收入工作服务、为强化税收征管服务、为实施税制改革服务、为宏观调控服务。要实现上述服务功能,必须在分析的工作中,坚持税收与经济相互作用的这一原则。

(三)定性与定量相结合的原则

定性分析是对事物发展的性质所做的分析;定量分析是对事物的发展程度和数量关系所做的分析。从定性的角度看,经济与税收相互影响,国民经济发展规模最终决定税收收入规模。生产的规模、速度、水平、经济效益以及相关的经济结构、产业结构、行业结构决定税收收入规模、增长速度和税收构成。可以说,定性分析是税收分析的基础。同时,经济发展与税收增长还存在一定的数量关系,只有揭示出经济、税收之间的数量关系,才能准确了解税收的规模、发展速度、分布特点及未来发展情况。缺少定量分析,税收分析也无法真正达到预测目的。所以,税收分析必须遵循定性分析和定量分析相结合的原则。

(四)宏观与微观相结合的原则

从宏观层面来看,税收是国内生产总值的重要组成部分,是由宏观经济形势、税收政策规定等宏观因素决定的;从微观层面看,税收又是由千千万万的纳税人各自缴纳的税款组成,取决于广大纳税人自身的经营情况、税收遵从度以及税收征管力度等因素。从不同层面看,自然会得出不同的结论。在进行税收经济分析时,我们既要从宏观层面准确把握经济发展大局和宏观税收特点,使分析结果为宏观决策服务、为经济平稳运行服务,又要从微观层面及时掌握各类企业的经营发展状况,牢牢掌握税收经济征管工作和组织收入工作的主动权。只有微观和宏观相结合,才能避免税收经济分析的片面性和狭隘性。

二、税收经济分析工作需要坚持的原则

(一)连续性

税务部门组织税收收入是一个连续的动态过程,它与国民经济的动态发展是相吻合的。税收收入组织分析必须遵循连续性原则,基期税收收入必然会对报告

期税收收入有影响,报告期税收收入也必然受基期相关联的因素影响,要对影响当期税收收入的诸多因素进行动态、连续分析,逐步深化对税收收入发展变化的不同特点、原因趋势的认识,而不能局限于某点上孤立、片面分析。

(二) 重要性

影响税收的因素有很多,不能一一罗列,逐条逐个因素分析既抓不住主要矛盾,又事倍功半。因此,税收经济分析必须要突出重点,抓住重点税种、重点税源、重点因素和重点地区进行分析,才能达到理想效果。

(三) 及时性

税收收入分析是为各级税务机关领导决策税收收入工作服务的,对各级政府进行经济决策也有一定的参考作用,因此不仅具有很强的实用性,时间要求也非常严格。所以,在开展税收收入分析工作时,必须注意坚持及时性原则。

综上所述,税收经济分析对税收的日常征管、收入形势的把握具有特殊作用,只有在分析过程中坚持这些原则,才能确保分析结果科学准确、分析的作用得到充分发挥。

第四节　税收在高质量发展阶段的内涵和职能定位

习近平总书记在党的十九大报告中指出:"我国经济已由高速增长阶段转向高质量发展阶段"。这是根据国际国内环境变化,特别是我国经济发展条件和发展阶段作出的科学论断。为此,精准把握这一划时代意义的变革要求,深刻认识税收在经济高质量发展阶段的内涵和职能定位,对于有效发挥税收职能作用,推动经济提档升级,实现经济高质量发展具有重要的现实意义。

一、税收在高质量发展阶段的内涵

高质量发展是经济发展质量的高级状态,是质量和效益并行、创新和共享兼备、协调和绿色共融的发展。税收作为新时代国家治理体系和治理能力现代化的重要手段,必须有机地融入经济高质量发展进程之中,在处理好政府与市场、公平与效率、增长与分配等关系中找准其内涵和职能定位,在经济变革中发挥积极作用。

(一)从政府与市场的角度来看,税收是经济高质量发展的"节拍器"

在经济高质量发展的目标取向下,税收作为政府重要的制度安排,它能通过自动稳定机制和相机抉择机制熨平经济波动。同时作为经济杠杆,通过税率调整、课税对象、征税范围、扣除项目、扣除标准、扣除方式等税收制度的设计和运用,采取结构性减税与加税的方式,引导微观经济主体的行为选择,改善资源配置状态,促进市场在资源配置中起决定性作用。由于经济高质量发展是建立在要素资源、生产力、全要素效率的提高之上,通过有效地发挥税收在市场失灵领域"看得见的手"的作用,把重要资源配置到优先发展的领域,并依托资源要素禀赋,形成比较优势,释放市场活力,实现区域经济增长、产业结构升级和行业的繁荣,从而为推动经济高质量发展,实现经济提质增效掐准脉搏、踩准节奏、把准力度。

(二)从公平与效率的角度来看,税收是经济高质量发展的"晴雨表"

公平与效率是经济高质量发展中相辅相成、不可或缺的一对关系,妥善地处理好公平与效率之间的关系,关乎经济高质量发展的基础和方向,同时也依赖于税收机制的激励与监督的职能作用。一方面,税收激励机制围绕经济高质量发展的目标和战略精准施策,严格落实税收法定原则,对税种、税率、方式、条件、程序和权责等方面作出具体的法定规范,可以有效地防止不公平竞争干扰和影响市场机制正常发挥作用,为经济高质量发展营造公平的市场环境;另一方面,从制度设计上运用税收征管相关指标来反映纳税人的经营和财务状况,并结合先进的信息技术或征管手段,加强对纳税人纳税行为的监督和管理,既有利于体现公平,又有利于规范纳税人的正常经营并防范风险。例如,依托出口退税、金税三期、增值税电子底账等信息系统税收大数据,进行集成分析得以有效发挥税收的监督职能。通过深入挖掘税收数据"金山银库",透视新兴产业等各行业发展成效,研究问题并提出建议,以税资政,为各级党委政府和有关部门提供决策参考。例如,税务登记信息能够真实反映纳税人的经营状况和市场经济活跃度;申报纳税信息能够反映企业的经济效益和宏观经济状况。此外,税收监督管理体系的建立,还有利于优化税收执法方式,规范税收执法行为,提升税收治理水平,维护经济发展秩序,防范经济运行风险,为经济发展保驾护航。

(三) 从增长和分配的角度来看,税收是经济高质量发展的"压舱石"

党的十八届三中全会以来,"国家治理的基础和重要支柱"的高度定位财政,使新时期税收职能由经济层面逐步向国家治理层面转变,涉及政治、经济、社会、文化、生态文明等各个方面,特别是对促进经济增长和参与国民收入分配等方面具有政治和经济双重意义。从政治意义上看,税收既是保障民生和社会稳定的基础,也是国家治理和政府运转的基石。我国下一步的发展目标是建成富强民主文明和谐美丽的社会主义现代化强国,实现这一目标,不仅需要更好地发挥以税收为主的财力保障作用,更需要从国家治理层面科学地确定税种分享比例和分享方式,理顺国家和地方税收分配关系,进而调动各级政府的积极性,提高各级政府的治理能力。从经济意义上看,税收在重要经济领域中体现着国家意志,国家通过采取积极财政政策,增加社会经济建设支出,完善市场经济制度,深化税收制度改革,有利于经济高质量发展。例如,深入推进个税改革,增加居民可支配收入,既让广大百姓有更多的获得感,又从侧面刺激消费增长;出台鼓励科技创新的相关税收优惠政策,有利于提升企业的核心竞争力,新旧动能转换、供给侧结构性改革和经济提档升级。因此,税收作为新时代背景下政府治理的重要手段,发挥着全方位保障作用,既保障了政府职能运行的基本需要,又为经济高质量发展提供良好的政治环境,实现经济基础和上层建筑的良性互动。

二、发挥税收助推高质量发展的积极作用

新时代赋予了税收新的职能和历史定位,从而使税收在经济高质量发展中具有十分独特的不可替代的作用。因此,高质量发展要充分发挥税收的基础性、支柱性和保障性作用,助推经济"爬坡过坎"、跨越发展。

(一) 对标发展理念,构建现代税制

高质量发展喻示着新时代中国经济发展模式将实现内生性、变革性、创新性的根本转变。国务院政府工作报告指出:"按照高质量发展的要求,坚持以供给侧结构性改革为主线,统筹推进稳增长、促改革、调结构、惠民生、防风险各项工作。"新时代经济高质量发展离不开税收,同时也为税收工作明确了方向。在新时代的背景下,研究税收助推经济高质量发展的实现路径,首要解决的是思想理念和战

略问题,要把适应国家治理体系和治理能力现代化建设、构建现代税收制度作为改革方向和战略目标。这就要求切实加强党对税收工作的集中统一领导,自觉以习近平新时代中国特色社会主义思想为指引,对标新发展理念,明确新时代要求,瞄准税制改革着力点,不断优化税收制度,构建起适应国家治理体系和治理能力现代化的现代税制体系。当前,要把税制建设的着重点放在如何实现经济提质增效和增强企业竞争力上,以更好地体现现代税制服务经济发展的作用,从而为推进高质量发展、国家治理体系和治理能力现代化提供重要支撑。

(二)落实减税降费,赋能实体经济

实体经济是高质量发展的根基。美国、德国、法国、日本等世界经济强国的发展历程已经表明,只有做强实体经济才能实现经济强国。我国经历40多年的改革开放,实体经济已经做大,能够满足粗放式需求,但是随着居民消费需求趋向多元化、个性化和高质化,必须大力推进以做强实体经济为轴心的供给侧结构性改革,才能使我国经济迈上高质量发展的新台阶。当前,党中央国务院作出减税降费的决策部署就是深化供给侧结构性改革的重要举措,其意义在于"放水养鱼",涵养税源,激活发展动力,鼓励企业"脱虚向实",用税收收入的"减法"换取企业效益的"加法"和市场活力的"乘法",促进实体经济高水平发展。为此,应继续保持低税负税收制度,并继续通过"简并、调低"增值税税率和完善增值税抵扣链条等举措,着力减轻实体经济税负。同时,要坚决打好减税降费主攻战,实打实、硬碰硬地贯彻落实各项减税降费政策,充分激发市场主体活力和发展动力,让减税降费政策成为实体经济朝着中高端迈进的"助推器",推动"中国制造"向"中国智造"、"中国速度"向"中国质量"、"中国产品"向"中国品牌"升级。

(三)深化税制改革,助推经济转型

高质量发展过程本质上是新动能形成并促进经济增长的过程。经济增长新动能主要包括新行业兴起和传统行业的转型升级。目前,深化税制改革培育经济增长新动能已在国际上掀起了新高潮。从我国经济发展的阶段性特征来看,通过深化税制改革培育新动能已具备充分条件和基础。因此,税制改革要立足全局和长远,紧紧围绕供给侧结构性改革寻找着力点,突出精准,靶向发力,加快形成新动能,实现高水平的供需动态平衡,推动经济高质量发展。在推进税制改革的过程中,要全面贯彻新发展理念,坚持以提高发展质量和效益为出发点,按照"简税

制、低税率、宽税基、严征管"的总基调,落实税收法定原则,着力加快税收立法,进一步推动增值税、所得税、财产税等税种的税制改革。同时,要进一步优化税收征管模式、执法方式和服务形式,积极构建鼓励企业创新发展、刺激社会有效投资、稳定国家税收增长、降低宏观经济风险,为经济持续健康发展奠定良好的税制环境。例如,制定税收政策,要加大对创新创业的支持力度;优化研发税制,要促进企业增加研发投入和科技成果转化应用,使创新成为高质量发展的新动力;注重发挥税收调节职能,支持有效供给和中高端供给,培育战略性新兴产业。

(四) 升级税收服务,优化营商环境

市场环境的优化意味着国际市场竞争的软实力在增强,既能够吸引更多的外资,避免极少数国家对中国经济发展的"围追堵截",又能更好服务国家大战略的实施。对内,要继续深化"放管服"改革,着力在压缩办税时间、简并报表资料、降低办税频次等方面下功夫,大力推行"互联网+税务"行动计划,形成以互联网为基础设施和管理工具的税务管理新形式,努力营造便捷高效的税收营商环境;对外,要全力服务"一带一路"建设和对外开放战略,遵循"和平、发展、合作、共赢"理念,构建多边税收合作长效机制,以全球视野提升国际税收管理效能和服务水平。积极参与全球税收治理和国际税收规则的制定,在国际舞台上提升我国税收话语权和影响力,更好地服务开放发展,为推进高水平开放、提升开放竞争力提供强大的服务支撑,持续打造国际营商环境"新高地"。

第三章 税收经济分析基础理论

税收经济理论告诉我们,税收和经济的关系是一种相互作用的关系,税收与经济的这种关系要求我们在实际工作中,要坚持按照经济高质量发展的需要来制定和改革我们的税收政策。税种结构、税率设计、宏观税负以及税收收入计划的制定等方面,要根据经济发展的实际需要和发展水平来决定,否则就会对经济的发展起到消极影响,抑制经济发展的质量甚至引起经济衰退。如果超越经济发展而实现税收高速增长,其结果是形成泡沫税收,造成税收的虚假繁荣。这些对国民经济都是极其有害的。因此,在实践税收经济分析的过程中,要在把握税收经济理论基础上,开展税收经济分析工作。

第一节 税收的经济职能

税收的经济职能是税收本质的体现,是税收本身固有的基本属性。因此,加强对税收职能的认识,对了解税收与经济的关系有着重要意义。作为税收经济的基础理论内容,税收的经济职能包括以下四个方面。

一、财政职能

税收是国家组织财政收入的重要手段,通过参与社会产品和国民收入的分配,将社会产品的一部分转变为国家所有,以满足国家需要。税收的财政职能是通过设置不同的税种,参与社会产品和国民收入的分配来实现的。财政职能是国家对税收最基本的要求,是税收最重要的经济职能。国家是构建于社会之上的上层建筑,不直接对物质资料进行生产,因此国家为了实现其各项职能需要,借助税收把分散在各部门各企业以及个人手中的一部分国民收入,强制、无偿地集中起来,形成集中性国家财力。为保证税收收入的稳定性和及时性,有利于国家稳定、及时地取得财政收入,保证预算资金的正常安排,税法明确规定了纳税人、课税对象、税率、纳税义务发生时间和纳税期限。无论是资本主义国家还是社会主义国家,税收都是政府财政收入中最重要的组成部分,绝大多数国家税收收入占财政收入比重达 80% 以上。

　　税收的财政职能作为内在于税收分配过程中的基本职能,必然会在税收分配过程中的征纳关系双方即征税人的国家一方与纳税人的所有者一方,发生经济利益的分配和再分配关系。因此,税收的财政职能,不仅是指筹集财政资金,而且还指税收应如何积极地参与国民收入的分配和再分配,为发展社会主义政治经济和文化服务。税收作为一种分配杠杆,具有可以通过利益的分配影响各类纳税人的经济活动和行为的功能。税收在组织收入过程中,必然会引起各地区、各部门以及各阶层、各类纳税人经济利益的变化,也必然对社会政治经济状况产生某些影响。国家正是通过这种影响来实施一定的政策,达到一定的政治经济目的的。在我国社会主义市场经济条件下,税收的经济职能是我国宏观经济调控的重要手段。

　　此外,税收的财政职能还体现在税收的监督职能。这是指税收在参与国民收入分配过程中对社会再生产各环节和国民经济各方面制约、控制和监督的功能。这一职能是社会主义市场经济得以顺利发展的有力保证。监督职能可以在一定程度上消除市场带来的消极影响,监督和遏制各种偷逃税行为,有利于形成良好的经济秩序,为市场经济保驾护航。

二、资源配置职能

　　资源配置是税收所具有的,通过一定的税收政策、制度,影响个人、企业经济活动,从而使社会经济资源得以重新组合、安排的功能,使得社会经济活动中人力、财力和物力等资源得到最有效的分配和使用。经济资源总是表现出相对的稀缺性,因此要求人们对有限的资源进行合理的配置,进而取得最佳的效益。但是由于市场在资源配置领域客观上会存在一些不足,如许多公共产品无法通过市场来提供和满足,外部性无法通过市场来纠正,信息不对称使市场配置存在一定的盲目性等问题,即当市场经济行运行失调或存在某种缺陷时,需要政府利用财税政策纠正失调或弥补缺陷，从而改善资源配置状况，进而增进社会福利。

党的十九大报告中提出让"市场在资源配置中起决定性作用和更好发挥政府作用"。税收作为连接市场与政府的桥梁，在引导市场在资源配置过程中发挥决定性作用。此外，税收作为政府调节经济的重要手段，可以制定差异化的税收政策，比如（课税与免税、轻税与重税），调节资源在不同地区之间、产业部门之间以及政府部门和非政府部门之间进行配置，以实现合理的地区生产力布局、产业结构以及公共物品和私人产品的供给结构。归纳起来，税收资源配置职能主要体现在以下几方面。

（一）平衡市场供求

在市场经济情况下，商品价格由市场供求来决定。商品价格的变化，反映了市场供求的矛盾，并调节市场供求的平衡。在一般情况下，商品价格的上升反映为商品的供不应求，但商品价格的上升又会促使减少需求，增加供给，使商品由供不应求转为供求平衡。相反，商品价格的下降反映为商品的供过于求，但商品价格的下降又会促使增加需求，减少供给，使商品由供过于求转为供求平衡。在这种市场价格反映商品供求并自动调节商品供求的情况下，价格具有自动调节商品供求的平衡功能。由于价格具有自动调节商品供求的平衡功能，在一般情况下，税收征收自然会影响价格的平衡调节功能。但是，对于一部分需要保护的产品或行业，或对于一部分需要限制的产品或行业，如果通过区别于其他产品或行业的税收政策，也能起到保护或限制的作用。

（二）合理经济结构

一般来看，经济结构包括产业结构、所有制结构、企业组织结构等，税收对不同类型的经济结构都可以起到一定的调节功能。

1. 产业结构

税收对产业结构的影响主要是根据国家产业政策，通过对不同产品、不同行业、不同产业部门的税收政策，影响各产业的发展规模和结构比例。如果我们对不同的产品、行业和产业部门采取不同的销售税，或者相同的销售税，但在税率结构上区别对待，都会影响不同产品、行业和产业部门的发展。

2. 所有制结构

在一个多种所有制并存的经济社会，不同所有制经济之间也存在着合理的比例关系。税收对所有制结构的影响,主要是通过区别对待的所得税政策,影响不同所有制经济发展和结构调整。

3. 企业组织结构

企业组织结构主要涉及全能企业和专业化协作企业组织形式的发展。不同的销售税对企业组织形式的发展会产生不同的影响。

(三) 有效利用资源

在市场经济条件下,市场价格调节能使经济资源得到有效合理配置。但如果存在外部经济,或资源使用非市场化,会使资源不能得到有效利用。在这种情况下,运用税收政策来纠正外部经济,或以税代费,使资源有偿使用,都能提高资源使用效率。

三、收入分配职能

在市场经济领域,"效率优先,兼顾公平"是初次分配的基本原则。但是这种以"效率为先,兼顾公平"的初次分配必然会导致较大的收入分配差异问题。如果一个国家国民收入获得了较大的增长,但是收入差距却不断拉大,甚至出现贫富悬殊问题,从全社会的角度来看,这种经济增长是不可持续的,因为收入分配差距过大不仅会影响到社会的稳定,还会阻碍经济的进一步增长。税收作为财政参与国民收入分配和再分配最常用的手段之一,税收的收入分配职能主要是通过直接税收手段对富人多征税、对穷人少征税的方式,实现对收入再分配的调整,将收入差距控制在社会可接受的范围之内。例如,通过征收所得税和财产税性质的税种,可以直接起到调节个人收入分配与财富占有的作用。又如,对高端消费品或劳务课征消费税,对普遍消费的生活必需品实行免税或课征低税可以间接调整各收入阶层所承担的税负水平。另外,政府将征收的税款通过公共支出和转移支付等方式,向社会公众提供公共产品和服务等社会福利,或将财政资金直接、无偿分配给特定地区、单位或个人等救助对象,进一步调节收入的再分配。

税收的收入分配职能,是税收所具有的,影响社会成员收入分配格局的功能。税收收入分配职能主要体现在调整要素分配格局和不同收入阶层的收入水平上。在现代市场经济的税收制度下,对个人直接征收的所得税,对个人间接征收的消费税,以及具有专款专用性质的社会保障税,都会对个人收入分配产生一定的影响。

（一）所得税对个人收入分配的影响

对个人收入征收所得税，减少个人可支配收入，既降低了个人收入水平，也调整了个人收入结构，影响了个人间收入分配差异。所得税对个人收入分配的影响主要通过累进税率。累进税率随个人收入增加而递增，对低收入者按比较低的税率征税或不征税，而对高收入者按比较高的税率征税。这有利于改变个人收入分配结构，缩小高收入者和低收入者之间的收入差异。累进税率幅度越大，个人所得税的再分配功能也越强。除累进税率以外，征税方式对个人收入分配也有一定影响。例如，工薪所得税率低于资本所得税率。由于低收入者收入主要来自工薪所得，个人之间收入差异主要在于资本所得，区别对待的税收也能够改变个人收入分配结构，缩小高收入者和低收入者之间的收入差异。又如，对低收入者和高收入者按同样费用标准定额扣除。由于扣除费用占收入比例在低收入者中高于高收入者，这也有利于缩小高收入者和低收入者的收入差异。

（二）商品税对个人收入分配的影响

商品税是对企业销售商品所取得的收入，或对个人购买商品所支付的金额征收的一种税。在商品税由消费者负担的情况下，商品税征收既减少个人购买能力，也调整个人消费结构。例如，实行选择性商品税时，选择对非生活必需品和奢侈品征税，那么，可以使选择性商品税对个人收入分配产生累进效果。这是因为随个人收入增加，个人收入中用于购买生活必需品的比重减少，而用于购买非生活必需品和奢侈品的比重增加。因此，选择非生活必需品和奢侈品征税，使选择性商品税占个人收入比重随个人收入增加而递增，使按比例征收的选择性商品税产生累进效果，从而缩小高收入者和低收入者之间的收入差异。如果实行普遍征收的商品税，只要对必需品及奢侈品实行差别税率，也可以起到缩小个人之间收入差异的调节功能。

（三）社会保障税对收入分配的影响

社会保障税是对个人或企业所得征收，专款用于医疗保险、失业救济、退休养老等社会保障事业的税收。对个人收入征收社会保障税，直接减少个人收入水平，但对个人收入结构，即对个人之间收入差异的影响，则取决于征税项目的选择。如果是以个人综合所得为课税对象，按比例征收，社会保障税对个人产生收入分配的比例效果；按累进征收，社会保障税对个人产生收入分配的累进效果；如果以个人工薪所得为课税对象，按比例征收，并设定征税上限，社会保障税对个人产生收入分配的累退效果。因为，低收入者的收入主要来自工薪所得，而高收入者的收入主要来自资本所得，以工薪所得为课税对象，扩大了高收入者和低收入者之间的收入差异。因此，社会保障税一般不具有调节收入分配的效果。但如果考虑到社会保障税收入在支出时更多地用于低收入者，那么，也可以把社会保障税看作一个具有调节个人收入分配效果的税种。

四、经济稳定职能

经济稳定职能，是指财税具有协调和保证经济稳定的职能。具体含义是指通过税收和公共支出手段，实现充分就业、物价稳定、国际收支平衡等目标，保证宏观经济的稳定增长。因此，税收在稳定经济方面发挥着重要的作用。

市场机制自身存在"盲目性、滞后性和自发性"等市场失灵的特点，市场的自发力不能保证总供给和总需求在充分利用社会资源的水平上实现均衡，可能出现无法有效地配置商品和劳务的情况，因此会周期性地产生通货膨胀、失业、增长波动和贸易失衡等市场失灵问题。针对这种情况，税收作为政府直接调控的经济工具，可以充分发挥其经济稳定的职能，平抑经济波动，解决市场失灵问题。税收的经济稳定职能基本上体现在以下两个方面。

（一）税收的自动稳定机制

也称"自动稳定器"作用，政府税收会随着经济景气状况进行自动的增减调整，从而"熨平"经济周期波动。税收政策的自动稳定机制，是指在既定的税收政策下，累进的税制会随着经济的发展自动进行逆向经济调节，以减缓经济的波动。具体而言，当经济处于停滞状态时，税收收入会自动减少而使总需求增加；当经济处于通货膨胀状态时，税收收入会自动增加而抑制总需求。税收的自动稳定效应和税收制度设计中的累进程度有关。如果税制结构中直接税比重大，且累进程度高，税收的自动稳定作用就强；如果流转税比重大，则税收的自动稳定作用就弱。

税收的自动稳定机制主要通过采用累进税率的个人所得税和企业所得税得以实现，当经济出现衰退，个人和企业的收入下降，这时即使不改变个人和企业所得税的税率,征收的所得税税额也会随之下降;在经济高涨时,个人与企业的收入水平上升,征收的所得税额也会自动增加,税收这种"逆周期调节",即在衰退时减税、在高涨时增税的机制能够起到缓解经济波动的作用。

税收政策的自动稳定机制尽管可以对经济自动进行逆经济变化趋势的调节,但这种调节作用也是有限的。要充分发挥税收政策对经济、收入分配的调节作用,还必须根据经济运行的变化,适时选择相机抉择机制的税收政策,主动发挥税收对经济的调控作用。

(二) 税收的相机抉择机制

税收的相机抉择机制是指政府根据不同时期的经济形势,运用税收政策有意识地调整经济活动的水平,消除经济中不稳定因素。相机抉择税收政策包括税收的增加、减少,或是同时辅之以政府支出规模的增减。政府根据经济景气情况,有选择地实施减税和增税措施。例如,当经济萎缩时,总需求不足,为了防止经济的衰退和停滞,就应当采用扩张性税收政策,包括免税、退税、降低税率等减税办法,或是扩大政府预算规模,以刺激总需求的增加;当经济高涨时,总需求过旺,发生通货膨胀,为了制止物价水平的进一步上升,采用紧缩性的税收政策,包括采取增税、提高税负的办法,或是缩小政府预算规模,以抑制经济的过热。

我国对税收职能和作用的认识经历了税收无用论、税收万能论和辩证认识税收作用三个阶段。在经济社会发展过程中,税收的存在是客观的,税收与其他所有事物一样具有固定的局限性,因此税收的职能作用是相对的。2013 年以来陆续提出的全面深化财税体制改革方案,都是在不断地优化我国的税收职能,特别是随着税制改革的不断推进,我国步入了科学理性和辩证地认识税收职能作用的新阶段。

(三) 两者的区别

(1) 税收的相机抉择机制需要政府根据经济情况选择适当的经济政策并执行。而税收的自动稳定机制不需要政府实行财政政策,是经济系统本身的内在机制。

(2) 效果大小。税收的相机抉择机制效果较大,而税收的自动稳定机制效果相对小。

（3）时滞。税收的自动稳定机制包括认识时滞，决策时滞，反应较慢，时滞较长。而税收的相机抉择机制反应较为迅速，时滞较小。

第二节 税收原则理论及观点

税收原则亦称"税制原则"，是政府在设计税制、实施税法过程中所遵循的理论准则，也是评价税收制度优劣、考核税务行政管理状况的基本标准。任何国家的税收制度和税收政策都要建立在一定的税收原则基础上。税收原则体现一国占统治地位阶级的意志。如在资本主义自由竞争时期，亚当·斯密提出的"赋税四原则"，反映了新兴资产阶级在税收方面的历史要求；而随后德国财政学者瓦格纳的赋税"四端九项原则"，则对垄断资本主义各国的税收制度和税收政策产生过重大影响。我国的社会主义税收原则，根据不同时期国家政治、经济形势变化的需要，经历了逐步发展、完善的过程。税收原则是国内外财税学界长期以来一直关注的重要问题，也是税收经济分析理论的核心内容之一。

一、税收原则理论的历史演变

从税收发展的角度看，在不同历史时期、社会阶段，人们对税收原则的理解和认识是不同的。所以，税收原则的主要内容不是一成不变的。随着整个社会经济、政治、文化的发展，政府职能的不断改变以及人们认识的不断加深，税收原则也同时经历着不断向前发展和逐步自我完善的过程。税收原则为治税思想提供了基础路径。建立税收制度应遵循的基本准则，它集中反映了社会占统治地位阶级的征税意志。同时，由于税收具有积累资金、调节经济和社会政策等多种功能，只考虑财政收入的需要，有可能对经济长期发展造成消极影响；实行刺激经济增长的税收政策，又有可能因损害公平，不利于社会安定。因此国家必须选择一定的税收原则以协调税收职能之间的关系。

（一）中国古代早期的税收原则思想

在财税历史研究中，中国近代社会以前的税收原则大多数以"治税"思想的概念来表达，并未形成系统化的理论体系。历朝历代的一些思想家、政治家曾经提出过许多治税思想。例如，春秋时期的管仲，最早提出取之有度，少扰人民的税收思想;魏晋时期的傅玄在《平赋役》一文中提出的税收总原则是"安上、济下、尽利用之宜"。其内容包括三项具体原则,即税负平均原则、税制统一原则、税收有偿原则。我们大致可以将中国数千年封建社会中所产生的税收原则思想火花,概括为以下四个方面:

(1) 从筹集财政收入角度看,提出征税要普遍弹性,税为民所急。

(2) 从争取民心、稳定社会的角度看,强调要公平、合乎道义。

(3) 从经济发展的角度看,指出征税时要适度,正确选择时间和培养税源。

(4) 从税务管理的角度看,提倡征税要确切、便利、统一和有效率。

这些具有积极意义的税收原则思想火花,对于中国现阶段的税制改革和完善仍然有着积极的指导和借鉴意义。

(二) 国外早期的税收原则理论

作为西方税收理论重要的组成部分,税收原则理论对资本主义国家税制的设立和完善发展以及相关税收政策制定等起到了非常重要的指导性作用。在西方,以英国经济学家亚当·斯密为代表的古典经济学派提出以税收中性为特征的"平等、确定、便利、最少费用"的"赋税四原则"。19 世纪下半叶,资本主义进入垄断阶段。资产阶级为了缓和由私有制和财富分配不公导致的阶级矛盾,在强调税收财政作用的同时,开始注重税收的社会政策意义。以阿道夫·瓦格纳为代表的德国社会政策学派提出了"财政收入、国民经济、社会正义和税务行政"四个方面,九项税收原则。亚当·斯密和阿道夫·瓦格纳的税收原则对当代资本主义国家税制和税收政策都曾经产生重大影响。20 世纪 70 年代后,一些主要资本主义国家及其财政学者适应本国政治、经济及税收职能变化的要求提出的税收原则,主要有公平、效率、简明和有利于经济增长等方面的内容。因此,税收原则也成为西方当时资产阶级经济学家乐此不疲讨论的对象。

从历史上看,首先比较明确提出课税原则的是英国重商主义前期的财政学家托马斯·霍布斯(Thomas Hobbes,1588—1679)、英国重商主义后期的经济学家威廉·配第(Willian Petty,1623—1687)和詹姆斯·斯图亚特(James Denham Steuart,1712—1780)、德国官房学派(即新官房学派)代表经济学家尤斯蒂(Johann Heinrich Gottlobe von Justi,1705—1771)等。

1. 配第的税收原则

威廉·配第作为英国古典政治经济学创始人,是最早提出税收原则相关理论的先驱。配第作为古典政治经济学的奠基人和财政理论的先驱,不仅在国家财政支出方面进行了深入研究,而且在国家财政收入理论上也有建树。他结合 17 世纪中叶英国等欧洲国家财政税收实际,在其《赋税论》(1662)、《政治算术》(1690)等著作中,阐述了关于税收制度建设的理论,提出征税必须遵循一定的原则。

威廉·配第十分重视国家财税制度对经济的影响。他在《赋税论》等著作中,比较深刻地分析了税收与国民财富、税收与国家经济实力之间的关系,并指出:"总的来说,要知道一种赋税是有益还是有害,必须彻底了解人民的状况和就业状况。"正因为他特别注重税收与经济的关系,他认为英国税收制度的紊乱、复杂、税收负担过重且极不公平,阻碍了经济发展,应当按照一定的原则来规范税制。因此,威廉·配第的一般课税原则可概括为公平、便利、节省。所谓公平,是指纳税人的能力不同,税收负担也就应当不同而且要适当;所谓便利,是指征收的手续、程序、方法要简便,符合纳税人的习俗和具备的条件;所谓节省,是指征税过程中的耗费尽可能地减少,亦指尽量节约征收费用。

2. 尤斯蒂的税收原则

尤斯蒂是德国著名经济学家,在其财政学代表作《国家经济学》(1755)中指出:"所有国家的终极目的,是在增进国民的福利。臣民并非为君主而存在。"尤斯蒂的财政学是站在官房学派的国家观立场上,研究如何管理国家财产,如何适当征收赋税,以及如何加强赋税管理与经营,从而维护和提高君主与臣民公共福利的科学。尤斯蒂认为,国家征税时,必须注意不得妨碍纳税人的经济活动,而且只有在实属必要的场合,国家才能征税。因此,他在承认国库原则是课税的最高原则之外,还提出了以下六大原则:

(1) 促进自发纳税的课税方法。

(2) 不得侵犯臣民的合理的自由和增加对产业的危害。

(3) 平等课税。

(4) 具有明确的法律依据,征收迅速,其间没有不正之处。

(5) 挑选征收费用最低的货物课税。

(6) 纳税手续简便,税金分期缴纳,时间安排得当。

尤斯蒂的前两个课税原则,强调了纳税人的生活必需品与基本财产是不可侵犯的,站在赋税利益说的立场上,说明了赋税的依据与负担的分配原理。尤斯蒂的后四个原则,可以归纳为平等原则、确实原则、费用最小原则以及便利原则。这四项原则与后来的亚当·斯密的原则相一致,但区别在于,尤斯蒂是站在征税的立场上,而亚当·斯密则是站在被征税的立场上。

3. 亚当·斯密的税收原则

西方财税学界认为,把课税原则首先明确化、系统化的第一人是古典政治经济学派的创始人亚当·斯密。亚当·斯密处于当时已经摆脱重商主义束缚的英国,面临自由发展生产力的产业革命的前夜。他在所著《国民财富的性质和原因的研究》(1776)一书中,综合了自由主义经济学说和财政学说,把经济的自由主义视为处于产业革命前夜的英国经济发展的动力,极力主张经济放任和自由竞争,政府应减少干预或不干预经济。亚当·斯密的这种思想通过所谓的"廉价政府""夜警国家"表现出来。他认为,一方面,国家财政特别是国家支出,对经济的扩大再生产有负面作用;另一方面,通过国家权力向经济发展的动力——民间资本征税,会相应地削弱经济发展的能力。因此,他主张限制公共部门的规模:在限定国家职能的范围内,制定出最低限度的预算规模,并制定向公共部门提供资财、服务内容与向公共部门提供的资源比例。亚当·斯密从这种经济自由主义立场出发,提出了"平等、确实、便利、最少征收费用"等四大课税原则。

1) 平等原则

平等原则(Principle of Equality)是指国民应依其在国家的保护下所得收入的多少为比例,向国家缴纳税收。《国富论》中提到:"一国国民,都须在可能范围内,按照各自能力的比例,即按照各自在国家的保护下享得的收入的比例,缴纳国赋,维持政府。"所谓赋税的平等或不平等,就看对于这种原则是尊重还是忽视。因此,亚当·斯密的平等原则实质上包含三层意思:第一,取消免税特权,不管是贵族还是僧侣都要依法纳税;第二,税收保持"中立",不能因征税而改变财富分配的原有比例,从而使经济不受影响;第三,按负担能力的一定比例纳税。

2) 确实原则

确实原则(Principle of Certainty)是指国民所纳税目与条例应该是确定的,而且纳税的时间、地点、手续、数额等都要明确规定,使纳税人明了。亚当·斯密指出:"各国国民应当完纳的赋税,必须是明确的,不得随意变更。完纳的日期、完纳的方法、完纳的数额,都应当让一切纳税者及其他的人了解得十分清楚明白。如果不然,每个纳税人,就多少不免为税吏的权力所左右……赋税如不确定,哪怕是不专横不腐化的税吏,也会由此变成专横和腐化……"由此可以看出,亚当·斯密所强调的确定原则,实质上要说明课税要以法律为准绳,其目的在于:第一,税制的明确,能使纳税人知道应缴纳哪些税,应缴纳多少税,应如何缴税;第二,税制的确定,也可以防止税吏贪赃枉法。

3) 便利原则

便利原则(Principle of Convenience)是指政府对国民征税的时间、地点、方法等,应尽量使国民感到便利。亚当·斯密认为:"各种赋税完纳的日期及完纳的方法,须予纳税者以最大的便利。"根据他的阐述,便利原则可以理解为:第一,就时间而言,应当在纳税人收入宽裕的时候征收,国家既可以及时取得收入,纳税人又不感到纳税困难;第二,就方法而言,应求简便易行,不使纳税人感到手续繁杂;第三,就地点而言,税务机关应设在交通便利的场所,使纳税人纳税方便;第四,就形式而言,应尽可能采用货币形式,以避免纳税人因运输实物而增加额外负担。

4) 最少征收费用原则

最小征收费用原则(Principle of Minimum Cost),亦称征收经济原则(Principle of Economy in Collection),是指在征收任何一种税的过程中,其国家的收入额与纳税人所缴纳的数额之间的差额越小越好,亦即税务部门征税时所耗用的费用应减少到最低程度。亚当·斯密指出:"一切赋税的征收,须设法使得人民所付出的,尽可能等于国家所收入的。"他认为,如果人民所付出的多于国家所收入的,这种税制以及征收管理方面必然存在着许多问题,其中包括:第一,税吏过多,薪俸开支必然过大,受贿也多;第二,征税可能抑制了人民的劳动积极性,阻碍了某些产业的发展;第三,对逃税的惩罚,没收逃税者的资本,使他们破产,从而使他们丧失由使用资本所获的利益,造成社会的损失;第四,税吏频繁的稽查,常使纳税人遭受不必要的麻烦、困扰与压迫,分散经营精力,影响生产活动。

从亚当·斯密的上述四大原则来看,他提出了按比例纳税思想、税制效率思想,并初步认识到税收与收入再分配的关系,税收与经济活动的关系。总之,亚当·斯密的课税原则是从生产力的提高以资本增加为基础的立场出发,阐明如何使赋税的负担和征收合理化的问题。

继亚当·斯密之后,英、法、德等国家的经济学家如西蒙斯地、穆勒、萨伊、赫尔德、诺曼等又提出了许多课税原则,试图从不同角度对亚当·斯密的课税原则予以补充。但是相比之下,发展的最完备的当属阿道夫·瓦格纳的课税原则。

4. 瓦格纳的税收原则

阿道夫·瓦格纳是德国社会政策学派的代表人物。他的代表著作《财政学》(1905)提出了社会政策的财政理论。19世纪中叶，德国正处于资本主义急剧演变的过程中，与此同时，资本家与工人以及支持专制主义政治机构的保守的容克地主形成三足鼎立的复杂的社会结构。在这种特殊的政治经济历史条件下，阿道夫·瓦格纳打着社会政策以及社会主义的旗帜，反对自由主义经济政策，承认国家对经济活动具有积极的干预作用，同时还谋求改变收入分配的不公平现象以解决社会问题。在这种思想指导下，他建立了以下课税原则。

1）财政政策原则

所谓财政政策原则，即课税能充足而灵活地保证国家经费开支需要的原则，故有人也称之为财政收入原则。该项原则包含收入充分原则和收入弹性原则。收入充分原则是指赋税必须能够满足国家财政需要。阿道夫·瓦格纳认为："收入充分原则包含两个内容：第一，赋税是为满足国家经费的开支；第二，赋税以外的财源不能支付国家经费时，必须增加赋税。前者旨在说明筹集国家财政收入是税收的基本目标，后者在于说明赋税要随着财政需要的增加而能以适当的方法增加。"收入弹性原则是指税收收入能随着经济增长而自动增加。依据这项原则，阿道夫·瓦格纳认为："可以把间接税作为主要税种，因为它能够随着人口的增加、课税商品的增多而使税收收入增加。"

2）国民经济原则

所谓国民经济原则，即国家征税不能阻碍国民经济的发展，以免危及税源，在可能的范围内，应尽量有助于资本形成，促进国民经济的发展。该项原则包含税源选择原则和税种选择原则。税源选择原则是指要正确的选择税源。阿道夫·瓦格纳指出，正确的税源选择应该以国民所得为税源，不能以资本所得和财产所得为税源，否则就会侵蚀国民经济力的基础。税种选择原则是指要考虑税负转嫁的作用。阿道夫·瓦格纳提出："课税除了对国民经济有影响和作用外，还有一个赋税负担适合的问题。因此，在选择税种时，必须考虑税收负担的转嫁问题，将税负归之于应该负担税收的人；应尽量选择难以转嫁或转嫁方向明确的税种。"

3）社会公正原则

所谓社会公正原则，即税收负担应普遍和平等地分配给各个阶级、阶层的纳税人。该项原则包括普遍原则和平等原则。普遍原则是指课税应毫无遗漏地遍及社会上的每个人,不能因身份、地位等而有所区别。平等原则是指社会上的所有人都应当按照其能力大小纳税,能力大的多纳,能力小的少纳,无能力的(贫困者)不纳,实行累进税率。普遍原则要求人人纳税,而平等纳税又要求对有些人免税,这两项原则是否有抵触? 在阿道夫·瓦格纳的分析来看,这两项原则没有矛盾。平等原则要求税制中要有最低课税限度标准、低所得者免税等规定,主要是从纳税人的经济状况或负担能力来说的;而普遍原则要求不能从纳税人的非经济因素来袒护某类人。

4) 税务行政原则

所谓税务行政原则,即税法的制定与实施都应当便于纳税人履行纳税义务。该项原则包含确实原则、便利原则、最少征收费用原则。这三项原则与亚当·斯密的相应原则含义相同,只不过阿道夫·瓦格纳的最少征收费用原则,不仅要求税务部门的稽征费用最小化,而且要求纳税人服从税法,履行纳税义务所发生的费用也应尽可能的小。

以上可以看出,阿道夫·瓦格纳的课税原则要比亚当·斯密的课税原则完善得多。首先,与亚当·斯密的消极财政原则不同,阿道夫·瓦格纳的财政原则要求税收收入既要充分,又要根据收入体系、经济发展的变化而富有弹性。其次,阿道夫·瓦格纳首先明确提出以国民经济为课税原则,要求政府在课税的过程中要注意保护税本,培植税源。此外,阿道夫·瓦格纳在其课税原则中提出的一些思想为以后的税收理论发展奠定了基础,如收入弹性原则为建立弹性税制奠定了理论基础;平等原则为建立累进税率制度奠定了理论基础;最少征税费用原则被后人发展成为纳税成本理论。

5. 马斯格雷夫的税收原则

理查德·阿贝尔·马斯格雷夫(Richard Abel Musgrave,1910—2007)是美国现代著名财政学家,被誉为"现代财政学之父"。他认为,现代国家的税收不仅要用于满足政府的财政收入需要和矫正社会财富的分配,而且要体现国家调节经济运行的政策目标。因此,理查德·阿贝尔·马斯格雷夫在1973年发表的代表作《财政理论与实践》中,对亚当·斯密以来经济学家的税收原则进行了理论总结归纳,提出了自己的六项税收原则理论。

(1) 公平原则:税收负担的分配应当公平,应使每个人支付他"适当的份额"。

(2) 效率原则:对于征税对方法进行选择,要求尽量不干预有效市场的经济效率。也就是说,征税所带来的税收的额外负担应该尽可能的减少到最低限度。

(3)政策原则:如果将税收政策用于刺激个人投资等其他目标,则税收政策对公平性的干扰,应尽可能少。

(4)稳定原则:税收结构应当有助于以经济稳定和经济增长为目标的财政政策的实现。

(5)明确原则:税收制度应当明晰而无行政争议,便于纳税人理解。

(6)省费原则:税收管理和征收费用应在考虑其他目标的基础上尽可能的节省。

理查德·阿贝尔·马斯格雷夫的税收原则,不仅体现了纠正财富分配和提高税务行政效率的要求,而且体现了税收调节经济稳定运行的要求。这与其所持的现代税收财政职能观点是一脉相承的,两者在思想上表现出高度的一致性。

二、税收原则的现代观点

从上述税收原则理论的历史演变来看,不同国家不同时期的税收原则受制于多种经济政策、文化、社会因素的影响,既受制于客观经济社会的发展水平,又反映出了特定的国家治理理念和政策调控目标,具有鲜明的时代特色。自 20 世纪中叶以后,对税收原则理论的研究思路,从不断细化转向高度概括的整合归纳,并在借鉴福利经济学派的公平和社会目标的效率准则的基础上,形成了包括财政原则、公平原则、效率原则三大原则的现代税收原则理论体系。对当前税收经济理论的完善有重要的指导意义。

(一)税收的财政原则

税收是国家财政收入的主要来源,尤其是近代以来,税收为国家完成各项职能的正常运行提供了重要的物质及经济保障。政府征税的主要目的是使取得的财政收入在满足了财政收入目标的基础上通过税收政策调控经济。如果财政收入对于一个国家是无足轻重的,那么税收也就没有存在和发展的必要了,税收财政原则的基本含义是:一个国家税制的建立和完善,必须保障税收收入数额满足一定时期的财政支出需要。为了确保政府及时足额地提供公共产品和服务,通过税收取得的收入既要充足,又要富有弹性。

1. 充分原则

财政收入最基本的要求就是通过征税获得收入,在数额上能充分满足一定时期财政支出的需要,为此就要求合理地确定税制结构,尤其是合理选择税制结构中的主体税种,因为通过主体税种获得的税收收入占整个税收收入的比重最大,对税收的影响也最大。一般说来,应当注重选择税源充足而收入可靠的税种作为主体税种。实践证明,发展中国家大多数以商品税作为本国税制的主体税种,因为该税种具有宽税基而且稳定、随物价上涨而增加、征管措施容易到位、税源便于控制等优势。与此同时,税率水平也应适当,过高的税率非但不能增加税收,反而可能因刺激逃避税行为而减少税收收入。

当然,充分原则并不意味着税收收入越多越好,由于政府本身不具有生产性,税收是政府从国民经济中获得的,如果税收过重,势必挫伤生产的积极性,导致社会财富的下降。政府课税的直接目的在于为社会提供适度规模的公共产品和公共服务,因此我们应以社会福利最大化为基本标准,从国民经济整体运行的角度来评判税收收入规模,看它是否有助于提高公共产品和私人产品之间的资源配置效率。

2. 弹性原则

历史经验数据显示,无论是发展中国家还是发达国家,长期来看,财政支出的绝对规模和相对规模都呈现出不断增长的趋势,这就决定了税收财政原则的第二个要求就是税收收入要有充分弹性,即税收收入能够随着国民经济的发展而增长,满足日益增长的财政支出需要。

在国外税收理论中,最早提出税收弹性理论的是瓦格纳,他指出:财政需求增大或财税以外的收入减少的时候,税收应能在法律框架内增加或能有自动增收的效果。目前,税收弹性理论不仅在经济发达国家,而且在不少发展中国家都得到了充分的重视和应用。

通过之前的分析,我们了解到,在既定资源和技术条件下,公共产品和私人产品之间总存在一个最优的产品组合,以实现全社会生产力水平的最大化。而社会经济是不断向前发展的,技术也是不断更新进步的,那么一个国家可利用的社会资源必然会较前一时期有所增加,这就意味着,与之相对应的生产可能性曲线也会随之向外移动,即下一期的生产可能性曲线总会处于前一时期生产可能性曲线的右上方。由此导致公共产品和私人产品之间的最优组合发生改变,相应要求通过税收筹集的财政收入数额随之改变。

此外,随着经济的发展,社会对公共产品的需求不断增长,能够有效满足这一增长需求的税收就是有弹性的税收;如果税收无法满足随着经济发展而日益增长的公共产品和服务的需求,该税收就被认为是无弹性或缺乏弹性的。税收增长弹性系数是衡量税收收入是否具有弹性的基本指标。所谓税收弹性系数是指税收收入增长率与经济增长率之间的比值,税收增长弹性可在一定程度上反映税收收入对经济变化的敏感程度。

(1)当弹性系数等于0时,表明税收对经济增长没有反应。

(2)当弹性系数等于1时,表明税收与经济增长是同步增长的。

(3)当弹性系数大于1时,表明税收收入增长速度快于经济增长速度,税收随经济的发展而增加,并且税收参与国民经济分配的比例呈上升趋势。

(4)当弹性系数大于0小于1时,表明税收的增长速度落后于经济增长速度,这时税收的收入绝对量尽管增加,但收入占整个国民经济的比例却有所下降。

理论上说,为确保税收收入有弹性,应使得弹性系数等于1或略大于1,以保证国家财政收入能与国民收入同步增长,而无需通过经常调整税率、改变税基或者开征新的税种来增加收入。有一种观点认为"税收收入增长弹性系数大于1才是正常的",即税收收入增长越快越好,这种观点是值得商榷的。税收增长速度是高于还是低于国民经济增长速度受许多复杂因素的共同影响,主要表现在以下几个方面:

首先,受经济结构和税制的影响,当第二产业所占比重较大,且流转税税制结构不变,单单就流转税这一个类别的税收增长而言,基本同步于国民经济的增长。

其次,税收弹性大于1还是小于1与经济发展的周期有密切联系。税收收入弹性大并不意味着实行增税政策,而可能是经济发展的自然结果。在其他条件不变的情况下,当经济形势好,国民经济增长快且经济效益比较好时,税收弹性大于1为正常现象。税收弹性越大,说明经济运行效益越好。相反,经济萧条、经济效益降低、出口减少、进口增加、税收征管水平下降、实施政策性减税等因素都会降低税收弹性。

因此,在税收弹性的影响因素中,经济因素是最主要的。一般认为,税收弹性系数保持在0.8～1.2是较为合理的数值,当该数值过高或过低时,都有可能说明税制结构不合理或者税收征管等方面存在问题。我国的税收增长弹性系数的变化趋势大致可以分为三个阶段。

第一阶段 1979 至 1996 年,这期间除了 80 年代期初两步"利改税"的特例,税收弹性系数普遍低于 1,税收收入的增长,普遍慢于国民经济的增长。

第二个阶段 1997 至 2012 年,1994 年工商税制改革后,税收收入进入快速增长的通道。税收增长弹性系数稳定保持在 1 以上,税收收入增长普遍快于国民经济的增长。

第三阶段自 2012 年以后,伴随着我国进入经济结构转型期,经济增长由高速增长步入中高速增长的新常态,税收增速明显放缓,税收弹性系数回归接近 1 的理想数值。

(二) 税收的公平原则

税收应当是公平的。自亚当·斯密以来,许多经济学家都将公平原则,置于税收诸原则之首。税收公平不仅仅是一个经济问题,也是一个政治和社会问题。从税收制度的原则看,税收公平对维持税收制度的正常运转是非常重要的。

1. 税收公平原则的两种观点

税收公平原则是关于税收负担公平地分配于各纳税人的原则,即国家征税要使每个纳税人负担与其经济状况相适应,并使各纳税人之间的负担水平保持平衡。在现代各国的税收法律关系中,所有纳税人的法律地位平等,税收负担在国民之间的分配也必须公平合理,但公平合理并非绝对的等额负担。学术界对公平原则的理解存在两种观点。

(1) 受益说。在受益说中,包括有横向公平和纵向公平。横向公平是指凡自政府得到相同利益者应负担相同的税收,纵向公平是指凡自政府所得利益不同者应负担不同的税收。

(2) 负担能力说。认为凡具有相同纳税能力者应负担相同的税收,不同纳税能力者应负担不同的税收。税收负担能力是指各纳税人的经济负担能力,包括所得、财产和消费三种。

2. 税收公平原则的分类

税收的公平原则是设计税收制度的基本原则。税收学界一般把税收公平原则进一步区分为两个类型:即横向公平(Horizontal Equity)和纵向公平(Vertical Equity)。

(1) 横向公平。这是一个大多数人都可能接受的原则。然而,这项原则操作起来并不容易。为了判断税收制度的横向公平,必须能够说出两个人的富裕程度何时是相同的,这需要对每个人的福利水平进行比较。如果某种税同等的对待同样的人,那么,就说这种税是横向公平的。也就是说,如果在征税前,两个人具有相同的福利水平,在征税之后,他们的福利水平也应该是相同的。

在实践中,横向公平或不公平表现在许多方面。例如,所得税制考虑了这样的事实,具有相同预算的人可能具有不同的消费能力。因此,对于医疗支出以及特定的教育消费等,允许从应税所得税中扣除。而且,这类扣除也考虑到某些明显处于不利处境的如盲人和老年人。在税收上,所有这些允许从应税所得中的扣除,都可能被认为是旨在使所得税制更符合横向公平的措施。当考虑到嗜好的不同时,事情就变得更加复杂了。例如,假如某个人同其他人相比,对闲暇的偏好相对来说较强,结果其占有闲暇比所得多。如果这两个人在不征税的情况下获得的福利水平相同,所得税将是横向不公平的,因为它将歧视对闲暇的偏好不强的人。同样的,国内消费税将歧视对课税商品的偏好相对较强的人。上述例子并非旨在说明横向公平不是理想的目标,而只是说明这个目标难以实现。

（2）纵向公平。纵向公平说的是税收制度如何对待福利水平不同的人,其问题比横向公平问题更为复杂,不仅要判断两个人的富裕程度（能力）何时是相同的（横向公平）,而且还必须有某种尺度,用来衡量不同人的福利。纵向公平要求回到如下三个问题:

第一,从原则上判断谁应支付较高的税收。

第二,从原则上选择课税方法和课税基础。

第三,如果某些纳税人应当支付较高的税,究竟要高出多少。

因此,在国外税收界,通常建议用如下三个标准来判断一个人是否应比另一个人缴纳更多的税:第一,具有较高的纳税能力;第二,具有较高的经济福利水平;第三,从政府那里获得的收益较多。

3. 税收公平的判断标准

实现税收横向公平和纵向公平的关键,是明确到底该用什么标准来衡量税收公平。如何衡量课税或纳税是否公平的标准主要有如下三种观点。

1）机会原则

机会原则主张税收负担应按照纳税人获利机会的多少来分摊,而获利机会的多少则是由其拥有的经济资源决定的,这些经济资源包括人力资源、财力资源以及自然资源等。一般来说,纳税人在拥有相同的经济资源条件下,在平均资金利润率决定价格的条件下,就会有相同的获利机会。按照纳税人拥有的经济资源的多寡来分担税收,不仅符合税收的公平原则,还有利于经济资源的合理使用,以减少资源浪费,符合税收效率原则。尤其是当我们对自然资源课征资源税时,可以促进对自然资源的合理开发和充分利用。

机会原则从理论上看似是合理的,但在实际使用中也存在一定的局限性:一方面,纳税人所拥有的经济资源,只是其取得的利润或收益的前提,或者说纳税人此时并没有真正获得该收益,至于在经营中能否取得收益及多少,还受到其他一些主观或客观因素的制约,比如劳动者的素质、设备的先进程度和地理位置的优劣等。所以按照机会原则要求纳税人缴纳税收,可能造成税收负担与价值创造脱节,从这点来看机会原则也许是不公平的。另一方面,对纳税人所拥有的经济资源的盈利能力进行质和量的评估,在实践中不仅导致税收成本大幅增加,而且也不是一件容易的事情。比如,当我们评估一个纳税人拥有人力资源的多寡,除了与受教育程度有关,还与潜在的、不可量化的因素相关。因此机会原则就其整体来说,在实践中是行不通的。现实中,机会原则较多地适用于一些特殊税种,比如对自然资源的开采和利用征收的资源税。

2)受益原则

早期的思想家和政治经济学家,比如亚当·斯密、边沁关于公平的一个主要观点,税收负担应根据个人从税收提供资金的财政支出中享受的利益来确定。受益原则要求纳税人应根据其从公共服务中获得的利益纳税,主张税收应遵循受益原则,即谁受益谁纳税。纳税人从不同的公共服务中获得的利益不同,导致纳税人间的福利水平不同。其结果是享受相同利益的纳税人具有相同的福利水平,应缴纳相同的税(横向公平);而享受到较多利益的纳税人具有较高的福利水平,就应该缴纳较高的税收(纵向公平)。

西方经济学家认为,符合受益原则的"公平"包含以下两个事实:第一,获得经济物品的购买力的交换是"自愿的"。也就是说,个人以税收的形式自愿地交换获得政府经济物品的购买力。第二,根据所获得的利益进行支付,也就是说,人们对政府的捐款应该和他们从公共服务中所获得的利益成比例。而对公共服务的要价原则应该和对私用品使用的要价原则相类似。或者说利益既可以依据政府提供服务的成本来定价,也可以依据这种服务对购买者的价值定价。无论在哪种情况下,利益应当被看作是边际意义上的而非总量意义上的,以避免不考虑边际分析时所出现的各种配置效率困境。受益原则,具体可以细化为以下三个方面。

第一,一般受益原则。在严格的受益原则下,每个纳税人缴纳的税收都应当与他对政府提供公共产品和服务的需求相一致。然而,每个人对公共产品服务偏好不同,因而也就没有一个能够适用于所有人的一般税收范围。

第二,特定受益原则。要实行受益原则,就必须知道每个纳税人从政府财政制度中受益的多少,但真正做到这一点,只限于某些特定的场合。特定受益原则要求对政府提供特定公共产品和服务的使用者,按照受益程度的大小来课税或收取费用。

第三,间接替代受益原则。直接衡量纳税人从某种公共产品和服务中得到多少利益存在技术上的困难,所以在许多场合下,人们都以间接替代的方式来实现收益原则。如政府出资修建公路,但对公路的使用直接进行征收较为困难,于是就可以采用征收汽油税、汽车税和其他汽车产品税,以此作为对公路使用的间接替代征收。

可以看出,受益原则的突出特点是直接把预算的收入与支出彼此联系起来。在受益原则下,衡量福利水平的标准随特定的"税收—支出"结构而定。当政府提供某种特定服务(特定的支出类型)时,就要依据受益情况,收取一定的费用或税收。因此,从某种意义上说,受益原则不仅用于评估税收制度,也用于评估整个"税收—支出"结构。尽管受益原则在理论上是很有吸引力的,但在很多情况下,受益原则存在如下三大缺陷。

第一,受益原则的应用因集体消费的内在性质而受到极大限制。共用品的一个特征就是排他性原则不能有效地适用于经济物品的所有利益。人们可能成为"免费搭车者",不支付任何东西而获得利益。他们不会"自愿"支付。因此,很多共用品不受市场定价的约束,不能依据受益原则提供。可见,在税收负担的分配中,受益原则很难作为公平的基本标准得到应用。

第二,受益原则的应用因共用品的内在性质难以确定受益的多少。在有些情况下,受益原则可以直接采用,如对桥梁和高速公路的使用收取费用(征税),对享受社会保障制度的使用收费(收税)等。可是,政府的各种支出都具有公共利益性,如国防、法律、公安、社会公益事业等,人们都从中获得受益。那么,如何衡量个人间的相对利益呢?就大多数消费来说,估计每个人获得的共用品的利益实际上是不可能的。

第三,受益原则的应用很可能使某些税种出现更大的扭曲性。由于按受益原则征税,有些人本来想多使用一些共用品(如桥梁等公共设施),但因征税而抑制对它的使用,将导致资源的低效率配置。

3) 支付能力原则

支付能力原则,亦称"量能课税原则",是指根据纳税人的支付能力大小来确定其应该承担的税收,支付能力强的纳税人多纳税,而支付能力弱的纳税人少纳税,支付能力相同的纳税人缴纳相同的税收。虽然有部分经济学家对这一原则还不能完全满意,但是从实践的角度来看,该原则是迄今为止公认的比较合理又易于操作的标准,已广泛地被人们所接受。

支付能力原则的运用,首先要明确是什么特征赋予了纳税人以支付能力,即纳税能力是以什么为衡量标准。在税收上,对于衡量福利或支付能力的尺度,在税收文献中早有阐述,通常分为"客观标准"和"主观标准"。

(1) 客观标准。持客观标准的税收学者认为,纳税能力的大小应依据纳税人拥有的财富来测定。由于财富是由所得、支出和财产表示的,故此,能力测定标准可分为所得标准、支出标准和财富标准。

第一,所得标准。就所得尺度而言,最常引用的是黑格(Haig,1921)和西蒙斯(Simons,1938)提出来的综合所得基础(Comprehensive Income Base),综合所得基础包括个人的全部所得,不管其来源如何,也不管其用途如何,所得是当期消费加上净财富(包括物质财富和人力财富)之和。其主要组成部分是劳动所得、来自资本所有权的所得、资本利得(拥有资本的价值增值)、获得的遗产与赠与所得等。

所得通常被认为是衡量纳税能力的最好尺度。西蒙斯曾经说:"所有税收,不论其基础如何,都应当认为是落在个人的所得上。"但是如果每个人都不具有相同的偏好,特别是对于工作或闲暇的偏好不同,那么,按综合所得基础课征的所得税一般来说不是横向公平的。此外,综合所得基础把具有相同所得的人看作是相同的人,而不论其所得来源有多大差别。有些人的所得可能是来自各种非劳动所得。由于后者以闲暇时间的方式获得更多实际所得,故这可能被认为是横向不公平的。

第二,支出标准。利用支出(比如年度支出)作为个人课税基础的是那种反映个人"从社会饭锅中拿走"多少而非"放入"多少的基础。根据综合所得定义中的恒等式:

$$所得 = 消费支出 + 净财富增加$$

其中,净财富增加包括当期储蓄减去来自积累财富的净支出。可见,以支出为税基就是要对那些依靠遗赠的财富过日子而几乎不缴纳所得税的人征税,即所谓的支出税。不仅如此,以支出为税基还有许多理论上的优点。一方面,无需计算净财富的增加,特别是应计资本利得,这是在以所得为税基时所遇到的问题;另一方面,由于所得税包括对利息和股息收入的征税,扭曲了个人的储蓄决策,可能降低未来的储蓄规模。由于对利息所得征税,所得税很可能会破坏跨时最适条件(即现在消费与将来消费间的边际替代率等于边际转换率)。支出税不会引起这种扭曲。在实践中,所得税的这种扭曲可以通过把利息所得排除在税基之外而得到消除。然而,这就可能削弱税制的公平性。以支出为税基也存在着一些缺点。其中最主要的缺陷是在既定的年度计算个人的总支出非常困难。直接计算出累积性支出的代价可能相当大,而且实施起来也很困难,因为个人每年的购买数额相当庞大。即使间接计算累积性支出也很困难,因为首先要记录所得,然后还要减去个人所有净财富的增加,而且对支出而不是对所得征税到底能获得多少收入不清楚。在人的一生中,累计所得和支出几乎是相同的,差别只是遗赠给继承人的财产数额超过所获得遗产。所得总额和支出总额可能非常接近,但在一生中它们的类型可能有巨大差别。典型来说,个人在前半生的支出水平很高,而这个时期所得却处于最低水平。征收支出税可能使已负债购买耐用消费品的年轻人产生严重的流动性问题。如果资本市场是不完善的,支出税的直接结果就是减少支出,产生的扭曲性相当大。支出税并没有避免综合所得所固有的横向公平问题。它并没有避免有利于闲暇和估算所得的差别对待。出于这些原因,支出税并没有付诸实践。

第三,财富标准。取代综合所得基础的另一个方法是利用个人的财富作为公平课税的基础。个人的总财富表明的是个人已积累起来的购买力存量。原则上,个人的财富是其将来所得流量的现值。因此,对财富征税(定期的或不定期的)相当于对个人的将来所得征税。从这个角度上说,财富税与所得税相同。

反对财富税的理由主要是财富税的管理比较困难。财富税是对存量而非流量课征,而存量又必须在每次征税时(如每年)予以估价。这不仅造成大量征收和记录个人持有的各种各样资产价值的管理成本,而且还会出现难以解决的估价问题,因为很多资产没有市场价格。尤其是,很难估计未来人力资本的价值的现值。这些问题大大超出了以财富为课税基础的微弱优势。因此,一般都是将所得作为对资产征税的课税基础。

（2）主观标准。衡量个人福利的标准主观说强调的是纳税人在纳税之后的边际效用相同。纵向公平要求我们对于税收负担应如何落在不同的人（依据不同的标准状况如所得大小划分）身上要作出价值判断。最终，这涉及如何选择社会福利函数问题，虽然认识到了纵向公平的确牵涉到价值判断，但我们仍然可以简单地讨论过去在判断纵向公平时所建议的更为重要的标准。

到目前为止，最著名的且得到最广泛接受的社会福利函数是功利主义原则的社会福利函数。该函数表明：社会应当竭力使得所有人的效用总量最大化。需要指出的是，在应用功利主义原则之时，我们必须准备计算个人的效用（即基数效用）并在个人间进行隐含的比较。

功利主义对很多人有吸引力大概是因为在特定的条件下，它意味着所得等比分配。假定效用水平取决于个人的所得，所有个人的效用函数都相同，这些效用函数具有所得效用递减性质。这样如果在全体社会成员间分配的所得数量是固定的，分配给每个人的数量应是相同的。之所以这样，是因为这将使得所有人的边际效用相同，而且总效用将得到最大化。功利主义原则只不过是纵向公平所依据的很多可能的标准当中的一种原则。以此在分析实际税收制度的效应时，无需对理想的所得分配实现选择特定的价值判断。国外经济学家通过分析各种再分配措施并允许决策者在其中作出决定而进行了深入研究。然而，在讨论税收时，通常在这样的假设条件下进行研究：出于公平原因，税收制度的运行应当在使所得分配同没有税收的情况下进行相比更加公平。实际上，政府竭力想通过税收政策使得所得（和效用）分配更加公平。

估价税制纵向公平所采纳的既定的价值判断仍然存在着很多问题。为了使价值判断具有可操作性，公共决策者必须了解每类税种对每类纳税人效用水平的影响。研究税收负担如何在社会成员之间的分配，即所谓的税收归宿理论。这种理论尚未达到很高的境界，可以使决策者选择非常明智的税收制度，以适合他们所作的任何价值判断。

综上所述，不管是使用机会原则、受益原则还是支付能力原则来衡量税收公平，在实践中都各有优点和局限性。因而在制定税收制度的时候，以上三个原则都无需成为必须坚持的唯一原则，而应根据税收制度的调控对象和目标选择合适的课税原则。现实中，各国税制的设计常常会考虑纳税人的获利机会以及个人从公共产品供给中的受益程度，选择最能反映纳税人税收负担能力的要素作为征税的基础,全面准确地反映税收公平的要求。

在当代经济学家看来,税收公平原则是设计和实施税收制度的最重要或首要的原则。一方面,税收的公平性对于维持税收制度的正常运转必不可少。例如,要使纳税人如实申报并依法纳税,必须使其相信税收是公平征收的,对每一个纳税人都是公平的。如果人们看到与他们富裕程度相同甚至远比他们富裕的邻人少缴很多税甚至享受免税待遇,如果人们认为现实税制存在着偷漏税或避税的现象,纳税人的信心就要下降,纳税人很可能会因此而千方百计地逃税以至抗税。另一方面,税收具有矫正收入分配不均或悬殊差距的作用,对于维护社会稳定、避免爆发革命或社会动乱也是不可或缺的。这也正是自威廉·配第、亚当·斯密以来的许多经济学家都将公平平等原则置于税收诸原则之首的原因所在。

可见,相对于纳税人的纳税条件而言,税收公平问题不是简单的由绝对负担造成的问题。或者说,税收公平问题不能孤立地看税负本身,还要结合纳税人的经济能力或纳税能力。税收负担要和纳税人的经济能力或纳税能力相适应。

(三)税收的效率原则

政府征税不仅会引起资源从私人部门向公共部门转移,给纳税人带来税收负担,而且由于大部分税收具有选择性,往往会使税后市场中的各种相对价格发生变化,从而改变人们的生产决策和消费决策,破坏市场机制的正常运行,导致纳税人遭受除缴纳税款之外的社会福利损失。税收的效率原则就是要通过征税实现在既定资源从私人部门向公共部门转移的过程中,将效率损失降到最小程度。税收效率原则通常有三层含义:一是行政效率,也就是说,税收的征收和缴纳尽可能满足确定、便利和节约原则;二是经济效率,也就是说,税收应尽可能减少对经济行为的干扰和扭曲,税收的课税应尽可能避免额外负担;三是制度效率。

1. 税收的行政效率

税收的行政效率要求税收的行政成本占税收收入的比率最小化,也就是说,以尽可能小的税收成本来筹集单位税收收入,或以相同的税收成本筹集尽可能多的税收收入。税收的行政成本具体可以用税务机关的征税成本和纳税人的纳税成本两方面的指标来衡量。

(1)征税成本。征税成本是指税务机关在征税过程中所发生的各种费用,如税务机关的设备购置、税务机关的日常行政事务所需的费用、税务人员的工薪支出等。征税费用占税收收入的比重,即税收的征税成本率,反映了征税效率。征税成本率指标不仅有助于比较不同税种的征税成本,而且还可以观察不同时期征管成本的变化情况。一般来说,在其他条件相同的情况下,所得税单位税额所需花费的征税成本最多,成本率最高,增值税次之。征税成本的高低与税制设计的科学性、纳税人的纳税意识、税务机关本身的技术水平和工作效率密切相关。

(2)纳税成本。纳税成本是指纳税人在依法纳税的过程中所发生的各种费用,如纳税人完成纳税申报所花费的交通费用、雇佣税务顾问和会计师所花费的费用等。税收的征税成本相对来说容易计算,可以通过财税部门的预算拨款情况进行统计,而纳税成本则相对隐蔽分散,不易计算,特别是纳税人所花费的时间、心理方面的代价,更无法用金钱来计算,也没有准确的统计数据,因此纳税成本有时被称为"税收的隐性费用"。纳税成本在很多税收成本的研究文献中都有涉及,也被称为奉行成本、尊重成本。纳税成本包括的因素主要有:一是较高的工作成本;二是纳税花费大量的时间成本;三是纳税人经受的各种精神成本。

2. 税收的经济效率

在税收理论中,税收的经济效率通常与税收中性有关。所谓税收中性是指政府课税不应该影响私人部门原有的资源配置状况,否则,政府课税就会改变市场活动中以获得最大利润为目的的生产者的生产行为,就会改变私人部门原来的(税前)资源配置状况。这些改变效果即税收的非中性。税收学界在讨论税收的非中性效果时,使用许多概念,如消费者剩余损失、福利损失或福利成本、超额负担或沉重负担,等等。实际上,这些概念均指同一个事实:税收在改变(扭曲)资源配置后,对消费者产生的损失如何。

根据税收中性概念,可把税收的经济效率概括为:政府通过税收制度,在把数量既定的资源转移给公共部门的过程中,尽量使不同税种对市场经济产生程度不同的扭曲最小化。因此,从税收经济效率的定义中可以看出,只有理解了税收的超额负担概念,才能掌握税收的经济效率的实质。

在现实经济中,当市场决定资源配置已经处于最优状态下,政府征税给纳税人造成的负担不仅仅局限于使相应税额的经济资源由私人部门转移到政府部门,而且还会影响其他经济决策,造成资源配置的扭曲,带来社会福利净损失。税收导致的资源配置效率损失,一般被称为税收无谓损失或税收超额负担。

税收的超额负担,是指政府征税导致社会福利损失大于政府所取得的税收收入的数额,具体可以用消费者剩余和生产者剩余的净损失来衡量。通过比较税收转移资源的两种不同方法——对纳税人课征所得税和国内消费税。简单分析看，所得税不会对经济产生任何扭曲，因为，企业支付给个人的要素所得与税后个人所得之间没有差异。但是，由于已经假定要素供给是固定的，这对资源配置的效率影响无足轻重。在这种经济中，只有价格才是决定资源配置的重要因素，而这种价格是指两种商品的相对价格。在所得税制下，这些相对价格对于消费者和企业都是相同的，所以，总体效率条件仍然不变。在简单经济中，所得税制是高效率的。需要注意的是，单独对劳动所得和资本所得征税也可能是高效率的，因为劳动力和资本的供给是固定的。一般来说，对供给（或需求）是固定的项目征收任何税，都不会影响有关的帕累托最优条件，因而是最高效率的。税收经济学中将这类税称之为"一次总付税"或"人头税"。然而对一种商品购买课征的国内消费税将引起个人面临的相对价格与生产者面临的相对价格之间的扭曲。当政府对该商品征收国内消费税时，是有可能实现均衡的。但是在这种情况下，个人达到的无差异水平一定低于征收所得税时达到的无差异水平，而两者之间的差异就是税制的沉重负担或超额负担，有时也称之为税制的福利成本。

在现实世界中，由于存在着很多种商品、多种税率并存的税种以及可变的要素供给。把这些方方面面都纳入分析，就会使单个税收变化以及整个税制的效率分析变得复杂了。当税收的课征是为了矫正市场经济运行过程中出现的扭曲时，某些税收实际上减少而不是增加经济中的损失。例如，当某些活动出现外部不经济时，对纳税行为征收的国内消费税将改善资源配置，如对烟、酒、汽油、环境污染等课征的税。前两者矫正的是由抽烟、喝酒造成的外部成本，而后两者是对污染的课征。对这些商品课征的税负可能远远大于商品生产所产生的外部成本，因此，具有正的外部性，而且还可以成为相对稳定的收入来源，是良好的收入来源。

可以看出，上述分析的税收经济效率只是从税收对资源配置的扭曲程度最小化角度来说明的，但是国内外财税学者认为，税收经济效率的内涵不仅如此。他们指出，政府课税不仅对社会资源配置产生影响，而且对纳税人的经济行为产生影响。税收经济效率还应当包括政府课税行为与方式对纳税人的消费决策和生产决策产生的不良影响最小化。

3. 税收的制度效率

税收制度的设计与实施，不仅要考虑到筹措收入的能力、对经济活动的影响，而且还要考虑到征纳双方在征税与纳税过程中所发生的费用即税务费用的多少。

税收的制度效率,是指政府设计的税收制度能在筹集充分的收入基础上使税务费用最小化。依据国内外税收经济理论的最新研究成果,税务费用一般包括管理费用或实施费用、纳税费用或服从费用以及政治费用。

(1)管理费用,是指税务部门为保证税法顺利实施和及时、正确、足额地计征税款所需要花费的费用,由政府承担。这项费用主要包括税务部门在征收管理过程中发生的公务人员工资、津贴、办公用设备、用品及工具等费用。

(2)纳税费用,是指纳税人对自己负有纳税义务的课税对象依法计算、缴纳税款过程中发生的由纳税人承担的费用。纳税人的纳税费用在下列四种情况下可能发生。

第一,在自行申报纳税制度下,纳税人首先要对其在本纳税期限内的应税事项向税务机关提出书面申报,并按期缴纳税款。这一过程中,纳税人要投入一定的人力、物力和财力,花费一定的时间。

第二,纳税人按照税法要求,必须进行业务登记、保持完整的账簿。

第三,纳税人为了正确地执行比较复杂的税法,还要聘请税务顾问;在发生税务纠纷时,还要聘请律师,准备详实的材料。

第四,纳税人为了不违反税法规定,尽量减少纳税义务,需要组织人力进行税收筹划——节税。

尽管纳税费用既有货币成本,又有时间成本和精神成本,而且纳税人在对其进行履行纳税义务过程中会发生各种明确费用一般不登记造册,难以量化,但政府在修订税法,改革税制,改进征收方式时,决不能忽略纳税费用。如果纳税费用有超过管理费用的趋势,就会加强了纳税人的逃税意识。据估计美国个人所得税的纳税费用占税收收入的 $5\% \sim 7\%$;从英国 1987 年的统计数据显示:个人所得税、资本利得税和社会保障税的纳税费用占税收收入的比率是 3.24%,而其管理费用的比率仅为 1.46%;增值税的纳税成本占税收收入的比率为 3.69%,而其征税成本的比率仅为 1.03%;公司税的纳税成本占税收收入的比率为 2.22%,而其征税成本仅为 0.52%。

(3)政治费用,是指纳税人试图影响税法所发生的费用,由政府和纳税人共同承担。税法总是处于变动中,这种变动的压力来自两个方面,即税务部门和纳税人。纳税人为了自身的利益,时常通过外部集团给政府施压要求政府改变税法。例如,美国在 1986 年税制改革之前,房地产经纪人花了大量的费用雇佣院外压力集团的说客,向政府游说,保留联邦所得税的大宗扣除项目——房产抵押利息扣除。这种例子还有很多,如争取保留加速折旧规定、研究与开发费用扣除,等等。

第三节 最优税制理论

税制设计广义上包括整个税收制度的制定,包括选择税种、规定各个税种的税制要素以及税收征管制度等。在研究中,主要关心的问题:(1)税种的配置,即如何合理设置各个税种,使其相互协调、相互补充,形成一个完整的税收体系。其中最重要的问题是主体税种的选择。(2)税源的选择,研究如何选择税源以保护税本,尽可能不使税收侵及税本。(3)税率的安排,包括税率水平的确定和税率形式的确定。在解决这些问题的过程中,首先要明确的是税制设计的目的和原则,然后针对具体问题进行深入细致的研究分析,并得出科学可行的解决方案。税制设计的内容十分广泛,其中理论上最重要的是税收原则和最优税制两个部分的内容,其他问题的解决都需要应用这两个方面的研究的基本方法和结论。其中,税收原则在前文已有论述,这里就不再重复,本节仅对最优税制进行说明。

最优税制理论研究的是政府在信息不对称的条件下,如何征税才能保证效率与公平的统一问题。由于理论是建立在信息不对称,即政府对纳税人的纳税能力、习惯偏好不完全了解这个基础之上的,更具有现实意义。最优税制理论是规范性的税收理论,它从公平和效率原则出发,利用福利经济学和数学工具,通过分析各种税收的性质、效应及其权衡关系,以找出进行最优税收决策的决定因素和指导原则,并指导实施税收政策的制定。最优税收理论包括以下三个部分。

一、最优商品税

最优商品税理论是从如何实现效率最大化开始的理论。在理论模型下,提高奢侈品税收起到"劫富"的作用,政府使用税收提高整体社会福利,或进行公共建设投资,从而达到"济贫"效果。对此,西方税收理论界有两种答案:一种认为最优商品税是对所有商品征收单一税率的商品税,因为单一税率不影响相对价格,而差别税率会扭曲相对价格;另一种答案是 1927 年英国剑桥大学福利经济学家弗兰克·拉姆齐(Frank Plumpton Ramsey,1903—1930)通过严格的数学证明得出的。

(一) 拉姆齐法则

拉姆齐指出,最优商品税制应当使对每种商品的补偿需求均以税前状态同等比例下降为标准。这是拉姆齐法则的标准阐述。他认为最优商品税具有一套差别税率结构,每种商品税税率的高低与该商品供求的价格弹性成反比,即逆弹性命题。值得注意的是,拉姆齐的这一结果要求每种商品的弹性相对独立,即一种商品价格的变动不影响其他商品的需求。但是现实生活中有些商品的需求彼此是相互依赖的。此外,拉姆齐的分析未将分配目标考虑进去,仅考虑了效率目标。后来的一些学者将再分配目标也考虑在内,从而扩展了拉姆齐的分析。通过对用来推导拉姆齐法则的经济施加进一步的约束,即假定课税商品之间不存在交叉价格效应,威廉·杰克·鲍莫尔(William Jack Baumol)和布莱德福特(Bradford)推导出逆弹性法则:比例税率应当与课税商品的需求价格弹性成反比例。这一法则的政策含义是十分明显的,即生活必需品(因为它们的需求价格弹性很低)应当课以高税,而对奢侈品则课以轻税。但这样一来,就暴露了一个十分严重的问题,它忽略了收入分配具有内在的不公平性。

为改变拉姆齐法则置分配公平于不顾的境地,理所当然应当对其加以适当的纠正。彼得·戴蒙德和詹姆斯·米尔利斯率先在最优商品税率决定中引入公平方面的考虑,并且将拉姆齐法则中的单个家庭经济扩展至多个家庭经济中。他们指出:在需求独立的情况下,一种商品的最优税率不仅取决于其需求价格的逆弹性,而且取决于它的收入弹性。这意味着,对许多价格弹性和收入弹性都较低的商品来说,应当将实行高税率的分配不公问题和实行低税率的效率损失问题进行比较,最有意义的改变应当是使那些主要由穷人消费的商品数量减少的比例比平均水平低。或者说,基于公平的考虑,对于高收入阶层尤其偏好的商品无论弹性是否很高也应确定一个较高的税率;而对低收入阶层尤其偏好的商品即便弹性很低也应确定一个较低的税率。

值得重视的是,对拉姆齐法则的修正需要注意两个方面的问题:首先,对那些既非富人也非穷人特别偏好的商品,仍可以遵循拉姆齐法则行事。其次,尽管有人辩称商品税无须承担收入分配职能,收入分配问题只应由所得税解决,但实际情况并非如此。事实上,出于显示身份、自尊、习俗等多方面的原因,现实中确实存在着不少收入弹性高而价格弹性低的商品(如钻石、名画、豪宅等),这就提供了通过对这些商品课税以改进收入分配的可能性。

拉姆齐法则对于商品税税率设计的政策含义表现在以下几个方面:

(1)在商品之间有替代性、商品和闲暇之间无替代性的情况下,应该采取全面的、相等税率的从价税,使其价格上升的百分率相等。

(2)商品和闲暇之间有替代性,但商品之间无替代性的情况下,税率的高低(即商品价格的变动率)应与商品的需求弹性成反比。即:需求弹性大的商品,其税率应该较低;需求弹性小的商品,其税率应该提高。

(3)在商品之间、商品和闲暇之间都有替代性的情况下,设计税率就必须同时考虑两种替代性。

(二)目前最优商品税制发展

近年来,有关最优税收的研究开始出现把理论分析应用于实际数据的趋势。这主要有两方面的原因:首先,最优税收理论所推导的税收规则仅仅表明了最优税收结构的一般情形,它们并没有明确的指导意义。其次,税收理论分析的目的在于提供实际政策建议,为此,税收规则必须能够运用于数值分析,最终的最优税收值应可以计算。最优税率的数值分析体现了执行上述计划在技术方面取得的进展。

目前有关最优商品税的数值分析仍处于起步阶段,所做的工作集中在针对数目较少的商品组别的分析上,而且还没有哪种数值分析的答案能够完全推广到一般的情形。从已有成果看,有重要指导意义的结论主要有两个:一是最优税收能够通过对生活必需品实行补贴而实现有意义的再分配;二是对公平问题的关切越强烈,商品税率就越不是单一税率。

二、最优所得税

最优所得税理论旨在分析和解决所得税在公平与效率之间的权衡取舍问题。谈及所得税问题,我们立即面临"做蛋糕"与"切蛋糕"之间的权衡问题。一种观点认为,所得税是为满足公平目标而有效实施再分配的手段;另一种观点认为,所得税的课征是对劳动供给和企业精神的一种主要抑制因素,特别是当边际税率随着所得的增加而增加的时候。最优所得税理论旨在分析和解决所得课税在公平与效率之间的权衡取舍问题。

关于最优所得税的理论主要出自米尔利斯(Mirrlees,1971),他研究了非线性所得税的最优化问题。米尔利斯模型在所得税分析中的价值在于它以特定方式抓住了税制设计问题的性质。

首先,为了在税收中引入公平因素,米尔利斯设想无税状态下的经济均衡具有一种不公平的所得分配。所得分配由模型内生而成,同时每个家庭获取的所得各不相同。

其次,为了引进效率方面的考虑,所得税必须影响家庭的劳动供给决策。此外,经济要具有充分灵活性,以便不对可能成为问题答案的税收函数施加任何事先的约束。

米尔利斯的模型是集合上述要素的一种最为简单的描述。

米尔利斯模型得出的重要的一般结果是:

(1)边际税率应在0与1之间。

(2)有最高所得的个人的边际税率为0。

(3)如果具有最低所得的个人按最优状态工作,则他们面临的边际税率应当为0。

毫无疑问,第二点结论是最令人感到诧异。不过,这一结论的重要性也许不在于告诉政府应该通过削减所得税表中最高所得部分的税率,以减少对最高收入者的作用。其重要性更在于它表明最优税收函数不可能是累进性的,这就促使人们必须重新审视利用累进所得税制来实现再分配的观念。也许说,要使得关注低收入者的社会福利函数最大化,未必需要通过对高收入者课重税才能实现,事实上,让高收入者承担过重的税负,其结果可能反而使低收入者的福利水平下降。

由于米尔利斯的非线性模型在分析上十分复杂,其结论也只是提供给我们关于政策讨论的指导性原则。为了得到最优税收结构的更详细情况,有必要考察数值方面的分析。米尔利斯根据他所建立的模型,计算出完整的最优所得税率表。从结果看,高所得的边际税率的确变得很低,但并未达到0。同时低所得的平均税率均为负,从而低收入者可以从政府那里获得补助。托马拉(Tuomala,1990)所作的数值分析则进一步表明,接近最高所得的边际税率可能远不是0,这意味着最高所得的边际税率为零的结果只是一个局部结论。

此外,斯特恩(Stern,1976)根据一些不同的劳动供给函数、财政收入的需要和公平观点,提出了最优线性所得税模型。他得出的结论是,线性所得税的最优边际税率随着闲暇和商品之间的替代弹性的减小而增加,随着财政收入的需要和更加公平的评价而增加。这意味着,人们对减少分配不平等的关注越大,则有关的税率就应越高,这一点是与我们的直觉相符的。最优税率与劳动供给的反应灵敏度、财政收入的需要和收入分配的价值判断密切相关,假如我们能够计算或者确定这些参数值,我们就可以计算出最优税率。因此,斯特恩模型对最优所得税制的设计具有指导意义。

三、最优所得税和最优商品税的组合

如何选择商品税和所得税的组合,以达到税收效率和公平的目标?最优商品税的优点在于能够明确对某类商品征税,而最优所得税的优势在于能够明确对某类人征税,现实生活中最优税收应该是两者的组合。对此,最有影响的是阿特金森(Atkinson)的分析研究结论,即除非做出极其严格的假定,最优税制选择是商品税和所得税的各种组合。

组合税制是税收理论研究的重要成果,研究内容相当深入,因为在税收经济分析系统中很少采用其分析模型,故本节仅对结论做基本描述,详细内容请参考有关资料。

第四章　税收经济分析重点内容：税负分析

　　尽管税收收入在用途上具有整体性和间接有偿性，但纳税人缴纳的税款与其享有的公共产品和服务之间并无直接对等关系，所以在这个意义上说，税收对纳税人是一种直接、无偿的课征，是一种负担和损失。从税收经济理论上看，所谓税收负担，是指一定时期内纳税人因国家课税而承担的经济负担或减少的可支配收入。税收负担的总量及其在各地区、各部门、各收入阶层之间的分配结构反映了资源在公共部门和私人部门之间的配置状况，是一个国家税收制度设计的基础和核心问题，也是征纳双方关注和争论的焦点问题，因此，作好税收经济分析工作首先就要了解税收负担的有关问题。

第一节　税收负担与税收负担率

一、税收负担的定义

　　税收负担，简称"税负"，是指税收收入和可供征税的税基之间的对比关系，是纳税人因履行纳税义务而承受的一种经济负担。税收负担的主体是负税人。负税人是指在一定时期内由于国家征税而形成的人力、物力和财力负担，如果指的是一个国家的负税人整体，税收负担就是指这个国家的总体税收负担，即国民生产总值税收率和国民收入税收率；如果指的是一个国家的某一经济成分、某一行业、某一阶级阶层、某一企业或个人，那么，税收负担就是指这个国家的某一经济成分、行业、阶级阶层、企业或个人的税收负担。有人把税收负担概括为"纳税人在一定时期内所缴纳的税款"，这尚不够全面。理由如下：

　　第一，在存在税负转嫁的条件下，纳税人不一定就是负税人。例如，间接税的税负可以转嫁,所以其纳税人不是税负的实际负担者。

第二,在劳役税和实物税条件下,税收负担也并不表现为缴纳的税款。

税收负担的轻重,同国家财政收入的多少、经济调控的力度和政权的兴衰等都有密切关系。因此,它历来是税收理论研究和税收制度设计的一个重要问题。古今中外学者对税收负担都曾提出过各种不同的见解:有主张"敛从其薄",即轻税负;有主张"取民有度",即税负要符合能力原则;还有主张"世有事即役繁而赋重,世无事即役简而赋轻",即税负轻重应视国家需要而定;更有探求"最佳税负",即某种能够带来国家财政收入最大化的税负量度。

二、税收负担分类

税收负担体现了政府与纳税人之间以及不同纳税人之间的经济利益分配关系,采用不同的标准,可以对"税收负担"进行不同的分类。

(一)名义负担与实际负担

按照纳税人承担税收负担的度量不同,税收负担可以分为名义负担和实际负担。

(1)名义负担,是指纳税人按照税法的规定所承担的税收负担,具体表现为按照税法中的税率和计税依据计算出来的,纳税人应该承担的税款总额。

(2)实际负担,是指纳税人实际缴纳的税款所形成的税收负担。名义税负和实际税负往往存在背离的情况,一般是后者低于前者,其原因主要是存在减免税等税收优惠政策,以及征管不完善等导致的征收不足。

和名义税负相比,实际税收负担更能体现经济活动主体承担实际负担税负的水平,经济主体对税负水平的判断和行为反应也主要是基于实际税负而不是基于名义税负。

(二)直接负担与间接负担

按照税收负担是否由纳税人实际承担,可以分为直接负担与间接负担。

(1)直接负担,是指纳税人直接向政府缴税而负担的税收。现实生活中很多情况下,纳税人虽然按照规定向政府缴纳税款,但并不意味着该纳税人就全部承担了税收负担。纳税人在缴纳税款后,往往通过各种方式或途径将其缴纳的全部或部分税款转嫁给其他人承担。

（2）间接税收负担,是指被转嫁者名义上虽然没有直接向政府缴纳税款,但却真真实实地负担了一部分税款,这种税收负担就被称为间接税收负担。因此只要存在税收负担转嫁,就会存在间接税收负担。

区别直接负担和间接负担,可以准确地反映在既定宏观税收负担水平下真实税收负担的最终分布结构,客观描绘税收对收入分配的最终影响。

（三）宏观税负与微观税负

按照税收负担的考查层次不同,税收负担可以分为宏观税负和微观税负。

（1）宏观税负,是指一个国家或地区一定时期内税收收入总额在国民经济总量中所占的比重。衡量宏观税负大小,一般不用绝对指标而用相对指标,通常用国内生产总值或国民生产总值税收负担率来表示,它是一个国家或地区在一定时期内总体税收负担状况的综合反映。研究宏观税负,既可以横向比较国家之间的税收税负水平,也可以纵向分析,一国的税收收入与经济发展之间的相关关系。

（2）微观税负,是指微观经济主体或某一课税对象的税负水平,可以选择个人所得税负担率或商品劳务税负担率来表示。研究微观税负,便于分析企业之间、行业之间、产品之间的税负差异,为制定合理的税收政策和加强税收征管提供决策依据。

此外,为筹集相同的税收收入,采用不同税种、不同课税环节、不同课税方式,其税收显著性不同,也会给纳税人带来不一样的主观税负感觉。所以在实际征管实践中,还存在主观税负与客观税负的区别。

三、税收负担率的测算

税收负担是质和量的统一体,要确定合理的税收负担,既要从质的方面分析影响税收负担的各种因素,又要从量上界定合理税收负担的客观指标。为此,需要建立一套衡量税收负担水平的指标体系,通常以税收负担率来表示税收负担的轻重程度。税收负担率,即纳税人实际缴纳的税收税款额与纳税课税对象或计税依据之间的比例,它与税收法定税率既有联系又有区别。

（一）宏观税收负担率

宏观税收负担率是一国经济总量的税收负担水平。一个国家的经济总量主要用国民生产总值(GNP)、国内生产总值(GDP)或国民收入(NI)来表示。与之相对应,衡量宏观税负水平的指标,主要有国民生产总值税收负担率、国内生产总值税收负担率和国民收入税收负担率。

1. 国民生产总值税收负担率

国民生产总值税收负担率,是指一定时期内国家税收收入总额(T)与同期国民生产总值(GNP)之比。其中,国民生产总值,是指一个国家(或地区)所有国民在一定时期内新生产的产品和提供的劳务价值的总和。国民生产总值的计算遵循属人原则,即只要是本国(或地区)居民,无论是否在本国境内(或地区)内居住,其生产和经营活动所创造出来的新增价值都应该计算在内,但不包括外国国民在本国境内所生产的产品和提供的劳务。国民生产总值税收负担率反映一个国家的国民一定时期内所承担的税收负担的情况。

2. 国内生产总值税收负担率

国内生产总值税收负担率,是指一定时期内国家税收收入总额(T)与同期国内生产总值(GDP)之比。其中,国内生产总值,是指在一定时期内(一个季度或一年)一个国家(或地区)的经济中所生产出来的全部最终产品和劳务的价值,常被公认为衡量国家(或地区)经济状况的最佳指标。国内生产总值的计算一般遵循属地原则,即凡是在该国(或地区)生产的产品和服务,无论是不是本国国民创造的,都计入其中,而本国国民在境外生产的产品和劳务则不能计算在内。国内生产总值税收负担率反映一个国家(或地区)的本国国民和外国居民在一定时期内在该国生产产品和提供劳务所承担的税收负担的状况。

3. 国民收入税收负担率

国民收入税收负担率,是指一定时期内国家税收收入(T)与同期国民收入总值(NI)之比。其中,国民收入,是指一个国家或地区生产要素(包括土地、劳动、资本、企业家才能等)所有者在一定时期内提供生产要素所获得的报酬,即工资、利息、租金和利润等的总和。国民收入税收负担率反映一个国家在一定时期内新创造价值所承担税收负担的状况。

在上述三个衡量宏观税收负担水平的指标中,最常用的是国内生产总值税收负担率。国民生产总值税收负担率或国内生产总值税收负担率是进行国与国之间税收税负比较的综合性指标。一般来说,这一比例越高,表明一国的税收负担越重。同时也说明一国的经济实力和税负承受力越强。

值得注意的是，三个宏观税收负担率指标计算公式中的"税收收入总额"指的是包括关税在内的中央政府与各级地方政府征收的全部税收收入，但行政事业性收费等非税收入应排除在外。由于社会保障税或社会保障缴款和其他税种比较具有专款专用的特征，部分国家在计算税收收入时，会区分包含和不包含社会保障的两种税收口径，因此，当我们进行不同国家税收负担比较时，弄清楚统计计算的税收收入中是否包含社会保障费至关重要，如果统计口径不同，宏观税负就无法进行比较分析。

（二）微观税收负担率

微观税收负担，是指某个具体纳税人在一定时期内所承受的税收负担状况。微观税收负担是宏观税收负担通过税收负担的分配与转嫁沉淀而来的，它是在微观经济活动主体之间进行税收负担横向比较的主要依据。研究微观税收负担，可以为政府制定税收政策、实现对微观经济主体活动的有效调控和征管提供客观依据。

1. 企业综合税收负担率

企业综合税收负担率，是指一定时期内（通常为一年），企业实际缴纳的各项税收总额与同期企业销售收入总额或实现利润总额的比率。

企业综合税收负担率反映了企业对国家财政所做的贡献，也反映了国家参与该企业生产成果分配的比例。该指标能较全面地考察企业整体税收负担状况，也可以用于比较不同类型和地区的企业税收负担水平。一般来说，每个企业的税负率都不尽相同。

2. 企业个别税种的税收负担率

企业个别税种的税收负担率，是指分税种来具体研究企业的税收负担水平，通常又分为企业承担的商品税税收负担率、所得税税收负担率。

在其他条件相同情况下，不同企业的所得税税收负担的高低会直接影响到企业净利润的高低，反映了一定时期内企业的收益率在政府和企业间的分配状况。由于商品税具有税负转嫁的可能性，名义上的企业纳税人不一定就是实际税负人。税负能否转嫁或转嫁程度的多少，往往取决于商品的供求弹性力量对比。因此，企业商品税税收负担率仅仅表示企业因缴纳商品税所承担的名义税收负担。

3. 个人税收负担率

个人税收负担率，是指个人实际缴纳的税额与个人收入总额的比率。

广义上来说,个人税收负担应该既包括个人缴纳的个人所得税和财产税等直接税,又包括个人作为消费者在购买商品时承担的由生产者转嫁而来的商品税等间接税。然而,现实生活中这类转嫁而来的商品税往往难以准确计量,因此个人实际承担的综合税收往往无法计算,一般我们仅考察狭义上的个人所得税的税收负担率。即狭义上的个人所得税税收负担率反映了个人对国家税收的贡献程度,体现了国家通过税收参与个人收入分配情况的比例和对个人收入分配差距的调节力度。

(三) 中观税收负担率

中观税收负担率是介于宏观税收负担率和微观税收负担率之间的一种考察视角,它包括地区税收负担率和税类的税收负担率。

1. 地区税收负担率

地区税收负担率,是指一定时期内某地区(省、市、县、区)实际征收入库的全部税收收入占该地区生产总值的比例。地区税收负担率是我们了解总体税收负担的地区分布差异,进行跨区域横向税负比较的重要指标。

2. 税类的税收负担率

税类税收负担率,是指一定时期内国家实际征收入库的某税类或税种的税收收入占其征收对象数额的比例。税类的税收负担率是我们了解总体税收负担税种分布差异、进行不同税类税负比较的重要指标。结合行业细分的各类税种税收负担率指标,对于税收风险监控与防范具有重要的实践意义。

四、宏观税负与微观税负不一致的原因

在税收经济分析中,宏观税负状况和微观税负状况不是绝对一致的,除特殊场合外,在大多数场合不一致。无法在理论上明确认识宏观税负和微观税负的差异及其原因,就无法做出正确的决策。以下因素会引起宏观税负与微观税负的差异:

(1)宏观税负反映的是平均税负率。不同地区不同企业生产经营状况纳税税负情况千差万别,总体与局部、平均与个别之间税负总存在差异,总有一些企业税负高于平均税负水平,一些低于平均水平。

(2)微观税负水平受税收转嫁影响,宏观税负则不存在这一问题。就国内税

收而言，不管转嫁给谁，税收都源于劳动者创造的国内生产总值或剩余产品价值，是否考虑转嫁因素也是造成税收负担衡量在宏观层次与微观层次有所不同的原因之一。

（3）再生产补偿不足，造成实际税负重。如果企业技术更新改造方面欠账大、折旧率低，那么企业生产资料磨损（包括无形磨损）、实际磨损补偿也就是再生产的物质补偿就会严重不足；如果企业存货跌价损失准备不允许在税前扣除，就会出现利润"虚高"的现象，从而导致实际税负上升。因此税率或税负水平同样，但负担内涵可能不同。

（4）公共产品提供不足也会加重企业微观税负。现实生活中，一些本来应当由政府用税款提供的公共产品和服务，由于政府不能提供或者无力提供，而转为有关部门通过另立名目，以非税形式向企业收取。宏观税负往往只计算税收而不计算非税收入，这样也导致微观税负与宏观税负的差异。

第二节　税收负担的影响因素

一、宏观税负的主要影响因素

一个国家的税负水平并非完全由执政政府所掌控，而要受到各种外部环境因素的影响。宏观来看，这些因素影响涉及经济、政治、文化、社会、习俗等各方面。其中任一影响因素的变化都会带来宏观税负水平或大或小的改变。此外，由于各国的具体国情发展阶段各不相同，不同国家以及同一国家在不同历史时期的宏观税负水平也不尽相同。

（一）经济因素

基本经济学原理告诉我们，经济决定税收，当然税收也会反作用于经济。所以经济因素是影响宏观税负的诸多因素中的决定因素，经济因素对宏观税负水平的影响具体表现在经济发展水平和经济结构两个方面。

1. 经济发展水平

经济是税收的基础，经济发展水平是影响宏观税负水平的首要因素。一方面，一国经济发展水平和人均国民收入越高，剩余财富越多，可供政府财政集中的收入份额也就越高;另一方面,经济发展水平和人均国民收入越高人们对公共产品和服务需求的种类就越多,范围就越广,为了提供足够数量的公共产品和服务,政府需要筹集的资金就越多,而税收作为最主要的财政收入形式,其规模相应就越大,宏观税负水平也就越高。同时,根据著名的瓦格纳法则(Wagner's Law),人们对公共产品和服务需求的收入弹性大于1,即人们对公共产品需求的增长是快于收入增长速度的,这一理论可以很好地解释,为什么伴随居民收入增长,税收收入占国民生产总值的比例及宏观税负水平会相应提高。

从长期来看,不仅一个国家的宏观税负会随着经济的发展有所提升,而且历史同一时期人均收入更高的国家,其宏观税负水平一般也要高于人均收入更低的国家,所以通常发达国家的宏观税负要高于发展中国家的宏观税负。依据国际货币基金组织 IMF 发布的世界各国(2017—2021 年)含社会保障税的宏观税负率可知,2011 年所列的 33 个发达国家的平均宏观税负率为 36.62%,而所列的 25 个发展中国家的平均税负水平为 26.42%,发达国家比发展中国家平均高 10.2 个百分点。

2. 经济结构

此外,经济发展水平对宏观税负水平的影响,不仅表现在数量方面,还表现在质量方面,即经济结构的优化和升级会大大提高单位 GDP 的税收贡献率。经济结构的内容包括产业结构、部门结构、产品结构、地区结构、组织结构、就业结构等,其中对宏观税负水平影响最大的是产业结构。

产业结构通常是指一个国家经济总量中,第一产业、第二产业、第三产业之间的比例关系,基于生产效率的内在变量和税收政策的外生变量的差异,不同产业的税收贡献率是不同的,产业结构的不同决定了税收结构的差异。

产业结构及其变化体现的是经济发展的阶段性规律。纵观制造业化国家的经济发展史,大部分都经历了由传统农业占统治地位转向制造业化,进而由服务业占据主导地位的经济形态转化过程。由于产业附加值空间大小不同,以及国家对不同产业实施差异化的税收优惠政策(如对农业实施各种减免税政策),与第二第三产业相比,第一产业的税收贡献率相对更轻。因此,若一国产业结构中第一产业的比重越高,则单位经济产出的税收贡献率就越低,总体税负自然就会较低;若第二、三产业的比重越高,则总体税收负担就会相对提高。若将产业结构进一步进行行业细分,在三大产业内部也存在的税收贡献能力相对较高和较低的行业,不同税收贡献能力的行业,在整个国民经济中的比例分布,同样也会对宏观税负水平产生重大影响。

有数据显示:我国 2007 至 2012 年产业的税收负担率中第一产业的税负率远远低于第二、三产业的税负率。以 2007 年为例,第一产业的税负率非常之低,仅为 0.05%,而第二产业和第三产业税负率均达到 20% 以上,随着时间的推移,尽管第一产业的税负率有所上升,2012 年上升至 0.23%,但是仍然在 1% 以内。第二产业第三产业税负率随着时间的推移也呈现明显的上升趋势,且 2012 年第三产业税负率达到 24.06%,超过第二产业 23.23% 的税负率,成为税收贡献率最高的产业。由于近年来我国的产业结构不断优化,第一产业占 GDP 的比重持续下降,第二、三产业的比重持续上升,特别是第三产业占 GDP 的比重在 2013 年达到 46%,首次超越了第二产业。产业结构的这一重大变化,促进了我国整体税负水平的提升,成为推动我国税收收入快速增长的重要影响因素。

(二) 政策因素

在现代社会,税收无疑是最重要的财政收入来源。政府收税本质上是为了满足财政支出的需要及为全社会提供公共产品和服务的资金需求。而政府提供公共产品和服务的品种和规模,取决于人们对政府职能范围的界定。所以,政府职能范围越大,需要提供的公共产品和服务品种越多、规模越大,对税收收入的需求越大,则税收负担率越高。因此。政府职能范围不同,决定着政府财政支出的规模及其宏观税负水平。

20 世纪 30 年代以来,英、美等西方发达国家受古典经济学的影响,主张市场自由竞争,反对政府干预,政府征税仅限于满足国防、行政等必不可少的公共需求,这时社会的税收负担比较轻。1913—1914 年,美国宏观税负为 7.8%、英国为 11.3%、法国为 14.1%、德国为 10.5%。然而,1929 年美国经济大危机席卷了西方世界后,亚当·斯密的自由放任经济思想遇到了严重挑战,各国政府开始奉行凯恩斯主义经济政策,大力介入和干预市场活动,增加税收和公共部门支出活动,使得宏观税负水平开始上升,以美国的国内生产总值税收负担率为例:1950 年为 23.6%、1960 年为 26.5%、1970 年为 29.8%、1980 年为 30.4%。

此外,随着社会福利支出占财政支出比重的显著增长,政府奉行不同的社会福利政策,也会对宏观税负率产生重要影响。纵观当今世界各国的宏观税负水平,税负率最高的地区是欧洲,其中又以北欧高福利国家为典型代表。

最后,政府取得财政收入手段的结构和比例也会对宏观税负水平产生重要影响。例如,我国在新中国成立初期实行计划经济时期,实行"以利代税",当时的全民所有制企业以上缴利润代替税收,导致税制过于简化,整个社会的税收负担率相对偏低。而改革开放之后,伴随着两步"利改税"改革,税收收入迅速成为财政收入的主要来源,整个社会的税收负担率也显著上升。此外,某些国家由于特殊原因,财政收入在税收之外,还有充裕的其他的非税收入来源,宏观税负水平也会相对更低。例如,某中东石油输出国由于拥有巨额的石油特许收入,1994—2006年的平均税负率仅为 10.4%。

(三)制度因素

税收负担不仅受上述经济、政策因素的影响,还受到税制本身制度安排的影响。在经济发展阶段、产业结构以及政府职能既定的情况下,一国的实际宏观税负水平取决于该国的税收制度和税收政策。

(1)税收体系的完整性影响宏观税负水平。纵观世界各国税收制度结构的历史演变,税制体系越完整,税种种类越齐全,税收调控覆盖面越广,宏观税负率就越高。例如,相对于发达国家,部分发展中国家存在社会保障税税种缺失或征收不足的问题,这进一步扩大了发展中国家与发达国家的宏观税负水平差距。

(2)税制结构也会对宏观税负水平的变化带来影响。发达国家大多实行以所得税为主的税制结构,这与其相对成熟的市场经济发展水平、完善的税收征管制度以及强调税收中性和注重公平的政策目标是密不可分的。大部分发展中国家在面对财政支出不足问题的时候,在公平与效率的选择上往往偏重于后者,因而流转税在税收收入中的比重相对较高。所得税通常采用累进税率,这种税制设计使税收收入增长具有更大的弹性;而流转税通常采用比例税率,这种税制设计决定了税收收入充其量只能与经济同步增长。由此可见,以所得税为主的税制结构能够实现税收的更快增长。

(3)税收优惠政策的趋势也会影响宏观税负水平。在正常税制之外,各国的税收制度中往往包含或多或少的税收优惠政策。在其他条件相同的情况下,一国税收制度中包含的优惠条款越多,优惠力度越大,则名义税率与实际税负的差距越大,宏观税负水平就越低;反之,则越高。

(四)征管因素

经济税源和税收制度决定了一个国家在既定条件下的潜在税收收入能力,而只有通过税务部门的征收管理活动,才能将潜在的税收收入能力变成真金白银的入库税款。所以,税务部门的征收管理效率水平也会影响一国实际入库的税收收入数额,即实际税收负担率。衡量税收征管效率最常用的指标为税收征收率,即实际入库税款占按经济税源应收尽收测算出的潜在税收收入的比例,也可以用(1-税收流失率)来表示。由于征纳双方的各种信息不对称问题,应收尽收是一个永远无法企及的理想状态,实际税收征收率总是显著低于100%。

一般而言,发达国家税收制度更为严密,税收法制化程度更高,税收征管技术手段更为先进,其税收征收率相对更高,这意味着在同等名义税率下可以征收得到更多的税款,实际税负水平也更高。而发展中国家的税收制度相对不完善,税收法治化程度低、税收征管技术手段落后,其税收征收率相对偏低,这意味着在同等名义税率下,征到的税款相对较少,实际税负水平也更低。

总之,税收制度的核心问题是税收负担,而判断一国总体税负水平是否合理有两个基本标准,即经济发展标准和政府职能标准,即是否有利于经济的持续稳定增长和能否保证政府有效实现治理目标各项经济社会职能所需。所以,一国到底该选择怎样的税收负担政策,合理的税负区间又如何定义,答案只能是因国而异。各个国家的国情不同,我们不能给出一个适用于所有国家的标准取值区间,需要各国根据本国的国情和实际作出实现本国国民福利最大化的最佳选择。

中国正在开创一个新的历史时期,必须用历史眼光、国际视野、战略思维及宏观经济社会发展、中观财政运行、微观企业税负相互结合的方法,客观看待现阶段我国的宏观税负。一国宏观税负的选择必须从属和服务于国家发展战略。全面建成小康社会需要国家财力作为坚强后盾,我国的制度环境和政府财政支出责任与西方国家大不相同,必须对新时期我国宏观税负政策重新进行战略调整,系统筹划,统揽改革发展全局,以实现多元共赢。

二、微观税负的主要影响因素

在市场经济活动中,企业基于逐利性的本质,降低生产和税务成本,提高市场占有率是企业生产经营的必然选择。在这一过程中,企业除提高生产效率之外,往往通过降低税负的方式节约成本。除了企业生产规模、销售额在决定着企业税负,还有以下因素影响纳税人税负高低。

（一）法定税负率

我国现行有 18 个税种,按照征收对象的不同可以分为以下五类:(1)流转税,以商品生产流转额和非生产流转额为课税对象征收的一类税,包括增值税、消费税和关税;(2)所得税,是指以各种所得额为课税对象的一类税,包括企业所得税、个人所得税;(3)财产行为税,是对财产的价值或某种行为征收的一类税,包括房产税、车船税、印花税和契税等;(4)资源税,是指对在我国境内从事资源开发的单位和个人征收的一类税,包括资源税、土地增值税和城镇土地使用税等;(5)特定目的税,是为了某些特定对象和特定行为发挥特定调节作用而开征的一类税,包括土地增值税、城市维护建设税、车辆购置税、耕地占用税和烟叶税等。以房地产行业为例,购买土地到项目清算,面临多达 11 种不同的税种,在预征阶段,各项税负已达销售额的 8%～12%;项目结束进行清算,则普遍高达 15%～25%,一线城市会达到 25% 以上。

（二）企业组织形式

根据市场经济的要求,现代企业的组织形式按照财产的组织形式和所承担的法律责任划分,可以为个体工商户、个人独资企业、合伙企业和公司制企业,这些不同的组织形式也会导致纳税人税负的不同,主要体现在所得税税负上。例如:根据税法相关规定,个体工商户和个人独资企业缴纳个人所得税。合伙企业生产经营所得和其他所得采取"先分后税"的原则,合伙企业以每一个合伙人为纳税义务人。合伙企业合伙人是自然人的,比照《个人所得税法》的"经营所得"应税项目,适用 5%～35% 的五级超额累进税率,计算征收个人所得税,缴纳个人所得税;合伙人是法人和其他组织的,缴纳企业所得税。公司制企业按照 25% 的税率缴纳企业所得税。其中,非居民企业在中国境内未设立机构、场所的,或者虽设立机构、场所但取得的所得与其所设机构、场所没有实际联系的,其来源于中国境内的所得适用 10% 的税率;子公司属于法人企业缴纳企业所得税,分公司为非法人机构,与总公司合并缴纳企业所得税,对于长期亏损的分公司可与总部盈亏互补。

（三）税收优惠政策

税收优惠,亦称"税收鼓励",是指国家为了达到特定目的,针对某些特定的课税对象和纳税人或地区给予各种税收鼓励和照顾措施的总称,表现为政府在普遍课税的基础上,结合税收严肃性与市场经济的灵活性,有针对性地给予特定课税对象、纳税人及地区有区别的税收照顾措施。例如,2021年企业所得税法优惠政策规定,对重点扶持和鼓励发展的产业和项目,给予企业所得税优惠。又如,对符合条件的小型微利企业,应纳税所得额不超过100万元的部分,减按25%计入应纳税所得额,并在此基础上,减半征收企业所得税;对年应纳税所得额超过100万元但不超过300万元的部分,减按50%计入应纳税所得额。再如,国家需要重点扶持的高新技术企业,减按15%的税率征收企业所得税。

(四)财政返还政策

财政返还是政府采取先征后返(退)、即征即退等办法向企业返还税款,属于以税收优惠形式给予的一种政府补助。目前有18个税种按照一定比例在中央和地方之间进行分成,对于中央地方共享税种地方留成的部分以及地方税种,地方政府有财政支配权,制定税收返还政策对强化税收征管、支持地方经济起到一定的促进作用,对一些企业也起到了帮扶的作用。例如:在新疆、西藏等西部地区除了税收优惠政策,也存在林林总总的地方财政返还的政策。在重庆地区,有限公司增值税、企业所得税可以享受地方留存的30%~50%的返还政策。在江苏地区,有限公司增值税可以享受全额的25%~35%的返还政策,企业所得税可以享受全额的15%~25%的返还政策。在贵州地区,注册个人独资企业享受核定政策,综合税率低至1.54%。

(五)企业税务架构

企业基于税务优化对企业经营结构作出安排,这种例子并不少见。其中苹果公司的"爱尔兰—荷兰三明治"架构较为典型,其原理是利用不同国家和地区间的税法规定和税负之间的差异设计的税务架构,达到将利润留在税负最低的国家和地区的目的,以降低税收成本。除苹果公司之外,特斯拉千兆工厂和汉堡王也都基于同样的原理,成功进行税收筹划。例如,西部地区均存在大量的税收优惠和财政返还政策,这种导向性政策形成了境内不同地区的税负差异,企业可以利用这种税负差,在有效控制税务风险的基础上合理规划税收成本,有效地对企业经营架构作出安排。

（六）税收筹划能力

以上影响税负的因素，为企业提供了税收筹划的空间。企业在此基础上对其经营、投资等作出合理的安排，可以降低经济交易的税收成本，达到不交税款、少缴税款或者迟延纳税的目的。但税收筹划决不仅只涉及税务，而是一项涉及经营、市场等公司战略，合同签订及管理、财务制度、内审制度等公司管理制度，是一项综合性、复杂的活动。这要求筹划者要具备对税法的精深理解和极为丰富的税务筹划经验。另外，税收筹划在筹划阶段和实操阶段都会涉及各种风险，如关联交易被纳税调整风险、税收政策变更及政府兑现风险、税务申请、备案、备查材料不合规风险、避税行为引发的行政及刑事风险等。这些都关乎税收筹划方案的执行力，只有合理合规的税收筹划方案才能够为企业带来一定的经济利益。

此外，在现有的法治环境下，随着税收法治建设的不断完善，企业在税收筹划的过程中，随着预期节税额的增加，其行为可能触及法律底线的风险也逐步加大。如果因短期的经济利益而不顾及税法风险的防范，企业也必然会"因小失大"。

第三节　税负转嫁与归宿

税收经济理论告诉我们，只要存在市场交易的自由价格机制，就可能发生税负转嫁现象，税负转嫁意味着法定纳税人与实际负税人之间的收入再分配，使实际税收归宿变得具有不确定性。如：对商品的课税是否能够转嫁给消费者来承担？税负转嫁的方式和程度又受到哪些因素影响？探讨税负转嫁问题对开展税收经济分析具有指导意义。本章将通过对税负转嫁和归宿的理论分析回答这些问题，从而探讨税收制度对实际收入分配的最终影响。

从前文可知，税法规定的纳税人并不一定是真正的税收负担者，因为纳税人为追求自身经济利益的最大化，在商品交易的过程中，往往通过价格机制尽可能地将税收负担转嫁给其他人（如消费者或供应商）来承担。因此，在总体税负既定的情况下，要明确谁是真正的税收承担者及其具体承担了多少税负，还需要进行税负转嫁和税负归宿的分析，这也是税收经济分析的重要理论支撑。

一、税负转嫁与归宿的定义

税负转嫁,是指纳税人将所缴纳的税款通过各种途径和方式转由他人负担的行为和过程。最终承担税款的人则被称为负税人。在市场经济条件下,纳税人在商品交换过程中通过税负转嫁的途径来追求自身利益的最大化,是一种普遍的经济现象。因此,在实践中,税负转嫁是指在商品交易过程中,纳税人通过提高销售价格或压低购进价格的方法,将税负转移给购买者或供应者的一种经济现象。税负转嫁过程就是税收负担在不同的纳税主体间发生流转的过程,实现这个过程可能需要经过一次转嫁,也可能需要经过多次转嫁才能完成,其结果是实现税收负担部分或全部转嫁。税负转嫁的实质是在宏观税收负担不变的前提下,将税收负担在纳税人与人之间进行再分配。

税负归宿,是指税收负担的最终落脚点,是税负转嫁的最终结果,明确谁最终为这笔税款"买单"。税收归宿的最终确定取决于多种因素,不同的税种以及同一税种在不同的经济环境下,其税负转嫁的方式过程不尽相同,进而税负转嫁的结果也不尽相同。政府在运用税收手段来调控经济时,需要分析税收负担转嫁的影响,明确税收负担的最终归宿,从而精准地实现税收调控目标。

二、税负转嫁的条件

一般地说,税负转嫁的存在主要取决于以下两方面条件。

(一) 商品交易的存在

税负转嫁是在商品交换中通过商品价格的变动实现的。没有商品交换的存在,就不会有税收负担的转嫁。因此,商品交易活动是税负转嫁的经济前提。从历史上看,在以自给自足为基础的自然经济社会里,产品一般不经过市场交换,直接从生产领域进入消费领域。在这个时期,农业是国民经济的主要部门,国家征税主要是课自于土地及土地生产物的税收,这部分税收只能由土地所有者负担,纳税人不能实现税负转嫁。随着生产力的发展,出现了商品生产和商品交换。在资本主义社会,商品经济高度发展。在商品经济条件下,一切商品的价值都通过货币形式表现为价格,商品交换突破了时间和地域的限制而大规模地发展起来,为商品和商品流转额的征税开辟了广阔的场所,同时也为商品课税被转嫁提供了可能,商品课税也迂回地或间接地通过价格变动实现转嫁。

(二)自由定价体制的存在

税负转嫁是和价格运动直接联系的,一般是通过提高商品的售价并压低进货的购价来实现的。其中,有些税种的税负可以直接通过价格的变动实现转嫁;有些税种的税负是通过资本投向的改变,影响商品供求关系间接地通过价格的变动实现转嫁。无论采取哪种转嫁形式,都依赖于价格的变动。因此,自由定价制度是税负转嫁存在的基本条件。

自由定价制度,是指生产经营者或其他市场主体可以根据市场供求关系的变化自行定价的价格制度。价格制度主要有三种类型:即政府指令性计划价格制度、浮动价格制度和自由价格制度。在政府指令性计划价格制度下,生产经营者或其他市场主体没有自己的定价权,价格直接由政府控制,纳税人不能通过价格变动实现税负转嫁。在浮动价格制度下,政府确定商品的最高限价或最低限价,在浮动幅度范围内,生产经营者和其他市场主体有一定的自由定价权,可以在一定程度和范围内实现税负转嫁。在自由定价制度下,生产经营者和其他市场主体完全可以根据市场供求关系的变化自由定价,税负可以实现转嫁。

通过对税负转嫁存在条件进行分析,必然得出这样的结论:我国在实行高度集中的计划经济体制下,基本上不存在税负转嫁。实行市场经济体制后,客观上存在着税负转嫁。这是因为市场经济是一种高度发达的商品经济。在这种体制下,商品的生产经营者和其他市场主体各有独立的物质利益。盈利成为一切生产经营活动的根本动机,实现税负转嫁成为各类纳税人的主观动机和愿望。同时,随着经济体制改革的不断深化,政府对价格大部分放开,企业已有很大的自由定价权,以自由价格为基础的自由定价制度已基本形成,税负转嫁的客观条件已经具备。因此,在商品经济中客观存在的税负转嫁现象,在我国市场经济中也必然客观存在。

三、税负转嫁的相关理论

税负转嫁理论的研究始于17世纪,英国著名经济学家霍布斯就开始研究消费税的税负转嫁问题,后18世纪重农学派开始把税负转嫁作为专门的税收理论进行研究,并首次形成了系统化的理论。经过几个世纪的研究和发展,税负转嫁理论已成为较为完善的理论体系。税负转嫁是财税理论中的一个十分重要的部分。国外自17世纪中叶以来,税负转嫁理论在经济学和财政学中一直占有重要地位。众多的经济、财税学家基于一定的思想观点,提出了许多不同观点和见解。从各家提出的观点来看,大致可分为"绝对说"和"相对说"。

(一) 税负转嫁的绝对说

税负转嫁的绝对说,是指对税负转嫁问题做出绝对的结论,即一切税收都可以转嫁,或某种特定税收无论在什么情况下都不能转嫁。这一观点包括"纯产品说"、"纯所得说"以及"均等分布说"。重农学派是税负转嫁绝对说的代表学派之一。

重农学派认为,除了对土地的课税,所有税收都可以转嫁,重农学派提倡的是"纯产品"理论,其代表人物魁奈主张实施单一土地税。他认为只有土地才是"纯生产"的,获得"纯产品"收益的地主承担税负,因而不存在税负转嫁的问题,并认为除了土地税以外的所有税收都会转嫁,且各种税负的最终归属都是土地的纯产品,这种观点具有一定的局限性。

在重农学派的税负转嫁理论之后,随着税收理论与实践的发展,出现了税负转嫁绝对说的另一个学派——古典学派,他们提倡"纯所得"理论,认为所有的税收都来源于纯所得,但只有某些税可以转嫁,而其他的税不能转嫁。古典学派的代表学者有亚当·斯密、大卫·李嘉图和西蒙斯第等,亚当·斯密认为"纯所得"主要包括地租、利润和工资三种类型,并就不同类型所得分别阐述了税负转嫁问题。此外,还有关于劳动工资、商品消费等产生的税负转嫁。

(1) 对于地租税,如果是直接对地租征税,则不能转嫁,由地主负担;如果是对土地生产物课税,该税款先由农民代缴,然后再经过农民转嫁给地主,故地主是真正的负税人。

(2) 对于利润税,若被用作农业资本,则通过扣除地租转嫁到地主身上;若被用作商业或制造业资本,则可以通过提高物价将税收负担转嫁到消费者身上。

(3) 对于利息税,由于不能抬高利息率,税负由资本所有者承担。

(4) 对于劳动工资税,假定工资等于最低生活费,由于课税使劳动者要求提高工资,从而使工资税转嫁给利润,利润转嫁给消费者或利润所有者。

(5) 对于消费品征税,尤其是对必需品课税,必然使商品价格上涨,乃至工资按课税程度上涨,最终由消费者或利润所有者负担,而对于奢侈品的课税最终由消费者负担。

此外,大卫·李嘉图发展了亚当·斯密的税负转嫁理论,认为:

(1) 土地税由地主负担,利润税和工资税由资本家负担。

(2) 对于消费品课税,如果是垄断商品,由生产者负担;如果是奢侈品,由富有者负担;如果是必需品,课税就会使工资上涨,最终由雇主负担。

税负转嫁的绝对说的第三个学派为均等分布说,认为税收负担可以转嫁,代表人物有英国的曼斯菲尔德和意大利的沃里。而该学派衍生出乐观派和悲观派。乐观派认为一切利益最终达到均衡,税收负担最终也会均摊分散,转嫁于各方公平负担;悲观派以普鲁东为代表,认为一切税收都能够转嫁,并最终转嫁给消费者,而消费者阶级中的绝大部分是平民阶层,因此税收负担是不公平的。

(二) 税负转嫁的相对说

税负转嫁的相对说是对税收转嫁问题不作绝对的结论,认为税收负担是否转嫁以及转嫁的程度如何,要根据税种、课税商品的性质、供求关系以及其他经济条件的不同而异。有时可以转嫁,或完全转嫁,有时不能转嫁,或只能部分转嫁。相对转嫁说最先由德国经济学家劳(Lou)提出,后由美国经济学家塞里格曼系统化,现代观点则基本上属于相对说。

德国经济学家劳虽然继承了古典经济学派的经济思想,但在税收转嫁理论方面,他首先开创了相对转嫁学说。他认为,对利润、工资、地租的课税是否会发生变化,要根据供求关系的变化而定。他指出,课征于所有阶级的所得税一般不易发生转嫁,而关税易于转嫁给消费者。

后来,随着现代经济学的创立与发展,逐渐以数学方法来分析税收转嫁与归宿。最早对税收转嫁进行数理分析的经济学家是库诺(Cournot)。他把价格分为垄断价格和竞争价格,通过分析某种课税商品的价格变化对生产者和消费者的影响,说明税负转嫁的形态。后来,西方经济学家又提出了规模收益不变、规模收益递增、规模收益递减规律,并以此作为分析税负转嫁与归宿的工具。

美国经济学家塞里格曼利用这些现代经济学分析工具,对税负转嫁与归宿提出了如下一般法则:

(1) 从课税对象是由垄断支配还是受竞争支配来看,在竞争支配之下,税负不易转嫁。

(2) 从赋税是普遍的还是特别的来看,越是普遍的,生产者负担租税的可能性越大。

（3）从资本是否可以完全流动来看,资本流动越难,税负转嫁越少且越缓。

（4）从课税物品的供求弹性来看,供给弹性越大,前转的可能性越大,需求弹性越大,后转的可能性越大。

（5）从生产成本是比例的还是递增的或是递减的变化来看,同其他法则相比,在成本递减法则之下,凡在自由竞争的情况下,消费者的负担增加,在垄断的情况下,生产者的负担增加。

（6）从租税的轻重来看,税负越轻,越不转嫁。

（7）从税率是累进的还是比例的来看,累进性越高,转嫁程度越高。

（8）从课税商品是最终产品还是中间产品来看,若为最终产品,最终由消费者负担,若为中间产品,则要发生多次转嫁等。

此外,塞利格曼认为没有必要区分直接税与间接税。因为直接税也有发生税负转嫁的情况,而间接税也有不少不转嫁的情况。因此,他认为,直接税中也有转嫁,间接税中也有不转嫁,故直接税与间接税的区别毫无价值可言。

日本财税学者小川乡太郎对于税负转嫁的相对论进行了补充,其转嫁理论属于"相对说"。他的主要观点如下:

（1）税负转嫁实际上是课税物品和工资能否上涨的问题,也是转嫁者与被转嫁者的一种税负推让斗争,谁胜谁负取决于经济过程中各方的势力。

（2）转嫁以交换流通为媒介,与流通无关的税无从转嫁。

（3）转嫁的方向与程度取决于供求力量。

（4）转嫁分为预期的转嫁和违反预期的转嫁,前者有利于税负公平,后者导致税负的不公平。

马克思认为,资本主义社会的税负转嫁,最后负担都落在劳动人民身上,税负转嫁体现资产阶级对劳动人民的剥削关系。现代税负转嫁的基本观点都赞同税负转嫁的相对说。

在我国,对于税负转嫁也存在不同的观点和看法。

（1）在我国是否存在税负转嫁问题上有不同意见。有一种观点认为,税负转嫁是资本主义国家固有的经济现象,我国是社会主义国家,因而我国不存在税负转嫁。这种观点在 20 世纪 60 年代至 70 年代比较流行,一直作为主流派观点。有一种观点认为,税负转嫁是否存在,必须根据我国经济特点作具体分析,从我国社会产品分配格局、价格的计划化、税收机制等方面来分析,认为我国税收在总体上不存在税负转嫁,但在计划价格之外的商品,则存在税负转嫁。这种观点在20世纪80年代比较流行,成为主流派观点。自20世纪90年代以来,我国学者思想上进一步解放,正确认识到税负转嫁是商品经济的一种经济现象,在我国社会主义市场经济条件下是客观存在的。这种观点已成为主流观点,国家也认可这种观点,在国家制发的有关税收文件中,也常见"税负转嫁"的字眼。

(2)税负转嫁在定义、内涵、运作等方面依然存在不同观点和看法。例如,在税负转嫁的税种上,有人认为只有流转税才转嫁,有人则认为所得税也存在税负转嫁。

四、税负转嫁的形式

根据税负转嫁的流动方向,税负转嫁方式可以分为前转、后转、混转和税收资本化等方式。

(一)前转

前转指纳税人将其所纳税款顺着商品流转方向,通过提高商品价格的办法,转嫁给商品的购买者或最终消费者负担。前转是卖方将税负转嫁给买方负担,通常通过提高商品售价的办法来实现。在这里,卖方可能是制造商、批发商或零售商,买方也可能是制造商、批发商、零售商,但税负最终主要转嫁给消费者负担。

前转是顺着商品流转顺序从生产到零售再到消费的,因而也叫顺转。前转的过程可能是一次,也可能经过多次。例如,对棉纱制造商征收的棉纱税,棉纱制造商通过提高棉纱出厂价格将所缴纳的税款转嫁给棉布制造商,棉布制造商又以同样的方式把税负转嫁给批发商,批发商再以同样方式把税负转嫁给零售商,零售商也以同样方式把税负转嫁于消费者身上。前转顺利与否要受到商品供求弹性的制约。税负前转实现的基本前提条件是课税商品的需求弹性小于供给弹性。当需求弹性大时,转嫁较难进行;供给弹性大时,转嫁容易进行。

(二)后转

后转即纳税人将其所纳税款逆商品流转的方向,以压低购进商品价格的办法,向后转移给商品的提供者。例如,对某种商品在零售环节征税,零售商将所纳税款通过压低进货价格,把税负逆转给批发商,批发商又以同样的方式把税负逆转给制造商,制造商再以同样方式压低生产要素价格把税负逆转于生产要素供应者负担。税负后转实现的前提条件是供给方提供的商品需求弹性较大,而供给弹性较小。在有些情况下,尽管已实现了税负前转,但也仍会再发生后转的现象。

(三) 混转

混转又叫散转,是指纳税人将自己缴纳的税款分散转嫁给多方负担。混转是在税款不能完全向前顺转,又不能完全向后逆转时采用的。例如,织布厂将税负一部分用提高布匹价格的办法转嫁给印染厂,一部分用压低棉纱购进价格的办法转嫁给纱厂,一部分则用降低工资的办法转嫁给本厂职工等。严格地说,混转并不是一种独立的税负转嫁方式,而是前转与后转等的结合。

(四) 旁转

旁转,是指纳税人将税负转嫁给商品购买者和供应者以外的其他人负担。例如,纳税人用压低运输价格的办法将某课税对象的税负转嫁给运输者负担。

(五) 消转

消转,是指纳税人用降低课税品成本的办法使税负在新增利润中求得抵补的转嫁方式。即纳税人在不提高售价的前提下,以改进生产技术、提高工作效率、节约原材料、降低生产成本,从而将所缴纳的税款在所增利润中求得补偿。因为它既不是提高价格的前转,也不是压低价格的后转,而是通过改善经营管理、提高劳动生产率等措施降低成本增加利润,使税负从中得到抵消,所以称之为消转。有合法消转和非法消转两种形式。前者指采用改进技术、节约原材料等方法,从而降低成本求得补偿;后者指采用降低工资、增加工时、增大劳动强度等方法,从而降低成本求得补偿。采用第二种形式一般遭到雇员的反对,所以纳税人一般采用第一种形式。但消转要具备一定的条件,如生产成本能递减、商品销量能扩大、生产技术与方法有发展与改善的余地、物价有上涨趋势以及税负不重等。

(六) 税收资本化

税收资本化,亦称"赋税折入资本""赋税资本化""税负资本化"。它是税负转嫁的一种特殊方式。即纳税人以压低资本品购买价格的方法将所购资本品可预见的未来应纳税款从所购资本品的价格中扣除,从而将未来应纳税款全部或部分转嫁给资本品出卖者。比如,甲向乙购买一幢房屋,该房屋价值 50 万元,使用期限预计为 10 年,根据国家税法规定每年应纳房产税 1 万元。甲在购买之际将该房屋今后 10 年应纳的房产税 10 万元从房屋购价中扣除,实际支付买价 40 万元。对甲来说,房屋价值 50 万元,而实际支付 40 万元,其中的 10 万元是甲购买乙的房屋从而"购买"了乙的纳税义务,由乙付给甲以后代乙缴纳的税款。实际上,甲在第一年只须缴纳 1 万元的房产税,其余的 9 万元就成为甲的创业资本。这就是税收资本化。它一般表现为课税资本品价格的下降。税收资本化必须具备一定的条件:课税对象必须是资财,每年均有相同的税负;另有不予课税或轻税的资财可购;课税品必须具有资本价值等。

五、税负转嫁的一般规则及影响因素

税收负担能否转嫁以及如何转嫁,决定于多种因素。理论和实践往往不一致。有时理论上认为可以转嫁,而在具体情况下却不能转嫁或较难转嫁;有时理论上认为不易转嫁,而实际中却实现了转嫁。在各种不同类别的税收中,税负能否转嫁以及转嫁的难易程度也是不同的。但税负转嫁作为税收负担的运动形式,具有最一般的规则。认识税负转嫁的规则,有助于理解税负转嫁的本质和内涵。

(一)税负转嫁的一般规则

1. 税负转嫁与价格自由变动的规则

价格自由变动是税负转嫁的基本前提条件。税负转嫁涉及课税商品价格的构成问题,税负转嫁存在于经济交易之中,通过价格变动实现。课税如果不会导致课税商品价格的提高,也就没有转嫁的可能,税负由卖方自己负担。课税以后,若价格增高,税负便有转嫁的条件。若价格增加少于税额,则税负由买卖双方共同承担。若价格增加多于税额,则不仅税负转嫁,卖方还可以获得额外收益。因此可以说,没有价格自由波动,就不存在税负转嫁。

2. 税负转嫁与商品供需弹性的规则

供需弹性是影响税负转嫁最直接的因素。在自由竞争的市场上,课税商品价格能否提高,不是供给或需求单方面决定的问题,而是通过市场上供需弹性决定的问题。一般说来,对商品征税如果向没有弹性的方向转嫁,则税负转嫁与供需弹性存在方向相反的关系。需求弹性越大,税负越向供给者转嫁;供给弹性越大,税负越向需求者转嫁。此即为税负转嫁与商品供需弹性之间的一般规则。

3. 税负转嫁与成本变动规则

在成本固定、递增和递减三种场合,税负转嫁有不同规则。成本固定的商品,所课之税有全部转嫁买方的可能;成本递增商品,所课之税转嫁于买方的金额可能少于所课税款额;成本递减商品,所课之税不仅可以完全转嫁给买方,还可获得多于税额的利益。

4. 税负转嫁与课税制度的关系

间接税税负易于转嫁,直接税税负不易转嫁。如对人的所得课税,较难转嫁;而对于商品课征的消费税等,则较易转嫁。课税范围广的,即课税能遍及同一性质所有或大部分商品的,转嫁易,反之则转嫁难。如茶和咖啡同属饮用商品,如果课税于茶而咖啡免税,当茶价增加时,饮茶者改饮咖啡,以致茶的消费减少。此时茶商则不敢把全部税款加于茶价之内,也即转嫁较难。

(二) 税负转嫁的影响因素

税负转嫁存在于商品交易之中,通过商品或劳务的价格变动而实现。在市场经济条件下,除对工资收入者所课征的税收不能转嫁外,其他各种税收均与价格存在一定关系,均可不同程度地转嫁出去,尤其是对商品课征的税最易转嫁。影响税负转嫁的因素主要有供需弹性、市场结构、成本变动、课税制度等因素。

1. 供需弹性

税负转嫁存在于商品交易之中,通过价格的变动而实现。课税如不导致课税商品价格的提高,就没有转嫁的可能,税负就由卖方自己承担;课税之后,若价格提高,税负便有转嫁的条件。究竟税负如何分配,要视买卖双方的反应而定。并且这种反应能力的大小取决于商品的供求弹性。

在自由竞争的市场上,商品课税后价格能否增高,不是供给一方或需求一方愿意与否的问题,而是市场上供求弹性的压力问题。下面从需求弹性与供给弹性两方面分析税负转嫁。

1)税负转嫁与需求弹性的关系

需求弹性是指需求量对价格的升降所作出的反应程度。它用弹性系数来表示:

$$需求弹性系数＝需求变化百分比÷价格变化百分比$$

其绝对值大于 1，为富有弹性（弹性大或高）；小于 1 为缺乏弹性（弹性小或低）；等于 1 为有弹性；等于 0 为完全无弹性。

一般来说，税负能否转嫁及转嫁多少，要看商品需求弹性如何，需求数量对价格变化越是敏感，则通过提高卖价把税负向前转嫁就越困难；反之，需求数量对价格变化不敏感或无弹性，则税负越有可能向前转嫁。准确地说，需求弹性大，则税负转嫁就很困难，且向前转嫁给消费者的少，向后转嫁给原供应者的多；需求弹性小，则税负容易转嫁，且向前转嫁给消费者的多，向后转嫁给原供应者的少；需求完全无弹性，税负可能全部向前转嫁给消费者；需求完全有弹性，税负可能全部向后转嫁给原供应者。需求弹性越大，转嫁的可能性越小；需求弹性越小，转嫁的可能性越大，税负转嫁与需求弹性成反比。

2）税负转嫁与供给弹性的关系

供给弹性是供给量对价格变动所作出反应的程度，即供给量变动的百分比对价格变动的百分比的比率。弹性系数表示如下：

$$供给弹性系数＝供给变化百分比÷价格变化百分比$$

如果供给弹性系数绝对值大于 1，为富有弹性；小于 1 为缺乏弹性；等于 1 为有弹性；等于 0 为完全无弹性。

从供给弹性方面看，产品供给弹性越大，其税负越不容易转嫁，且向前转嫁给消费者的大，向后转嫁给原供应者或生产要素者的小；供给弹性小，其税负则易于转嫁，且向前转给购买者或消费者的小，向后转给原供应者或生产者要素者的大；供给完全无弹性，其税负只能向后转给原供应者或生产要素者；供给完全有弹性，税负可以通过涨价向前全部转嫁给购买者。供给弹性越大，税负转嫁的可能性越小；供给弹性越小，税负转嫁的可能性越大。税负转嫁的难易程度与供给弹性成反比。

当某种商品的需求弹性大于供给弹性时，说明当某种商品由于政府征税而价格变动时，其需求量的变动幅度大于供给量的变动幅度。在这种情况下，税负前转较困难，会更多地向后转嫁或不能转嫁，税负会更多地由生产要素提供者或生产者自己承担。

当需求弹性小于供给弹性时，说明当某种商品由于政府征税而引起价格变动时,其需求量的变动幅度小于供给量的变动幅度。在这种情况下,税负前转比较容易,会更多地由消费者(购买者)承担。

总之,商品的供求弹性是制约税负转嫁的形式及规模的关键因素。税负通常是一部分通过提价形式向前转给消费者,一部分通过成本减少(或压价)向后转给原材料供应商或生产要素提供者。究竟转嫁比例如何,根据供需弹性大小比例而定。

2. 市场结构

市场结构成为制约税负转嫁的重要因素。在不同的市场结构中,生产者或消费者对市场价格的控制能力是有差别的,由此决定了在不同的市场结构条件下,税负转嫁情况也不同。在市场经济条件下,市场结构一般分为完全竞争、垄断竞争、寡头竞争和完全垄断。下面分别分析在这些市场结构下的税负转嫁。

1) 完全竞争市场结构下的税负转嫁

完全竞争,是指一种竞争完全不受任何阻碍和干扰的市场结构。在完全竞争市场结构下,任何单个厂商都无力控制价格,市场价格是由整个行业的供求关系所决定,价格一旦决定之后,对于每一个生产者而言,这一价格便是既定的。因而在政府征税以后,任何个别厂商都不能把商品价格提高若干而把税负向前转嫁给消费者,只有通过该制造业体系在短期内部分地利用提价的办法转嫁给消费者。但在长期里,在供应成本不变的条件下,各个厂商在整个制造业体系下会形成一股提价力量,则税负可以完全或部分转嫁给消费者。

2) 垄断竞争市场结构下的税负转嫁

垄断竞争,是指一种既有垄断又有竞争,既不是完全竞争又不是完全垄断的市场结构。商品的差异性是反映这一市场结构的重要内容。在这种市场结构下,同一种商品可由为数众多的生产厂商共同生产,各生产厂商对市场的控制力都不大;同种产品在不同厂商间,其质量、包装、牌号、销售条件等存在较大差异,不同产品在一定程度上又有替代性,各种有差别的产品之间便形成了竞争。在垄断竞争条件下,单个厂商可以利用自己产品的差异性对价格作出适当调整,以此把税负部分地向前转嫁给消费者。但由于没有形成垄断市场,税负不能完全转嫁出去,进而保留全部垄断利润,因此只能实现部分税负转嫁。

3) 寡头竞争市场结构下的税负转嫁

寡头垄断,是指少数几个生产者供给某种商品的大部分,这几个生产者的产量在该行业的总产量中各占有较大的份额,从而可对市场的价格和产量发挥重要影响的一种市场结构。在这种市场结构下，每个生产厂商其商品价格和产量的变化都会影响整个市场和其他竞争对手的行动，因此每个生产厂商在作出价格和产量的决策时，不仅要考虑其自身的成本、利润情况，而且需考虑对市场的影响及竞争对手可能采取的决策。寡头竞争的价格波动不像一般竞争市场那样大，他们总是互相勾结，达成某种协议或默契，对价格升降采取一致行动。因此，如果对某产品征收一种新税或提高某种税的税率，各寡头厂商就会按早已达成的协议或默契来在各家成本同时增加的情况下，自动按某一公式各自提高价格，进而把税负向前转嫁给消费者负担（除非该产品需求弹性大，或差异性大）。

4）完全垄断市场结构下的税负转嫁

完全垄断，是指一种整个行业的市场完全被一家厂商所控制的市场结构。在这种市场结构下，生产厂商实际上是自行定价，以达到最大利润或超额利润的目的。如果某垄断产品为绝对必要品，且需求无弹性，又无其他竞争性的代用品，则垄断者可随意提价，不会影响销售量，税负就会全部向前转嫁给消费者。如果需求有弹性，垄断厂商不能把税额全部向前转嫁给消费者，而只能是部分前转，部分后转。因为如全部前转，可能引起价格太高，消费减少，得不到最大利润。但不管怎样，在完全垄断市场结构下，垄断厂商可以随时改变价格，把税负向前转嫁给消费者。

3. 成本变动

税负转嫁同成本变动有关。在成本固定、递增和递减三种场合，税负转嫁有不同的特点。

（1）成本固定的商品，税负可能全部转嫁给买方负担。因为固定成本的商品不随生产数量的多寡而增减其单位成本，此时，如需求无弹性，税款可加入价格，实现转嫁。

（2）成本递增的商品，税负只能部分转嫁。因为这种商品单位成本随产量增加而增加，课税后商品价格提高会影响销路，卖方为维持销路，只好减产以求降低产品成本，这样税额就不能全部转嫁出去。

（3）成本递减的商品，税负全部可以转嫁给买方。因为这种商品的单位成本随产量的增加而递减，课税商品如无需求弹性，税款即可加于价格之中转嫁出去。在某种情况下，税款不仅可以全部转嫁出去，甚至还可以获得多于税额的利益。

4. 课税制度

课税制度中税种设置及其各要素的设计差异，诸如课税范围的宽窄、税率的形式和高低、课税方法等都对税负转嫁有一定的影响。

1）间接税与直接税的税制差异

商品交易行为是税负转嫁的必要条件,一般来说,只有对市场交易行为或活动课征的间接税才能转嫁,而与市场交易行为无关的对人课征的直接税则不能或很难转嫁。如销售税、货物税、消费税、增值税和关税等一般认为是间接税,税负可由最初纳税人转嫁给消费者,这类税的税负还可以向后转嫁给生产要素者承担。而个人所得税、公司税、工薪税、财产税等一般认为是直接税,税负不能或很难转嫁。

间接税可以转嫁并不是意味着税负转嫁与市场供求存在一种绝对的因果必然联系和近似机械性转变过程。这里生产者决策和生产经营偏好,对转嫁与否及转嫁程度也有很大影响。税负转嫁常常是生产经营者决策、偏好及市场作用的共同结果。在许多种情况下,生产者经营决策是一回事,市场作用是另一回事。市场需求弹性大的商品,经营者未必不愿意经营,生产者未必不愿意生产,反之亦然。例如,当课征一种新的商品税时,往往造成征税商品的价格上涨。如果物价不上涨,生产和经营这种商品的单位和个人就无利可图。反之,若该商品课税后价格上涨超过一定水平,比如说超过所纳税额,它还会在不久的将来回归到与所征税额导致价格上涨的相同水平。但是倘若生产经营者不做出生产经营这种商品的决策,或生产经营偏好转移到别的商品上去了,那么上述这些变化也就不可能实现。因此间接税的转嫁也还是有条件的。

2）课税范围的差异

课税商品范围广的,税负容易转嫁;课税商品范围窄的,税负转嫁较困难。就不同课税商品而言,对生产资料课税,税负转嫁次数多,转嫁速度快;对生活资料课税,税负转嫁次数少,转嫁速度慢。就同类商品而言,对其全部课税税负易于转嫁;只就其中部分或其中一种商品课税,税负不易转嫁。就消费品而言,对生活必需品课税,由于消费是必不可少的,故消费基础广,税负易于转嫁;对奢侈品课税,由于消费可有可无,故消费基础窄,税负不易转嫁。

3）课税方法的差异

从量课税,负税者容易感觉,课税加价,消费者可能少买或不买高价商品,或采用代用品,因而税负转嫁趋势较弱。而从价课税,一般昂贵商品税重,廉价商品税轻,课税加价,负税者不易觉察,因而税负转嫁趋势较强。此外,税率设置也会影响税负转嫁的程度。

实行比例税率,价格与税负相辅相成,同种商品,价重税负多,价低税负少,税负易于转嫁。

实行定额税率,价格与税负相背,同种商品,价高税负轻,价低税负重,因而高价商品税负容易转嫁,低价商品税负较难转嫁。

税负轻重是税收转嫁能否实现的一个重要条件。在其他条件相同的情况下,如果一种商品税负很重,出卖者试图转嫁全部税负就必须大幅度提高价格,势必导致销售减少,但为了保持销路,又不得不降低价格,其结果税负只能部分转嫁或不能转嫁。然而对于税负很轻的商品来说,课税后加价幅度较小,一般不致影响销路,全部税负能顺利地转嫁给购买者负担。

六、税负归宿

税负归宿,亦称"税收归宿""赋税归宿""课税归宿"。它是税收负担的最后归着点,即税收负担运动的最后归着环节,表明全部税收负担最后是由谁来承担的。国家对纳税人课税,其税负的运动结果有 3 种情况:一是纳税人将所缴纳的税款,通过转嫁使税负最终落在负税人身上;二是税负无法转嫁而由纳税人自己承担;三是转嫁一部分,纳税人自己承担一部分。不管出现何种情形,税负总是要由一定的人来承担,归着于一定的人身上。税负归宿按照不同的标准,可以分为不同的类型。

(一)经济归宿与法律归宿

税负由税法上规定的纳税人负担称为税的法律归宿,税负不由纳税人负担而由其他人负担称为税的经济归宿。从法律上的归宿过渡到经济上的归宿,可能只要一次转嫁就能完成,也可能要经多次转嫁才能完成。特殊情况是,法律上的归宿即是经济上的归宿,在这种情况下,税负转嫁没有发生。因此,税的法律归宿始终只有一个,而经济归宿则可能是一个、两个甚至更多。税收究竟是谁负担的问题,看起来似乎简单,其实不然。

现举个简单的例子来说明,假设,税法规定对销售酒类征税,卖者每出售一瓶酒要缴纳 1 元的税,在不征税时,每瓶酒的售价是 4 元,就此例来看,1 元的税由谁来付钱?可能会出现以下几种情况:

(1) 售价仍是 4 元,那么不管买者是谁,这时,1 元的税由卖者来负担。

(2) 由于征税的缘故,卖者把售价提高到 5 元,这时,1 元的税由买者负担。

(3) 售价提高到 4.5 元,这时买卖双方都负担了一部分税,买者负担 0.5 元,卖者负担 0.5 元。

即使是这样一个简单的例子,我们也可以看出,税负是在运动的,总是要由纳税人或其他人来负担。从上面卖酒的例子来看,税的法律归宿总是卖者,而经济归宿在情况(1)下为卖者,在情况(2)下为买者,在情况(3)下则为卖者和买者共同充当。税负归宿亦有直接归宿和间接归宿之分。前者指税负无法转嫁,由纳税人自己负担的情形;后者指税负发生转嫁,由他人负担的情形。因此,法律归宿与经济归宿的差异就是税负转嫁的空间。

(二) 绝对归宿、差别归宿与平衡预算归宿

税收归宿通常取决于税收收入的用途,因此按照是否与税收收入的用途相结合,税负归宿又被区分为绝对归宿、差别归宿与平衡预算归宿。平衡预算归宿计算政府税收收入和政府财政支出对于税收分配的综合效应,即在指定税收用途的情况下,其一方面分析税收的归宿给纳税人带来的实际负担;另一方面也分析以该税收收入支撑的政府财政支出给纳税人带来的收益,将两方面进行对比后判断税收的最终分配效果。当然,税收收入通常不专门指定用途,实际生活中很难对财政支出的个体收益进行量化计算,所以很多情况下我们分析的是差别归宿和绝对归宿。差别归宿是计算政府在预算不变的情况下,以一种税取代另一种税时,税收归宿的差异及其对收入分配的影响,由于差别归宿考察的是税种的变化,所以需要找到一个参照物,通常选取总额税作为比较基础和参照物。绝对归宿是考察在其他税种和政府支出不变时,某一种税的经济效应,绝对归宿是最基本的税收税负归宿分析方法,在宏观税收经济分析模型中非常重要。

总而言之,税负归宿是税收分配和再分配的结果。财政学认为,税收从征收到最终找到归宿,要经过三个环节,即:政府向纳税人征税,此称税收冲击点;税负的转移过程,此称税负的转嫁;税收负担落在负税人身上,此称税收的归宿点。税收转嫁是介于冲击点与税收归宿点之间的中间过程。整个过程如下:政府课税→企业纳税(最初受到税收冲击)→转嫁(通过交易过程转嫁税收负担)→归宿(买方或卖方最终负担税收)。

七、税负转嫁与归宿的经济分析

对税负转嫁与归宿的经济分析方法有两种,即局部均衡分析和一般均衡分析。局部均衡分析是在假定某种商品或要素价格不受其他商品或要素价格和供求状况影响的条件下,仅分析税收对单一商品市场或生产要素市场均衡供求的经济影响。一般均衡分析就是在各种商品和生产要素的供给需求价格互相影响的前提下,分析使用商品与生产要素的供给需求,同时达到均衡状态时的税负转嫁与归宿。

(一) 税负转嫁与归宿的局部均衡分析

1. 商品税的税负转嫁与归宿

采用局部均衡模型对商品税的税负转嫁与归宿进行分析,首先假定市场处于完全竞争状态,商品的价格只取决于商品本身的供求情况,不受其他商品价格和供求状况的影响。

1) 对生产者征税

政府对生产者征税,生产者通过提高价格的方式将税收负担一部分(即征税后消费者支付的价格与征税前价格之间的差额部分)转嫁给了消费者,自己承担了剩下的部分的税收负担(征税后生产者得到的价格和征税前价格之间的差额部分)。由于征税带来的生产者剩余与消费者剩余分别减少及政府获得税收收入,社会总剩余损失的数额比税收收入要大,其中差额部分即为社会福利净损失。税收就像政府在商品的供求之间打进了一个楔子,即税楔,这个税收楔子使商品的生产者得到的价格和消费者支付的价格不再相等,从而导致社会总收益的减少,形成无谓损失。

2) 对消费者征税

假定政府不是对商品生产者征税,而是对商品的消费者征收同样的税收。研究发现,不管是对消费者征税,还是对生产者征税,之后的税收归宿情况完全相同,由此可以得出税负转嫁和归宿的第一个重要结论:税收归宿的结果与它是对消费者征税还是对生产者征税无关,即税收的法律归宿与经济归宿无关,政府能通过立法来决定和改变税收的法律归宿(即谁缴纳税款),但不能决定税收的经济归宿(即谁承担税款)。

此外,影响商品税税负转嫁与归宿的关键因素是商品的供求弹性。商品的供求弹性分为供给弹性和需求弹性。局部均衡分析结论表明:当需求完全无弹性的情况下,生产者通过提高价格将税收负担完全转嫁给了消费者;在需求具有完全弹性时,生产者没有办法通过提高价格转嫁给消费者税收负担,生产者承担了所有的税收负担;在供给完全无弹性时,生产者没有办法将税收负担转嫁出去,独自承担了全部的税收负担;在供给具有完全弹性时,生产者通过提高商品价格的方式,将税收负担完全转给了消费者承担。

以上是理想的情况,在现实分析中,供需完全无弹性或完全有弹性的情况是非常少见的,绝大多数情况下,商品的供给和需求弹性都是介于0~1,研究显示,在商品的需求弹性大于供给弹性时,消费者承担的税收负担小于生产者承担的税收负担;如果商品的供给弹性大于需求弹性,消费者承担的税收负担要大于生产者承担的税收负担。

综合上述不同供求弹性下的税负转嫁情况来看,商品的供求弹性是影响税收负担转嫁与归宿的关键因素。一般来说,在其他条件相同的情况下,需求弹性越大,商品消费者负担的税收越小;同理,在其他条件相同的情况下,供给弹性越大,生产者负担的税收越小。直观来看,价格弹性是衡量一个经济行为主体逃避税负能力的一个基本尺度。由此可以得出税负转嫁和归宿的第二个基本结论:在自由竞争的市场上,税收的经济归宿取决于商品的供求弹性。

以上讨论的是征收从量税时的税负转嫁及归宿情况,而现实商品税制大多采用从价税的征收方式,如增值税。从价税是按照商品的价格的一定比例来征收的税,从价税的税负转嫁及归宿分析方法与从量税相似,都是从征税对需求或供给曲线的影响入手。在取得相同税收的前提下,征收从量税和征收从价税的税负归属是不一样的。分析表明:在征收等量从量税的情况下,生产者负担的税收负担小于消费者承担的税收负担。由此可以得出第三个税负转嫁和归宿的重要结论:在竞争性市场中,政府征收同等税收收入的从量税和从价税,在商品价格和税负归宿等方面的效应也不尽相同,具体问题需要具体分析。

2. 所得税的税负转嫁与归宿

在现实生活中,除了对商品消费征税以外,通常我们还对生产要素所得征税。生产要素主要包括劳动力、资本、土地和自然资源等,本部分以对劳动所得课征的个人所得税(或工薪税)和对企业利润所得课征的企业所得税(或资本税)为例,探讨所得税的税负转嫁与归宿问题。

1）个人所得税：以工薪税为例

为方便分析个人所得税税负转嫁与归宿带来的经济效应，依据我国当前个人所得税税制的特点，我国个人所得税税制中70%～80%的税收是由工薪税构成，工薪税也是世界各国个人所得税税制中的主要构成部分。工薪税是指对雇员的工资、薪金所得课征的税，从世界各国的税制经验来看，工薪税通常分为两大部分来缴纳，一部分由雇主缴纳，一部分由雇员缴纳，目的是让雇主和雇员共同承担工薪税的税收负担。但是根据之前论述的商品税的税负归宿取决于商品供求关系的基本规律来看，工薪税的最终税负归宿同样取决于劳动力的供求弹性。

不同行业的劳动力供给弹性不同，但是现实生活中尤其是现在就业形势比较严峻的情况下，相当大部分的劳动者没有办法找到既有吸引力又可以随时变动的工作，大量的实证研究表明：当前我们国家的劳动力的供给弹性接近于0。而市场对劳动力的需求弹性根据行业的特征处于0～1，在这种情况下对工资征收工薪税，劳动力需求会下降，尽管雇主支付的工资不变，但是工人得到的税后工资会下降。由此看出，工薪税在雇主支付的工资和雇员得到的工资之间打入了一个税收楔子，在劳动力供给完全无弹性的情况下，尽管工薪税名义上由雇主支付，但是实际上其税负完全转嫁给了雇员，雇员承担了所有的工薪税负担。

当然，在特殊情况下，劳动力的供给也可能是弹性较大或者充分弹性。例如，在雇主急切想要找到能够胜任特殊岗位要求雇员的情况下，劳动力的供给就富有弹性或近似乎充分弹性，此时雇主不得不支付较高的工资，甚至还得负担绝大部分甚至全部的税负。征税后，由于劳动力供给充分弹性，征税后雇员获得的工资保持不变，雇主承担了全部的工薪税负担。

由此可见，工薪税的税收归宿与商品税的税收归宿相类似，都主要取决于劳动力供求弹性的力量对比。如果劳动力的需求弹性大于需求弹性，那么雇主承担的税收负担要大于雇员承担的税收负担；反之，则雇员承担的税收负担要大于雇主承担的税收负担。

劳动力供求弹性的经验分析表明，劳动力的供给受多种因素的影响，不同收入群体、年龄、性别以及税收福利政策等都会随劳动力的供给产生影响。从20世纪50年代至今，许多国内外学者对各国劳动力供给弹性进行了研究。他们通过调查得出的结论是基本一致的。即个人所得税对劳动努力程度的不利影响是轻微的，总体上，甚至有提高劳动努力程度（即收入效应）的倾向。美国经济学家迪克森（1975）对美国劳动供给弹性进行经济计量分析，证明劳动供给弹性为负，说明征收个人所得税对劳动供给的影响具有收入效应。这一结果在其他学者如英国经济学家布雷克（1953）、凯恩·瓦茨和布朗（1978）的研究中也得到了证实。于洪（2004）在问卷调查的基础上，通过 Logit 统计回归方法，从不同的社会学变量角度对我国劳动力供给弹性现状进行了实证分析，发现我国劳动力供给并不是完全缺乏弹性，且我国劳动力供给弹性存在以下特点：

第一，从性别的角度上看，女性比男性表现出更强的劳动力供给弹性，这主要是因为传统社会女性不需要承担家庭经济支柱的责任，可以自由选择劳动的余地更大。

第二，从年龄的角度来看，劳动供给弹性呈现随着年龄的增加而降低的明显趋势，年龄在 40 岁以上的工薪群体劳动力供给弹性明显弱于年龄在 30～40 岁以及 30 岁以下的劳动者。这主要是因为对绝大多部分工薪阶层而言，随着年龄的增加，劳动力供给的竞争力在要素市场上体现出趋弱的趋势，对职业岗位等进行再选择的空间也逐渐缩小，而且相应的赡养老人、子女教育等家庭负担也日趋严重。

第三，从工资水平的角度来看，高收入群体劳动力供给表现出较强的弹性，收入较低的群体劳动力供给呈现出一定的弹性，月工资处于 3 000 到 5 000 元的中等偏上收入群体，劳动力供给明显缺乏弹性。

2）企业所得税：以资本税为例

资本税是对资本所有者提供资本所获得报酬征收的税。资本税税负转嫁与归宿的分析思路与工薪税一样，取决于征税前后资本的供给曲线和需求曲线的变动情况。通常在封闭的经济中，根据资本价格上涨，使企业对资本需求减少或当期储蓄收益率上升时，企业对资本的需求减少，我们假设资本的需求曲线向下倾斜，资本的供给曲线向上倾斜，此时资本税的税负归宿情况，取决于资本的供给与需求弹性之比。

然而，在一个开放的经济中，世界各国的资本可以自由流动，形成一个统一的全球性资本市场。当一个资本的供给者在某一个国家无法获得世界平均资本收益率时，他就会将资本从该国抽走，投资到别的国家，因此在资本开放的市场环境下，资本的供给曲线是有充分弹性的。现在政府对资本需求者征税，资本需求曲线向下移动并与资本供给曲线形成新的均衡点,均衡数量会降低。此时尽管资本所有者的税后均衡收益率仍然保持不变,但是资本需求者支付的收益率却增加了税率,即资本需求者承担了所有的税收负担。

尽管当今世界经济已经高度一体化,但是各个国家对跨境资本流动进行各种管制的现象仍然非常普遍,所以资本在各国之间并不能完全自由流动。在这种情况下,资本的供给方还是需要承担部分资本税的税收负担。

3. 局部均衡分析的局限性

作为完整的税收归宿理论,上述局部均衡分析是不够的,因为它忽略了很可能在其他市场上发生的,影响相对效用水平的许多相对价格的变化。如果被课税的市场是一种生产要素市场,因为课税而导致的生产要素供给的下降,将使得这种要素同其他要素相比,产生一种相对稀缺性,很可能降低其他要素的相对价格。课税对其他要素价格的这种影响程度取决于生产过程中一种要素如何替代另一种生产要素,以及课税要素在商品的生产成本中所占的比重。的确,这样意味着要把所有决定供给和需求曲线形状的影响因素都考虑进来,其核心问题是其他要素价格是如何受到影响的,这个问题是税收归宿分析的重要组成部分。比如说在分析对劳动所得课税时,不仅要关注劳动力价格会发生什么变化,而且还要关注资本价格的变化,因为我们希望知道这种税是如何影响各种生产要素的所有者的。

在一定程度上说,对生产要素课税,可能会通过相对商品价格的变化,影响家庭所得的使用,对劳动所得课税通过提高劳动力的含税价格(相对于资本的价格),相对于其他商品的价格来说,将引起使用劳动密集型生产技术生产的商品价格上升。如果分析对于特定商品产量征税也会产生同样的问题。局部均衡分析只能告诉我们课税商品的价格发生了什么变化,这种税也可能引起其他商品的价格变化以及相对要素价格变化。如果考虑课税商品在总消费支出中只占很小的比重,则局部均衡分析的缺陷不像在其他要素税情况下那么突出。

局部均衡分析的另一个问题是,这种分析可以处理的税收类型非常有限,也就是说,只能处理适用于特定的市场的税收。特别是,它既不能处理部分要素税,也不能处理一般所得税或商品税。部分要素税或所得税对有限数量的生产要素的使用征税(如对公司资本收益征收的公司所得税),即使它们会影响整个经济的要素价格,但局部的均衡只分析直接影响到的那个要素市场。显然,需求曲线和供给曲线没有得到充分表达,因为只有部分需求和供给的课税被考虑,一般所得税可以被看作是对全部生产要素的征税,因此它同时冲抵着若干市场,故对单一市场的分析是不充分的。当商品税同时对若干商品征税时,如同一般商品税的情况一样,也会出现同样的问题。即使所有商品或要素都以同一税率课税,但若它们具有不同的需求弹性或供给弹性,它们的相对价格也会发生变化。单一总供给曲线分析不能说明这些相对价格变化。

局部均衡分析的最后一个问题是,它忽略了政府收入的使用问题。特别是当准备进行差别归宿分析以比较两种税时,这个问题就显得更为重要。

上述所有问题在税收的一般均衡分析中都给予了明确考虑。但这并不是说局部均衡分析没有价值,它表明了税收的基本初始的效应,在有些情况下,这还可能是最重要的效应。

(二) 税负转嫁与归宿的一般均衡分析

局部均衡分析的一大优点是一次只考虑一个市场,比较简单。但是在现实生活中,市场主体之间的经济关系错综复杂,各种因素之间相互影响,如果政府对某一种商品或生产要素征税,通过价格体系的作用,会带来其他商品或生产要素价格的变化,因此在对税负归宿的分析中,需要把各种市场相互作用考虑起来,才能得到完整、准确的结论。例如,对烟草课征烟叶税会抬高烟草的价格,从而降低烟草的消费需求,以前种植烟草的农民可能不得不改种其他农业作物,比如说玉米,随着玉米供给的增加,玉米的价格就会下降,最后使一直种玉米的人利益受损,这意味着,玉米生产者也承担了一部分烟叶税的税收负担。另外,局部均衡分析主要考虑课税商品的消费,不太关注课税商品的生产者。还以烟叶税为例,大部分人都赞成将烟叶税作为限制和惩罚吸烟者的一种政策工具,但烟叶税除了影响吸烟者,还会影响生产者的利润和收入水平,如烟草行业的股东、投资人、产业工人和种植烟叶的农民等,最终的税收负担事实上是在所有这些人群中进行分配的。这时,要明确了解税烟叶税的税收归宿,就应当采用一般均衡的分析思路和框架。

一般均衡分析,就是在各种商品和生产要素的供给、需求、价格相互影响的前提下,分析使所有商品与生产要素的供给与需求同时达到均衡状态时的税负归宿与转嫁。美国经济学家哈伯格(Hamberg)最早提出将一般均衡分析用于需求归宿分析,即哈伯格模型。1962 年,哈伯格首次利用一般均衡理论来分析公司所得税的影响,他的研究建立在完全竞争、完全流动性、完全信息和完全确定性等严格的假设前提基础上,得出的结论认为资本基本上承担了所有税负。随后一般均衡分析方法逐步成为税负转嫁与归宿研究的主流方法。

一般均衡分析中,需要考虑多种税收对征税商品或要素的直接影响,还要分析多种税收的间接连锁影响,如果全盘考虑会很复杂。因此,对税负归宿的一般均衡分析通常简化为两个部门的一般均衡分析模型,例如在哈伯格模型中,整个经济是由公司和非公司两个部门构成,并且只有资本和劳动两种生产要素存在,即一个"两个市场—两要素—两产品"的模型。

1. 一般均衡分析的前提条件

在两部门一般均衡分析模型中,通常有以下主要的假设条件:

1) 完全竞争市场

市场上只有两种可以利用的生产要素,一种是劳动(L),一种是资本(K)。市场是完全竞争的,企业之间的相互竞争并遵循利润最大化原则,所有的价格具有完全弹性。因此,劳动和资本都能够得到充分的利用,而且每一生产要素得到的收益都等于其边际产品价值,边际产品价值是最后一单位投入品所生产的产品给企业带来的价值。此外,这些要素的价格仍然按照竞争性市场的规则来确定,分别为工资率和利息率,要素价格可以根据不同的用途而发生变化。

2) 规模报酬不变

经济中只产生两种商品,都是使用劳动和资本两种生产要素来生产,且每个部门都有不变的规模经济效益,即生产要素投入与产出同比例增长。部门之间的生产技术可能不同,表现为两个方面:一是资本代替劳动的难易程度不同,即替代弹性不同;二是生产中使用资本与劳动的比率不同,通常具有较高的 K/L 的行业是资本密集型行业,较低的 K/L 的行业是劳动密集型行业。

3) 要素可以自由流动

资本和劳动的供给者都追求总收益最大化,资本和劳动可以在两个部门之间根据收益率的高低自由地流动,因此资本和劳动在两个部门的净边际收益率应该是相等的,否则两种要素就会进行重新配置。

4) 消费者偏好相同

假定所有消费者都具有相同的消费者偏好,因此,税收不会通过影响人们的收入使用而产生任何分配效应。

5) 要素总供给不变

假定整个经济中可以利用的资本和劳动力两种生产要素的总量是固定不

变的。

6) 差别税收归宿分析框架

假定政府部门需要的税收收入总量是不变的,考虑带来的相同数量的税收收入的两种税之间的相互替代问题,所以不需要考虑总收入变化影响需求和要素价格,即分析当政府征收税收类型发生变化时,资源配置的变化情况。

以上假设条件虽然非常苛刻,但它使我们的分析大大简化。

2. 一般均衡分析的税收等价关系

税收等价关系是税负转嫁与归宿一般均衡分析的理论基础,也称为税收等效应关系。税收等价关系以两部门经济中的多种税收及其相互联系为基础,建立不同税种之间的等价替代关系,从而使一般均衡分析能集中少数几种代表性税种。为简化分析创造了条件及说明税收等价关系,我们假定有两种商品,一种是食品,一种是制造品;有两种生产要素,一种是资本,另一种是劳动。根据商品和生产要素之间的关系,可能存在 9 种类型的税收:

(1) 对生产食品的资本所得的课税。

(2) 对生产制造品的资本所得的课税。

(3) 对生产食品的劳动所得的课税。

(4) 对生产制造品的劳动所得的课税。

(5) 对食品的消费课税。

(6) 对制造品的消费课税。

(7) 对所有资本所得的课税。

(8) 对所有劳动所得课税。

(9) 一般所得税。

前四种税都是对某种生产要素的某种特定用途课税,因此被称为部分要素税。这 9 种税种之间相互作用、相互影响,存在以下 6 种等价关系。

(1) 如果政府既对食品部门使用资本所得征税,又对制造部门使用的资本所得征税,在税率相同的情况下,两者之和相当于对所有经济部门的资本所得按照统一税率征收的所得税。

(2) 如果政府既对食品部门使用劳动所得征税,又对制造品生产部门使用的劳动所得征税,在税率相同的情况下,两者之和相当于对社会全部劳动者劳动所得按照统一的税率征收的所得税。

（3）如果政府既对食品消费征税，又对制造品消费征税，在税率相同的情况下，两者之和相当于对所有产品消费征收的税收。也就是说对消费者的各方面支出额分别按照相同的税率征收所得税，其效果等于对消费者的全部劳动所得按照与前面相同的税率征收综合所得税。

（4）如果政府对食品部门所使用的资本所得和劳动所得按照同样的税率征税，两者之和相当于对政府对该部门的全部收入额或增值额征税

（5）如果政府制造品部门所使用的资本所得和劳动所得按照相同的税率征税，那么两者之和相当于政府对该部门的全部收入额或增值额征税。

（6）如果政府既对资本所得征税，又对劳动所得征税，在税率相同的情况下，两者之和相当于对社会所有生产要素所得按照统一的税率征收的所得税。也就是说对各种来源的收入分别按照相同的税率征收分类所得税，其效果等于将所有的收入相加，并按照前面相同的税率统一征收综合所得税。

一般来说，任意两组税收，只要他们产生的相对价格变化是相同的，它们就具有税收归宿的等价关系。通过将某些税种组合起来，并使该组合的税收归宿等同于其他税种的归宿，可以解释整个经济体系中所有税收的归宿情况，还能分析不同税种在质和量上的差别。因此，在找出一系列税种之间相互替代关系的基础上，可以通过少数几种税收的归宿分析来理解和把握整个经济体系中所有税种的归宿。

3. 一般均衡税负归宿的分析结论

在上述一系列假设条件的基础上，继续沿用上述"食品—制造品"两部门市场，利用一般均衡模型对选择性商品税、所得税、选择性要素税和局部要素税4种类型税收的税负归宿进行分析。

1）选择性商品税

假设政府只对食品征税，征税后：

（1）从消费者角度来看，食品的相对价格提高（虽然提高的数额不一定与税额相同），消费者会减少对食品的消费，将部分购买力用于购买制造品。如此，制造品的需求量也会增加，制造品的相对价格也会因此上涨。随着制造品价格的上涨，食品的价格也会相对有所下降。由此分析，政府对食品征税，食品税的税收负担不仅由食品的消费者承担，制造品的消费者也承担了部分税收负担。

（2）从生产者的角度来看，政府对食品征税，食品的价格提高，食品部门的需

求量下降,食品的生产减少,制造品的生产相应增加。由于食品生产减少,食品部门中闲置的部分资本和劳动力会流向收益率相对较高的制造品部门。但是由于食品部门和制造品部门的资本劳动的比例可能会存在差异,制造品部门要吸收来自食品部门的生产要素资本和劳动的相对价格必须发生变化。现在假设食品部门是劳动密集型部门,制造品部门是资本密集型部门。食品部门使用劳动力要素相对多较多,使用资本要素相对较少,而制造品部门扩大生产需要的资本相对较多,需要的劳动力相对较少。要使制造品部门充分吸收从食品部门因为征税而流出的劳动力,劳动力的相对价格必须下降。劳动力的相对价格下降意味着食品税的部分税收负担落在食品部门和制造部门的劳动者身上。相反,如果食品部门是资本密集型部门,制造部门是劳动密集型部门,那么最后资本要素的相对价格会下降,食品税的部分税收负担落在了资本所有者身上。由此可见,政府对某一特定部门的产品征税,会导致该部门较密集使用的生产要素的相对价格下降,从而使相对价格下降的生产要素的所有者利益受损。

进一步将食品和制造品的需求弹性纳入考虑范围。在假定食品部门是资本密集型部门,制造品部门是劳动密集型部门的情况下,食品的需求弹性越大,消费者从食品消费转化为制造品消费的变化就越显著,最终资本要素收益下降幅度也就越大。而且,如果食品部门和制造业品部门之间的要素比例差异越大,为了使制造品部门充分吸收从食品部门流出的资本要素,资本的相对价格降低的幅度就必然增大;如果制造部门用资本代替劳动越难,两种生产要素"资本—劳动"之间替代弹性越小,制造品部门要吸收额外资本所需的资本收益率下降幅度也越大。由此可见,被课税商品的需求弹性、两部门之间的要素比例差异和"资本—劳动"要素之间的替代弹性决定着课税部门较密集使用的生产要素相对价格下降的幅度。

(3)从要素收入的来源来看,政府征收食品税,在食品部门是资本密集型部门,制造品部门是劳动密集型部门的情况下,那些主要收入来源于资本收入的人的利益受损。由于假定所有消费者的偏好相同,因此征税对不同消费者的影响没有差异。但是,如果消费者的偏好不同,那么食品消费量相对更大的消费者承担的税负就相对较大。这意味着,课征食品税,会使一个偏好消费食品的资本家在收入来源和消费支出两个方面遭受福利损失,而一个偏好消费食品的劳动者,则因在消费支出方面福利受损的同时,在收入来源方面得到额外收益,最终的福利结果呈现不确定性。由此可见,如果将一般均衡模型的假设条件放宽,食品税的税负归宿同时受到收入来源和消费支出两方面的影响。

因此,政府对某一部门产品的课税,最终会波及整个经济。整个社会所有的商品和生产要素价格,都可能因为政府对某一产品部门征税而发生变化,包括消费者、生产者和生产要素的提供者在内的所有个人,都可能成为某一生产部门的某一产品税收的直接或间接归宿。

2)所得税

在资本和劳动供给总量固定的经济模型中,以相同的税率对食品消费和制造品消费课税,这种税收等同于对所有的生产要素所得征税,是一种总额税。经济中每个成员按照其消费或所得的比例承担税收,在单一消费者或若干相同消费者的经济中,这种税不会影响相对价格、资源配置或福利水平。

如果消费者的偏好或所得并不相同,那么一般所得税与总额税的效果截然不同。虽然能获得相同的税收收入,但是所得税可以增加低收入者的所得,减少高收入者的所得。如果高收入者和低收入者的偏好不同,这种纯收入再分配将引起资源的重新配置。例如,如果食品比制造品的收入弹性高,那么税收的变化将会降低食品的需求,提高制造品的需求,食品部门将密集使用的生产要素的相对价格就会下降。

如果生产要素的供给是可变的,那么一般所得税与总额税的效果也截然不同。在课征一般所得税的情况下,长期资本和劳动供给都可能因课税而减少,税收归宿最终取决于资本和劳动的供给弹性大小比较,供给弹性越大的一方承担税负相对更少。例如,如果所得税使劳动的供给下降更多,则整个经济中的“资本—劳动”比率就会上升,从而使资本与劳动的收益比上升,即劳动供给者将一部分税收负担转嫁给了资本所有者。

3)选择性要素税

选择性要素税,是指选择对某种生产要素的收入课税。假设政府对所有部门使用的资本所得课税,而对劳动所得不征税,资本在食品部门和制造品部门之间不存在转移的现象,资本要素供给者必须承担全部税负。同理,若对所有部门的劳动力征税,劳动供给者将承担全部税负。因此,在选择征收要素税的情况下,对固定要素课税,税收负担全部由要素的供给者承担。

但如果从长期来看,生产要素的供给是可变的,那么征收所得税会减少未来的要素供给,要素供给结构会发生变化。例如,在课征选择性要素税的情况下,长期资本供给可能因课税而减少,整个经济中的"资本—劳动"比率会下降,劳动者的收益水平也会下降(因为在其他条件相同情况下,单位劳动所对应的资本减少了,导致劳动的生产效率下降),从而使劳动和资本的收益比下降,即资本所有者将一部分税收负担转移给了劳动所有者。因此,长期来看,一般资本税也可能会伤害劳动所有者的劳动供给。

4)局部要素税

局部要素税是指对某一部门中的某一特定生产要素所得的征税。假设政府只对制造品部门使用的资本所得课税,会同时产生产出效应和替代效应。

(1)产出效应。如果政府对制造品部门的资本所得课税,对食品部门的资本所得不征税,制造品的相对价格提高,制造品需求下降、产量减少,投资于制造品部门的生产要素必然向不征税的食品部门流动。但是由于食品部门和制造品部门的"资本—劳动"的比例存在差异,假设制造品部门是劳动密集型部门,食品部门是资本密集型部门,要使食品部门充分吸收从制造品部门因征税而流出的生产要素,劳动力的相对价格必然下降。劳动力的相对价格下降,意味着对制造品部门的资本收入课税的部分税收负担落在了食品部门和制造品部门的所有劳动者身上,即局部要素税使课税部门较密集使用的要素所有者也承担了部分税收负担。

若假设制造品部门是资本密集型部门,食品部门是劳动密集型部门,为使食品部门充分吸收从制造品部门因为征税而流出的生产要素,则资本的相对价格必须下降。所以,从产出效应上看,局部要素税对资本和劳动的相对价格的最终影响是不确定的。

(2)替代效应。如果政府只对制造品部门的资本所得课税,而不对制造品部门的劳动所得课税,必然会导致资本的相对价格提高,促使制造业生产者倾向于较多使用劳动要素而较少使用资本要素,也就是用劳动来替代资本,最终使资本的需求和相对价格下降。这种替代效应不仅发生在制造品部门,食品部门也会发生这样的替代效应。因为政府对制造品部门的资本收入课税,导致生产要素配置比例发生调整,增加劳动者使用,减少资本的使用。在这个劳动替代资本的过程中,劳动力需求增加,劳动者的工资率相对上升,同时资本需求减少、资本所有者收益率相对下降。因此,政府对制造部门的资本收入课税,可能会导致资本所有者承担比政府所征税额更重的负担。

综合考虑产出效应和替代效应,局部要素税对资本和劳动的相对价格的最终影响,取决于课税部门的要素密集类型,如果假定制造品部门是劳动密集型部门,食品部门是资本密集型部门,产出效应是资本的相对价格上升,替代效应是资本相对价格下降,则最终结果是不确定的。但如果假定制造品部门是资本密集型部门,食品部门是劳动密集型部门,产出效应和替代效应作用方向相同,则资本的相对价格必然下降。

综上来看,在一般均衡分析模型中,只要生产要素可以在不同部门之间自由流动,对其中一个部门的某一要素征税,不仅会使该部门使用的课税要素承担税收负担,其他部门使用这种要素也同样要承担相应的税收负担。一般来说,只要生产要素可以在不同部门之间自由流动,对其中一个部门的某一要素征税,最终会影响到所有部门的所有要素的收益。一般均衡分析使用"两个市场—两种要素—两种产品"的模型,分析政府课税带来一系列连锁反应,进而确定不同税种的税负归宿情况,克服了局部均衡分析的缺陷。但是,税负归宿的复杂性和连锁性,以及一般均衡分析的结论需要设定非常严苛的假设条件,影响了其结论的适用范围,导致一般均衡分析也存在一定的局限性,主要表现在以下几个方面:

第一,在现实生活中,"投入扩大一倍,产量也增加一倍"的情况只有在技术不发生变化的情况下才存在。例如,在工厂使用了新技术,劳动或资本生产率提高的情况下,较少的要素投入就可能会产生同样甚至是更大的产出,规模收益是可变的。另外,虽然征税会提高应税要素的价格,但是要素不一定会转移,或者即使部分要素会转移,但是转移的份额也不一定与应税要素价格上升成比例。因此,一般均衡分析假定规模收益不变,要素密集度不变,以及替代弹性唯一的假定,在现实生活中不一定成立,所得结论的可信度相应下降。

第二,在现实生活中,由于制度和技术的原因,并不是所有的生产要素都能实现完全自由流动。例如,土地被划分为住宅用地和制造业用地,不管住宅用地收益率有多高,非经法定程序,制造业用地不能随便转化为住宅用地,甚至信息不对称和交易成本的存在也会限制生产要素流动。如果生产要素不能自由流动,那么不流动的要素就必须承担对其征收的全部税收,因为要素不能通过跨部门流动来逃避税收。因此,一般均衡分析假定要素完全流动条件下得出的要素税收归宿的结论就不够准确了。

第三,一般均衡分析假设税收对要素供给本身不产生影响,要素供给总量不变,从而便于分析税收引起的要素流动。从短期静态来看,这样的假设是合理的。但是从长期动态来看,税收是会影响要素供给的,资本税会导致资本供给减少,工薪税会导致人们可能更多地选择闲暇而减少劳动。因此,一般均衡分析所得税不能转嫁的结论就不成立了。在要素供给可变的情况下,要素的所有者可以通过改变要素价格来转嫁税负,最终税负归宿的情况与要素供给的弹性密切相关。

第四,现实生活中,消费者的偏好是不可能完全相同的。政府征税会改变人们的消费结构,消费者收入的分配比例也会发生变化。政府获得税收收入后,通过财政支出会引起更大的再分配效应。因此,一般均衡分析中,假设消费者偏好相同,不产生任何收入再分配效应,脱离了实际。

第五,不管是局部均衡还是一般均衡分析,都是建立在完全竞争市场形成的均衡价格的基础之上,而均衡价格是以个人主观评价的边际效应为依据的,因此,不能够提供一个判断税负转嫁与归宿的客观数量标准,只能分析税收增量转嫁的可能性,不能对税收归宿以及归宿数量进行准确的描述。

总之,了解并掌握税务转嫁归宿理论对于深入开展税收经济分析,尤其是税收政策效应分析有着重要的意义,税收政策作用点取决于税负归宿的分布。税收学者对税负转嫁和归宿理论通过局部均衡分析、一般均衡分析以及其他经济理论工具,做了比较深入的研究。中国当前对税负转嫁与归宿问题的研究还处于起步阶段,研究重点还放在宏观税负上。未来需要通过进一步加强微观税收数据库的建设,推动税负转嫁和归宿问题的理论研究,为税制改革和税收政策选择提供更充分的理论支持。

第五章　税收经济分析重点内容：
宏观税收经济分析

税收经济分析中，围绕税收经济效应的分析是税收经济分析的重点，也是难点。税收经济效应的落脚点是税收政策效应，而后者的作用机制是指税收政策作用于宏观经济和微观经济而导致其发生的变化及效果。税收经济效应的作用机制可以从宏观和微观两个层次加以说明。税收经济的最终目标和宏观经济目标是一致的，即促进社会总供给与总需求基本平衡，促进经济稳定增长和收入的公平分配。这种宏观目标是通过税负的变化产生的乘数效应及税制设计中的"自动稳定器"效应实现的。

第一节　税收与经济增长

经济增长、经济稳定和社会公平是宏观经济运行的几个重要的问题，并构成宏观经济政策的基本内容，税收宏观经济效应就是从国民经济整体和总量平衡的角度来考察税收对经济增长、经济稳定和经济公平的影响。

税收对经济增长的影响，从微观层面来讲，是税收对劳动力供给、储蓄、投资、生产等微观经济行为的影响，本节将从宏观经济层面探讨税收对经济增长的影响，从税收与总需求和总供给两个方面的分析来探究税收对经济增长的宏观经济效应。

经济增长通常用一定时期的总产出即国内生产总值（GDP）或国民收入（NI）的增长率来表示。因此，税收与经济增长的一般关系，实际上就是税收与国内生产总值或国民收入变动的一般关系。

一、国民收入的构成

国民收入，是指一个国家或地区以当年价格或不变的价格计算用于生产的各种生产要素所得到的报酬总和。在一个由消费者、厂商和政府等组成的三部门经济模型中，通过对社会总供给（AS）和社会总需求（AD）的构成分析，可以得到国民收入水平的决定公式。

从供给的角度来看，国民收入是一定时期内各个生产要素供给的总和，也就是各种生要素相应地获得收入的总和，即工资、利息、利润和租金之和。总收入中除了用于消费和储蓄的部分外，还要拿出一部分缴纳税收。这样，从收入方面看，国民收入（Y）的构成可以表示为：

$$Y = AS = C + S + T$$

其中，AS 为一定时间内社会总供给；C 为消费；S 为储蓄；T 为税收。

从总需求的角度来看，国民收入等于一定时期内消费、投资和政府购买性财政支出等各项支出的总和，它可以表示为：

$$Y = AD = C + I + G$$

其中，AD 为一定时期内的社会总需求；C 为消费；I 为投资；G 为政府购买性财政支出。

按照社会总产出等于总支出，总支出的价值又构成总收入基本原理，可以把三部门经济中的国民收入构成的基本公式概括为：

$$C + I + G = C + S + T$$

由此可见：

$$I = S + (T - G)$$

其中，$(T-G)$ 是政府税收收入和政府购买性财政支出之间的差额，它可看作是政府储蓄，因此公式：$I = S + (T-G)$ 也就意味着在国民经济运行中私人储蓄与政府储蓄的总和同投资恒等。

二、税收对国民经济产出的影响

（一）税收乘数与财政支出乘数

宏观税负是影响一个国家经济增长水平的主要因素之一，宏观税负可以通过税收乘数效应对国民经济的增长起反向调节。"乘数"这个概念首先是由英国经济学家 R.E.卡恩提出，约翰·梅纳德·凯恩斯在其宏观经济理论中把它加以扩展运用，提出了自己的国民收入决定理论，也就是短期内国民收入的水平决定于社会总需求的理论。

在西方经济学中，"乘数"被定义为国民收入的变动量与引起这种变动的注入量之间的比率。税收乘数是指由于税收政策引起的国民经济变化量同税收变化量之间的比率。由于政府征税会造成纳税人的经济负担，税收对于国民收入而言是一种收缩的力量。

从社会总需求的角度分析，政府征税会减少社会总需求，进而减少国民收入。这种国民收入的减少效应是通过纳税人的消费需求、投资需求以及储蓄需求的变化综合体现的。从国民收入的最终用途分析，一个国家的国民收入最终是用来消费或者投资的，税负会减少个人或者企业的可支配收入，在其投资倾向和消费倾向不变时，微观经济主体会减少投资和消费，从而会使社会总需求和总供给减少，使国民经济处于较低的发展水平。

从消费的角度分析，税收乘数的大小可以用边际消费倾向来衡量。假设消费者的边际消费倾向是 β，那么税收乘数就是 $\dfrac{-\beta}{(1-\beta)}$。由于边际消费倾向小于 1，所以税收乘数是以扩大的反向力量作用于国民经济的。因此，政府税收的增加或者减少导致的国民收入的减少额或者增加额一般是大于政府最初的税收增加额的。为了保持经济的平稳增长，政府增税或者减税政策与财政支出政策、货币政策进行配合，对宏观经济的总需求和总供给进行调节，以稳定经济。

由于社会总需求和社会总供给在实际生活中经常出现变化并形成经济波动，因而税收 T 与政府购买性财政支出 G 可以作为政府调节宏观经济运行的手段，来维持社会总供给与社会总需求的平衡，当消费与投资之和（$C+I$）出现不足时，就会引起经济增长缓慢或失业人数增加，政府可以通过减少税收 T 增加政府

购买性财政支出 G 来刺激经济增长以维持社会总供求平衡；反之，当消费与投资之和（$C+I$）过多，则引起通货膨胀，政府则可以通过增加税收 T，进而减少政府购买性财政支出 G。由此可见，税收不仅是构成国民收入的一个重要因素，而且在维持社会总供给与总需求之间的平衡方面也起着非常特殊的重要作用。税收对国民收入水平影响，具体是通过税收乘数效应来实现的。

由于消费是收入的函数，如果在没有收入时的基本消费为 C_a，可支配收入为 Y_d，边际消费倾向为 b，于是就有：

$$C = C_a + bY_d$$

如果税收 T 是总额税，可支配收入 Y_d 等于从总收入 Y 中扣除税收 T 后的余额，即：

$$Y_d = Y - T$$

因此有：

$$Y = C + I + G = C_a + bY_d + I + G = C_a + b(Y-T) + I + G$$

由：$Y = C_a + b(Y-T) + I + G$ 移项整理后得：

$$(1-b)Y = C_a - bT + I + G$$

也即：

$$Y = (C_a - bT + I + G)/(1-b)$$

对上式求 T 的导数，得到：$K_t = -b/(1-b)$

对上式求 G 的导数，得到：$K_g = 1/(1-b)$

K_t 就是通常所说的税收乘数，它表明税收与国民收入之间的关系。由于税收乘数是一个负数，这就意味着税收的变动与国民收入之间的变动是一种反向关系。当政府增加税收时，国民收入将减少，减少的数额相当于税收增量的 $b/(1-b)$ 倍；而当政府减少税收时，国民收入将增加，增加的数额相当于税收减少量的 $b/(1-b)$ 倍。税收乘数大小是由边际消费倾向 b 决定的，边际消费倾向越大，则税收乘数的绝对值就越大，对国民收入的影响也就越大。

K_g 是财政支出乘数，它表明财政支出与国民收入变动之间的关系。由于财政支出乘数是一个正值，表明国民收入的变动与财政支出的变动方向相同。即：

当政府支出增加时,国民收入也随之增加,并且增加的数量为财政支出数量增量的 $1/(1-b)$ 倍;当财政支出减少时,国民收入也随之减少,并且减少数量为财政支出数量减少量的 $1/(1-b)$ 倍。因此,如果仅考虑财政支出因素,则财政支出增加有利于加速经济增长。

下面,我们将同时考虑税收与财政支出这两个因素对经济增长的影响,我们假定政府在税收增长的同时,也增加同等数量的政府支出,于是有以下公式:

$$K_t + K_g = -b/(1-b) + 1/(1-b) = 1$$

当政府增加税收 T 和政府支出 G 时,即使政府税收 T 和政府支出 G 在数量上是相等的,也会产生经济上的扩张效应,国民收入增加量正好等于税收 T 和政府支出 G 的增加量,这个结果被称之为"平衡预算原理",这个原理表明,如果经济中的产出水平低于充分就业时的产出水平,则政府可以通过适当增加税收同时等量增加政府支出以把产出水平提高到充分就业时的水平,这样就避免了通过财政赤字来达到目标的缺陷。

在平衡预算条件下,预算规模的扩大之所以具有扩张效应,主要在于增加税收的递减效应小于增加等量政府支出的扩张效应。政府支出的增加在总量上是总支出的增加,但税收的增加在总体上并不是总支出的减少。因为税收增加量的一部分被储蓄起来并用于投资,从而增加了经济产出,而只有税收其余部分才能导致消费减少或总支出减少。需要指出的是,这里的政府支出要用于直接购买商品或用于投资,如果政府支出只是用于转移支付,这部分转移支付并不能使国民收入增加,因为获得转移支付的人只能按照其边际消费倾向增加其消费支出,但纳税人却按照其边际消费倾向减少支出,结果自然是相互抵消,促进经济增长的预期效果也就无法实现。

三、宏观税负与经济增长

(一) 拉弗曲线

美国供给学派的代表人物阿瑟·拉弗对宏观税负与经济关系的研究有重要影响,他提出了有关税收负担与经济,税收收入与经济的曲线,即拉弗曲线。阿瑟·拉弗用一个简单的图形形象地描述了税率、经济增长及政府收入之间的相互关系,该理论主张以大幅度减税来刺激供给,从而刺激经济活动。

"拉弗曲线"的基本含义是:税收收入并不总是随着税率的增长而不断增长,当税率高过一定点后,税收收入的规模不仅不会增加,反而会下降。过高的税率会削弱经济主体的经济活动积极性,因为税率过高时,企业只有微利甚至无利,企业便会缩减生产,从而削减了课税基础,使得税源萎缩,最终导致税收收入总额减少。过高的宏观税率将导致投资率和经济增长率下降。例如,当税收达到极端100%时,就会造成无人愿意投资和参与工作,政府税收收入也将降为零,经济零增长甚至下降。

根据"拉弗曲线",我们可以得到以下启示:

(1) 高税率不一定能够取得高收入,高收入也不必然要求高税率。一般来说,高税率会挫伤经济活动主体的积极性,从而削弱生产者和经营者的活力,直接导致经济的滞后或倒退。

(2) 取得同样多的税收,可以采取高低两种不同的税率。适度的低税率在短期内可能会减少政府的税收收入,但从长远来看可以刺激生产,扩大税基,并最终有利于政府的税收收入增长。

(3) 税率,税收收入与经济增长之间存在着一种相互依存相互制约的关系,税率必须适当,过高的税率会损害经济的正常运行。因此,从理论上来说,应当存在一种兼顾税收收入与经济增长、税收税率三者最优的组合。这就为合理确定宏观税收负担水平提供了一定的理论依据。

从某种意义上说,拉弗曲线实际上是在为减税政策或轻税政策寻找理论依据,在拉弗看来,美国20世纪70年代和80年代的税率,特别是边际税率太高,已经超过了拉弗曲线上最优点,进入了课税禁区,较重的税收负担造成了纳税人实际收入下降,严重挫伤了他们储蓄、投资和劳动的积极性,阻碍了经济的增长,因此实行较大幅度的减税就成为摆脱经济困境的重要措施。在供给学派理论的指导下,美国推行了以减税为核心的税收税制改革,并且带动了世界范围内大规模税制改革浪潮,然而美国的减税改革并没有完全奏效,它在缓解了美国经济增长滞胀危机的同时,也付出了高额财政赤字的沉重代价。

(二) 最优税收负担率

从理论上讲,应当存在一种兼顾税收收入与经济增长的最优税收负担水平,并应以这个最佳税收负担作为税制设计的基础。早在1983年,原世界银行工业部高级顾问基斯·马斯顿选取 21 个不同类型的国家,采用实证分析的方法,证实了宏观税负与经济增长的基本关系,得出如下结论:第一,低税负国家的人均 GDP 增长率大于高税负国家,高税收收入必定是以牺牲经济增长为代价的;第二,高税负国家出口增长率一般也小于低收入的税负国家;第三,低税负国家的社会劳动就业与劳动生产率的增长幅度大于高税负国家。

一些经济学家对部分国家的最优宏观税负率进行了实证分析。斯卡利(1996)运用新西兰 1927—1994 年的数据,计算使新西兰经济增长速度最大化的最优税率是 19.7%,假定误差是 ±0.2%,则最优宏观税负率是 15.8%~23.6%。而新西兰 1995 年的实际税负是 34%~35%,比最优值高了 14%。同时,他们还分析了宏观税负与地下经济的关系,发现宏观税负下降 1%,会使正规经济真实 GDP 增长率增加 0.3%,使地下经济增长率减少 0.1%。布兰森和洛弗尔(1997)估计新西兰 1946—1998 年的最优税率为 22.5%。斯卡利(1996)还估计了其他国家的最优税率:美国 1929—1989 年为 21.5%;丹麦、芬兰、瑞典和英国在 1927—1988 年分别为"18.5%、18.9%、20.1%、25.2%";样本国家的最优税率平均为 20.1%。

对于我们国家宏观税负水平高低的研究,一直存在两种观点:其一,认为我国宏观税负过高,财政困难主要来自纳税人缺乏监督所导致的浪费;其二,认为我国的宏观税负并不高,与西方国家相比甚至可以说偏低,偏低的宏观税负将导致财政开支困难。那么,我们国家当前的宏观税负水平是较高还是较低?在经济增长框架中分析中,发现税收与投资和经济增长的关系,认为宏观税负与投资和经济增长并不是单调关系,存在使投资率或经济增长率最大化的最优宏观税负。通过不同的投资函数模型设定,估计宏观税负与总投资和民间投资关系,发现投资或经济增长率与宏观税负呈现非显著线性关系,我国使政府收入最大化的拉弗曲线最高税率为 34%,使投资和经济增长最优的宏观税负,估计是 18%~19%,这与国际上关于最优税负率约为 20% 估计基本一致。

第二节　税收与稳定经济

经济稳定,是指在经济发展过程中经济运行的波动幅度较小。经济过热和经济萧条都是经济不稳定的表现形式。一般认为,经济稳定主要体现为充分就业和物价稳定,要实现这两个目标,最重要的是要保持社会总供给和社会总需求的平衡。为了维持经济的平衡运行,客观上需要政府通过宏观经济政策来进行调控,税收就是政府保持宏观经济稳定的一个重要手段。

一、税收对就业的影响

充分就业,也称完全就业,是经济学中的一个假设,是指除了正常的暂时不就业(比如工作转换等),所有的人都找到合适的职务,没有浪费现象。在充分就业情况下,仍然会存在摩擦性失业和结构性失业。充分就业与一定的失业率并存。充分就业就是一个相对指标,在许多国家,失业率不超过 4%～6% 就被认为达到充分就业。

以失业为是否是出自其自身的愿望为标准,可以把失业区分为自愿性失业和非自愿性失业两种类型,其中政府要着力解决的是非自愿性失业。此外按失业原因的不同,非自愿性失业又可进一步区分为摩擦性失业、季节性失业、结构性失业和周期性失业四种,这四种失业当中,政府控制的失业政策主要是针对周期性失业而言的。

周期性失业是市场对商品和劳务需求不足所导致的失业。当现实生活中的国民收入水平低于潜在的国民收入水平时,由于资源没有得到充分利用,就会因为有效需求不足而产生失业。解决周期性失业的关键,在于增加有效需求。当出现因总需求不足而引起的失业时,降低税率引起的连锁反应在一定程度上就能发挥扩大总需求、增加总产出和促进就业的功效。

二、税收对物价的影响

物价稳定,是指一般价格水平或价格总水平的大体稳定。价格总水平是由社会总需求和社会总供给共同决定的,社会总需求与社会总供给之间的关系,一方面决定了均衡的国民收入水平,另一方面也决定了均衡价格水平。当均衡价格水平决定以后,社会总需求或社会总供给的变化都会导致价格总水平发生变化。当社会总需求和社会总供给共同决定的国民收入已经达到了潜在的国民收入水平时,继续增加总需求就会使总需求大于总供给,引起价格总水平上升。总供给是由生产成本决定的,生产成本的变动也会影响价格总水平。作为社会总需求和社会总供给的变量因素,税收的变化无疑会引起社会总需求和社会总供给的变化,并由此导致价格总水平的变化。

物价不稳定,是指一般价格水平或价格总水平持续性的普遍上涨或下跌。通货膨胀是最为常见的一种物价不稳定的表现形式。如果要运用税收手段来抑制通货膨胀,必须首先要弄清楚所面临的通货膨胀到底是需求拉动型还是成本推动型,然后再采取相应的措施。

(一)税收对需求拉动型通货膨胀的影响

需求拉动型的通货膨胀是由需求过度而引起的。当社会总需求和社会总供给已经达到充分就业的均衡状态时,资本和劳动力等资源已被充分利用,在这种情况下,进一步扩大需求不仅不能使产出增加,反而只会使价格上升。作为社会总需求中的重要变量因素,在通常情况下,增加税收能减少总需求。当现实的国民收入已经达到潜在的国民收入时,如果经济中还存在超额需求,那么增税将充分降低价格水平,而不会减少国民收入。

如果提高税率,则总需求曲线会下降,价格总产出水平也会下降,如果继续提高税率,总需求曲线会进一步下降,价格水平也会进一步降低。可见,当已经实现充分就业时采取通过削减过度需求的增税政策,其全部效应都表现为减轻通货膨胀的压力。

(二)税收对成本推动型通货膨胀的影响

成本推动型通货膨胀是由于包括自然资源和劳动资源在内的生产投入要素的价格提高,使生产成本上升而引起的平均价格水平普遍上涨,税收不仅是社会总需求构成中的重要变量因素,而且也是成本构成中的重要变量因素。通过调整税率结构,降低对生产投入要素征税,就能降低社会的生产成本,进而控制成本推动的通货膨胀。减税主要是通过经济运行中的劳动和资本投入来影响总供给的。

当政府采取减税政策时,经济运行中的劳动和资本投入就会增加,从而增加总供给,表现为产出将会增加,价格水平将会下降。然而在短期内,减税也具有强大的需求增加效应。降低个人所得税,会增加个人实际可支配收入,从而使作为总需求主要组成部分的消费需求增加;降低公司所得税将刺激投资增加,也会增加总需求。可见,减税既有可能使总供给出现增加的程度大于总需求的增加程度,也有可能使总供给的增加程度小于总需求的增加程度。当减税的结果是总供给的增加程度大于总需求的增加程度,那么表现为总需求曲线移动的幅度小于总供给曲线移动的幅度,此时产出水平将增加,价格总水平将进一步下降。当减税的结果是总供给的增加程度小于总需求的增加程度,那么表现为总需求曲线移动的幅度大于总供给曲线移动的幅度,此时的产出水平会增加,价格总水平也会随之提高,反而加大了通货膨胀的压力。

三、税收调控政策的类型

税收在稳维护经济稳定、熨平经济波动方面,能发挥意向调节作用。税收的逆向调节,具体是通过发挥税收的自动稳定器功能和采取相机抉择的税收政策两种方式来实现。

(一) 自动稳定器

税收的"自动稳定器"功能是指一些税收政策具有自动稳定经济的作用。在不调整税收制度的前提下,依靠税收制度中某些特定的制度安排对国民经济运行周期性变化所产生的反应,就能自动的实现税收收入的增减变化,从而抵消经济波动的部分影响来实现稳定经济的作用。税收的"自动稳定器"功能的实现,并不需要政府随时作出判断并采取相应的措施就能对需求管理起到自动配合的作用,税收的"自动稳定器"的经济的效应一般体现在税收政策的自动稳定效应方面,其中,税收政策的自动稳定效应,是指在既定的税收政策下,累进的税制会随着经济的发展自动进行逆向经济调节,以减缓经济的波动。具体而言,当经济处于停滞状态时,税收收入会自动减少从而使社会总需求增加;当经济处于通货膨胀状态时,税收收入会自动增加从而抑制社会总需求。

税收的自动稳定效应和税收制度设计中的累进程度有关。如果税制结构中直接税比重大,且累进程度高,税收的自动稳定作用就强;如果流转税比重大,且累进程度低,则税收的自动稳定作用就差。税收政策的自动稳定机制效应尽管可以对经济自动产生逆经济周期趋势的调节,但这种调节作用也是有限的。要充分发挥税收政策对经济的、收入分配的调节作用,还必须根据经济运行的变化,适时选择相机抉择的税收政策,主动发挥税收对经济的调控作用。

税收自动调节社会总需求的内在稳定机制,主要是依靠采用累进税的个人所得税来实现的。当经济处于繁荣时期,生产迅速发展,经济较快增长,个人可支配收入也随之较快上升,累进所得税制进行的结果,一方面可以使超过免征额的人数增加,从而扩大了所得税的增税范围;另一方面收入增加也会使相当一部分纳税人在累进税制中,适用税率的档次提升,这些都会使税收收入增加,增税的结果是在一定程度上抑制了经济过分扩张,从而延缓通货膨胀的发生。当经济运行不景气时,生产出现衰退,个人可支配收入有所下降,累进所得税制运行的结果,一方面可以使超过免征额的人数减少,从而缩小了所得税的征税范围;另一方面收入降低也会使部分纳税人在累进税制中适用税率的档次下滑,这些都会使税收收入减少,减税的结果是在一定程度上可以防止生产进一步衰退或促进经济恢复。采用比例税率的公司所得税,由于公司利润在整个经济波动中大于其他形式收入的波动,所以在一定程度上也具有内在稳定的功能。一些采用有起征点规定的比例税率的商品税,也含有内在稳定的因素。不同税种自动稳定机制的反向调节能力大小,取决于税收收入弹性系数大小。在其他因素既定的情况下,累进税率的税收弹性系数最大,比例税率的税收弹性系数次之,而定额税率的税收弹性系数最小,所以税收内在的制度性调节机制在累进税率下体现得最充分。

(二) 相机抉择的税收政策

相机抉择的税收政策,是指政府根据具体宏观经济形势的变化,相应灵活采用多变的税收措施,以消除经济波动,谋求既无失业又无通货膨胀的稳定增长。相机抉择的税收政策是一种人为的税收政策选择,其任务就是要消除税收自动稳定器无法消除的经济波动。相机抉择的税收政策包括扩张性的税收政策和紧缩性的税收政策两种形式。

在不同的宏观经济形势下,政府应根据宏观经济形势的条件要求,及时选择并决定是开征还是停征税种,是提高还是降低税率,是扩大还是缩小税基,是增加还是减少税收优惠。当经济运行过热,发生通货膨胀时,国民收入高于充分就业的均衡水平,存在过度需求,此时就要实行以增税为主要内容的紧缩性税收政策,具体包括开征新税种、提高税率、扩大征税范围以及降低起征点或免征额等措施。增税的结果是减少个人可支配收入,从而造成私人消费支出下降,社会总需求缩小以及国内生产总值水平下降。当经济运行低迷,发生通货紧缩时,国民收入小于充分就业的均衡水平,这体现为总需求不足,此时就要实行以减税为主要内容的扩张性税收政策,具体包括降低税率增加减免税等措施。减税的结果是有助于增加个人的可支配收入,进而增加消费支出和投资支出,提高社会总需求水平。

为了使相机抉择的税收政策更为有效,政府应扩大选择弹性比较大、税基比较宽以及反应速度比较快的税种作为政策工具。所得税和商品税作为两大主体税种,在经济稳定中都发挥了重要作用,但两种税对经济稳定有不同的特点。相比较而言,所得税在控制需求方面更为有效,商品税在影响商品生产成本方面更为有效;从作用于供给角度来看,所得税和商品税更具有不同的特点,所得税对储蓄和投资结构影响比较大,而商品税对生产结构影响比较大。

(三) 税收政策局限性

税收自动稳定机制主要优点在于其自动反应能力,它完全避免了在相机抉择税收政策中所遇到的认识时滞,同时还可以避免部分执行时滞,而且税收自动稳定机制的作用目标准确、作用效果比较快。但税收自动稳定机制也存在较大的局限性:首先,税收自动稳定机制无法应对经济运行中的巨大外生变化,这种影响仅靠内在的稳定机制是不可能抵消的。其次,税收自动稳定机制只能缓解经济周期的波动幅度,而无法完全消除经济周期波动。这是因为在税收收入能够变化之前,需要有国民收入水平的原始变化,除非税率达到100%,否则国民收入的原始变化就无法完全被抵消。第三,税收自动稳定机制有可能产生拖累效应,阻碍经济复苏。当经济逐渐走向复苏时,一部分增加的国民收入将被税收内在稳定机制所吸纳,这实际上就构成了经济增长过程中的一种紧缩性因素,从而对经济增长形成财政拖累,并阻碍经济复苏。税收自动稳定机制越强,对经济复苏阻力就越大。

相机抉择税收政策对经济稳定的效用的局限性主要体现在以下几个方面:

第一,需要政府能够对经济运行状况做出清晰而准确的判断,这就要求政府能够收集大量的经济信息并对其进行分析,从而得出准确的判断。一旦政府不能获得足够的准确信息而作出了错误的判断,那么,政府所采取的政策对经济运行的影响就将是灾难性的。

第二,即使政府能够做出正确的判断,那么在政府决定实施相机抉择税收政策时,也可能会因为这样或那样的阻力而影响税收政策在适当的时机得以执行,尤其是增税政策往往会面临更多阻力。

第三,政府在调整税收政策时,必须使社会公众认识到这一政策是稳定的,否则如果社会公众认为某种增税或减税政策仅仅是临时性的,那么他们很可能不会改变自己的经济行为,从而降低税收政策的预期效果。

第四,相机抉择税收政策的有效性也面临着政策时滞方面的限制。总体来看,相机抉择税收政策的政策时滞非常长。如果政府本身的洞察力不够,或者经济运行没有显现出强烈的不稳定信号,那么认识时滞就会比较长一些,相机抉择税收政策中的一些重大调整,往往需要经过立法机构审议批准,由此会产生或长或短的决策时滞,而这些在税收自动稳定机制中是不存在的。

税收制度的内在反馈机制不可能完全胜任经济稳定的角色,这不仅是因为自动稳定机制的力度有限,而且因为经济波动的原因是非常复杂的。税收政策内在稳定机制存在的缺陷为税务部门的相应决策提供了某种可能。然而,和自动稳定机制一样,税务部门的相应角色,在稳定经济能力上也同样存在问题——相机抉择的有效性依赖于税务部门信息的完备程度和预测能力。不仅如此,政策的内在时滞将可能使相机抉择表现出顺周期特征,从而造成经济更大的波动。

尽管许多研究对税收政策相机抉择的稳定效果提出质疑,但各国的税收征管实践和经济稳定的需要都表明,完全抛弃相机抉择既不可取,也不可能。既然如此,如何保证政策相应抉择的有效性才是我们需要考虑的问题,为了解决这些问题,目前世界上大部分国家对税收政策的相机抉择都作出了相应的限制。尽管如此,对于税收政策是否需要规则约束,理论界还存在较大的分歧。对于这一问题,我们需要从三个角度分析,这样才能把握财政政策相机抉择和规则约束的根本。首先,我们需要弄清楚税收规则的含义及其目的;其次,考察这种规则的效果;最后,需要关注规则设计与执行。已有的经验证据表明,如果规则的制定不可能通过公共选择的形式,那么这一重任只能交由一个独立的、有信誉的组织执行,不仅如此,为保证税收规则得到有效的实施,我们还必须增加规则制定和实施过程中信息的透明度,因为信息透明不仅可以增加外部监督的力量,而且还有利于提高税收政策制定的科学性。

四、税收调节的时滞

税制的设置与执行、税收政策的制定与实施毕竟是政府行为,因此,税收的调节功能是否能够有效发挥,以及调节力度是否恰当,都取决于政府对经济形势的判断力和反应速度。这样,就会出现在税收调节措施发挥其功效之前,却因为经济条件的变化而出现不适的情形,即税收调节的时滞。

税收政策时滞,是指政府从认识问题到制定税收政策并实施以至最终解决问题之间的时间差滞。常见的税收政策时滞分为三类:识别时滞、执行时滞和反应时滞。

(一) 识别时滞

识别时滞,是指政策主体从对某种经济现象有某种清晰的认识到采取某种政策措施以应对该经济现象所经历的时间差。研究表明,识别时滞平均为 5 个月。识别时滞存在的根本原因是税收政策主体需要一定的时间来收集、分析评估、预测相关的经济信息,以及经济失衡造成结果的不确定性。提高信息收集的效率和信息加工的准确性,增强对经济形势的整体判断,区别主要问题和次要问题,把握重要的政策要素,有助于缩短识别时滞。

(二) 执行时滞

执行时滞,是指政策主体从发布相关政策措施到政策执行部门执行该政策措施需要的时间差,包括立法和行政上的滞延。这类时滞的产生,是因为政策的具体操作部门需要有时间来实施变化了的政策。新政策和旧政策相比,在某些政策要素方面会有较大的变化,要较好地执行这些政策,政策的具体执行部门首先要对新政策有一个熟悉掌握的过程,然后才可能按照政策意图调整自身行为。这也是提高政策执行效率和政策执行准确度必需的。税收制度的变动往往需要经过冗长的审批程序,尤其是减税容易增税难,这就造成税收政策在执行时间上的延误。

(三) 反应时滞

反应时滞,是指从一种税收政策付诸实施到影响相关的经济主体行为从而产生预期的经济效果之间的时间差。这种时间差的存在,主要是因为税收政策调节效果的产生是依靠税收政策对象在政策环境中主动调节其经济行为来实现的。政策对象是否能及时调节其经济行为,需要政策的作用主体根据当前的经济形势和执行政策所带来的利益进行对比分析,而真正能够做出行为调节还要取决政策作用主体所处的行业环境和自身的生产经营状况,以及消费者行为调整的难易程度。由于生产行为、消费行为的刚性和市场调节的滞后性,政策的作用主体对税收政策的反应需要较长的时间。因此,税收政策对于存量经济行为的调节较为有限,但对于未来的经济行为选择有一定的指导作用。税收政策在付诸实施后不会立刻产生效果,根据政策执行性质和强度的不同,其起作用的时间也不同,有的政策可能比较快就收到成效,有的则可能见效缓慢。

各种政策时滞的存在,不仅降低了税收调节的效力,而且也限制了税收稳定政策的有效性,在有的情况下,甚至还可能导致经济运行出现更大的波动。

税收调节时滞对经济也会产生影响。当税收变动没有滞后问题时,税收调节依据经济变动情况而即时变动,起到反周期调节的稳定作用。但由于税收稽征的滞后性,就会出现税收时滞的情况,经济波动与税收收入反向波动:当经济开始衰退时,政策开始采取减税的扩张性政策,但由于政策时滞,当减税政策生效时,经济已走出衰退,进入高涨期,减税反而加剧了经济的泡沫;当经济高涨时,为避免通货膨胀,政府开始采取提高税收的紧缩性政策,但同样由于政策时滞,当增税政策生效时,经济已经走出了高涨期,进入衰退期,增税反而加剧了经济萧条。因此,斯蒂格利茨认为:"税收计划履行的滞后会使一个具有良好意图的税收政策失效,实际上加剧波动。"因此,应充分考虑时滞效应,正确选择实施税收政策时点,使税收调节功能得以充分发挥。

第三节　税收与收入分配

税收作为一种调节收入分配的手段,不仅可以对高收入者征收高额税,而且还可以通过税收筹集占整个国民收入较大份额的资金,再通过转移支付等手段把资源或收入分配给低收入者,从而明显改善整个社会的收入分配状况。

一、收入分配理论基础

在市场经济条件下,收入分配取决于生产要素的分布状况和由竞争市场所决定的生产要素的价格。但由于每个人天赋能力不同、受教育和训练机会不同、所拥有的财产或财富的差别、对市场控制能力的不同以及其他偶然因素的影响,如疾病、事故等,都可能引起收入分配的不公平。收入分配追求的公平有两个方面,即机会公平和结果公平。所谓机会公平,就是指每个人都以公平的机会开始生活,获得收入。所谓结果公平,是指人们在不同的机会或同等的机会中取得收入大致相等。机会公平并不一定意味着最终的结果的公平，因此税收政策更多的倾向于最后的结果公平，即对收入分配的调节应导致最终对收入分配的结果的调节。

如果社会福利函数为每个社会成员效应的简单加总，每个社会成员具有相同的社会效用函数，且该效应函数与个人收入有关，并符合收入的边际效应递减规律，假设短期内整个社会可供分配的收入总额是固定不变的，那么，根据这些条件，可推导出使社会福利最大化的收入分配最终结果应是整个社会收入绝对平均分配，即只有当每个人都获得相同的收入时，社会才实现了社会福利的最大化。因此，根据收入边际效应递减的假定，某个人的收入越高，其增加收入的效率就越低，为了使全社会效应最大化，必须对高收入者征税并转移给低收入者。

如果社会福利函数，不是每个社会成员的效用水平的简单相加，而是由社会中拥有最小效应的那个人的社会福利水平所决定的，那么，收入分配结果就应当是使该社会效用水平最低的人效用最大化，这就是所谓的最小最大化标准。通常，对该标准的运用就是政府通过收入分配使社会中最低收入者的效益最大化。这种观点是由美国经济学家约翰·罗尔斯（1927）最先提出来的，他主张政府应对高收入者征税，并把这些税收收入再次分配给低收入者，直到他们的效用最大化为止，但这种政策结果并不要求实现完全平均的收入分配，他主张对高收入者征税不一定很高，因为如果税率过高，会阻碍生产经营的积极性，可供分配的收入总量会减少，税收收入可能反而下降。

二、税收对收入分配的影响

影响收入分配因素是多方面的，一般来说，现在多数国家主要通过税收、转移支付和公共支出等政策来实施对个人收入分配的调节。税收对收入分配调节的作用主要是从两个方面来实现：一是从收入来源方面减少个人可支配收入，这主要体现为对高收入群体征收高额累进个人所得税；二是从个人可支配收入的使用方面减少货币的实际购买力，对于主要由高收入群体消费的商品和劳务课以重税也具有收入再分配功能。此外，课征财产税对于进行财富再分配、防止财富跨代聚集具有一定的作用。

（一）个人所得税对收入分配的影响

个人所得税是调节收入分配的重要工具。个人所得税作为一种直接税，它具有税负难以转嫁的特点,课征个人所得税可直接减少纳税人的可支配收入。多数国家实行的是累进税率,即税率随着收入的增加而上升,因此,累进的个人所得税可以更好地调节高收入者的收入水平,很好的体现了按能力负担的税收公平原则。但是,累进的个人所得税制也可能带来效率损失,过高的累进税率可能会抑制高收入者的工作积极性,从而不利于整个社会的经济发展,因此个人所得税在设计税率时既要考虑公平的需要,也应适当选择边际税率,避免过多的效率损失。

个人所得税具有广泛的税基,包括工资、租金、利息、股息、资本收益、遗赠、遗产及各类转移支付所得等,多数国家的个人所得税税制尽可能包括上述所有收入形式和来源的收入,但出于一些政策和政治的考虑,有时会对某些收入给予免除或优惠。例如,大多数国家都规定对纳税人从政府获得的转移支付免于纳税;多数发展中国家为鼓励本国资本市场的发展,而对一些资本收益给予免税优惠,如股票买卖收益所得免征个人所得税。这些优惠措施是对个人所得税税基的一种侵蚀,但是他们对调节收入分配的效果却不尽相同。对转移支付免税会增加低收入者的实际收入,因为通常只有低收入者才有机会和可能获得政府的转移支付收入;而对资本收益免税,则会在一定程度上增加个人所得税的累退性,因为通常只有高收入人群才能有能力获得资本收益,该税收优惠措施会损害个人所得税的累进程度。

(二)商品税对收入分配的影响

对商品和劳务征收的间接税也是调节收入分配的重要工具,它主要是从降低纳税人的货币实际购买力方面来发挥调节作用。利用对商品和劳务征收间接税来调节收入分配有两个明显的优点:其一,商品税较为隐蔽,容易为纳税人所接受。商品税由于其易转移而多数直接包含于最终的消费价格中,因此不易被消费者察觉。其二,商品税由于是对消费课税,因此在一定程度上有鼓励储蓄的作用。一般认为,个人所得税既对纳税人的劳动所得征税,又对纳税人的储蓄所得征税,存在重复征税的问题,不利于鼓励储蓄。而商品税仅对纳税人的消费支出征税,不存在对储蓄所得重复征税问题。

总体而言,商品税具有税收负担的累退性,不利于税收再分配。如果对所有的消费品都征收一般比例税率,那么,由于边际消费倾向递减,商品税的税收负担将呈现累退性质,即:低收入者承担的税收负担要高于高收入者所承担的税收负担,因为对高收入者来说,普通消费品在其所有收入中所占的比重要低于这些消费品在低收入者的收入中所占比重，这种累退性对于收入分配调节会产生不利影响，但是如果对生活必需品给予免税或减税，而对奢侈品课以高税，就会减轻或免除低收入者的税收负担，增加高收入者的税收负担，在一定程度上也可以起到调节收入分配的作用。

（三）财产税

在市场经济条件下，财产的拥有者可以运用其财产所有权参与收益的分配，获得各种收入，而这种收入通常是非劳动收入，他们的存在既不鼓励劳动供给，又可能挫伤劳动者的劳动积极性，对财产征税，尤其是对无偿获得或转让的财产所有权征税，如课征遗产税或赠与税，可以对财产的聚集形成一种制约，促进财富的公平分配，虽然一人终身财富积累的财产有限，但若世代相承积累起来，财产数额就会不断增大，继承者将越来越富，而多数人将相对越来越穷。课征遗产税或赠与税是防止财富过分集中的重要措施，对财产征税也可以对收入分配进行调节，弥补所得税和商品税对收入分配调节的不足。

（四）社会保障税

社会保障税是以纳税人的工资和薪金所得作为征税对象筹集财政收入用于社会保障的一种税。就社会保障税本质本身而言，它不是公平收入分配的良好手段。首先，它仅以工资、薪金作为课税对象，不以纳税人的资本利得、股息所得、利息所得、红利所得等非工资、薪金收入征税，从而使高收入阶层的税收负担相对较轻。其次，社会保障税一般实行比例税率，不能随着收入的增加而提高征收比率，在征收比率上高收入者与低收入者没有差别。再次，社会保障税只对一定限额以下的所得部分征税，超过这一限额部分的税收收入免税，使高收入者缴纳的社会保障税占其收入的比例大大小于低收入者。最后，社会保障税没有区分不同纳税人的境况设置减免扣除规定，不像个人所得税那样会规定一个免征额，而且按照实际挣得工薪作为应税所得，不利于低收入阶层。社会保障税的这些特点表明社会保障税具有很强的累退性，对高收入者有利，对低收入者不利。

但是，社会保障税最终是否有利于低收入者，是否能够实现有效再分配，不能只看社会保障税税制本身的分配效应，而必须把它同转移支付联系起来综合考察。因为社会保障税是为个人失业救济，退休养老和医疗保险提供资金来源，使个人基本生活得到了保障。如果社会保障税筹集的税收收入，能够通过转移支付再分配给那些真正需要帮助的人,那么从整体上看,社会保障税就有利于实现收入分配公平。

三、税收收入分配效应的评价

经济学理论中通常用洛伦兹曲线和基尼系数来衡量收入再分配的效果。为了研究国民收入在国民之间的分配问题,美国统计学家 M.O.洛伦兹(Max Otto Lorenz,1876—1959)于 1907 年提出了著名的洛伦兹曲线。洛伦兹曲线,也译为"劳伦兹曲线",就是在一个国家或地区内以"最贫穷的人口计算起一直到最富有人口"的人口百分比对应各个人口百分比的收入百分比的点组成的曲线。

洛伦兹曲线用以比较和分析一个国家在不同时代或者不同国家在同一时代的财富不平等,该曲线作为一个总结收入和财富分配信息的便利的图形方法得到广泛应用。通过洛伦兹曲线,可以直观地看到一个国家收入分配平等或不平等的状况。画一个矩形,矩形的高衡量社会财富的百分比,将之分为五等份,每一等分享有 20% 的社会总财富。在矩形的长上,将 100% 的家庭从最贫者到最富者自左向右排列,也分为 5 等分,第

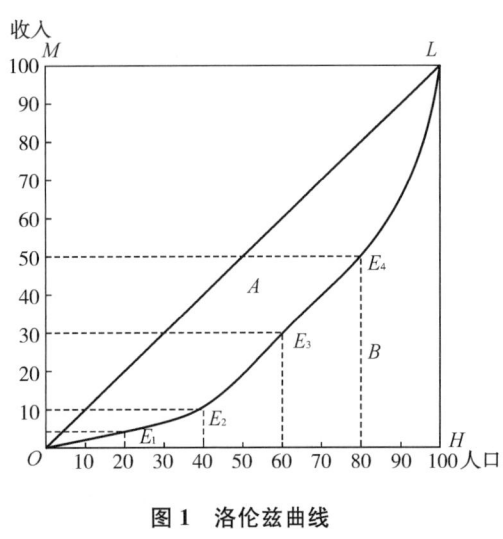

图 1　洛伦兹曲线

一个等份代表收入最低的 20% 的家庭。在这个矩形中,将每一等分的家庭所有拥有的财富的百分比累计起来,并将相应的点画在图 1 中,便得到了一条曲线就是洛伦兹曲线。

整个的洛伦兹曲线是一个正方形,正方形的底边即横轴代表收入获得者在总人口中的百分比,正方形的左边即纵轴显示的是各个百分比人口所获得的收入的百分比。从坐标原点到正方形相应另一个顶点的对角线为均等线,即收入分配绝对平等线,这一般是不存在的。实际收入分配曲线即洛伦兹曲线都在均等线的右下方。

洛伦兹曲线的弯曲程度有重要意义。一般来讲,它反映了收入分配的不平等

程度。弯曲程度越大,收入分配越不平等,反之亦然。特别是,如果所有收入都集中在一人手中,而其余人口均一无所获时,收入分配达到完全不平等,洛伦兹曲线成为折线 OHL 。另一方面,若任一人口百分比均等于其收入百分比,从而人口累计百分比等于收入累计百分比,则收入分配是完全平等的,洛伦兹曲线成为通过原点的 45 度线 OL 。一般来说,一个国家的收入分配,既不是完全不平等,也不是完全平等,而是介于两者之间。相应的洛伦兹曲线,既不是折线 OHL ,也不是 45 度线 OL ,而是像图中这样向横轴突出的弧线 OL ,尽管突出的程度有所不同。将洛伦兹曲线与 45 度线之间的部分 A 叫做"不平等面积",当收入分配达到完全不平等时,洛伦兹曲线成为折线 OHL , OHL 与 45 度线之间的面积 $A+B$ 叫做"完全不平等面积"。不平等面积与完全不平等面积之比,称为基尼系数(Gini Coefficient),是衡量一国贫富差距的标准。

基尼系数 $G=A/(A+B)$ 。显然,基尼系数不会大于1,也不会小于0。

基尼系数,是指国际上通用的、用以衡量一个国家或地区居民收入差距的常用指标。基尼指数最早由意大利统计与社会学家基尼(Corrado Gini)在 1912 年提出。基尼系数最大为"1",最小等于"0"。基尼系数越接近 0 表明收入分配越是趋向平等。国际惯例把 0.2 以下视为收入绝对平均;0.2～0.3 视为收入比较平均;0.3～0.4 视为收入相对合理;0.4～0.5 视为收入差距较大,当基尼系数达到 0.5 以上时,则表示收入悬殊。

洛伦兹曲线和基尼系数常用于比较不同年份、不同国家的收入分配状况,也可以用于比较税前与税后的收入分配情况。如果税后的基尼系数小于税前的基数,即税后的洛伦兹曲线比税前的洛伦兹曲线更靠近对角线,则说明税收对收入分配起到了积极的调节作用,使税后的收入分配更加均匀等;如果税后的洛伦兹曲线更加远离对角线,则说明税收非但没有起到应有的税收调节作用,反而加剧了社会收入分配不平等的状况。

税收对收入分配的影响实际上是把一部分人的利益转移给另一部分人,从而使一部分人从中受益而另一部分人从中受损。因此,税收对收入分配的调节实际上也是对市场分配的干预,它会在一定程度上影响经济主体的生产和投资决策,从而有可能影响到资源配置的效率。这就要求政府在设计税收制度时,既要考虑税收对收入分配的公平效应,也不能忽视税收对效率原则的影响,而是应当通过对公平和效率的权衡选择对社会更为有利而且最优的税收制度。

第四节　税收与宏观经济运行

税收对整个宏观经济运行影响的程度大小分析,主要包括宏观税负分析、税收政策乘数和税收与税收经济内增长模型三个方面。

一、宏观税负分析

目前国内研究宏观税负的主流方法是比较法,即通过比较不同国家不同时期的宏观税负的变化情况,寻找对中国当前情况比较合适的宏观税负水平。在具体进行量化比较时,有不同的研究分析角度:有的是将宏观税负(税收比率)视为该国税收能力和税收努力的函数,通过构建数据模型,分析和确定宏观税负的适当水平;有的是从研究财政比较规模的角度,按预算科目类别,分别估算财政支出需要规模,以确定宏观税负的适当水平。这些研究具有较强的经验总结的色彩,本节不再做进一步的论述。本节论述的重点是从经济理论的角度,通过建立模型的方法来分析宏观税负适当水平的方法。

(一) 最优宏观税负模型

(1)
$$T = t_A \times Y$$

其中,T 为税收总量;t_A 为宏观税率;Y 为总产出(GDP 或 GNP)。

(2)假定财政收入全部来源于税收收入,则:

$$G = e_1 \times T$$
$$I_1 = (1 - e_1) \times T$$

其中,G 为公共消费的数量;I_1 为公共投资的数量;e_1 为公共消费占财政收入的比例。

(3)假定财政收入部分来源于税收收入,则:

$$B = (1 - t_A) \times Y$$
$$C = e_2 \times B$$
$$I_2 = (1 - e_2) \times B$$

其中,B 为国民总产出 Y 上缴税收后,剩下的个人消费和企业与个人的投资总额;C 为个人消费总额;I_2 为企业与个人的投资总额;e_2 为个人消费总额占 B 的比例。

(4) 采用社会满意度来作为判断最佳分配系数的标准,社会满意度可以简单看作是人均私人消费和人均公共消费的函数 U,则:

$$U = f(C/L, G/L)$$

其中,L 为人口总数。

采用 C-D 效用函数形式,则上述公式为:

$$U = A \times \left[\frac{C}{L}\right]^{\alpha} \times \left[\frac{G}{L}\right]^{\beta}, A > 0, \alpha > 0, \beta > 0$$

(5) 国民总产出 Y 的生产函数为:

$$Y = f(K_1, K_2, L)$$

其中,K_1 为公共固定资本存量,K_2 为企业和个人固定资本存量。

采用 C-D 生产函数形式,则上述公式可以转化为:

$$Y = Z \times K_1^d \times K_2^b \times L^{1-d-b}$$

其中,Z,b,d 为常数。

(6) 公共投资、企业和个人投资和各自资本存量的关系为:

$$K_1(t+1) = K_1(t) - \delta \times K_1(t) + I_1(t)$$
$$K_2(t+1) = K_2(t) - \delta \times K_2(t) + I_1(t)$$

其中,δ 为折旧率。

最优宏观税率问题,即在上述两个公式的约束条件下,求 t_A、e_1、e_2,使效用函数 U 得到最大值。对于效用函数、生产函数为 C-D 函数形式的情况下,可以推出:

$$t_A = d + \frac{\beta}{\alpha + \beta} \times (1 - d - b)$$

$$e_1 = \frac{1}{t_A} \times \frac{\beta}{\alpha + \beta} \times (1 - d - b)$$

$$e_2 = \frac{1}{1 - t_A} \times \frac{\beta}{\alpha + \beta} \times (1 - d - b)$$

可见,在确定了一个国家的 C‑D 的社会总效用函数和社会总产出函数后,就能够根据上述公式计算出相应的最优宏观税率。

(二) 中国最优宏观税负的估计

在获得各个年度的数据后,就能够对中国最优宏观税负进行估计。在本模型中,需要推测公共部门固定资本存量和全社会固定资本的存量,其他变量都能够从《中国统计年鉴》等资料获得。

二、税收政策乘数

(一) IS‑LM 模型与税收乘数

1. IS‑LM 模型

(1) 商品市场的均衡方程,即 IS:

$$Y = A(r, Y, F)$$

$$\frac{\partial A}{\partial r} < 0, \quad 1 > \frac{\partial A}{\partial Y} > 0, \quad \frac{\partial A}{\partial F} > 0$$

其中,Y 为实际产出(总人数);r 是实际利率;F 为财政政策指数;A 为总产出。

根据定义则:

$$A(r, Y, F) = C + I + G + NY$$

其中,C 为消费;I 为投资;G 为政府购买支出;NY 为净出口。

根据宏观经济学相关理论,则:

$$C = \bar{C} + C(Y - \bar{T} + \overline{TR})$$

$$I = \bar{I} + I(Y \cdot r), \quad \frac{\partial I}{\partial r} < 0, \quad \frac{\partial I}{\partial Y} > 0$$

$$NX = \overline{NX} + NX(Y), \quad -1 < \frac{\partial NY}{\partial Y} < 0$$

$$G = \bar{G}$$

$$T = \bar{T} = tY$$

$$TR = \overline{TR}$$

$$A = \bar{A} + E(Y, r, \overline{T}, \overline{TR})$$

其中，$\bar{A} = \overline{C} + \overline{I} + \overline{G} + \overline{NX}$。

$$E(Y, r, \overline{T}, \overline{TR}) = C(Y - \overline{T} + \overline{TR}) + I(Y, r) + NX(Y) \quad \cdots\cdots ①$$

（2）货币市场均衡方程，即 LM：

$$\frac{M}{P} = L(i, Y)$$

$$\frac{\partial L}{\partial i} < 0, \quad \frac{\partial L}{\partial Y} > 0$$

其中，M 为名义货币存量；P 为价格水平；Y 是实际产出（总收入）；i 是名义利率；L 是货币需求。

2. 税收政策效应乘数

在给定价格水平下，利用 IS - LM 方程能够解出产品市场和货币市场同时达到均衡时的收入和利率值。求解下面方程组：

对式①全微分，则：

$$dY = \frac{d\bar{A} + \dfrac{\partial E}{\partial r}d\bar{r} + \dfrac{\partial E}{\partial T}d\overline{T} + \dfrac{\partial E}{\partial TR}d\overline{TR}}{1 - \dfrac{\partial E}{\partial Y}}$$

$$d(M/P) = \frac{\partial L}{\partial Y}dY + \frac{\partial L}{\partial r}dr$$

联立上述公式求解 dY，dr，可以得到两市场同时均衡时的均衡收入 dY^* 和均衡利率 dr^* 的变化量：

$$dY^* = \frac{\dfrac{\partial L}{\partial r}}{\left(1 - \dfrac{\partial E}{\partial Y}\right)\dfrac{\partial L}{\partial r} + \dfrac{\partial L}{\partial Y}\dfrac{\partial E}{\partial r}}\left(d\bar{A} - \frac{\partial E}{\partial T}d\overline{T} + \frac{\partial E}{\partial TR}d\overline{TR}\right)$$

$$+ \frac{\dfrac{\partial E}{\partial r}}{\left(1 - \dfrac{\partial E}{\partial r}\right)\dfrac{\partial L}{\partial r} + \dfrac{\partial L}{\partial Y}\dfrac{\partial E}{\partial r}}d(M/P)$$

$$dr^* = \frac{\dfrac{\partial L}{\partial Y}}{\left(1 - \dfrac{\partial E}{\partial Y}\right)\dfrac{\partial L}{\partial r} + \dfrac{\partial L \partial E}{\partial Y \partial r}}\left(d\bar{A} - \frac{\partial E}{\partial T}d\overline{T} + \frac{\partial E}{\partial TR}d\overline{TR}\right)$$

$$+ \frac{1 - \dfrac{\partial E}{\partial Y}}{\left(1 - \dfrac{\partial E}{\partial Y}\right)\dfrac{\partial L}{\partial r} + \dfrac{\partial L \partial E}{\partial Y \partial r}}d(M/P)$$

其中，$\dfrac{\dfrac{\partial L}{\partial Y}}{\left(1 - \dfrac{\partial E}{\partial Y}\right)\dfrac{\partial L}{\partial r} + \dfrac{\partial L \partial E}{\partial Y \partial r}}$ 为财政乘数；k_g，$\dfrac{\dfrac{\partial E}{\partial Y}}{\left(1 - \dfrac{\partial E}{\partial Y}\right)\dfrac{\partial L}{\partial r} + \dfrac{\partial L \partial E}{\partial Y \partial r}}$ 为货币乘

数 k_r。

税收乘数计算公式为：

$$k_t = -k_g \frac{\partial E}{\partial Y}$$

（二）开放经济的 IS-LM 模型与税收乘数

1. 开放经济的 IS-LM 模型

开放经济的 IS-LM 模型即芒德尔-弗莱明模型，其比较静态模型为：

商品市场的均衡方程，即 IS：

$$Y = C(W, YD) + I(q, i) + \bar{G} + NX(Y, Y^*, R)$$

$$YD = (1 - \tau)Y - \overline{TR}$$

其中，W 为财富；q 为资本的影子价值；i 为利率；Y^* 为国外 GDP；R 为真实汇率；τ 为宏观税率；YD 为可支配收入。

货币市场均衡方程，即 LM：

$$\frac{M}{P} = L(i, Y)$$

$$\frac{\partial L}{\partial i} < 0, \quad \frac{\partial L}{\partial Y} > 0$$

其中，M 为名义货币存量；P 为价格水平；Y 是实际产出（总收入）；i 是名义利率；

L 是货币需求。

2. 开放经济的税收政策乘数

（1）固定汇率制度下的税收政策乘数。假定名义利率固定，国内利率 i 等于外生的国外投资要求的收益率 i^*，则在 $\mathrm{d}i=0$ 的条件下 IS 曲线可以简化为：

$$\mathrm{d}Y = \frac{\partial C}{\partial Y}(1-\tau)\mathrm{d}Y - \frac{\partial C}{\partial Y}Y\mathrm{d}\tau - \frac{\partial C}{\partial Y}\mathrm{d}\overline{TR} + \mathrm{d}\bar{G} + \frac{\partial NX}{\partial Y}\mathrm{d}Y$$

LM 曲线为：

$$\mathrm{d}(M/P) = \frac{\partial L}{\partial Y}\mathrm{d}Y$$

在固定汇率制度下，可以不考虑 LM 曲线，直接从 IS 曲线求得税收的乘数为：

$$k_i = \frac{\mathrm{d}Y}{\mathrm{d}\tau} = -\frac{\partial C}{\partial Y}Y \left/ \left[1 - \frac{\partial C}{\partial Y}(1-\tau) - \frac{\partial NY}{\partial Y} \right] \right.$$

（2）浮动汇率下的税收政策乘数。在浮动汇率下，货币供给是外生的。国内利率使国内货币市场出清，汇率的变动使外汇市场供求平衡。其中，外汇市场的供求由国内与国际的相对收益率决定，条件为：

$$d_e = \theta(i - i^*)$$

在资本完全流动时 $\theta \to \infty$，可以导出此时税收政策乘数为 0。

（三）中国税收乘数的估算

1. 待估模型

采用线性方程，将基本 IS - LM 展开为：

（1）$C = c_{11} + c_{12}Y^D$

（2）$I = c_{21} + c_{22}Y + c_{23}r$

（3）$Q = c_{31} + c_{32}Y$

（4）$i = c_{41} + c_{42}Y + c_{43}(M/P)$

（5）$Y^D = GDP - T + TR$

（6）$NX = X - Q$

(7) $r = 100(i - \pi)/(100 + \pi)$

(8) $GDP = C + I + NX + G$

其中，i 为名义利率，π 为通货膨胀率。

2. 数据与结果

利用 1979—1998 年数据估计后得到 IS-LM 模型为：

IS 曲线：$r = 3.676\ 7 + 0.016\ 3(TR - T) + 0.035\ 6(G + X) - 0.009\ 5Y$

LM 曲线：$i = 0.001\ 8Y - 0.003\ 6(M/P)$

利率关系：$r = 100(i - \pi)/(100 + \pi)$ 或 $r = i - \pi$

税收乘数：$k_i \approx -1.44$

三、税收经济内增长模型

在新古典经济增长模型中，经济稳态增长率由人口增长和技术进步决定，而税收政策只能在向稳态转型的过程中影响增长率，对经济稳态增长率没有影响。20 世纪 80 年代后期以来，内生经济增长理论发展迅速，目前已经成为经济增长理论的主流。在内生增长模型中，税收政策则具有永久的增长效应，是影响增长率的重要因素之一。内生增长模型按照处理方式不同分为：不考虑闲暇、视闲暇为家庭生产和闲暇为原始时间三种模型。在此通过后面两种模型，研究内生增长模型中税收分析的方法。

（一）视闲暇为家庭生产时的内生增长模型

1. 基本模型

本模型假定经济由三个部门组成：商品生产部门、人力资本生产部门和闲暇生产部门。

（1）家庭

① 效用函数：

$$U = \int_0^\infty e^{-\rho t} u(C_t, L_t) dt$$

其中，U 为消费者跨时间效用函数；ρ 为时间偏好率；C_t，L_t 为第 t 期的消费和闲暇。

闲暇定义为家庭生产时间:

$$L_t = L\big[(1-n_t)K_t, (1-l_t)H_t\big]$$

其中,$1-n$ 为资本用于生产和闲暇的比例;$1-l$ 是用于生产闲暇的时间;K,H 分别为物质和人力资本。

② 预算约束:

$$\dot{K}_t - \dot{B}_t = \big[R_t^K(1-\tau_t^K) - \delta^K\big](B_t + n_t K_t) + R_t^H(1-\tau_t^H)l_t H_t$$
$$- C_t - P_t(1-S_t^H)I_t^H - \delta^K(1-n_t)K^t$$

其中,B 为国债;R^K,R^H,τ^K,τ^H 分别是物质资本和劳动投入的毛收益率和税率;p 代表教育的价格或人力资本的影子价格;I^H,s^H 分别为新的人力资本和教育投资补贴比率。

③ 人力资本存量的动态方程:

$$\dot{H} = I_t^n + \delta^H H_t$$

其中,δ^H 为人力资本折旧率。

(2)厂商

① 生产函数:

$$Y = F(K^Y, H^Y)$$

其中,F 为线性齐次规模报酬不变生产技术;K^Y,H^Y 分别为物质资本投入和人力资本投入。

② 新的人力资本生产函数:

$$I^H = E(K^H, H^H)$$

其中,E 为线性齐次规模报酬不变生产技术。

③
$$R^K(1-\tau^K) = \frac{\partial F}{\partial K}(1-\tau^K) = p\frac{\partial E}{\partial K}$$

$$R^H = \frac{\partial F}{\partial H}(1-\tau^H) = p\frac{\partial E}{\partial H}$$

其中,R^K、R^H 为利率和工资率。

(3)政府

① 政府预算约束：

$$\dot{B} = r_t B_t + G_t - T_t$$

其中，r 是国债利率，在均衡时与物质生产部门的净利率 $R^K(1-\tau^K)-\delta^K$ 相等；T 为净税收收入。

② $T = \tau^K R^K nK + \tau^H R^H lH - ps^H I^H$

其中，$nK = K^Y + K^H$，$l_H = H^Y + H^H$。

③ 国民经济的资源约束：

$$\dot{K}_t = Y_t - \delta K_t - C_t - G_t$$

物质资本增量等于物质产出扣除折旧、消费和政府支出。

2. 税收的影响

（1）平衡增长路径

通过上面模型的求解，可以得到经济平衡增长路径，此时价格和资源配置结构保持不变，但消费、物质资本和人力资本按相同的速度增长。效用函数为：

$$u(C_t, L_t) = \left[C_t^{1-\theta}/(1-\theta)v(L)\right]$$
$$v(L) = L^{1-\eta}(1-\eta)$$

在竞争均衡条件下，利用消费者和企业的最优化条件得出平衡增长路径为：

① $\dot{C}/C = \gamma = (r-\rho)/\sigma$

② $r = (1-\tau^K)\dfrac{\partial F}{\partial K} - \delta^K$

③ $r = \dfrac{\partial E}{\partial H}(1-\tau^H)/(1-s^H) - \delta^H$

④ $\dfrac{\frac{\partial F}{\partial K}}{\frac{\partial F}{\partial H}} = \dfrac{\frac{\partial E}{\partial K}}{\frac{\partial E}{\partial H}}$

⑤ $L_1 u_L/u_c = (1-\tau^H)\dfrac{\partial F}{\partial H}$

⑥ $\dfrac{\dot{H}}{H} = r = E/H - \delta^H$

⑦ $(1-\tau^K)\dfrac{\partial F}{\partial K}\Big/\left[(1-\tau^K)\dfrac{\partial F}{\partial H}\right]=\dfrac{L_1}{L_2}$

⑧ $1-\dfrac{c}{Y}-K(\gamma+\delta^K)/Y-G/Y=0$

其中，$\sigma=\theta+\eta-1$。

（2）税收与经济稳态增长率

对上述公式求解可以得到经济的稳态增长率为：

$$\gamma=\frac{\left|\left[\delta^H\dfrac{\partial F}{\partial K}(1-\tau^K)+\delta^K\dfrac{\partial E(1-\tau^H)}{\partial H(1-s^H)}-2\delta^K\delta^H\right]\Big/(\delta^K+\delta^H)-\rho\right|}{\theta+\eta-1}$$

可见，税收、消费者偏好和物质资本、人力资本的生产技术决定了经济增长率。

（二）闲暇为原始时间时的内生增长模型

1. 基本模型

（1）家庭

① 效用函数：

$$U=\int_0^\infty \mathrm{e}^{-\rho t}u(C_t,\,l_t)\mathrm{d}t$$

其中，U 为消费者跨时效用函数；ρ 为时间偏好率；C_t、l_t 为第 t 期的消费和闲暇。

闲暇定义为原始时间。效用函数采用固定跨时期替代弹性形式。

$u(C_t,\,l_t)=\left[(C_t l_t^\eta)^{1-\theta}-1\right]/(1-\theta)$，$\theta\neq1$，可以变换为：

$u(C_t,\,l_t)=\log C_t+\eta\log l_t$，$\theta=1$，$\theta$ 为跨时期替代弹性的倒数。

② 预算约束：

$$R_t^K(1-\tau_t^K)\nu_t K_t+R_t^H(1-\tau_t^H)u_t H_t+S_t-C_t(1-\tau_t^C)-\dot{K}_t-\delta K_t\geqslant0$$

其中，τ^K、τ^H 分别是对资本和人力资本征收的所得税税率，τ^C 为消费税率，S 是政府的转移支出。

每个人的时间禀赋标准化为 1。

$$l_t+u_t+z_t=1$$

其中，l 为闲暇；u 为物质资本生产实践；z 为人力资本生产时间。

（2）厂商

① 物质生产函数：

$$Y_t = F(K_t, H_t)$$

采用 C - D 技术生产，则：

$$Y_t = A(\nu_t K_t)^\alpha (u_t H_t)^{1-\alpha}$$

其中，ν 和 u 分别是 K 和 H 用于生产货物的投入比率。

② 人力资源生产函数：

$$Y_t = F(K_t, H_t)$$

采用 C - D 技术生产，则：

$$\dot{H}_t = B[(1-\nu_t)K_t]^\beta (z_t H_t)^{1-\beta} - \delta H_t$$

③ 利润最大化条件：

设 R_t^K，R_t^H 为利率和工资利率

$$R_t^K = \alpha A [\nu_t K_t / (u_t H_t)]^{\alpha-1}$$
$$R_t^H = (1-\alpha) A [\nu_t K_t / (u_t H_t)]^\alpha$$

（3）政府

设政府为外生的公共支出和转移支出筹集财政收入，并假定预算保持平衡：

$$G_t + S_t = T_t$$
$$T = \tau^K R^K \nu K + \tau^H R^H u H + \tau^C C$$

2. 税收影响。

（1）平衡增长路径

平衡增长时，K、H、C 都按同样的速度增长，要素配置 u、ν 和 z 保持不变。
本模型在竞争均衡时的平衡增长路径为：

① $\gamma = (1-\rho)/\theta$

② $r = (1-\tau^K)\alpha A[\nu K/uH]^{\alpha-1} - \delta$

③ $r = (1-\beta)B[(1-\nu)K/zH]^\beta (u+z) - \delta$

④ $\nu/u = [\alpha/(1-\alpha)][(1-\beta)/\beta][(1-\tau^K)/(1-\tau^H)][1-\nu]/z$

⑤ $\gamma = Bz[(1-\nu)K(zH)]^{\beta} - \delta$

⑥ $C/H = [(1-\tau^H)/(1+\tau^C)]\eta^{-1}(1-u-z)(1-\alpha)A[\nu K/uH]^{\alpha}$

⑦ $-A[\nu K/UH]^{\alpha-1}/\nu - (C/H)(H/K) - G/K = \gamma + \delta$

其中,γ 为增长率。

（2）稳态增长率

通过对上述公式（①—⑦）求解平衡路径方程组,可得稳态增长率:

$$\gamma = \left| \left[D(1-\tau^K)^{\alpha\beta}(1-\tau^H)^{\beta(1-\alpha)}(u+z)^{1+\alpha} \right]^{\frac{1}{1+\beta}} - \rho - \delta \right| / \theta$$

其中,$D = (\alpha A)^{\beta}[B(1-\beta)]^{1-\alpha}\{(1-\alpha)\beta/[\alpha(1-\beta)]\}^{\beta(1-\alpha)}$。

（3）税收影响分析

税收通过影响 r 间接影响经济增长速度。可以利用上述模型具体分析物质资本和人力资本收益所得税、消费税对经济增长影响的路径和传导机制。

第六章 税收经济分析重点内容：微观税收经济分析

微观税收经济分析一般是指税收的微观经济效应，即指政府征税对纳税人的经济活动和行为选择产生的影响，具体来说，就是通过征税改变相关商品的市场价格或相关活动的机会成本，进而对私人经济活动主体的生产、消费、储蓄、投资选择以及劳动供给和需求等产生影响。所以，微观税收经济分析也是用经济学理论来分析微观经济主体因为税收而产生的经济行为。此外，政府往往寄希望利用税收政策对纳税的行为进行调节，但是税收的调节效果究竟如何才能够达到预期调控目标需要按照不同的税种、不同的税收环境具体分析。

第一节 税收对经济行为的作用机理

政府征税无疑对微观经济活动和经济行为有着巨大的影响力，而这种影响力是通过税收的收入效应和替代效应实现的。对税收的收入效应和替代效应的理论分析有助于我们从根本上理解和把握税收对微观经济行为的作用机理。

一、税收的收入效应和替代效应

税收的收入效应，是指由于政府征税改变了纳税人可自由支配的收入，从而对纳税人的经济行为的选择产生影响。例如，政府对商品征税，物价上涨，消费者购买力或相对收入水平下降，因此消费者会减少该商品的消费量。税收的收入效应，相当于纳税人的一部分收入转移到政府手中，不会造成经济的效率损失。

税收的替代效应与收入效应不同,是指政府实施选择性征税影响商品(或经济活动)的相对价格,导致纳税人以一种商品或经济活动代替另一种商品或经济活动而产生的效应。表现为当政府对不同商品实行征税或不征税、重税或轻税的差别税收待遇时,商品的相对价格会受到影响,使纳税人减少征税或重税商品的消费量,增加不征税或轻税商品的消费量,也就是说用无税或轻税商品替代征税或重税商品。替代效应会降低纳税人的福利水平,带来超额负担,收入效应和替代效应共同构成了税收对微观经济主体的总效应,收入效应与替代效应的作用方向可以相同,也可以相反。

二、税收对生产者的收入效应和替代效应

首先分析税收对生产者的影响,假定生产者拥有的生产要素数量固定,并全部用于生产两种不同的商品生产,生产者为实现其利润最大化,可以自由支配所拥有的生产要素,选择利润最大化的商品产量组合。我们假定政府对生产者征收选择性商品税,即对一种商品征税,对另外一种商品不征税。此时税收对生产者的收入效应表现为政府从本应属于企业的收入中拿走了一部分,企业可以利用的资源减少,同时造成生产者的生产成本增加,企业生产能力下降,从而引起企业的产出水平下降。产量下降的幅度取决于政府征税的程度,政府征税的税率越高,企业的税负越重,企业产量下降的幅度就越大。当征税使企业平均可变成本曲线的最低点高于企业实际得到的价格,或者是导致企业没有足够的可以利用的资源来维持生产经营活动时,企业最终会放弃生产,甚至退出市场。当然,税收对生产者的收入效应不仅仅局限于征收选择性商品税的情况,无论政府对生产者征收哪种形式的税收,只要政府课税减少了企业的可支配收入资源,都会产生收入效应。

由于政府课征的是选择性商品税,该税收还会同时带来替代效应。税收对生产者的替代效应,表现为政府课征差异化税收,使商品课税的相对价格发生变化,生产者因此会调整生产结构,相应减少课税商品或重税商品的产量,增加不课税商品或轻税商品的产量。一般情况下,在政府对同一企业的两种商品征收不同的税收时,即对一种商品征税而对另一种商品不征税的情况下,生产者会改变其生产策略,生产更多的轻税或免税的商品来替代重税或应税的商品。

三、税收对消费者的收入效应和替代效应

税收对消费者行为的影响。假设消费者拥有的可支配收入是固定的,而且全部用于消费两种不同的商品。消费者为了获得效用最大化,可以自由地根据自己的偏好和可支配收入情况作出消费决策,消费者在一定的预算约束下,以及两种商品价格既定的情况下,消费者可以自由作出消费组合选择。

假定政府对一种商品征税,而对另一种商品不征税,征税商品的相对价格提高,因此两种商品的相对价格发生变化,导致消费者的预算约束线发生偏移,最终的结果是,与征税前相比,政府征税使得征税商品的消费减少而不征税商品的消费增加。

因此政府征税对消费者的总效应可以分解为替代效应和收入效应。税收对消费者的收入效应,表现为征税减少消费者的可支配收入,从而减少商品的消费。税收的收入效应使得不同商品的消费不同程度地减少。税收对消费者的替代效应,表现为选择性税收改变了商品的相对价格,从而改变了消费者的消费结构。税收的替代效应是消费者减少课税商品的消费,增加免税商品的消费。

考虑到选择性商品的替代效应和收入效应都使得课税商品的消费数量减少,所以最终课税商品的消费数量绝对下降;而税收的替代效应使免税商品的消费数量增加,收入效应使免税商品的消费数量减少,因此最终免税商品的绝对消费数量变化具有不确定性,取决于收入效应和替代效应哪一个作用力更强。

第二节　税收对微观主体经济行为的影响

税收的微观作用机制是指因政府课税对纳税人在其经济选择和经济行为中产生的影响。这种影响主要是由于税收制度的非中性特征使得纳税人承受了税收的超额负担引起的。

税收的微观经济效应主要是分析税收对作为微观经济主体的厂商或者单个消费者的储蓄、消费、投资等行为产生的影响。税收政策对微观经济主体行

为选择的影响主要是通过两个基本效应即收入效应和替代效应发挥作用的。收入效应是指由于政府征税导致纳税人可支配收入减少，从而对纳税人行为产生的影响。替代效应是指由于征税改变了一种经济行为相对于另一种经济行为的机会成本，从而对纳税人产生的影响。税收的收入效应和替代效应在劳动供给、消费、储蓄和投资等行为中有不同的表现，下面我们对此分别加以阐述。

一、税收政策影响纳税人劳动供给的作用机制

市场经济中的个人时间决策服从于追求自身福利（效用）水平最大化的目标。个人福利由两个因素决定：一是个人的收入水平，另一个是个人获得闲暇的数量。在一定的效用水平下，收入和闲暇具有可替代性。从政府征税对劳动供给的影响看，它实际是以下两种效应的叠加。

（一）收入效应

政府对劳动收入征税，使税后工资率下降，个人的可支配收入减少。为了维持一定的税后收入水平和消费水平，劳动者会增加劳动供给，以弥补对劳动征税带来的收入损失。收入效应成为对劳动供给的激励因素，收入效应的大小由对劳动征税的平均税率决定。

（二）替代效应

由于政府征税引起纳税人闲暇和工作的相对价格关系发生变化，使闲暇相对于劳动变得更加便宜，从而改变了人们在工作和休闲之间的选择。一般而言，在保持一定的效用水平的前提下，劳动者会增加闲暇消费，减少劳动供给。替代效应的大小取决于边际税率的高低。边际税率越高，工作带来的边际报酬率越低，人们会放弃一些工作时间用于闲暇。由此可见替代效应对劳动供给是一种反向的激励作用，会促使劳动供给减少。

综上所述，对劳动收入征收所得税会对劳动供给产生两种相反的作用。税收对劳动供给的影响最终效应如何，还要综合考察收入效应和替代效应这两种因素。另外，税收的收入效应和替代效应的大小和方向还和一个社会所处的发展阶段和个人收入水平在整个社会收入水平中的位置，以及个人对于工作和闲暇的偏

好程度有关系。一般而言，如果个人的收入水平高，货币的边际收入效应小，税收产生的收入效应就小，替代效应相对就大。个人可能更倾向于减少劳动供给而选择闲暇，税收对于整个劳动力市场的供给有抑制作用。反之，个人的现实收入水平低，货币的边际效用大，税收所产生的收入效应就大。如果发生替代效应小于收入效应的现象，劳动力市场的劳动供给会趋于增加。

此外，对劳动征收所得税的税收累进程度也在一定程度上影响着税收的收入效应和替代效应。随着收入的增加，税收的累进程度越高，政府对劳动收入征税会适用更高的税率，闲暇的相对价格会更低，对劳动供给产生的替代效应就更大。除此之外，社会的文化传统、价值取向及劳动力供求的市场状况也影响人们对劳动供给的行为选择。

劳动力市场供求失衡的矛盾，特别是劳动力的供给大于需求，会给一国经济带来严峻的就业问题。税收作为国家宏观调控的主要手段之一，直接影响劳动力的供给意愿和需求成本，从而改变劳动力市场的供求均衡和就业状况。税收对劳动力供给和需求的影响，主要是通过所得税和社会保障税来实现的。

现实中，每一个劳动者都会面临一个重要的选择，即劳动和闲暇之间的选择，劳动，是指劳动者在市场上为了取得工资收入而进行的工作，可以获取收入满足日常的物质消费；闲暇，是指劳动之外的其他活动。由于每个劳动者全部可支配的时间是有限的，既可以用于劳动也可以用于闲暇。每个劳动者都是理性的，将有限的时间在劳动和闲暇之间进行分配，从而获得效用最大化。如果我们把劳动和闲暇看作是两种商品，劳动者可以用于劳动和闲暇的所有时间称为时间禀赋，即劳动者可以支配的最大可能时间。此外，为了分析税收对劳动供给的总效应，还要限定几个假设条件：第一，劳动者的劳动时间具有一定的弹性，劳动时间是可以变化的；第二，决定劳动力供给的唯一因素是工资率，且假定劳动者的工资率保持不变；第三，劳动力结构是同质的，不存在劳动力质量和劳动熟练程度的差别。

税收对劳动供给的影响分为收入效应和替代效应。税收对劳动供给的收入效应，是指政府对劳动者的收入征税直接减少了个人可支配收入，劳动者为了维持既定的收入水平和消费水平，增加工作的时间，减少闲暇的时间。税收对劳动供给的替代效应，是指政府征税降低了劳动者的实际工资水平，劳动和闲暇的相对价格发生变化，闲暇相对于劳动的价格降低，导致劳动者减少劳动时间，增加闲暇的时间，即用闲暇来替代劳动。收入效应的大小取决于个人所得税的平均税率;替代效应的大小取决于个人所得税的边际税率。

由此可见,政府课税会产生收入效应和替代效应,而且收入效应与替代效应的作用方向恰恰相反,收入效应促使人们增加工作时间,而替代效应则使人们减少工作时间,因此征税对劳动供给的最终影响是不确定的,最终劳动供给会增加还是减少取决于收入效应和替代效应相互抵消的净效应。

二、税收对消费的影响

税收政策对消费的影响,可以从消费总量和消费结构两个方面来考察。

税收对消费总量的影响与个人的消费能力及一定消费能力之下的跨期消费选择有关。个人消费能力的大小由个人的收入水平决定。在收入总量一定的条件下,个人用于储蓄的数量会减弱用于当期消费的能力。因此,税收对于消费的影响和税收对于储蓄的影响是相反的,也就是说增加储蓄的效应就是减少消费的效应,而减少储蓄的效应就是增加消费的效应。

税收政策对于消费总量的影响主要是通过个人所得税实现的。对个人收入征收个人所得税的直接效应就是减少个人的可支配收入。在边际消费倾向、消费偏好不变时,个人可支配收入的减少会引起消费总量的减少。个人所得税的平均税率决定税收对消费的收入效应的大小。平均税率越高,消费能力损失越大,收入效应就越明显。

税收政策对消费结构的影响主要是通过商品税的征收对消费行为的影响实现的。政府对商品选择性征税后,生产者会在适当的市场环境下通过提高该商品价格的方式把税负转嫁给消费者承担,从而引起被课征商品的价格上升。在消费者收入一定的条件下,消费者对该商品的购买力下降,从而减少对该商品的消费。这就是课征商品税产生的收入效应。如果对商品选择性课税,在改变商品间的比价关系的同时,使消费者选择消费具有功能替代性的低税商品,从而减少了高税商品的消费。这就是商品课税产生的替代效应。

对商品课税产生的替代效应大小还和商品的需求弹性有关。如果商品的需求弹性较小甚至无弹性,对其课征商品税产生的消费替代效应较小。对于需求弹性较大的商品,对商品征税产生的替代效应就较大。

三、税收对储蓄的影响

（一）税收政策影响个人储蓄行为的作用机制

储蓄通过转化为投资成为影响经济增长、社会总需求和总供给的重要因素。从储蓄的来源看，它可以分为国内储蓄和国外储蓄两个部分。国外储蓄又可以分为国外政府、国外社团及国外私人的储蓄等类别。随着资本的全球化，在一国经济不平衡时，国外的储蓄也可以通过资本流动被国内所利用，形成国内的生产能力。由于税收管理权的限制，一个国家的税收政策对外国储蓄的影响力有限，我们这里仅讨论税收对于国内储蓄的影响。国内储蓄包括政府储蓄、企业储蓄和个人储蓄。企业储蓄主要是指企业的未分配利润，一般企业会用来进行投资。税收对于企业储蓄的影响主要指税收对于企业投资方向的选择。这里不把企业储蓄和政府储蓄作为我们关注的重点，而是以个人或者家庭储蓄为例，探讨税收政策影响纳税人储蓄行为的作用机制。

假设家庭获得收入的主要目的是为了消费。为了获得一定的效用，消费者可以对消费时期进行选择，既可以在收入实现的当期进行消费，也可以在未来进行消费。为了在未来消费，消费者要对收入做出储蓄安排。从经济学原理进行分析，同等收入在当期消费和未来消费所带来的效用满足应该是一致的，最基本的要求是，收入用于储蓄所实现未来消费带来的效用折现值不能低于当期的效用。家庭或者个人储蓄的动机主要有 3 个方面：生命周期动机、预防动机和盈利动机。个人所得税和财产税都会对个人的储蓄行为产生一定的影响。

1. 个人所得税对储蓄行为的影响

个人所得税影响储蓄行为是由于对储蓄的利息课税引起的，对储蓄利息课税既可以对利息收入单独征税，也可以把利息收入纳入个人收入一并征收个人所得税。政府对利息所得征税，必然会降低储蓄的实际利息收入，这必然会对出于生命周期动机和预防性动机而进行的储蓄行为产生一定影响。

为了便于分析，假定个人一生只包含两个阶段：工作期和退休期。退休期的生活需要靠工作期的储蓄来维持。我们还假定个人储蓄没有遗产动机，个人一生中获得的收入在其一生中完全消费掉。在个人一生中可获得的收入及消费的时间偏好一定的情况下，利息所得税会提高退休期的消费价格，从而影响个人在工作期和退休期的消费选择。这种消费选择的改变也影响了个人的储蓄行为。

如果只对个人现实收入征收所得税,对储蓄利息收入不征税,由于征税减少了纳税人的可支配收入,在个人当期边际消费倾向和边际储蓄倾向固定不变时,纳税人会随着可支配收入的减少,等比例地减少当期的消费和储蓄,从而降低个人的当期储蓄水平。这种情况下,由于不对利息收入征税,不改变当期消费与未来消费的相对价格,因此,这种情况只有收入效应而没有替代效应。如果对利息收入征收所得税,或单独征收,或与其他所得税合并征收,都会对储蓄产生收入效应和替代效应。

利息所得税的收入效应,是指政府对纳税人利息收入的课税会减少其未来的实际收入和个人一生中的总收入。为了维持退休期的消费需求,将减少工作期的消费,转而增加纳税人储蓄。

利息所得税的替代效应,是指利息所得税的课征相对提高了退休期的消费价格,为了保持效用水平和福利水平不变,个人将会减少一些退休期的消费预期以增加现期的消费,也就是以当前的消费代替一部分未来的消费,使得当期储蓄减少。

利息所得税对于储蓄的收入效应和替代效应的方向是相反的,其中哪个效应会起主要的作用,二者的净效应如何,取决于家庭和个人对于消费的时间偏好和储蓄的动机。

2. 财产税和遗产税对储蓄行为的影响

财富是个人收入在各个阶段储蓄的积累,一般也被称为总储蓄。政府对家庭财产征税实质上是对家庭储蓄成果征税,这对家庭的储蓄行为不能不产生一定的抑制作用。尤其是当家庭没有遗产的目标时,这种抑制作用就更加明显。也就是说,当家庭成员没有遗产动机时,财产税的征收会鼓励人们把更多的收入用于当期的消费,从而减少当期的储蓄。

个人的储蓄行为受多种因素影响,如个人的收入水平、个人对于未来收入的预期、银行利率的水平、储蓄的动机、储蓄的习惯及社会保障制度的完善程度等。在社会公共福利制度和社会保障制度不健全条件下,人们为了预防未来的风险和出于谨慎动机,不管是否对利息所得征税,都可能偏向于增加储蓄,减少当期的消费。一个社会的福利制度的完善程度,可能比利息税的税负对储蓄行为的影响更大。因此,分析税收对储蓄行为的影响必须结合社会福利制度。

经济学理论告诉我们：经济增长最重要的投入要素是资本要素，而资本要素的来源又主要靠国民储蓄，其中国民储蓄包括家庭储蓄、企业储蓄和政府储蓄。不同类型的储蓄增加取决于各类经济活动主体的储蓄意愿和储蓄能力。政府对个人的所得征税也会减少个人收入，对个人储蓄存款利息征税，还会降低储蓄报酬率，从而减少个人储蓄。政府对企业利润征收企业所得税也会降低企业留利，减少企业储蓄。但政府在减少个人和企业储蓄同时会增加政府储蓄。从国民储蓄的角度分析，如果个人和企业的边际储蓄倾向大于政府的边际储蓄倾向，减税有利于增加国民储蓄；反之，如果个人和企业的边际储蓄倾向小于政府的边际储蓄倾向，则征税有利于增加国民储蓄。

政府储蓄，是指政府预算中经常性收入（即税收）与经常性支出之间的差额。防止政府储蓄率下降，既要严格控制政府预算经常性支出的增长，使其与税收收入增长和经济增长相适应，又要增加税收收入。通过增加税收收入来提高政府储蓄的途径很多，具体包括：第一，在现有的税种不变的情况下，周期性的提高税率；第二，开征新税种，开辟新的税收收入来源；第三，加强税收征管，堵塞税收漏洞，减少税收流失；第四，优化税制结构，培育新的税源。由于提高税率和开征新税通常会遇到纳税人较大阻力，通过提高税收收入的途径来增加政府储蓄的主要方式在于挖掘现行税制制度的收入潜力，完善税收收入制度，堵塞税收征管漏洞。

四、税收对投资的影响

（一）税收政策影响纳税人投资行为的作用机制

纳税人的投资有两种基本形式：实业投资和证券投资。实业投资是生产力形成的先决条件，它对整个社会资本的形成和资本扩张，甚至对于整个社会的经济增长都有决定性作用。因此，这里重点讨论税收政策对于实业投资的影响。

1. 税收对投资收益的影响

纳税人投资的目的是追求高额的投资收益。预期收益率越高，私人投资的意愿必然会上升；预期收益率下降，私人投资的意愿也会降低。在不考虑其他因素的前提下，政府对投资收益进行征税，必然会减少投资者投资预期收益，降低私人投资的吸引力和进一步投资的意愿，从而会减少社会投资额。

2. 税收影响投资结构

对不同投资项目征收差异税会影响实业投资的方向。市场的需求结构会影响各个行业的获利水平,从而引导企业进行以需求为导向的投资行为。但是,由于政府有自己的宏观经济调控和产业发展目标,以市场需求为导向的投资行为未必符合产业发展的方向。所以政府通过对不同行业、不同地区投资制定和实施不同的税收政策,即以税率高低、成本费用扣除、再投资退税等政策,影响实业投资的税后收益水平,从而引导企业在追求高额投资收益目标的驱使下,做出符合产业发展方向的投资安排。可见,税收政策不仅影响投资者的投资水平,还影响其投资方向。

根据"哈罗德—多马"模型,经济的稳定增长取决于社会储蓄率提高,即促使更多的储蓄转化为投资。在现实经济生活中,由于储蓄和投资往往是分不开的,即储蓄是家庭行为,而投资是企业行为,家庭储蓄只表明了潜在的资本供给,但要把储蓄供给转化成为实际投资或资本形成,还需要取决于企业对投资及投资需求,如果没有投资需求,则储蓄只能是储蓄而已。所以,储蓄只是资本和投资形成的必要条件,实际的资本形成取决于对资本的现实需求,而对资本或投资的需求是由投资者的激励决定的,即在市场经济条件下,来自获取更多的利润的激励促使企业投资和增加资本需求,当存在投资需求不足时,政府可以运用税收政策来刺激投资,以促进储蓄转化为投资。

在影响投资需求的诸多因素中,最为基本的因素是投资收益,即投资利润率。只有投资收益高于投资成本才能刺激投资需求增加,而投资收益的增加,在很大程度上取决于政府税收政策。投资者在进行投资选择时主要关心的是税后净收益率而不是毛利收益率。商品课税和财产课税将直接导致企业所得的税前收益减少,企业所得税将使投资者的净收益水平进一步下降。此外,亏损结转的税收政策会减少企业投资风险,有利于鼓励企业增加资本投资。

五、税收对技术创新的影响

技术创新是经济内涵式增长的前提条件。技术创新对经济增长的影响体现为技术创新直接提高劳动生产率。在同样资金和劳动投入情况下,整个社会技术进步的高低决定了经济增长率的高低。

技术进步的途径是发明、创新、引进先进技术和增加人力资本投资。对新兴企业、企业技术改造、新产品开发以及高风险的科技产业给予减免税,对高新技术企业设备允许加速折旧、允许所得税前加计扣除研发费用等措施,都会起到鼓励技术进步、促进经济发展的作用。

经济学家的实证研究表明,除了要素投入外,经济增长的很大比例是由"技术进步"贡献的。技术进步包括技术研发、工艺改进和产品更新。在一定程度上,技术进步与高素质的劳动力使用先进的生产设备是分不开的,因此,税收对投资的刺激、鼓励措施、方法,在某些方面也适用于促进技术进步。总体技术进步率的升降与对资本课征的税率呈现逆向关系。较高的有效税率将导致较低的技术进步率,而较低的有效税率将导致较高的技术进步率。

研究与开发(Research and Development,R&D)是技术进步的直接促进因素。税收对研究开发活动支出的鼓励,主要是通过税收优惠来实现的,对研究与开发投资一般采取税收抵免和纳税扣除的鼓励方式,从理论上看,有关R&D支出的税收抵免措施,其效果比较微弱,主要原因是:

第一,适用税收抵免的R&D支出,一般都是R&D支出的基数部分,如果企业当年的R&D支出没有超过基数,它就不能适用税收抵免规定。

第二,税收抵免是按照R&D支出的一定比率,从企业当年的或以后年度的应纳税额中冲减。然而,有些企业可能在今后一定时期内,都没有所得税的纳税义务,因而也就不能适用税收抵免。

第三,在企业当年应纳税额不够抵免的情况下,即使可以向以后年度结转,但是由于在以后能抵免的部分对企业来说要损失一定的资金时间价值,其刺激作用也会大打折扣。

从20世纪70年代开始,理论界就开始研究税收与人力资本(人才)投资的关系,人力资本和物资投资有很大的区别,因为人力资本投资不像物资投资可以计提折旧费。因此,在今后一段时期,税收对人力资本投资的影响可能还是理论研究的一个重点。

六、税收对收入再分配的影响

税收的个人收入调节效应,是指政府按照社会公平原则要求,改变和调整个人收入的市场分配结果,促进社会稳定和经济发展。在市场经济条件下,个人收入的最终形成要经过两个环节:市场上以生产要素为基本依据体现效率优先的初次分配环节和政府在公平原则指导下的再分配和调节环节。市场上的初次分配以产权为依据,根据生产要素的投入数量和质量,在各生产经营单位内部进行,它体现效率优先的原则。由于客观存在着人们劳动能力、财产占有量等方面的差异,加之受就业机会不均等、竞争条件不公平等因素的影响,人们通过市场获取的收入份额存在悬殊。那些丧失劳动能力或失去就业机会的人甚至无法从市场分配中获取维持其基本生存需要的收入份额。初次分配不公难以通过市场机制实现调节,必须借助政府强制手段,从社会公平的目标出发,通过税收制度设计和政府支出结构的调整来促进社会收入分配的基本合理化,缓解市场分配不公及其引起的一系列矛盾,保持社会稳定,为社会经济发展创造良好的外部经济环境。

从经济学角度分析,收入分配的不均等是可以用指标来衡量的,常用的指标就是洛伦兹曲线和基尼系数。洛伦兹曲线是度量人口的百分比和国民收入占有百分比之间关系的曲线,该曲线偏离均等线的程度可以反映国民收入的不均等程度。

市场经济环境下的收入差距会通过"马太效应"使"富者愈富,贫者愈贫"。贫富差距的扩大化,影响社会的整体消费倾向提升,使社会总需求不足。为了实现宏观经济平稳增长的经济目标和社会安定的政治目标,政府必须运用各种收入和支出手段对过大的收入差距进行调节,使其控制在社会可以接受的范围内。税收作为调节收入分配的重要手段,通过累进的个人所得税、消费税、财产税等税收制度手段的综合作用,可以有效实现个人收入和财富存量的相对公平,促进社会安定和经济平稳增长。

税收对收入再分配的影响大致可以分为两个方面:一是税收制度对收入调节作用的分析,比如,累进的个人所得税、财产税;税收指数化问题以及所得税等税制设计问题等。二是逃税对收入分配的影响。

(一) 收入分配模型

1. 基本模型

本模型是跨代财富分配模型,假定一代人延续一个时期,而各代人之间不发生重叠。模型考虑财富的代际传递,以及生命期收入不平等的影响因素:个人禀赋的差异和运气。

（1）财富的传递

遗产总额：

$$B_u^i = s_1(r)(I_u^i + w N_u^i) + s_2(r)w(\bar{N}_{u+1} - N_{u+1}^i) + s_3(r)\beta_u^i$$

其中，B_u^i 为第 u 代人中个人 i 的遗产；利息率 r，工资率 w，假定 r，w 在整个生命周期不变；I_u^i 为第 u 代人中个人 i 的生命周期资本收入；N_u^i 为第 u 代人个人 i 的生命周期收益能力；N_{u+1}^i 为第 $u+1$ 代人个人 i 的生命期收益能力；$\bar{N}_{u+1}$ 为第 $u+1$ 代人平均生命收益能力；β_u^i 是随机项，即生命期各种不确定的收益，可以认为是偶然所得，一般假定 β_u^i 独立于 I，N，且均值和方差不变。

模型中，第一项表示第 u 代中个人 i 的生命期资本收入和资本收入转化为遗产数额，第二项为考虑下一代的收入能力而存留的遗产，与下一代人的预期收入成比例，第三项为偶然所得转化为遗产的数额。

遗产总额分配主要是在各类成人之间进行分割，因此财产分割可以有以下两大类：一是在继承人之间不平等分割，比如，长子继承或者传男不传女等；二是在继承人间均衡分配。遗产不同的分割方式对遗产分配具有重要影响。为简化分析，假设继承人（子女）固定规模不变，而且平均分割，此时，财富的继承关系为：

$$I_{u+1}^i = \frac{1}{n+1} B_u^i$$

（2）确定收益能力

收益能力或者得到的工资由自身禀赋、人工资本和机会等因素决定，而自身禀赋主要由遗传决定，个人人力资本等投资与父辈创造的条件（遗产）相关。其表达形式为：

$$N_u^i = \alpha_1 N_{u-1}^i + \alpha_2 (B_{u-1}^i - \bar{B}_{u-1}) + \nu_u^i$$

其中，$0 < \alpha_1 < 1$，第一项为遗传；第二项为父辈财富相对平均值的优势；第三项 ν_u^i 是独立于 N，B 和 β 分布的随机项，且均值和方差保持不变。

（3）模型的行为

行为的差分方程为：

$$B_u^i = \frac{s_1}{1+n} B_{u-1}^i + s_1 w N_u^i + s_2 w(\bar{N}_{u+1} - N_{u+1}^i) + s_3 \beta_u^i$$

$$N_u^i = \alpha_1 N_{u-1}^i + \alpha_2 (B_{u-1}^i - \bar{B}_{u-1}) + \nu_u^i$$

由此,平均值可以由下面两个方程得到:

$$\bar{B}_u = \frac{s_1}{1+n} \bar{B}_{u-1} + s_1 w N_u^i + s_3 \bar{\beta}_u$$

$$\bar{N}_u = \alpha_1 \bar{N}_{u-1} + \bar{\nu}$$

当 $s_1 < 1+n$(资本的内在增长小于人口增长),平均生命期财富收敛于:

$$\bar{N} = \frac{\bar{\nu}}{1-\alpha_1}, \quad \bar{B} = \frac{s_1 w \bar{N} + s_2 \beta}{1 - s_1/(1+n)}$$

由上述模型能够推出收益能力和遗产的方差,从而得到生命期收益能力和遗产分布不平等的程度。特别地,当上述模型中 $s_2 = 0$ 和 $\alpha_2 = 0$ 时,可以推出:

$$\mathrm{var}[N] = \frac{\mathrm{var}[\nu]}{1-\alpha_1^2}$$

$$\mathrm{var}[B] = \frac{1}{1-\alpha_3^2}\left[s_3^2 \mathrm{var}[\beta] + \left(\frac{1+\alpha_1\alpha_3}{1-\alpha_1\alpha_3}\right)\alpha_4^2 \mathrm{var}[N]\right]$$

其中:

$$\alpha_3 = \frac{s_1}{1+n}, \ \alpha_4 = s_1 w$$

$$\mathrm{cov}[B, N] = \frac{\alpha_4 \mathrm{var}[N]}{1-\alpha_1\alpha_3}$$

进而计算出生命周期消费不平等的情况:

$$生命期消费 \ C_n^i = w N_u^i + \frac{1}{1+n} B_{u-1}^i + \beta_u^i - \frac{B_u^i}{1+r}$$

可导出其均值为:

$$\bar{C} = \left(1 - \frac{s_1}{1+r}\right)\left(w\bar{N} + \frac{\bar{B}}{1+n} + \alpha_5 \bar{\beta}\right), \ \alpha_5 = \frac{1-s_3/(1+r)}{1-s_1/(1+r)}$$

其方差为：

$$\mathrm{var}[C] = \left(1 - \frac{s_1}{1+r}\right)^2 \left[w^2 \mathrm{var}[N] + \left(\frac{1}{1+n}\right)^2 \mathrm{var}[B] + \alpha_5^2 \mathrm{var}[\beta] + \frac{2w\alpha_1}{1+n} \mathrm{cov}[B, N]\right]$$

消费的变化系数为：

$$V_c^2 = \frac{w^2 \left[\dfrac{1+\alpha_1\alpha_3}{1-\alpha_1\alpha_3}\right] \mathrm{var}[N] + \alpha_5^2 \mathrm{var}[\beta] + \left(\dfrac{1}{1+n}\right)^2 \mathrm{var}[B]}{\{[w\bar{N} + s_3\bar{\beta}/(1+n)]/(1-\alpha_2) + \alpha_5\beta\}^2}$$

消费变化系数可以作不平等程度的一种度量。

（4）一般均衡的考虑

在考虑一般均衡时，为顾及要素价格，上述模型需要加入以下方差：

$$\bar{B} = \frac{s_1(r)}{1+n} \bar{B}_{u-1} + s_1(r)w + s_3(r)\bar{\beta}$$

2. 考虑税收的模型

（1）对生命周期收入征收比例税

部分结论为：假定比例税率为 t，从局部均衡分析看，税收没有影响 w 和 r。如果对 β 水平上征税，对不平等没有影响；对 β 的全部或部分免税将导致不平等增加。

（2）对遗产征税

假定遗产税率为 $T_e < 1$，则继承的数量为 $(1 - T_e)\dfrac{B}{1+n}$，可以分析出税收降低了生命期消费的变化系数，减少了不平等。

（3）通过一般均衡分析，影响要素价格 w 和 r，需要通过一般均衡分析得出结论。

（二）逃税的分析模型

1. 逃税的基本模型及其扩展

（1）逃税的基本模型

1972 年阿林汉姆（Allingham）和桑德姆（Sandmo）最早把逃税作为一个独立的范畴进行理论研究，建立了信息不对称条件下风险厌恶型纳税人的逃税模型，以下简称 A&S 模型。模型的假设包括四个方面:纳税人为风险厌恶型;逃税被查处的概率由征税机关外生给定;逃税被抓后罚款的数额为未申报所得的倍数;纳税人根据效用最大化目标选择其最优所得申报额。

该模型假定纳税人与征税人之间信息不对称,即真实的税基对于纳税人而言是已知的,对于征税人而言是未知的。这就导致:一方面,征税部门要了解真实的税基需要付出一定成本,即须对纳税人的申报进行检查;另一方面,纳税人总是企图申报低于其真实税基的应税所得,但同时也须承担因可能被查处而遭受罚款的风险。在这些假定前提下,阿林汉姆和桑德姆运用冯·诺依曼效用函数分析了纳税人为达到预期效用最大化,如何在税率、被查处概率和罚款力度的影响下,作出如实申报纳税、低申报纳税或是完全不申报纳税的选择。

假设个人实际收入为 I,t 为其适用的税率,D 为申报收入,p 为逃税被查出的概率,f 为未申报收入的罚款。U 为个人效用函数,则模型为求解以下函数的最优解:

$$\max E(U(D)) = (1-p)U(y) + pU(z)$$

其中:$y = I - t \cdot D$,未被查出的税后净收入;

$z = I - t \cdot D - f(I - D)$,被查出的税后净收入。

可以用上述模型进行一些逃税的相关性分析,比如,查出概率 p 与申报收入 D 的关系,罚款 f 与 D 的关系,纳税人风险中性和风险厌恶情况的逃税比较等。其基本分析方法是用上述模型的一阶和二阶极值条件来分析的。

(2)模型扩展

在增加一些假设后,可以得到上述模型的拓展,比如:

① 考虑道德成本。

② 考虑纳税人之间的相互影响。

③ 考虑累进所得税率的情况。

④ 考虑纳税人贿赂税务人员的情况。

2. 反逃税模型

反逃税模型是从税务机关的角度建立的模型。

设:B 为预算经费支出,B^* 预算经费预算限制;D 为查出逃税额的预期值;R 为查出多交税额的预期值;G 为全部税收收入,G^* 为税收收入任务目标;π 为逃税罚款率;F 为处理所有申报的成本;T 为税收收入,C 为检查成本,Q 为追捕逃税款的成本；Z 为退税成本，H 为正确的应纳税款，所有纳税申报件数为 N，抽查件数为 A，则模型为：

$$\max L = AD + AR + \alpha(B^* - B) + \beta(G - G^*)$$

α，β 分别表示增加一元预算和一元税收所增加的纳税精准度。

利用上述模型，可以分析：预算经费调整对逃税的影响、政府收入目标调整对逃税的影响等。其分析方法主要是通过分析模型最大值的一阶条件来进行的。

第七章　税收经济分析的常用指标

开展税收经济分析离不开税收经济分析指标的应用,税收经济分析指标是一组相互关联,系统地说明税收经济关系、税收缴纳情况和税收征管工作状况的数据指标的集合。税收经济分析指标的应用从宏微观上可以说明纳税人的税收缴纳情况,从宏观上反映整体税收形势,考核评价税收征管工作。税收经济分析指标是开展税收经济分析的基础,是描述税收经济的专业技术语言。一套科学完整的税收经济分析指标体系,有助于开展相应的税收经济分析工作,因此,建立税收经济分析指标体系,是奠定税收经济分析的基础、深化税收经济分析内容的需要。

第一节　宏观税收经济分析常用指标

前文提到,宏观税收经济分析是以宏观国民经济核算为基础,以说明税收经济关系为核心开展的系列分析。宏观税收经济分析通过了解和掌握税收指标与国民经济指标的关系原理,并在此基础上构建宏观经济税收关系模型,说明其内在联系,并依此评当前税收经济运行情况和发展态势,为在宏观上把握税收宏观经济形势提供决策依据和数据支持。宏观税收经济分析指标主要包括经济指标、税收指标和宏观税收经济关系分析指标三大指标。

一、经济指标

经济指标,是指描述宏观经济情况的各类数据指标,反映社会经济活动的资源状况、经济状况和资金流向状况。这些指标通常从众多国民经济统计指标中抽取出来,可以作为计税依据的经济量化指标构成,也可以是反映经济总量的指标。

（一）国内生产总值

国内生产总值(GDP)，是指在一定时期内(一个季度或一年)，一个国家或地区的经济中所生产出的全部最终产品和劳务的价值，常被公认为衡量国家经济状况的最佳指标。它不但可反映一个国家的经济表现，还可以反映一国的国力与财富。2021年，国家统计局对外公布，2020年全年我国国内生产总值(GDP)约为101.6万亿元，稳居世界第二位；人均GDP再次站上1万美元的新台阶。从GDP核算的角度来看，有3种方法，即生产法、收入法、支出法。3种方法从不同的角度反映国民经济生产活动成果，理论上3种方法的核算结果相同。

（1）生产法，是从生产的角度衡量常住单位在核算期内新创造价值的一种方法，即从国民经济各个部门在核算期内生产的总产品价值中，扣除生产过程中投入的中间产品价值，得到增加值。核算公式为：增加值＝总产出－中间投入。

（2）收入法，是从生产过程创造收入的角度，根据生产要素在生产过程中应得的收入份额反映最终成果的一种核算方法。按照这种核算方法，增加值由劳动者报酬、生产税净额、固定资产折旧和营业盈余4个部分相加得到。

（3）支出法，是从最终使用的角度衡量核算期内产品和服务的最终去向，包括最终消费支出、资本形成总额和货物与服务净出口3个部分。

依据国家统计局历年发布的数据显示：季度GDP是以生产法为基础核算的结果。国内生产总值GDP是核算体系中一个重要的综合性统计指标，也是国民经济核算体系中的核心指标，它反映一国(或地区)的经济实力和市场规模。即一个国家(或地区)的经济究竟处于增长抑或衰退阶段，从这个数字的变化便可以观察到。一般而言，GDP公布的形式不外乎两种，即以总额和百分比率为计算单位。当GDP的增长数字处于正数时，即显示该地区经济处于扩张阶段；反之，如果处于负数，即表示该地区的经济进入衰退阶段。

如果一定时间内所生产的商品与劳务的总量乘以"货币价格"或"市价"而得到的数字，即名义国内生产总值，而名义国内生产总值增长率等于实际国内生产总值增长率与通货膨胀率之和。因此，即使总产量没有增加，仅价格水平上升，名义国内生产总值仍然是会上升的。在价格上涨的情况下，国内生产总值的上升只是一种假象，有实质性影响的还是实际国内生产总值变化率，所以使用国内生产总值这个指标时，还必须通过GDP缩减指数，对名义国内生产总值做出调整，从而精确地反映产出的实际变动。因此，当一个季度GDP缩减指数的增加，便足以表明当季的通货膨胀状况。如果 GDP 缩减指数大幅度地增加,便会对经济产生负面影响,同时也是货币供给紧缩、利率上升、进而外汇汇率上升的先兆。

国内生产总值是反映常住单位生产活动成果的指标。常住单位是指在一国经济领土内具有经济利益中心的经济单位。经济领土是指由一国政府控制或拥有的地理领土,也就是在本国的地理范围基础上,还应包括该国驻外使领馆、科研站和援助机构等,并相应地扣除外国驻本国的上述机构(国际机构不属于任何国家的常住单位,但其雇员则属于所在国家的常住居民)。经济利益中心是指某一单位或个人在一国经济领土内拥有一定活动场所,从事一定的生产和消费活动,并持续经营或居住一年以上的单位或个人,一个机构或个人只能有一个经济利益中心。一般就机构(单位)而言,无论其资产和管理归属哪个国家控制,只要符合上述标准,该机构在所在国就具有了经济利益中心。就个人而言,无论其国籍属于哪个国家,只要符合上述标准,该居民在所在国就具有经济利益中心。因为常住单位的概念严格地规定了一个国家的经济主体范围,所以其对于确定国内生产总值的计算口径,明确国内与国外的核算界限以及各种交易量的范围都具有重要意义。

国内(地区)生产总值指数,是指一个国家(地区)的国内(地区)生产总值的增长速度,具体计算可用上一年或指定一年数据为基数。统计年鉴指数一般按照可比价格计算。

(二) 产业增加值

为更好地反映我国产业的发展情况,满足国民经济核算、服务业统计及其他统计调查对三次产业划分的需求,根据 2020 年修订的《国民经济行业分类》(GB/T 4754—2020),三次产业的范围包括:第一产业是指农、林、牧、渔业(不含农、林、牧、渔服务业);第二产业是指采矿业(不含开采辅助活动),制造业(不含金属制品、机械和设备修理业),电力、热力、燃气及水生产和供应业,建筑业;第三产业即服务业,是指除第一产业、第二产业以外的其他行业,包括批发和零售业,交通运输、仓储和邮政业,住宿和餐饮业,信息传输、软件和信息技术服务业,金融业,房地产业,租赁和商务服务业,科学研究和技术服务业,水利、环境和公共设施管理业,居民服务、修理和其他服务业,教育,卫生和社会工作,文化、体育和娱乐业,公共管理、社会保障和社会组织,国际组织,以及农、林、牧、渔业中的农、林、牧、渔服务业,采矿业中的开采辅助活动,制造业中的金属制品、机械和设备修理业。

增加值是国民经济核算的一项基础指标。各部门增加值之和即是国内生产总值,它反映的是一个国家(地区)在一定期时期内所生产的和提供的全部最终产品和服务的市场价值的总和,同时也反映了生产单位或部门对国内生产总值的贡献。因此,建立增加值统计,将为计算国内生产总值提供可靠依据,是建立资金流量的基础。因此,产业增加值,是指在一定时期内各产业单位产值的增加值的汇总。例如,物流产业增加值是由交通运输业物流增加值、仓储物流业增加值、批发物流业增加值、配送加工包装物流业增加值和邮政业物流增加值构成。它可以按照生产法计算,也可以按照收入法计算。各产业部门增加值求和即为国内(地区)生产总值。

(三) 制造业增加值

制造业增加值,是指制造业企业在报告期内以货币形式表现的制造业生产活动的最终成果,是制造业企业全部生产活动的总成果扣除了在生产过程中消耗或转移的物质产品和劳务价值后的余额,是制造业企业生产过程中新增加的价值。

制造业增加值的计算方法有两种,即生产法和收入法(又称要素分配法)。

(1) 生产法,是指从制造业企业生产过程中的产品和劳务价值形成的角度入手,剔除生产环节中投入的中间产品价值,从而得到新增价值的方法。其计算公式为:

$$制造业增加值 = 制造业总产出 - 制造业中间投入$$

在制造业增加值的实际计算中,制造业总产出是直接用制造业企业总产值(现行价格、新规定)代替的。这一指标的计算价格与制造业企业中间投入的计算价格一律与新税制的规定相一致,按不含增值税的价格计算。但是,增值税是企业所创造的新增价值的一部分,属于增加值范畴,为了确保制造业增加值要素的完整,在计算制造业增加值时,应将本期应交增值税计入制造业增加值中。由此按生产法计算的制造业增加值的实际计算公式应为:

$$制造业增加值 = 制造业企业总产值(现行价格、新规定) - 制造业中间投入 + 本期应交增值税$$

① 制造业企业总产值(现行价格、新规定)。包括本期生产的成品价值、对外加工费收入和自制半成品在制品期限期末期初差额价值。

② 制造业中间投入。制造业中间投入,是指制造业企业在报告期内用于制造业生产活动而一次性消耗的外购原材料、燃料、动力及其他实物产品和对外支

付的服务费用。服务费用包括支付给物质生产部门(制造业、农业、批发零售贸易业、建筑业、运输邮电业)的服务费用和支付给非物质生产部门(保险、金融、文化教育、科学研究、医疗卫生、行政管理等)的服务费用。

(2)收入法,是指从制造业企业生产过程中创造的原始收入初次分配的角度,对制造业生产活动最终成果进行核算的一种方法。其计算公式为:

$$制造业增加值＝固定资产折旧＋劳动者报酬＋生产税净值＋营业盈余$$

规模以上制造业企业的制造业增加值可以按照行业大类、登记注册类型、企业规模等细分,由此可得到各行业(制造业)增加值、各登记注册类型(制造业)增加值等经济指标。其中,规模以上制造业企业的统计标准也在发生变化:1998—2006 年,是指全部国有和年主营业务收入 500 万元及以上的非国有企业;2007—2010 年,统计范围调整为年主营业务收入 500 万元及以上的制造业企业;2011 年开始至今,统计范围为年主营业务收入 2 000 万元及以上的法人单位。大企业是年主营收入大于 2 000 万元的制造业企业或者国有制造业企业。同理可计算各地区制造业总产值指数。

(四) 最终消费

最终消费指常住单位在一定时期内对于货物和服务的全部最终消费支出,也就是常住单位为满足物质、文化和精神生活的需要,从本国经济领土和国外购买的货物和服务的支出,不包括非常住单位在本国经济领土内的消费支出。最终消费分为居民消费和政府消费。

最终消费率是指最终消费占国内生产总值的比率,这是国民经济能否顺畅运行的一个最基本、最重要的比率。"十四五规划"中提出要形成以国内大循环为主体、国内国际双循环相互促进的新发展格局,提升最终消费率是一个绕不过去的关键环节。因此,最终消费率也是衡量一国流转税水平的重要指标之一。

此外,与最终消费率紧密相关的一个宏观经济指标是社会消费品零售总额,该指标是指企业(单位)通过交易售给个人、社会集团,非生产、非经营用的实物商品金额,以及提供餐饮服务所取得的收入金额。社会消费品零售总额包括实物商品网上零售额,但不包括非实物商品网上零售额。而网上零售额是指通过公共网络交易平台(包括自建网站和第三方平台)实现的商品和服务零售额之和。商品和服务包括实物商品和非实物商品(如虚拟商品、服务类商品等)。

统计数据显示:2020 年社会消费品零售总额 391 981 亿元,同比下降3.9%,降幅较 1~11 月收窄 0.9 个百分点。其中,12 月同比增长 4.6%,增速环比放缓 0.4 个百分点,自 8 月以来连续实现正增长。除汽车以外,2020 年消费品零售额 352 566 亿元,下降 4.1%,降幅环比收窄 0.9 个百分点。2020 年,网上实物商品零售额实现 97 590 亿元,同比增长 14.8%。

(五) 资本形成总额

资本形成总额是资本总量指标。其总额等于固定资产形成总额、存货变动价值和珍贵物品的获得之和减去处置的价值。其中:

(1) 固定资产形成总额指生产一定时期内获得的固定资产减处置的固定资产的价值总额,等于生产者在核算期内购置、转入和为自用而生产的固定资产减处置(销售和转出)固定资产后的价值。可分为以下几个主要类型:新的或现存的有形固定资产的获得减处置;新的或现存的无形资产的获得减处置;土地在内的有形非生产资产的重大改善和与非生产资产所有权转移有关的费用。

(2) 存货变动价值指常住单位在一定时期内存货实物量变动的市场价值,即期末价值减期初价值的差额,再扣除当期由于价格变动而产生的持有收益。可以是正值也可以是负值,正值表示存货上升,负值表示存货下降。

(3) 珍贵物品的价值是指在交换过程中体现的交易价值,其中包括新的和现有珍贵物品的经销商的毛利和所有权转移费用,交易形式无论是买卖、易货贸易还是实物资本转移。

(六) 货物和服务净出口

货物和服务净出口,是指货物和服务出口减货物和服务进口的差额。出口包括常住单位向非常住单位出售或无偿转让的各种货物和服务的价值;进口包括常住单位从非常住单位购买或无偿得到的各种货物和服务的价值。由于服务活动的提供与使用同时发生,因此服务的进出口业务并不发生出入境现象,一般把常住单位从国外得到的服务作为进口,非常住单位从本国得到的服务作为出口。货物的出口和进口都按离岸价格计算。

在计算地区货物和服务净出口时,还包括地区间货物和服务的流入流出。用公式表示:

货物和服务净出口(净流出)=货物和服务出口(流出)-进口(流入)

其中:我国规定出口货物按照离岸价格统计,进口货物按到岸价格统计。

(七) 劳动者报酬

劳动者报酬是中国国民经济核算体系中使用的一个指标,指常住单位在一定时期内(核算期内)以各种形式支付给劳动者的全部报酬,大致相当于联合国SNA中的雇员的报酬。具体包括3个部分:

(1) 货币工资,指生产单位直接支付给劳动者的工资、奖金、津贴、补贴等,按纳税前的支付计算。

(2) 实物工资,指生产单位以免费或低于成本价提供给劳动者的各种物品和服务,以及居民自产自用的消费品等。

(3) 社会保险,指单位为劳动者直接向政府和保险部门支付的待业(失业)、退休、养老、人身、医疗、家庭财产等保险金,单位的这些缴款不论以后什么时候才实际支付给劳动者,均计入本期的劳动者报酬。

(八) 生产税净额

生产税净额,是指企业在报告期内的经营活动中所征收的各项税金、附加费和有关规费扣除生产补贴后的净额。这里的各种税金,指应交增值税、消费税及附加、管理费中列支的税费等,但不包括所得税。生产补贴,是指政府对生产经营单位的政策亏损补贴、价格补贴和出口企业的出口退税等补贴。生产税的计算公式为:

$$生产税净额 = 生产税 - 生产补贴$$

其中:生产税指政府对生产单位从事生产、销售和经营活动以及因从事这些活动使用某些生产要素所征收的各种税、附加费和有关规费。生产补贴与生产税相反,是政府对生产单位的单方面收入转移,因此视为负生产税处理,包括政策亏损补贴、粮食系统价格补贴、外贸企业出口退税收入等。

(九) 价格指数

价格指数,是指反映不同时期商品和服务项目价格水平的变化方向、趋势和程度的经济指标,通常以报告期与基准期相对比的相对数值来表示。它是研究价格动态变化的一种工具,它为制定、调整和检查各项经济政策,特别是价格政策提供依据。价格指数是反映一定时期内商品价格水平变动情况的统计指标,它是一个相对数,而"价格水平"是个绝对数。

价格指数的分类:

(1) 按其所包括范围的不同分为:个体指数,反映某一种商品价格水平升降程度的指数;分类指数,即分类商品价格指数,反映某一类商品价格水平升降程度的指数;总指数,反映全部商品价格总水平升降程度的指数。

(2) 按其计算时所采用基准期的差别分为:环比价格指数(以上一期为基期)、年距环比价格指数(以上年同期为基期)和定基价格指数(以某一固定时期为基期)。

(3) 按商品类别区分为:制造业品出厂价格指数、农产品收购价格指数、服务项目价格指数、职工生活费用价格指数等。

(4) 按商品的流通环节和流通渠道区分为:批发价格指数和零售价格指数。

(5) 按城乡的差别区分为:城市价格指数和农村价格指数。

此外,常用价格指标还包括以下几种:

(1) 居民消费价格指数(CPI)

居民消费价格指数是一个反映居民家庭一般所购买的消费品和服务项目价格水平变动情况的宏观经济指标。居民消费价格指数涵盖全国城乡居民生活消费的食品烟酒、衣着、居住、生活用品及服务、交通和通信、教育文化和娱乐、医疗保健、其他用品和服务等 8 大类、262 个基本分类的商品与服务价格,是在特定时段内度量一组代表性消费商品及服务项目的价格水平随时间而变动的相对数,是用来反映居民家庭购买消费商品及服务的价格水平的变动情况。

居民消费价格统计调查的是社会产品和服务项目的最终价格,同人民群众的生活密切相关,同时在整个国民经济价格体系中也具有重要的地位。它是进行经济分析和决策、价格总水平监测和调控及国民经济核算的重要指标。其变动率在一定程度上反映了通货膨胀或紧缩的程度。一般来讲,物价全面地、持续地上涨就被认为发生了通货膨胀。例如,统计数据显示,2020 年,全国居民消费价格同比上涨 2.5%,全国居民消费价格环比下降 0.1%。此外,消费者物价指数决定着消费者花费多少来购买商品和服务,左右着商业经营的成本。而且,消费者物价指数影响政府制定财政政策、金融政策。

与居民消费价格指数相似的一个价格指数为商品零售价格指数(RPI),该指数反映的是一定时期内商品零售价格的变动。它的变动直接影响到城乡居民的生活支出和国家的财政收入，影响到居民的购买力和市场供需的平衡。商品零售价格指数只反映零售商品的价格变动，不包括服务价格。

（2）制造业品出厂价格指数（PPI）

制造业品出厂价格指数是反映一定时期内全部制造业产品出厂价格总水平的变动趋势和变动幅度的相对数。制造业品出厂价格由生产成本、利润和税金3个部分组成，它是制造业产品进入流通领域的最初价格，是商业企业、物资部门制定批发价格、零售价格和物资供应价格的基础。包括制造业企业售给本企业以外所有单位的各种产品和直接售给居民用于生活消费的产品。通过制造业品出厂价格指数能观察出厂价格变动对制造业总产值的影响。制造业品出厂价格指数是衡量制造业企业产品出厂价格变动趋势和变动程度的指数，是反映某一时期生产领域价格变动情况的重要经济指标，也是制定有关经济政策和国民经济核算的重要依据。目前，我国PPI的调查产品有4 000多种（含规格品9 500多种），覆盖全部39个制造业行业大类，涉及调查种类186个。

根据价格传导规律，PPI对CPI有一定的影响。PPI反映生产环节价格水平，CPI反映消费环节的价格水平。整体价格水平的波动一般首先出现在生产领域，然后通过产业链向下游产业扩散，最后波及消费品。由于CPI不仅包括消费品价格，还包括服务价格，CPI与PPI在统计口径上并非严格的对应关系，因此，CPI与PPI的变化出现不一致的情况是可能的。CPI与PPI持续处于背离状态，这不符合价格传导规律。价格传导出现断裂的主要原因在于制造业品市场处于买方市场以及政府对公共产品价格的人为控制。

PPI通常作为观察通货膨胀水平的重要指标。由于食品价格因季节变化加大，而能源价格也经常出现意外波动，为了能更清晰地反映出整体商品的价格变化情况，一般将食品和能源价格的变化剔除，从而形成"核心生产者物价指数"，进一步观察通货膨胀率变化趋势。

（3）固定资产投资价格指数

固定资产投资价格指数是反映一定时期内固定资产投资额价格变动趋势和变动幅度的相对数。固定资产投资额由建筑安装工程投资完成额，设备、工器具购置投资完成额和其他费用投资完成额3部分组成。编制固定资产投资价格指数应首先分别编制上述3部分投资的价格指数，然后采用加权算术平均法求出固定资产投资价格指数。编制固定资产投资价格指数可以准确地反映固定资产投资中涉及的各类商品和取费项目价格变动趋势和变动幅度,消除按现价计算的固定资产投资指标中的价格变动因素,真实反映固定资产投资的规模、速度、结构和效益,为国家科学地制定、检查固定资产投资计划并提高宏观调控水平,为完善国民经济核算体系提供科学的、可靠的依据。

(十) 基尼系数

前面提到基尼系数是指国际上通用的、用以衡量一个国家或地区居民收入差距的常用指标。经济学家通常用基尼系数来表现一个国家和地区的财务分配状况,这个指数在 1 和 0 之间,基尼系数最大为"1",最小等于"0"。基尼系数越接近 0 表明收入分配越是趋向平等,反之亦然。国际惯例通常把 0.4 作为收入分配差距的警戒线,根据黄金分割率准确值应为 0.382,把 0.2 以下视为收入绝对平均,0.2～0.3 视为收入比较平均;0.3～0.4 视为收入相对合理;0.4～0.5 视为收入差距较大,当基尼系数达到 0.5 以上时,则表示收入悬殊。

一般发达国家的基尼系数,在 0.24～0.36,其中美国为 0.52。根据北京大学中国社会科学调查中心发布的《中国民生发展报告 2020》中指出,我国的财产不平等程度在迅速扩大,其中:1995 年我国的财产基尼系数为 0.45,2002 年为 0.55。中国国家统计局公布基尼系数为 2012 年为 0.474,2013 年为 0.473,2014 年为 0.469,2015 年为 0.462,2016 年为 0.465,2017 年为 0.467,2018 年为 0.468,2019 年为 0.465。

(十一) 外汇储备

外汇储备又称为外汇存底,指为了应付国际支付的需要,各国的中央银行及其他政府机构所集中掌握并可以随时兑换成外国货币的外汇资产。通常状态下,外汇储备的来源是贸易顺差和资本流入,集中到本国央行内形成外汇储备。具体形式是,政府在国外的短期存款或其他可以在国外兑现的支付手段,如外国有价证券,外国银行的支票、期票、外币汇票等。外汇储备主要用于清偿国际收支逆差,以及当本国货币被大量抛售时,利用外汇储备买入本国货币干预外汇市场,以维持该国货币的汇率。

外汇储备是一个国家货币当局所持有的用于弥补国际收支赤字、维持该国货币汇率稳定的国际间普遍接受的外国货币,是国际储备的一部分。国际储备包括外汇储备、黄金储备、国际货币基金组织(IMF)中的普通提款权和特别提款权。

外汇储备在储备资产中最为重要。

回顾中国外汇储备的发展变化：1996 年底，中国外汇储备首次突破了 1 000 亿美元，此后四年，储备上升相对平稳。自 2000 年起，中国外汇储备呈快速增长趋势。2005 年末增至 8 188.72 亿美元，居全球第二位。2006 年 2 月，中国外汇储备达 8 537 亿美元，超过日本，成为全球外汇储备最大持有国。早在 2009 年，中国大陆外汇储备排名世界经济体第一，日本居第二，俄罗斯居第三。至 2010 年 3 月，中国外汇储备规模已达 24 470.84 亿美元，稳居全球第一位。至 2021 年 6 月，我国外汇储备规模为 32 140 亿美元。

外汇储备的主要用途是支付清偿国际收支逆差，还经常被用来干预外汇市场，以维持该国货币的汇率。

（十二）直接使用外资规模

直接使用外资是针对外商在华直接投资的实际使用规模。其中，外商直接投资是指外国企业和经济组织或个人（包括华侨、港澳台胞以及我国在境外注册的企业）按我国有关政策、法规，用现汇、实物、技术等在我国境内开办外商独资企业、与我国境内的企业或经济组织共同举办中外合资经营企业、合作经营企业或合作开发资源的投资（包括外商投资收益的再投资），以及经政府有关部门批准的项目投资总额内企业从境外借入的资金。

2020 年，面对新冠肺炎疫情肆虐，中国国内生产总值（GDP）突破 100 万亿元大关，经济增速为 2.3%，成为全球唯一实现经济正增长的主要经济体。同期，中国全年使用外资也逆势增长达 9 999.8 亿元人民币，规模再创历史新高，成为跨国投资的"稳定器"和"避风港"，显示出中国市场对于全球投资者的巨大吸引力。

（十三）景气指标数

景气指标数（Perity Index），亦称景气度，是对企业景气调查中的定性指标通过定量方法加工汇总，综合反映某一特定调查群体或某一社会现象所处的状态或发展趋势的一种指标，是预测宏观经济走势的重要指标。使用的分析方法为古典循环法，主要是观察经济时间序列绝对量本身的波动，一般观察时间序列的长期趋势及循环要素（TC）的波动。景气指数介于 0~200，100 为景气指数的临界值，当景气指数大于 100 时，表明经济状况趋于上升或改善，当景气指数小于 100 时，表明经济状况趋于下降或恶化，处于不景气状态。更为细致的划分为：0~100 为不景气区间,100～120 为较景气区间,120～150 为较高景气区间,150～200 为高景气区间。

根据调查企业问卷设计的重点内容不同,景气指数可以分为以下几种:

1. 企业景气指数

企业景气调查中的景气指数包括综合景气指数和单项景气指数。

常用的综合景气指数有企业景气指数、企业家信心指数等。

(1) 企业景气指数,是根据企业家对本期企业当前综合生产经营情况的判断及未来综合生产经营状况的预期(通常为对"好""一般""不佳"的选择)而编制的指数,用以综合调查总体范围内反映企业的生产经营状况。

(2) 企业家信心指数,是根据企业家对企业外部市场经济环境与宏观政策的认识、看法、判断与预期(通常为对"乐观""一般""不乐观"的选择)而编制的指数,用以综合反映企业家对宏观经济环境的感受与信心。

常用的单项景气指数主要有企业生产景气指数、企业订货景气指数、企业劳动力需求景气指数、企业销售利润景气指数、企业固定资产投资景气指数、企业科技投资景气指数等。

我国企业景气调查的范围包括制造业、建筑业、交通运输、仓储及邮政业、批发和零售业、租赁和商务服务业、环境和公共设施管理业、居民服务业、信息传输、计算机服务和软件业。我国按季度进行企业景气调查。

2. 市场需求景气指数

市场需求景气指数,是根据企业家依当前市场对本企业所在国民经济行业的产品需求,做出的定性判断和对未来发展变化的定性预期(通常是指对"增加""持平""减少"的选择)而编制的景气指数。

3. 劳动力市场景气指数

劳动力市场景气指数,是将与劳动力市场有关的统计指标,如供求总量指数、匹配平衡指数、职业供求指数、薪酬指数、信心指数等用景气指数的原理进行合成运算,得出能够客观反映劳动力市场运行趋势是向好的方向发展还是向坏的方向发展、运行状态是处于景气区间还是不景气区间的一组数据或信号。

此外研究景气循环的分析方法有 3 种:

(1) 古典循环法,主要是观察经济时间序列绝对量本身的波动,一般观察时间序列的长期趋势及循环要素(TC)的波动。

(2) 增长循环波动, 也称离差循环方法, 一般观察经济时间序列相对量的波动, 将时间序列的长期趋势和循环要素分离, 把循环要素的变动看作是景气变动, 即增长周期波动是循环要素的波动。

(3) 增长率循环, 通过观察经济时间序列的增长率(与上年同月或同季比的变化率), 分析其波动的规律性。同前两种方法一样, 增长率循环也要对时间序列进行季节调整, 对增长率序列的长期趋势及循环要素(TC)的波动进行分析。在实际研究过程中, 我们采用的是增长率循环方法对景气循环进行研究, 因此我们要对经过季节调整以后的时间序列数据求其增长率序列, 也就是对序列求其上年同月比。合成指数的计算过程相当繁杂, 就其过程可简单描述为以下 5 个步骤: 求单个指标的变化率; 求多个指标对称变化率的合成; 求初始合成指数; 趋势调整; 求最终合成指数。

目前较常用制造业采购经理指数(PMI)来反映当前宏观经济形势。采购经理指数是国际上通行的宏观经济监测指标体系之一, 对国家经济活动的监测和预测具有重要作用。PMI 涵盖着生产与流通、制造业与非制造业等领域, 分为制造业 PMI、服务业 PMI, 也有一些国家建立了建筑业 PMI。制造业 PMI 指数在 50% 以上, 反映制造业总体扩张; 低于 50%, 通常反映制造业衰退。受 2020 年新冠疫情的影响, 我国 PMI 指数呈现出先下降后增长的趋势, 但是大部分月份均在 50% 以上。截至 2020 年 12 月, 制造业采购经理指数为 51.9%, 较上年同期增长 3.39%; 非制造业采购经理指数为 55.7%, 较上年同期增长 4.11%。

(十四) 相关指标计算说明

(1) 可比价格指计算各种总量指标所采用的扣除了价格变动因素的价格, 可进行不同时期总量指标的对比。按可比价格计算总量指标两种方法: 一是直接用产品产量乘以其某一年的不变价格计算; 二是用价格指数进行缩减。其中, 不变价格, 是指以同类产品某年的平均价格作为固定价格, 用于计算各年的产品价值, 按不变价格计算的产品价值消除了价格变动影响, 不同时期对比可以反映生产的发展速度。统计年鉴中的增长速度一般采用不变价格计算。

(2) 平均增长速度, 我国计算平均增长速度有两种方法: 一是习惯上经常使用的"水平法", 又称几何平均法, 是以间隔期间最后一年的水平与基期水平对比来计算平均每年增长或下降的速度; 二是"累计法", 又称代数平均法或方程法, 是以间隔期间各年水平的总和同基期水平对比来计算平均每年增长或下降速度。

在一般情况下,两种方法计算的平均增长速度比较接近,但是在经济发展不平衡、出现大起大落时,两种方法计算出的结果差别比较大。平均增长速度也叫平均递增速度,它和平均发展速度统称为平均速度。平均速度是各个时期环比速度(即报告期水平与前一期水平对比计算的速度)的平均数,说明社会经济现象在较长时期内速度变化的平均程度。平均发展速度表示现象逐期发展的平均速度,平均增长速度则是反映现象逐年递增的平均速度。

(3)发展速度是反映某种社会现象发展程度的相对指标,它是报告期发展水平与基期发展水平之比,也就是把基期发展水平定为某报告期发展水平相当于基期水平的相对数值。

二、税收指标

税收指标是指描述税收收入组织与入库情况的相关指标,可以反映税收估算、预算和实际征收入库的情况,这些指标主要来源于各级税务局收入规划核算部门的税收月度快报、会计统计报表、综合征管软件系统、出口退税管理系统、重点税源、监控系统、金税工程系统等。其中,在宏观税收分析指标体系中,税收指标主要是:一是各项税金的纳税能力;二是各项税金的实际征收入库数;三是各项税金的减增数;四是各项税金的免抵调税数;五是各项税金的欠缴数;六是各税种、税目适用税率等。基于税收数据来源的不同,税收指标体系通常分为税收会计指标、税收统计指标和其他类指标三大类。

(一) 税收会计指标

税收会计指标来源于税收会计报表。该表是根据税收会计账簿记录加以归类整理,用简明的表格形式,总括地反映各个会计结算期间和会计年度税收征集、解缴、提退等项经济活动,以及税收计划完成情况的书面报告。在税收会计核算工作中,通过填制凭证、登记账簿,为税收征管及计划执行情况的考核分析提供了必要的资料。但这些资料分散于账证之中,不能集中、系统地反映税收征解活动的全貌。为总括反映一定期间税款征解、提退活动与计划完成情况,及时向领导和有关部门提供决策所必须的税收会计资料,需要将平时分散在各种账证中的资料,定期加以分类整理,编成具有一定指标体系的税收会计报表。税收会计报表主要有:税收电旬报、电月报;税收征解活动情况表,税收征解月报总表,税收入库

(上解)明细月报表,各项提退明细月报表,出口产品退税明细月报表,代征、代扣税款手续费及分成月报表等。税收会计指标主要包括代征类指标、应征类指标、减免类指标、入库类指标、查补类指标、代征代扣类指标等。

1. 待征类指标

待征类指标主要反映的是应征而未征的税收和其他收入,主要有"待征税收"和"待征其他收入"。待征类指标一般按照税种设置。

2. 应征类指标

应征类指标反映纳税人向税务机关申报或由税务机关直接核定的,由海关代征的以及通过税务稽查、日常检查或财政、审计、司法等其他部门查处的,影响国家缴纳的各项税收和其他收入,主要包括"应征税收"和"应征其他收入"。应征类指标按税种和企业注册类型详细反映当年应征税收发生的情况,数据来源于各类纳税人填报的各种税种纳税申报表、代扣代缴税款报告、预缴税款通知书及纳税定额申请核定表或纳税应纳税额核定书等。

3. 减免类指标

减免类指标反映纳税义务发生后对纳税人减征免征的税收及其他收入,一般按税种和减免性质详细反映减免税收发生的情况。减免包括两部分内容:一是随申报和欠税抵顶减免而形成的征前减免;二是通过国库办理退税而形成的退库减免。数据来源于记载有减免税额的纳税申报表,抵顶欠税的减免税批准文件,办理减免退库的税收收入退还书或再有减免税退税的提退清单等。

4. 入库类指标

入库类指标反映国库已经收纳入库的税收和其他收入,一般按照政府预算收入科目有关款项和预算级次进行列示。数据来源于各类税收缴款书回执联(电子信息)、预算收入日报表、更正通知书、免抵调库通知书,以及税收收入退还书等,该类指标中主要包括以下指标口径:

(1) 税收收入反映收入部门征收入库的各项税收之和,不包括契税和耕地占用税,包括海关代征的增值税和消费税,未扣除产品出口退税增值税和消费税。我们通常将税收收入中扣除"海关代征增值税和消费税"的税收口径,称之为国内税收收入;国内税收收入扣除"免、抵调增增值税"的税收口径,称之为直接税收入。一般而言,由税务局征收的税收,我们称之为国内税收,由海关部门征收的税收,我们称之为海关代征税收。

例如,国内增值税反映国家税务局征收的一般增值税和按"先征后退"政策审批退库的国内增值税,以及按照"免、抵、退"有关政策规定办理的"免抵调增增值税"。进口货物增值税反映由海关部门代征的一般进口货物增值税,特定区域进口自用货物增值税和进口货物增值税税款滞纳金、罚款收入。我们将国内增值税和进口货物增值税之和,称之为增值税收入;将国内增值税剔除"免、抵调增增值税"的增值税,称之为增值税直接收入。消费税收入包含国内消费税和进口消费税。国内消费税是反映国家税务局征收的国内消费税,进口消费税是反映由海关部门代征的进口消费品的消费税,以及进口消费品的消费税税款滞纳金、罚没收入。我们将国内消费税和进口消费税之和称之为消费税收入。

(2)出口退税反映由税务部门审批退库的出口退税增值税和消费税以及减免和免抵调减增值税之和。

(3)其他收入反映由税务部门征收入库的除上述税收收入以外的其他各项税收收入之和。

5. 查补类指标

查补类指标按税种反映查补税金应征和入库及税收滞纳金、罚款收入入库的情况。数据来源于税务处理决定书或税务行政处罚决定书。

6. 代征代扣类指标

代征代扣类指标是指按税种和项目反映扣缴义务人根据税收法律法规代扣、代缴义务人入库的税款,以及代征单位根据委托代征协议结报入库的代征税款。数据来源于"代征代扣税款登记账簿"。

(二)税收统计指标

税收统计指标集中反映报告期末入库税款在各种经营及类型、各种行业、各税目中的分布情况。主要按税种、税目、项目、经济类型、行业指标等分类标准设置,包括税收总体指标、涉外税收指标、欠税呆账指标、增值税税源指标、减免税分项目指标等。

1. 税收总量指标

税收总量指标从总体上反映已全部纳入入库税收资金在各经济类型、各行业、各项目中的分布情况,主要按税种、税目、项目、经济类型、行业等分类标准设置,如税收收入分布、分行业分税种统计、税收收入分企业类型统计、各主要税种税收收入分行业分税种统计等。

2. 涉外税收指标

涉外税收指标综合反映涉外投资企业以及外籍人员(包括华侨、中国香港/中国台湾/中国澳门人员)缴纳各项税收入库的情况。涉外税收主要按税种、分行业、分企业性质设置。

3. 欠税呆账指标

欠税呆账指标按税种行业企业类型反映报告期内实际欠税余额的情况。

4. 税源指标(以增值税为例)

增值税税源指标主要反映全部增值税纳税人的增值税税源情况。主要指标包括销售额和应纳税额。销售额中又分按适用税率征收货物及服务销售额、按简易征收办法征收货物销售额。免抵退办法出口货物、免税货物及服务销售额应纳税额主要指包括销项税额、进项税额(上期留抵税额、进项税额转出、免抵退税额、按适用税率计算的纳税检查应补缴税额)、应抵扣税额、实际抵扣税额、期末留抵税额、按简易办法征收计算的应纳税额、应纳税额减征额等。

5. 减免税分项目指标

减免税分项目指标按税种、注册类型、减免类型及项目设置,反映报告期末减免税的情况。减免税分税种、分项目等统计指标。

(三) 其他类指标

其他类指标包括纳税户数统计指标和由税务部门负责征收的非税收入统计指标。纳税户数统计指标分行业、分经济类型设置,反映纳税在国民经济各行业、各经济类型之间的分布情况。数据来源于税务登记证及其他征管资料等。税务部门负责征收的非税收入统计指标反映非税收入入库的情况。这类指标分企业类型、分项目、按隶属关系分级次核算。数据来源于各种非税收入的征缴凭证。

三、宏观税收经济关系分析指标

宏观税收经济关系分析指标,是指税收与宏观经济的联系指标,可以反映税收实际征收入库数据与其税源相关经济数据指标的关系,是评价税收经济关系、考核税收征管工作的重要参考数据。税收经济关系按静态和动态划分,分别称之为税收负担和税收弹性,本部分内容仅对税收与经济总量指标的税负、弹性变化关系进行说明。

分析一个国家或地区税收收入增长是否正常时,一般要从宏观税负指数和税收弹性系数两个方面来分析。宏观税负,是指税收收入与国内生产总值之比,一般用百分数表示。宏观税负指数分析,是指对一个地区总体税负水平情况与正常峰值或预警区间的比较分析,并对其形成原因作出分析判断。主要研究税收占GDP比重以及税收弹性系数变动情况。通过不同时期GDP税收负担率的变化和不同地区的数据差别对比,说明宏观税收负担率的高低和变化情况。宏观税负指数分析主要体现在两方面:

一是宏观税负分析除了分析地区宏观税负变动趋势之外,一般还要对经济发展趋势、税收增长原因进行分析,对经济发展和税收征管提出建议,这对日常税收征管工作具有指导意义。

二是以宏观税负指数分析为起点,逐步深入到微观税负(如增值税税负、企业税负)分析、行业税负分析,依据分析结论有针对性地开展纳税评估和税务稽查,是强化税源管理最有效的途径。

税收弹性系数为税收收入增长率与GDP增长率的比值,一般用绝对值表示。当弹性系数大于1时,表明税收收入增长快于GDP的增长;当税收弹性系数小于1时,表明税收收入增长慢于GDP的增长;当税收收入弹性系数等于1时表明两者同步增长。

目前经济学界较为认可的弹性系数是在0.8~1.2。在进行税负和弹性分析时,要明确分析的目的和内容。选取税收指标要做到三个一致:一是区域范围要一致;二是对比的时效要一致;三是对比的内容要一致。选取经济指标时:一是要将经济数据的可比价调整为现价;二是部分企业调整为全部企业;三是注重细节经济指标。税收收入与经济总量(GDP)关系分析列举指标如下。

(一) 税负类

(1)宏观税负是指单位国内生产总值所负担的税收收入。税收指标来源于税收统计数据;GDP来源于统计局公布的数据。计算公式如下:

$$宏观税负=(税收收入/GDP)\times100\%$$

① 根据分析需要,可对GDP、税收收入口径进行可比性调整,如GDP可扣除第一产业增加值,税收收入可扣除海关代征税收收入、证券交易印花税和消费

税等。

② 税收收入可采用应征或入库税收收入,分别用于计算宏观应征税负或宏观入库税负。

(2) 产业税负是指单位产业增加值所负担的税收收入。产业税收收入来源于税收统计数据;产业增加值来源于统计局公布的数据。计算公式如下:

$$产业税负 = (产业税收收入/产业增加值) \times 100\%$$

① 用于计算第一、第二、第三产业税负。

② 产业税收收入可采用应征或入库税收收入,分别用于计算产业应征税负或入库税负。

(3) 行业税负分析行业单位增加值所负担的税收收入。行业税收来源于税收系统数据;行业增加值来源于统计局公布的数据。计算公式如下:

$$行业税负 = (行业税收收入/行业增加值) \times 100\%$$

① 用于计算行业总体税负。以行业及国家统计局公布的国民经济行业分类为准。

② 行业税收收入可采用应征或入库税收收入,分别用于计算行业应征税负或入库税负。

(4) 地区税负指单位地区生产总值所负担的税收收入。地区税收收入来源于税收统计数据;地区生产总值来源于统计局公布的数据。计算公式如下:

$$地区税负 = (地区税收收入/地区\ GDP) \times 100\%$$

① 根据分析需要,可对地区 GDP、税收收入口径进行可比性调整,如地区 GDP 可扣除第一产业增加值,地区税收收入可扣除海关代征税收收入、证券交易印花税和消费税等。

② 地区税收收入可采用应征或入库税收收入,分别用于计算宏观应征税负或宏观入库税负。

③ 地区税负除了进行宏观地区税收负担分析外,还可以进行地区分产业分行业税务分析。

(二) 弹性类

(1) 税收收入与 GDP 弹性反映国内生产总值每增长一个百分点,对应的税收收入增长的百分点。税收收入来源于税收统计数据；GDP 来源于统计局公布的数据。计算公式如下：

$$税收收入与 GDP 弹性 ＝ 税收收入增长率/GDP 增长率$$

① GDP 增长率原则上采用现价增长率，现价增长率通过本期 GDP 与基期 GDP 两个绝对值相除计算得出。

② 根据分析需要，可对 GDP、税收收入统计口径进行可比性调整，如 GDP 可扣除第一产业增加值，税收收入可扣除海关代征进口产品税收、证券交易印花税和消费税等。

③ 税收收入可采用应征或入库税收收入，分别用于计算应征税收弹性或入库税收弹性。

（2）产业税收弹性反映产业增加值每增长一个百分点对应的税收收入增长百分点。产业税收收入来源于税收统计数据；产业增加值来源于统计局公布的数据。计算公式如下：

$$产业税收弹性 ＝ 产业税收收入增长率/产业增加值增长率$$

① 产业增加值增长率原则上采用现价增长率，现价增长率通过本期产业增加值与基期产业增加值两个绝对值相除计算得出。

② 根据分析需要，用于计算第一、第二、第三产业税收弹性。

③ 产业税收收入可采用应征或入库税收收入，分别用于计算应征税收弹性或入库税收弹性。

（3）行业税收弹性反映单位行业增加值每增长一个百分点所对应税收收入增长的百分点。行业收入来源于税收统计数据；行业增加值来源于统计局公布的数据。计算公式如下：

$$行业税收弹性 ＝ 行业税收收入增长率/行业增加值增长率$$

① 行业增加值增长率原则上采用现价增长率，现价增长率通过本期产业增加值与基期行业增加值两个绝对值相除计算得出。

② 行业以国家统计局公布的国民经济行业分类为准。

③ 行业税收收入可采用应征或入库税收收入，分别用于计算应征税收弹性或入库税收弹性。

（4）地区税收弹性反映地区增加值每增长一个百分点所对应的税收收入增长的百分点。地区税收收入来源于税收统计数据；地区生产总值来源于统计局公布的数据。计算公式如下：

$$地区税收弹性 = 地区税收收入增长率 / 地区生产总值增长率$$

① 地区生产总值增长率原则上采用现价增长率，现价增长率通过本期地区生产总值与基期地区生产总值两个绝对值相除计算得出。

② 根据分析需要，可对地区生产总值、税收收入统计口径进行可比性调整，如地区生产总值可扣除第一产业增加值，税收收入可扣除海关代征进口产品税收、证券交易印花税和消费税等。

③ 地区税收收入可采用应征或入库税收收入，分别用于计算地区应征税收弹性或入库税收弹性。

④ 地区税收弹性除了进行地区总体税收弹性分析外，还可以进行地区分产业、分行业税收弹性分析。

第二节　微观税收经济分析常用指标

一、微观税收经济分析指标体系基本概念

微观税收经济分析指标体系是税收经济分析指标体系的重要组成部分，是一组相互联系、用以系统概括说明纳税人税收经济关系、税收缴纳情况和税收征管工作状况的数据指标的集合。

与宏观税收经济分析的主要区别是针对具体纳税人的生产经营情况、财务状况及税收缴纳情况而开展的系列分析，即分析对象和数据源不同（宏观经济分析对宏观经济税收指标进行分析，且数据来源侧重于外部统计指标，如 GDP、工业增加值等指标）。相同点都是税收经济内在基本关系的分析。微观税收经济分析指标体系不仅可从微观上说明纳税人的税收缴纳情况，而且从宏观上可以反映整体税收形势，起到考核评价税收征管工作的作用。在我国，微观税收经济分析尚

处于起步阶段,基础是重点税源监管工作。

二、建立微观税收经济分析指标体系的意义

建立微观税收经济分析指标体系可以完善微观税收经济分析理论,拓展微观税收经济分析的广度和深度,为加强税源管理提供数据支持服务。通过建立微观税收分析指标体系可以描述税源及税收缴纳状况的基本形式,并且可以完善税源管理完善企业纳税评估的理论基础,是考核税收管理工作的客观依据。通过客观的评价税收经济分析工作,从而为实现税收管理科学化、信息化的奠定基础。

三、微观税收经济分析指标体系的构成

(一) 按采集来源分类

(1) 财务指标:反映纳税人生产经营情况、资产构成状况和资金流量情况的财务核算指标。来源于企业的财务报表,包括利润表、资产负债表、现金流量表。

(2) 税收指标:反映纳税人税金缴纳情况的相关指标。来源于纳税人的纳税申报表。

(3) 其他统计指标:在企业财务报表和纳税申报表中无法采集到的反映纳税人生产经营情况的相关指标。来源于纳税人的生产、销售统计报表。

(二) 按税收经济关系内容分类

1. 税源指标

税源指标是指描述税收来源的经济指标,这些指标反映社会经济活动的收入情况和所得情况,通常由作为计税依据的经济量化指标构成,是反映经济活动总量的指标。主要指标如下。

(1) 产品产量,是指企业在会计核算期间主要生产产品的生产量。数据来源于企业的《产品生产统计表》。在采集时一般选择能够代表企业基本情况的主要或重要产品,对产品种类比较复杂的企业,应该选择其主要的几种产品。

(2) 产品销量,是指企业在会计核算期间主要生产产品的销售量。数据来源于企业的《产品销售统计表》,在采集时注意应同产品产量指标保持对应关系。

（3）出口产品销量，是指企业在会计核算期间主要生产产品的出口销售量。数据来源于企业的《出口货物报关单》。

（4）营业收入，是指企业在从事销售商品、提供劳务、服务等生产经营过程中所形成的经济利益的总流入，分为主营业务收入和其他业务收入。数据来源于《企业所得税年度纳税申报表》中的"营业收入"栏。

（5）主营业务收入，是指企业经营其营业执照上规定的整个业务内容所发生的营业收入，如制造业的销售产品、在成品和提供工业性劳务作业的收入；商品流通企业的销售商品收入；旅游服务业的门票收入、客户收入、餐饮收入等。数据来源于《利润表》中的"主营业务收入"栏。

（6）其他业务收入，是指企业在主营业务收入以外的所有通过销售商品、提供劳务及让渡资产所有权等日常活动中所形成的经济利益的流入，如材料物资及包装物销售、无形资产转让、固定资产出租、包装物出租、运输、废旧物资出售收入等。

（7）销售费用，是指企业销售商品和材料、提供劳务的过程中发生的各种费用，包括企业在销售商品过程中发生的保险费、包装费、展览费和广告费、商品维修费、预计产品质量保证损失、运输费、装卸费等以及为销售本企业商品而专设的销售机构（含销售网点，售后服务网点等）的职工薪酬、业务费、折旧费等经营费用。企业发生的与专设销售机构相关的固定资产修理费用等后续支出也属于销售费用。销售费用是与企业销售商品活动有关的费用，但不包括销售商品本身的成本和劳务成本，这两类成本属于主营业务成本。

（8）管理费用，是指企业行政管理部门为组织和管理生产经营活动而发生的各种费用。具体项目有：企业董事会和行政管理部门在企业经营管理中发生的或者应当由企业统一负担的公司经费、工会经费、待业保险费、劳动保险费、董事会费、聘请中介机构费、咨询费、诉讼费、业务招待费、办公费、差旅费、邮电费、绿化费、管理人员工资及福利费等。管理费用属于期间费用，在发生的当期就计入当期的损失或是利益。

（9）财务费用，是指企业为筹集生产经营所需资金等而发生的费用。具体项目有：利息净支出（利息支出减利息收入后的差额）、汇兑净损失（汇兑损失减汇兑收益的差额）、金融机构手续费以及筹集生产经营资金发生的其他费用等。

（10）利润总额，是指企业在一定时期内通过生产经营活动所实现的最终财务成果，是企业纯收入构成内容之一。工业企业的利润总额，主要由销售利润和营业外净收支(营业外支出抵减利润)两部分构成。按规定缴纳资源税的企业,应交的资源税也是利润总额的组成部分之一(抵减利润)。利润总额应按规定在国家与企业之间进行分配。其中大部分以交纳所得税、调节税或上缴利润的形式上交国家,小部分留归企业,形成各种专用基金。工业企业的利润总额,通过"利润"科目进行核算。销售利润及营业外收入,贷记该科目,应交资源税及营业外支出,借记该科目。"利润"科目的贷方发生额大于借方发生额的差额,即为利润总额。"利润"科目的二级科目,可按"产品销售利润""其他销售利润""营业外收入""营业外支出"和"资源税"等设置。

(11)工业总产值,是以货币形式表现的工业企业在一定时期内生产的已出售或可供出售工业产品总量,反映一定时间内工业生产的总规模和总水平。包括:在本企业内不再进行加工,经检验、包装入库(规定不需包装的产品除外)的成品价值;对外加工费收入,自制半成品、在制产品期末期初差额价值。采用工厂法计算,即以工业企业作为一个整体,按企业工业生产活动的最终总成果来计算,企业内部不允许重复计算,不能把企业内部各个车间(分厂)生产的成果相加。但在企业之间、行业之间、地区之间允许重复计算。

(12)存货,是指企业在日常活动中持有以备出售的产成品或商品、处在生产过程中的在产品、在生产过程或提供劳务过程中耗用的材料或物料等,包括各类材料、在产品、半成品、产成品或库存商品以及包装物、低值易耗品、委托加工物资等。一般情况下,企业的存货包括下列3种类型的有形资产:

第一种是在正常经营过程中存储以备出售的存货。这是指企业在正常的过程中处于待销状态的各种物品,如工业企业的库存产成品及商品流通企业的库存商品。

第二种是为了最终出售正处于生产过程中的存货。这是指为了最终出售但目前处于生产加工过程中的各种物品,如工业企业的在产品、自制半成品以及委托加工物资等。

第三种是为了生产供销售的商品或提供服务以备消耗的存货。这是指企业为生产产品或提供劳务耗用而储备的各种原材料、燃料、包装物、低值易耗品等。

(13)劳动者报酬,是中国国民经济核算体系中使用的一个指标,指常住单位在一定时期内(核算期内)以各种形式支付给劳动者的全部报酬,大致相当于联合国 SNA 中的雇员的报酬。具体包括三部分:一是货币工资,包括生产单位直接支付给劳动者的工资、奖金、津贴、补贴等,按纳税前的支付金额计算;二是实物工资,即生产单位以免费或低于成本价提供给劳动者的各种物品和服务,以及居民自产自用的消费品等;三是社会保险,指单位为劳动者直接向政府和保险部门支付的待业(失业)、退休、养老、人身、医疗、家庭财产等保险金,单位的这些缴款不论以后什么时候才实际支付给劳动者,均计入本期的劳动者报酬。

(14)资产,是由企业过去的交易或事项形成的、由企业拥有或者控制的、预期会给企业带来经济利益的资源。不能带来经济利益的资源不能作为资产。资产按照流动性可以划分为流动资产、长期投资、固定资产、无形资产和其他资产。其中,流动资产,是指可以在 1 年内或者超过 1 年的 1 个营业周期内变现或者耗用的资产,包括现金、银行存款、短期投资、应收及预付款项、待摊费用、存货等。长期投资,是指除短期投资以外的投资,包括持有时间超过 1 年(不含 1 年)的各种股权性质的投资、不能变现或不准备变现的债券、其他债权投资和其他长期投资。固定资产,是指企业使用期限超过 1 年的房屋、建筑物、机器、机械、运输工具,以及其他与生产、经营有关的设备、器具、工具等。无形资产,是指企业为生产商品、提供劳务、出租给他人,或为管理目的而持有的没有实物形态的非货币性长期资产。其他资产,是指除流动资产、长期投资、固定资产、无形资产以外的资产,如固定资产、修理、改建支出等形成的长期待摊费用。

(15)负债,是指企业过去的交易或者事项形成的,预期会导致经济利益流出企业的现时义务,是企业所承担的能以货币计量、需以资产或劳务偿还的债务。

(16)所有者权益,是指企业资产扣除负债后,由所有者享有的剩余权益。公司的所有者权益又称为股东权益。所有者权益是所有者对企业资产的剩余索取权,它是企业的资产扣除债权人权益后应由所有者享有的部分,既可反映所有者投入资本的保值增值情况,又体现了保护债权人权益的理念。所有者权益的来源包括所有者投入的资本、其他综合收益、留存收益等,通常由股本(或实收资本)、资本公积(含股本溢价或资本溢价、其他资本公积)、其他综合收益、盈余公积和未分配利润等构成。所有者投入的资本,是指所有者投入企业的资本部分,它既包括构成企业注册资本或者股本的金额,也包括投入资本超过注册资本或股本部分的金额,即资本溢价或股本溢价,这部分投入资本作为资本公积(资本溢价)反映。其他综合收益,是指企业根据会计准则规定未在当期损益中确认的各项利得和损失。留存收益,是指企业从历年实现的利润中提取或形成的留存于企业的内部积累,包括盈余公积和未分配利润。

2. 税收指标

税收指标,是描述纳税人税收特征的相关指标,反映纳税人的税金缴纳状况。例如,期初未缴税金、本期实缴税金等。

3. 税收经济关系指标

税收经济关系指标,是指建立税收与经济联系的关系指标,可反映纳税人申报税收数据与其税源数据相关关系,是对纳税人开展纳税评估的重要参考数据。

(1) 产品销售率,是指报告期工业销售产值与当期全部工业总产值之比,是反映工业产品已实现销售的程度,分析工业产销衔接情况,研究工业产品满足社会需求程度的指标。通过分析企业产品销售率,可以弥补仅对企业产品产量进行分析所带来的税源分析误差。

(2) 销售利润率,是指企业利润与销售额之间的比率。它以销售收入为基础分析企业获利能力,反映销售收入收益水平的指标,即每元销售收入所获得的利润。销售利润率是衡量企业销售收入的收益水平的指标,属于盈利能力类指标。其他衡量盈利能力的指标还有销售净利率、净资产收益率、权益净利率、已占用资产回报率、净现值、内部收益率、投资回收期等。

(3) 主营业务利润率,是指企业一定时期主营业务利润同主营业务收入净额的比率。它表明企业每单位主营业务收入能带来多少主营业务利润,反映了企业主营业务的获利能力,是评价企业经营效益的主要指标。该指标越高,说明企业产品或商品定价科学,产品附加值高,营销策略得当,主营业务市场竞争力强,发展潜力大,获利水平高。主营业务利润率是公司主业所产生的利润率。比如公司主业是房地产,那么经营房地产所产生的利润与主营业务收入的比率,就是主营业务利润率。如果这个公司还经营旅游、商业等,因为不是他的主业,在计算主营业务利润率时不计算在内。

(4) 资产收益率,是指用来衡量每单位资产创造多少净利润的指标。计算公式为:资产收益率=净利润/平均资产总额×100%。资产收益率是业界应用最为广泛的衡量银行盈利能力的指标之一,该指标越高,表明银行盈利效果越好,说明银行在增加收入和节约资金使用等方面取得了良好的效果,否则相反。银行管理层出于战略管理的目的,通常非常密切地关注这一指标。

(5) 资本保值增值率,是财政部制定的评价企业经济效益的十大指标之一。

资本保值增值率反映了企业资本的运营效益与安全状况。资本保值增值率＝期末所有者权益÷期初所有者权益×100％；或：资本保值增值率＝扣除客观因素后的期末所有者权益÷期初所有者权益×100％。当该指标大于100％时，表明投资人的所有者权益在企业经营过程中受到充分保障。

（6）存货周转率，是企业一定时期营业成本（销货成本）与平均存货余额的比率，用于反映存货的周转速度，即存货的流动性及存货资金占用量是否合理，促使企业在保证生产经营连续性的同时，提高资金的使用效率，增强企业的短期偿债能力。存货周转率是对流动资产周转率的补充说明，是衡量企业投入生产、存货管理水平、销售收回能力的综合性指标。

（7）总资产周转率，是企业一定时期的销售收入净额与平均资产总额之比，它是衡量资产投资规模与销售水平之间配比情况的指标。运用总资产周转率分析评价资产使用效率时，还要结合销售利润一起分析。对资产总额中的非流动资产应计算分析。总资产周转率越高，说明企业销售能力越强，资产投资的效益越好。

（8）主营业务收入增长率，可以用来衡量公司的产品生命周期，判断公司发展所处的阶段。一般来说，如果主营业务收入增长率超过10％，说明公司产品处于成长期，将继续保持较好的增长势头，尚未面临产品更新的风险，属于成长型公司。如果主营业务收入增长率在5％～10％，说明公司产品已进入稳定期，不久将进入衰退期，需要着手开发新产品。如果该比率低于5％，说明公司产品已进入衰退期，保持市场份额已经很困难，主营业务利润开始滑坡，如果没有已开发好的新产品，将步入衰落。

（9）应税销售额变动率，是指纳税人当期销售额与基期销售额的差额同基期销售额的比率。销售额变动率有正常范围，该范围是指纳税人在正常经营的前提下，期内销售额与上年同期或上季度比较，其变动率所能达到的最大值。

（10）应税销售额变动率与应纳增值税额变动率弹性分析可以反映企业纳税方面存在的问题。一般来讲，企业销售额的增长与应纳增值税的增长应当同步。

（11）主营业务收入变动率，是指报告期主营业务成本与基期主营业务成本差额对基期主营业务成本的比值。该指标综合反映企业主营业务成本的变化情况，主要提供了企业进项税金、产销率对比分析的依据。

（12）主营业务收入变动率与主营业务成本变动率弹性系数，正常情况下，二者基本同步增长,比值接近1。当比值小于1且相差较大,且二者都为负时,可能存在企业多列成本费用、扩大税前扣除范围等问题;当比值大于1且相差较大,且二者都为正时,可能存在企业多列成本费用、扩大税前扣除范围等问题;当比值为负数,且前者为正后者为负时,可能存在企业多列成本费用、扩大税前扣除范围等问题。

(13)主营业务成本变动率与应纳增值税额变动率弹性分析:正常情况下,两者应该基本同步增长,比值应该接近于1,该指标同样用于发现企业在增值税申报方面可能存在的问题。

(14)电量消耗率,是指企业电力消耗量与计税销售收入的比值。企业的电力消耗通常情况是比较稳定的,因此,可以通过一个企业的电力消耗情况从侧面了解该企业的生产经营情况和申报计税收入的合理性。

(15)燃料消耗率,是指企业燃料费用与计税销售收入的比值。通过一个企业的燃料消耗情况了解该企业的生产经营情况和申报计税收入的合理性。

(16)增值税税负率用于衡量企业在一定时期内实际税收负担的大小。从国家宏观调控角度来讲,只有相对合理的税负才能保障国民经济的健康发展;从纳税监管角度来讲,在名义税率和税收政策一定情况下,实际税负过低,则有可能存在偷漏税问题,会引起税务监管部门的注意;从企业的角度来讲,如果实际税负较高,企业也应该查明原因,加强纳税核算管理,避免不必要的纳税损失。

(17)销售收入的销项税额负担率,是指销项税额与计征增值税销售收入的比值,主要用于测算一个企业单位应税销售收入与销项税额比例关系,通过具体分析税收优惠税率变化等方面来量化说明不同时期指标变动情况。

(18)销售收入的进项税额负担率,是指进项税额与计征增值税销售收入的比值,主要用于测算一个企业单位应税销售额与进项税额的比例关系。

(19)销售收入的进项抵扣税额负担率,是指进项抵扣税额与计征增值税销售收入的比值,主要用于确定一个企业单位应税销售收入中进项抵扣税额含量的大小。

(20)销售收入的增值税贡献率,是指增值税与企业计征增值税销售收入的比值,主要用于反映企业单位应税销售收入中增值税收入方面对中央和地方财政的贡献情况。

(21)流动资产收入变动比率,是指本年平均流动资产减去上年平均流动资产后,与上年平均流动资产的百分比。该指标反映流动资产投入与收入是否匹配,进而判定收入是否真实。

(22)计税收入率,是指各项计税收入合计占各项收入总和的百分比。该指标综合反映企业一定会计期间实现的总收入中排除非税计税收入后所含净税源的比重,可以从计税收入和非税收入关系来分析税源质量。

(23)产量原材料配比率,是指本期耗用原材料同比增加率与本期产品材料同比增加率之间的差额,同一行业在原材料耗用上基本上是一致的,耗用多少原材料就会产生多少产品。如果配比率过高,就要考虑企业是否隐瞒产品产量。

(24)所有者权益比率,是指企业所有者权益与资产总额的比率。所有者权益比率与资产负债率之和按同口径计算应等于1。所有者权益比率越大,负债比率越小,企业的财务风险就越小。该指标从另一个侧面来反映企业长期财务状况和长期偿债能力。

(25)所有者权益与固定资产比率,是指所有者权益与固定资产总额的比率。该指标是衡量企业财务结构稳定性的一个指标,反映购买固定资产所需要资金有多大比例是来自于自有资本。

(26)固定资产比例,是指固定资产与资产总额的比率。该指标用来观察企业固定资产有无资金闲置现象,从资金运营能力来看,固定资产比率越低企业运营能力越强。

(三)按分析层面分类

(1)总量分析指标,包括税收总量、税源总量以及两种总量的比例关系,可按税种细分。

(2)计征核算关系指标,是指税收计算征收过程中和会计核算过程中所涉及的相关指标,局限于纳税申报的计算指标和企业财务核算的一级科目指标层面,如本期应纳税额、主营业务收入等。

(3)因素分析指标,是指税收形成过程中各种影响因素的细节指标,是检验税收计征核算关系数据合理性的指标,是较底层的指标。例如:

① 综合税源考虑因素:价格、库存等。

② 增值税考虑因素:增值率、出口比例、出口进项税率等。

③ 消费税考虑因素:税基价量关系、连续生产税金可抵扣率等。

④ 企业所得税考虑因素：生产成本、费用、能耗等。

（四）其他分类

可以分为采集指标和加工指标、单项指标和综合指标等。这里就不再详细说明了。

第二篇

税收经济分析主要内容

第八章　税源特征分析

税收经济分析的基本任务之一就是掌握和了解纳税人的经济活动及其生产运营情况，并以样本经济特征推断总体情况，客观描述和认识经济运行状况，为正确判断税收形势、制定税收政策、组织税收收入管理等提供决策依据。因此，在税收数据库形成之后，通常首要的分析内容是税源特征分析，分析的主要内容包括经济总量规模、税源结构分布、经济运行态势及税源质量状况等。

第一节　税源总量及其分析

一、税源的含义

从广义上讲，税源是指根据我国现行有关税法规定，可能产生税收的一切社会资源，包括各种社会经济活动中形成的物质生产量、业务交易量、新创造的价值、占用的社会资源、劳动所得及其某些特定的经济行为。简而言之，泛指一切社会经济活动及其行为。

从狭义上来看，税源是指直接产生某一具体税种，并据以计算这一税收数量的经济量和行为活动量，即通常所用的"税基"的概念。狭义的税源指的是计税收入和计税的产销量。

从综合性角度来说，税源是指若干不同税种，追根溯源以同一经济活动量为代表，涵盖各种税源所形成的概念。最具代表性的综合税源就是"企业营业收入"，追根溯源，它是增值税、消费税和企业所得税等若干税种的共同来源，所以经常把企业收入直接简单称之为"税源"。

在这些税收经济分析中，广义和狭义的税源概念都会经常用到。在研究税收总量和税源的关系时,通常用的就是广义的税源和综合性的税源概念,而在进行具体的单一税种收入分析时,用的是狭义的税源概念。

二、税源数据的采集与处理

根据税源概念的含义以及税收数据采集所掌握的数据指标,在分析税源现状时通常用的指标有纳税人户数、税源监控户数、企业营业收入、主要税种的应税收入(计税收入)、主要产品产量以及企业应付职工工资总额等。

(一) 纳税人户数

纳税人户数,是指各级税务机关辖区内注册登记的纳税人数量,包括企业纳税人和个体纳税人。纳税人的多少构成一定税源规模和税收潜能,是税源分析的一个重要指标。

(二) 税源监控户数

税源监控户数,是指各地区组织实施税源监控工作所能监管到位的企业数量,是从纳税人数量上体现税源监控的总体规模和覆盖范围的指标。其他说明是税源规模和状况的经济指标都是在实现企业监控数量的基础上实现的。因此,企业监控户数是考核税源监控工作情况最重要的一项基础指标。

(三) 企业营业收入

企业营业收入,是反映企业一定会计期间实现的各种生产经营的产品或服务的销售收入和劳务收入。这项指标通常从企业的利润表和损益表中取得。因为这一项指标综合地反映企业各种生产经营活动所取得的收入,而且是企业利润产生的源头,所以这一指标是一项代表性很强的综合性税源指标。

(四) 计税收入

计税收入,是根据税法有关规定,按照税收品目要求计算分项税收收入的计税依据,也称为税基。它是一种细化的分税种的具体税源指标,是构成总体税源的基础成分,是按照税法规定分税种精确计算税收收入的基础依据。计税收入可以从企业纳税申报表中取得,也可以从企业收入分类核算明细账当中取得。

（五）主要产品产量

主要产品产量，是依据经济活动中生产与销售的量价关系建立起来的一项税源指标，它可以反映企业经济活动的能力和规模。产品产量对从量计征的税种来说，是直接税源指标；对从价计征的税种来说，是一种间接税源指标。产品产量可以从企业纳税申报表中取得，也可以从企业生产统计报表中取得。

（六）企业应付职工工资总额

企业应付职工工资总额，是反映企业一定会计期间支付给企业职工的劳动报酬，包括发给企业职工的基本工资、各种奖金和各种福利补贴。工资总额是个人所得税工薪所得税目的直接税源指标，通常按企业应付工资科目一定会计期间内的贷方发生额合计数认定。

为完整地反映显示税源的客观状况，需对上述税源指标进行加工处理，建立这些税源指标与其他经济指标和事项的联系，形成一个相对完整的参照指标。数据处理方法如下：

一是建立样本与总体的关系。建立样本与总体的关系，就是将监控税源采集的数据作为一个调查样本，把样本数据与总体数据作比较，明确样本数据在总体中的位置和分量，客观地评价样本数据的意义。需要进行这种处理的税源指标有税源监控户数，企业经营收入，产品产量等。

二是提炼精准税源指标。就是对总量税源指标和模糊税源指标进行细化，从中提出某些税种的精准税源指标，目的在于掌握税源总量中不同税源的结构，并根据税源总量指标与精准指标的关系，推断税收产出。需要进行这种数据处理的税源指标有企业净收入和产品产量，从中提取不同税种的计税收入和计税产量。

三是平均化处理。某些税源指标的总量不能给出相应的税收产出关系，因此需要对这些税源指标进行平均化处理。比如劳动者报酬与个人所得税的关系，这类税源指标是工资总额，因为工薪所得税的征收是按人头给予扣除后再按累进税率计算的，所以必须对工资总额进行人均工资处理后才能看出税收产出的前景。

第二节　税源变化趋势与相关性分析

一、税源变化趋势及相关性分析的意义

静态看税源的总量和分布,动态看税源的变化趋势。研究税源规模的大小及其变化趋势,可以为预测税收收入、组织税收收入提供数据支持。研究税源指标的相关性,可以说明税源指标之间相互影响和逻辑关系的合理性,是检验税源数据的真实性和纳税评估的重要分析基础。

二、税源变化指标说明与数据处理

税源描述应用的三大主要指标是收入、增加值和利润,具体在微观税收经济分析领域,参考最新的《企业会计制度》,是指企业主营业务收入、企业增加值和企业利润,以及由此生成的一些相对分析指标,如企业增值率、企业利润率以及这些指标的增长率和相关系数。前者描述税源的变化趋势,后者说明税源指标变化相互影响的关联性。

(一) 企业增加值

企业增加值,是指企业在一定会计期间新创造的价值,是增值税的计税依据,是评价税收经济关系和开展税收评估的重要指标。

(二) 企业利润

企业利润,是指企业在一定时期内生产经营的财务成果,等于销售产品的总收益与生产商品的总成本两者之间的差额,包括营业利润、投资收益和营业外收支净额。企业利润是指存在着利息的情况下产业利润和商业利润的总称,它在数量上就是平均利润和利息的差额。企业利润应按规定缴纳所得税,此后对税后利润进行合理分配。企业利润是企业所得税计税的重要参考依据,是评价税收经济关系和开展纳税评估的重要指标。

(三) 税源增长率

税源增长率,是指税源指标不同时期数据差距与基期数据的比值,它反映不

同会计期间税源的变化程度,是分析检验税源变化情况的重要指标,由不同期间税源总量计算得出。

收入、增加值和利润三者之间的关系是层层包容的。一定数量的纳税人产生一定总量的经营收入,利润包含于增加值之中,增加值包含于收入之中,从核算环节上看,先计算出收入,因此才能核算出增加值,最后才能核算出利润,因此,三者之间有明确的逻辑计算关系。其关系公式为:

生产法：　　企业增加值＝企业总产值－中间投入＋本期应交增值税
　　　　　　实现增加值＝销售产量－中间投入

收入法：　　企业增加值＝劳动者报酬＋固定资产折旧＋生产税净额＋营业盈余
　　　　　　实现利润＝实现增加值－劳动者报酬－折旧－生产性税金

由于产值是根据市场价格计算的,所以在一定程度上,销售产值就是销售收入和企业的主营业务收入,是根据企业的生产经营内容而定的。

尽管企业收入、增加值和利润三者之间的逻辑关系是确定的,但由于多种因素的影响,三者之间的相关关系是不确定的。相关程度如何,由关系到三者之间的影响因素的变化情况来确定。例如,增加值是否与收入相关,要看销售和中间投入双方价格的变化;利润与增加值相关与否,要看其他三个因素是否变化。如果影响因素均没有相对变化,收入、增加值与利润三者之间就一定呈线性相关。

因此,少量数据应该从逻辑关系直接入手,海量数据可以从相关分析入手,先进行相关分析,观察其关联程度,再看变化弹性,观察其关联的性质。

三、税源增长的分析

税源增长的分析主要有两个方面的内容:一是分析税源前后期增量的变化情况;二是看前后年度同一税源增量的变化情况。前者通常称为环比,后者通常称为同比。税源增长分析是描述税源形势好坏的一项重要指标,也是分析税收与经济关系的一项基础指标。

(一) 环比

税源增长环比,是指当期税源与前期税源变化情况的比较,是前后两期税源差额与前期税源的百分比关系。具体计算公式如下。

税源环比增长＝(当期税源数量－上年同月税源数量)÷上年同月税源数量×100％

(二) 同比

税源增长同比,是指当年某期税源与上年同期税源变化情况的比较,是前后年度同一期间税源差额与上年同期税源的百分比关系。同期比较又分为当月收入的同期比较和累计收入的同期比较。具体计算公式如下。

$$税源当月同比增长 = \left(\frac{当年当月}{税源数量} - \frac{上年同月}{税源数量}\right) \div \frac{上年同月}{税源数量} \times 100\%$$

$$税源累计同比增长 = \left(\frac{当年累计}{税源数量} - \frac{上年同期累}{计税源数量}\right) \div \frac{上年同期累}{计税源数量} \times 100\%$$

(三) 加权同期比

由于纳税人户数是分月统计增加,计算其税源增量时,应该分月统计户数再乘以后续各月的实际影响月份数。计算公式如下。

$$税源增量影响 = \frac{\sum 本期户数_I (I-1) + \sum 上期户数_I (I-1)}{\sum 上期户数_I (I-1)}$$

四、税源增长的相关性分析

税源增长的相关性分析,是指对税源不同指标增量之间的相关性分析。在税源各种指标之间影响因素相对稳定的情况下,税源各指标的增量应同步增长,税源各指标的增长必然存在一定的相关关系。如果分析结果表明税源指标之间不存在相关关系,则说明有影响税源变化因素的异常,为分析税源预警提供数据支持。

相关分析是研究现象之间是否存在某种依存关系,并对具体有依存关系的现象探讨其相关方向以及相关程度,是研究随机变量之间的相关关系的一种统计方法。说明一种数据(自变量)对另一种数据(因变量)的影响程度,相关系数一般用 R 来表示。

R 等于 1,表明两组数据完全相关。

R 大于 0.95,则存在显著性相关。

R 大于 0.8,高度相关。

0.5≤|R|＜0.8，中度相关。

0.3≤|R|＜0.5，低度相关。

|R|＜0.3，关系极弱，认为不相关。

如果两组数据变化的方向相反，则相关系数小于 0；若两组数据无线性相关，则相关系数等于 0。

此外如果两组变量间是函数关系，则 $R=1$ 或 $R=-1$；如果变量两组变量间是统计关系，则 $-1＜R＜1$。

分析相关系数，目的在于利用相关的一组数据（自变量）推断和预测另一组数据（因变量），研究另一组数据（因变量）发生的可能性。如果相关系数大于 0.9，则在高度相关的情况下，即可以做这种推测；否则认为两组数据之间不发生关联，则不能做出此推断。

相关分析应用在税收数据分析中，至少需要提取近 12 个月的税源指标数据进行计算。

第三节　税源质量分析

一、税源质量

我们很难简单地以税源总量估算不同地区的税收收入能力，因为虽然地区的总量相近，或企业的收入规模相当，但其实际税收贡献总量的差异却很大。这主要是不同地区和不同企业税源经济总量中含税成分的不同所致。因此，如果从税源总量估算，税收总量就必须明确税源的质量。

税源质量是对税源这一经济量优劣程度的度量。它不仅含有对税源中潜在税收含量的一种度量，同时也反映税源规模的变化情况。潜在的税收含量越高，意味着税收产出可能就越多，表明税源质量越好，反之，则说明税源质量越差。税源的变化趋势是增长还是萎缩，预示着税收收入的变化趋势。税源的增长意味着潜在税收收入的增长，反之则意味着税收收入的衰减。

理论上，虽然质量的概念视角是清晰的，但现实经济生活中很难找到一个经济量来对这一概念作出准确的表述，因此，税源分析中经常是从不同的角度，以若干经济指标对税源质量进行综合的评价。

二、税源质量的指标与处理

凡是能够反映税收与税源之间相互影响关系的相对经济量,以及反映税源规模变化趋势的经济量,都可以作为衡量税源质量的指标。常用的指标有计税收入率、经营利润率、销售增值率、资产报酬率、盈亏比以及有关经济量的增长率等。

(1)计税收入率,是企业各主要税种计税收入(计税销售额)与企业各项收入总和的比例关系,综合反映企业一定会计期间实现的总收入中所含净税源的比重。由于税收政策因素,不是所有的企业收入都要计税,企业的某些收入可能是免税收入,某些收入可能是不征税的收入。因此,在企业会计核算中要将计税收入和非税收入分别核算。在税源分析上,也要区分两者的性质,从两者的比例关系上认识税源质量。公式为:

$$计税收入率=各项计税收入合计÷各项收入总和×100\%$$

(2)经营利润率,是企业所得税的计税基础和依据,企业收支相抵结算出的利润越多,企业所得税的产出就越多,所以企业经营利润率就成为衡量企业所得税的税源质量指标。经营利润率越高,说明税源质量越好。公式为:

$$经营(销售)利润率=利润总额÷经营(销售)收入×100\%$$

(3)销售增值率,是增值税的计税依据,企业销售收入中所含的转移价值越低,新增价值越高,增值税的产出就越多。因此,企业销售收入中的增加值比率就是衡量增值税税源质量的最好的经济指标。企业销售增值率越高,说明税源质量越好。公式为:

$$销售增值率=企业增加值÷销售收入×100\%$$

企业增加值可以用销售产值减去转移价值来计算,但由于企业财务报表没有详细转移价值的核算数据,通常采用收入法来计算,公式为:

$$企业增加值=折旧+生产税金+工资福利+利润总额$$

(4)资产报酬率,又称总资产利润率、总资产回报率、资产总额利润率,是指企业一定时期内息税前利润与资产平均总额的比率。用以评价企业运用全部资

产的总体获利能力,是评价企业资产运营效益的重要指标。总资产报酬率的计算公式如下:

$$资产报酬率=(净利润+利息费用+所得税)/平均资产总额\times100\%$$

(5)盈亏比,是指盈利企业与亏损企业之间的比例关系。盈利企业征收企业所得税,而亏损企业没有企业所得税。在企业群体中,盈利企业的比例越高,企业所得税的潜在产出就越多,所以盈亏比是一个很好的税源质量指标。公式为:

$$盈亏比=盈利企业数\div亏损企业数$$

或 $$盈亏比=盈利企业利润总额\div亏损企业亏损总额$$

(6)经济增长比,是有关经济指标的增长比值,如销售增长比,企业增加值增长比,企业资产增长比等。经济增长比是当期经济量与前期经济量的比值,之所以采用比值而不是增长率的形式,主要是为了后续数据处理的方便。因为若采用增长率形式,则可能会出现负增长的情况,后续数据处理比较复杂。而比值的形式只有大小之分,没有正负的区别,始终以正值表现,后续数据处理较为方便。公式为:

$$经济增长比=本期经济量/前期经济量$$

可见,税源质量不是一个单一的经济指标就能说明的问题,认识税源质量应综合各项税收特征,对税源进行全方位的评价。因此,在数据处理上往往是综合各项经济指标的情况,对不同指标赋予不同的权重,通过加权处理,求出一个综合指数。运用综合指数全面评价不同年度和不同群体税源质量的优劣。

第四节　企业规模分析

一、企业规模经济

规模经济,是经济学中的一个重要概念,是指通过扩大生产规模而引起经济效益增加的现象。规模经济反映的是生产要素的集中程度同经济效益之间的关系。规模经济的优越性在于随着产量的增加,长期平均总成本下降。但这并不仅仅意味着生产规模越大越好,因为规模经济追求的是能获取最佳经济效益的生产规模。一旦企业生产规模扩大到超过一定的规模,边际效益却会逐渐下降,甚至跌破趋向零,乃至变成负值,引发规模不经济现象。规模经济的一个重要思想就是规模效应,即经济活动随着规模扩大,可以降低单位固定成本和费用,从而使边际效益提高,产生规模效应。因此,规模经济也是规模效益的同义词。

税源分析是税收经济分析的一个重要组成部分,更应重视企业规模对经济税收的影响。税源分析中开展对企业规模的分析的目的,一是了解当前生产力条件下企业规模现状、企业规模结构、不同规模群体的经济效益以及对经济发展的影响;二是了解企业规模与税源质量的关系,据此推断各地区、各行业潜在的税收能力;三是了解规模与效益的关系,为经济发展提出经济结构调整的依据。

二、企业规模的指标与处理

综合衡量企业规模的大小,通常是从企业职工人数、资产规模和产品销量等多项指标进行评判。但在税收经济分析中则更注重研究企业占用社会资源与其社会贡献之间的价值量化关系。因此,企业规模的定位往往是以"企业资产"的价值量为参考进行定位。职工人数与产销量则作为社会效益和经济效益指标,用来评判企业资产的占有价值。

企业资产是以价值形式表现的企业占用的各种形态资产价值量的总和,包括物质形态资产、货币形态资产和无形资产。"占用"包括其所有者自己所有的资产和负债形成的资产。这一指标可以从企业的资产负债表中获得。

由于企业资产总量是随时发生变化的,所以衡量企业规模通常是以其平均资产为标准定位。平均资产是以企业期初资产和期末资产的平均数进行计算的,公式为:

$$企业平均资产 = (期初资产 + 期末资产) \div 2$$

三、规模和效益

分析规模与效益的关系,首先要找出能说明企业效益的相关指标,再通过实证分析看企业效益与企业规模之间的联系,并从中发现和总结规律。

反映企业效益的常用指标有企业利润率和企业收益率。前者是以企业收入为基础反映的效益指标,后者是以资产为基础反映的效益指标。为了说明企业利润率和企业收益率之间的联系,还需要测算收入与资产之间的关系及资产收入率和创收率;考虑到税收关系,还可以计算增值率。

四、规模与税源实力变化

纳税人数量的多少只能体现外在总量规模,结合纳税人的户均规模,才能体现税源的实力,因此单靠纳税人户数的高速增长很难说明税源收入就一定会有大幅度的增长,关键还是要看纳税人的实力。其中重要指标之一就是纳税人的资产规模。

分析税源实力变化,应将新增纳税人按资产规模分类,按分类加权汇总计算纳税人的数量,统计税源实力的变化。计算公式如下:

$$税源实力变化 = \frac{\sum 本期分类户数 \times 规模权重 + \sum 上期分类户数 \times 规模权重}{\sum 上期分类户数 \times 规模权重}$$

第九章 税收特征分析

税收特征分析,又称为企业税收特征分析,是指企业税收缴纳活动中所形成的反映企业税收缴纳情况的涉税特征,它是由一些具体的涉税指标来实现的。企业从事经济活动涉及哪些税金、实现了多少税金、缴纳多少税金、欠了多少税金、税金的结构比例等一系列的税收情况,直接影响国民收入在国家与企业间的利益分配关系,同时也分别反映税务部门与企业征纳双方的征管质量与诚实信义,因此,企业税收特征既是税收的政策调整、税收收入组织的决定因素,也是税务征管质量考核、企业诚信评价的基础。正确、客观地描述企业的税收特征,是税收经济分析的一项重要内容。

第一节 税收规模及其变化趋势

一、税收规模及其变化趋势分析

税收规模,是指一定税源及环境下,税收产出总量的大小和水平。研究税收规模大小及其变化趋势意义在于:一是税收收入作为财政收入的主要组成部分,税收规模可以反映地区间财力水平和差异;二是税收收入作为 GDP 的重要组成部分,分析税收规模是研究 GDP 结构和宏观税负水平的基础;三是分析税收规模水平是科学编制税收计划的基础;四是分析不同税源环境下的税收规模水平,是税收收入组织工作确定重点管理对象和成本效益管理的决策依据。

二、税收规模指标说明与数据处理

反映税收规模情况的指标主要有税收收入总额及其增长率。前者描述规模水平,后者反映变化趋势。

(1) 税收收入总额,是指一定税源条件下各种税收的合计数,它说明了一定税源条件下的税收总量水平。税收收入总额是税收管理的目标对象,是税收计划编制的主体内容。因此,这一数额通常是指税收收入实际入库数。

(2) 税收增长率,是指不同税收会计期间的税收差额与基期税收收入的比值,反映不同税收会计期间税收收入的变化程度。它是分析考核税收收入变化情况的重要指标,由不同时期税收总量计算得出。

分析税收规模水平,主要方法是比较分析,即寻找一个参照系,通过参照对比,给出一个可想象的量化规模水平,从税收收入的经济成分和社会职能进行分析。其参照系通常是借助 GDP 和财政收入,即 GDP 的构成中,税收的比例有多大;财政收入构成中,税收收入的比例有多大。对不同税源条件下税收收入规模的分析,其参照系通常是不同地区、不同时间和样本与总体关系相互参照。

三、税收增长的分析

税收增长的分析主要包括两个方面:一是分析税收前后收入增长量的变化情况;二是前后年度同一期间税收增长量的变化情况。前者的比较为环比,后者则为同比。税收增长分析是描述税收形势好坏的一项重要指标,也是分析税收与经济关系的一项重要基础指标。

(一) 环比

税收增长环比,是指当期税收与前期税收收入变化情况的比较,是前后两期税收收入差额与前期税收收入的百分比关系。具体计算公式如下:

$$税收环比增长 = \frac{当期税收收入 - 前期税收收入}{前期税收收入} \times 100\%$$

(二) 同比

税收增长同比,是指当年某期税收收入与上年同期税收收入变化情况的比较,是前后年度同一期间税收收入差额与上年同期税收收入的百分比关系。同期比较又分为当月收入的同期比较和累计收入的同期比较。具体计算公式如下:

$$税收当月同比增长 = \frac{当年当月税收收入 - 上年同月税收收入}{上年同月税收收入} \times 100\%$$

$$税收累计同比增长 = \frac{当年累计税收收入 - 上年累计税收收入}{上年累计税收收入} \times 100\%$$

四、税收增长的相关性分析

税收增长的相关性分析,是指对税收增长与税源增长的相关性的分析。经济决定税收,不仅决定税收的整体规模,同时也决定了收入的变化情况。在税收政策和征管条件相对稳定的情况下,税收增长就与税源增长同步。所以税收增长必然与税源增长之间存在一定的相关关系,如果分析结果表明两者之间不存在相关关系,这说明税收增长与税源增长脱节。

第二节 税收结构分析

一、税收结构分析的意义和内容

税收结构,是指税收收入总量中各种税收所占比重的结构关系。税收结构是税收政策、经济结构和征管倾向等因素综合作用的结果,因此,研究税收结构可以间接地了解一个国家或地区的税源结构、税制设计倾向和税收政策执行情况,同时也可以了解和掌握税收结构的变化趋势,对税收政策的调整和收入形势的预测都有着十分重要的意义。

税收结构的分析,从静态上是对各种税金结构比例的描述;从动态上是结构变化的趋势和幅度的描述。在此基础上,分析税收结构变化的原因,对今后的变化趋势进行推断和预测,并提出相应的对策和建议。

二、税收结构指标说明与数据处理

在数据处理上,税收结构是企业缴纳各项税款与税收总量之间的比例关系,具体测算时可提取企业报表一定时期的增值税、消费税、资源税、企业所得税和其他各种税的税收收入,并以此计算税种比例关系。具体计算公式如下:

$$某种税所占比例 = \frac{某税种税收收入}{企业全部税收收入} \times 100\%$$

在表现形式和内容上,可采用表格和饼图的结合形式,显示累计税收的税种结构;用曲线和表格的结合形式,反映各税种所占的比例关系。

三、税收结构变化

税收结构的变化不仅会对税收收入总量产生一定影响,同时也会对不同纳税人切身利益及以及税收在各级财政间的分配产生重大影响。由于税收结构是税收政策、经济结构和征管倾向等因素综合作用的结果,因此,税收结构的变化因素可能是多方面的。在分析税收收入结构变化倾向的同时,应该更加关注税收收入结构变化的成因。

第三节　税收减免优惠政策效应分析

税收特征另一个方面的重要内容就是反映企业减免税优惠政策的执行情况。税收经济杠杆作用的实现途径是通过税收优惠政策的制定与实施,引导和调节经济结构和区域经济的发展。为了解和掌握我国税收优惠政策对国民经济进行调节和促进作用以及税收优惠政策的实施情况,可以利用重点税源监管企业减免税信息和企业税收调查资料,对税收优惠政策的有关情况进行测算分析。

一、税收优惠政策分析考虑的因素

税收优惠政策的测算分析是一项税收专项测算分析。开展税收优惠政策的测算分析要设立一个比较系统完整的测算分析方案。一般包括以下基本内容:具体研究对象、测算分析的目的,反映情况的基本内容和范围,测算分析所遵循的基本指导思想和技术路线,测算样本的限定要求和样本数据的整理,总体结论性意见和建设性建议。

根据测算分析的目的和角度,税收优惠政策测算分析的内容可深可浅,但基本的要求包括 3 个方面：一是要反映税收优惠的整体规模；二是要说明政策执行情况与政策设计初衷的一致性；三是根据测算情况，提出完善改进的建设性意见。

二、税收优惠政策的指标说明

税收优惠政策的分析，主要是描述税收优惠政策执行的客观情况和变化情况，包括企业减免税金的整体规模、结构分布及其发展变化。通过分类比较和历史比较，描述企业减免税金优惠的发展形式，揭示税收减免优惠政策执行差异和问题所在。

税收优惠政策的分析可以按照税种、地区、行业和企业经济类型展开。测算的主要指标有企业减免税总量、企业减免优惠税与当期实现税金的比例关系、户均减免优惠税金水平、受益企业比例关系、减免税金结构、减免优惠税金变化幅度及趋势，以及减免优惠与税源的相关关系。

（一）受益企业比例

收益企业比例，是指享受减免优惠税金的企业占全部调查企业和重点税源监控企业的比例，测算这一指标有助于了解和掌握收益企业覆盖面有多大，从而了解一个地区的整体税收优惠环境。具体计算公式如下：

$$受益企业比例 = \frac{享受任何一项减免退税企业的数量}{全部调查企业和监控企业} \times 100\%$$

（二）受益税额比例

受益税额比例，是指企业享受的减免税金与当期实现税金的比例关系。测算这一比例关系有助于了解和掌握企业减免税金与当期实现税金之间的关系，从而可以认识减免优惠税金的相对规模，揭示税收优惠的强度。具体计算公式如下：

$$受益税额比例 = \frac{企业减免退税金}{企业当期实现税金} \times 100\%$$

（三）户均受益税额

户均受益税额，是指企业减免退税金额总额在收益企业的平均分布。测算这一数据可以利用样本数据推断总体减免优惠税金的规模和形势，比较地区之间税率优惠税金的相对差异，揭示税收减免优惠的强弱。具体计算公式如下：

$$户均受益税额 = \frac{企业减免退税金总额}{受益企业户数} \times 100\%$$

（四）受益程度变化比值

受益程度变化比值，是指企业当年受益税金比例与上年受益税金比例的比值关系。测算这一数值可以了解和掌握企业税收优惠政策变化情况，分析判断企业减免税金的变化趋势和幅度。具体测算公式如下：

$$受益程度变化比值 = \frac{当期受益税金 / 当期实现税金}{上期受益税金 / 上期实现税金} \times 100\%$$

（五）税收优惠综合指数

税收优惠综合指数，是指综合不同角度反映某一事物客观现状，统计分析技术指标还可以使我们综合事物的各个方面全面了解和认识事物的状态。对不同群体的事物特征进行综合比较，对企业税收优惠政策问题的分析，可以将受益企业比例、受益税额比例、户均受益税额及受益税金变化比值等四项指标，通过指数化处理，用综合指数来综合地评价企业税收优惠政策状况。

数据处理过程先是分别确定各项指标的基准值；然后将各项指标不同群体的绝对值与基准值进行比较，求出相对值；最后再将各项指标不同群体的相对值进行加总再平均，求出不同群体的综合指数。

（1）某项指标相对值计算公式：

$$\hat{X}_{ij} = \frac{X_{ij}}{\overline{X}_i}$$

（2）某地区综合指数计算公式：

$$X_{ij} = \frac{\sum \hat{X}_{ij}}{N}$$

其中，N 为指标当量。

三、税收减免优惠政策的测算口径

反映税收优惠政策的税收指标有很多，在企业税收资料调查中，受指标的局限,反映企业税收优惠政策情况可供测算分析的指标大约有以下内容:企业当年享受的增值税减免税额,企业当年享受内销货物先征后退、即征即退的增值税税额,企业当年实行免抵退税办法出口货物的增值税免抵税额,企业当年实际用于出口退税政策出口货物实际享受的增值税退税额,企业当年按规定减征的增值税税额,企业当年按规定减征消费税税额,企业当年享受出口退税出口货物实退消费税额,企业当年按规定减免的所得税额,企业当年投资抵免的企业所得税额,企业当年享受的先征后返、即征即退、列收列支的企业所得税额。

第十章 税收经济关系分析

税收与经济的关系,也被称为税收与税源的关系。在税收经济关系中,一方面,税收是经济的产物,是在税源的基础上,根据税法的规定,依税率计算征收的结果,是国民经济生产新增价值中一个重要的组成部分。另一方面,税收对经济的反作用可以调节和影响经济的发展。税收与经济的这种相互关系可以说是"经济决定税收,税收调节经济"。

税收与经济的这一基本关系要求税收工作应严格按照税收经济关系这一客观规律进行,即:在税制设计上,要求充分考虑国民经济结构发展水平和政府公共支出需求等因素,确定最优税制;在税收征管工作中,要严格按照税收政策所反映的税收经济规律执行。

开展税收与税源关系的分析就是按照税收经济关系规律,为税收工作提供数据支持和决策依据。开展税收经济关系分析一方面可以揭示当前税收工作与经济形势的联系是否协调,是否违背税收经济关系规律;另一方面可以根据经济形势预测和指导未来的税收工作。

揭示税收经济关系的统计分析指标很多,最直接的分析指标就是税收负担和税收弹性。在分析方法上,最简洁的技术就是税收与经济的相关性分析。

第一节 税 收 负 担

一、研究税收负担的意义

税收负担可以概括为税收与税源的一种比例关系,其最终形成取决于经济结构、税收政策和征管强度等综合因素的作用。由于税收负担凝聚着经济政策和征管等诸多因素,因此,研究税收负担可以从不同角度揭示税收经济关系、税收政策执行情况和税收征管的问题。因此,税收负担就成为税收经济分析中一项重要内容。

税收负担根据研究对象的范围可以分为宏观税负和微观税负。宏观税负,是指一个国家、一个地区国民经济范畴的税收负担。微观税负,是指具体纳税人所承受的税收负担,具体纳税人可能是企业,也可能是自然人。在税收经济分析中,税收负担通常指的是微观税负。

税收负担是指企业缴纳税款与相关税源的比例关系。它反映企业一定时期从事某种生产经营活动所承受的税收负担的状况,从中可以揭示企业经营活动与税收的关系、企业税收相关政策执行情况以及该企业税务主管机关的征收管理情况。因此,研究税收负担可以为税收管理工作提供丰富的税收信息。分析企业税收负担主要内容有税收负担水平、结构税负差异、税负变化差异以及影响税负变化的原因分析等。

二、税收负担指标说明与数据处理

虽然税收负担可以概括为税收与税源的一种比例关系,但根据研究税收负担的目的和角度不同,具体比例关系的口径定义存在较大差别。综合本书前面说到的税收负担分析的主要内容,税收税负分析主要指标可以概括以下几个方面。

(一) 总体税负

企业总体税负,是指企业缴纳的各项税与相关税源的比例关系。为了综合地反映企业总体税收负担,能用统一的税源口径说明和解释税收与税源的基本关系,可将企业总体税负的相关税源的口径定义为企业的主营业务收入。这样既方便取数,又可以全面地建立各税种与税源的关系,还能通俗地解释税收负担的概念,为社会所接受。具体计算公式如下:

$$企业总体税负 = \frac{企业缴纳的各项税金总额}{企业主营业务收入} \times 100\%$$

(二) 主体税负

企业主体税负,是指企业缴纳的各项税种中,对企业所承受的总体税负起主体影响的税收与其相关税源的比例关系。从事不同生产经营活动的企业缴纳的税种不尽相同,影响其总体税负的主体税种也不一样。主体税种,是指企业缴纳的诸多税种中,其结构比例最重要的税种。其公式是:

$$企业主体税负 = \frac{企业缴纳的主体税种的税额}{主体税种相关税源收入(所得)} \times 100\%$$

(三) 多种比例形式

(1) 与计税依据的比较。税收负担除可以进行税收以及相关的初始税源比较计算外,还可以进行税收与计税依据的比较计算。其目的是为了比较实际税负与法定适用税率的差异,分析税收政策执行时期的效果,描述税收征管工作的客观现状。具体数据分析视分析对象而定,如流转税可以与计税收入比,企业所得税可以与计税所得额比。计算公式如下:

$$企业单一单项税负 = \frac{企业缴纳的某种税种的税款总额}{该税种相关的计税收入} \times 100\%$$

(2) 与企业增加值比较。企业的税源也可以定义为企业在一定会计期间新创造的增加值,即企业增加值,可以用企业缴纳的税金与企业增加值进行比较。利用企业增加值计算税收负担目的是开展微观税负与宏观税负的比较研究。因为企业增加值与宏观 GDP 在口径上接近,使微观税负与宏观税负建立了可比的基础。具体计算公式如下:

$$企业税负 = \frac{企业缴纳的各项税种的税款总额}{企业增加值} \times 100\%$$

(四) 税负变化的比较

税收负担分析一项重要的内容就是观察历史税收负担的变化,通过税收负担变化的分析,解析经济结构、税收政策以及税收征管对税收负担变化的影响。主要通过环比或同比来实现。环比变化是指当月税负与上月税负的差异。同比变化是当年一定时期税负与上年同一时期税负的差异。由于税负负担指标本身是百分数,税负变化的计量单位一般多用百分点表示。公式如下:

环比税负差异＝当月税负－上月税负

同比税负差异＝当年一定时期税负－上年同一时期税负

三、企业税负分析

企业总体税负的高低与企业所处行业领域、涉及税收政策和具体征管强弱等诸多因素存在紧密关系。用具体数据解析这种影响可以表现为单项税负的高低和涉税税种多少。一个企业单项税负偏低,涉及税种又少,总体税负也必然会低;一个企业单项税负偏高,涉及税种又多,其总体税负也必然会高。企业单项税负的高低与涉及税种多少和该企业所处的行业密切相关。企业平均税负只能给出整体税负水平,若想了解税负关系的更多信息,必须进行更细致的分类比较。

(一) 地区税负差异

地区间的企业税收负担水平,由于受到经济结构的影响,差异较大。这种差异是地区经济结构的体现,并不意味着税收不公平。所以解读地区间企业税负水平的差异,一方面应该认识地区的经济结构特点,另一方面应该认识地区间税收贡献的不同。如果地区间平均税负水平较高,主要体现为经济结构所决定的税收贡献较大,不应该简单地视为税收不公。

(二) 行业税负差异

由于行业间的市场环境不同,适用税收政策不同,行业间的税负差异可能会很大。分析不同行业间的税负差异,意义在于对税收政策的调整、有效地促进税收经济杠杆作用提供参考依据。一般来说,税负较高的行业除增值率较高外,其流转税均涉及两个税种或两个以上;税负较低的行业,其流转税一般涉及一个税种。不同行业税负差异说明,如果运用得当,税收工具是调节经济非常有效的经济杠杆。

(三) 企业经济类型税负差异

不同经济类型的企业受其规模和市场经济竞争地位的制约,只能介入其有优势的领域发展。这种市场规则的约束会对不同经济类型企业的税负产生一定影响。分析不同类型企业的税负差异,可以为税收政策调整,利用税收经济杠杆,改善市场竞争环境提供参考依据。

(四) 微观税负与宏观税负的关系

微观税负与宏观税负的比较分析,要求两者之间的计算口径保持一致。在数据处理过程中,微观税负的计算是企业某项税收收入以及相关增加值的比例关系;宏观税负计算的是某项税收收入以及相关行业增加值的比例关系。两者之间存在着特定的联系和相关性,两者变化趋势应该一致。在税收经济分析工作中,可以利用两者之间的这种相互验证,佐证某一数据资料的缺陷。

(五)税负的变化趋势

研究税负变化的目的:一是从税收负担的变化看加强征管的效力;二是研究税收负担的变化对企业承受能力和企业发展的影响。由于税收负担形成过程中受到多种因素的影响,观察税收负担变化应注重同口径的比较,以避开经济结构的影响。

(六)税收负担与非税收负担的分析

企业的各种税收负担都会不同程度地影响企业的经济效益。研究税收负担与非税负担可以认识不同负担在企业总体负担中的地位和作用,这样不仅帮助企业改善管理,也有助于真实说明税收负担对企业的影响程度。可利用企业税收资料调查表中的有关数据,对企业的利息负担、劳保福利负担与企业的税收负担进行比较。

企业利息负担,是指企业的利息支出与企业销售收入的比率;企业劳保福利负担,是指企业职工福利、退休金及社保福利基金支出与企业销售收入的比率;企业税收负担,是指企业缴纳的各项税金与企业销售收入的比率。

企业税收负担水平的高低与其合理与否,目前在国际上没有一个公认的固定标准,只能通过历史比较、横向比较以及是否影响企业自身发展等几个方面来判断,一般主要体现在企业税负水平与企业发展的关系和税收公平原则两个方面。当然,非税负担从企业的角度来看,总是越低越好。

第二节　税　收　弹　性

一、研究税收弹性的意义

税收弹性,是指税收增长与经济增长的比值关系。这一指标反映经济变化对税收变化的影响,体现税收增长与经济增长的同步性和相关性,是认识经济税收关系的一项重要指标。

在现行税收政策不变的条件下,所有收入依据一定的经济规模,按适用税率征税。这种经济决定税收的税收经济规律,决定了税收收入必然应随经济总量的变化而同步变化。如果以税收弹性指标说明这种税收与经济增长的关系,即在理想状态下税收弹性等于1。考虑到经济结构变化、国民收入分配环节变化、税收政策调整以及税收征管强度变化等因素的影响,税收弹性不可能绝对等于1,而更多的是在1附近波动。

如果税收弹性值偏离过大,说明税收收入未能与经济的发展同步变化,税收与经济关系相对脱节。因此,可以说税收弹性是描述税收与经济关系前兆性的综合指标,可以为客观评价税收与经济关系现状,进一步研究和认识税收变化的原因,提供重要的信息与数据支持。

二、税收弹性指标说明与数据处理

测算税收增长弹性涉及企业的税收增长和税源增长,在此基础上计算两者的比值关系,求出税收弹性。各项指标的计算关系如下。

(一)企业税收增长速度

企业税收增长速度,是指企业在一定时期税收增量与基期税收总量的比例关系,按照这一计算关系,可以计算某一税种的增长关系,也可以计算企业总体税收的增长速度,具体计算公式如下:

$$企业税收增长速度 = \frac{当年一定时期税收 - 上年同期税收}{上年同期税收} \times 100\%$$

(二)企业税源增长速度

企业税源增长速度,是指企业一定时期税源增量与基期税源总量的比例关系。根据不同的税种,这一税源指标可能是销售收入,也可能是计税所得额,视分析对象不同而定。具体计算公式如下:

$$企业税源增长速度 = \frac{当年一定时期税源总量 - 上年同期税源总量}{上年同期税源总量} \times 100\%$$

(三)企业税收增长弹性

企业税收增长弹性是企业税收增长速度与税源增长速度的比值。按照这一

计算关系,可以计算某一税收的增长关系,也可以计算企业总体税收的增长关系。具体计算公式如下:

$$企业税收增长弹性 = \frac{企业税收增长速度}{企业税源增长速度}$$

(四)税收弹性变化幅度

税收弹性变化幅度是前后两期税收弹性变化的差值,该指标反映税收弹性的变化情况,体现税收经济关系的稳定性。具体计算公式如下:

$$税收弹性变化幅度 = 当期税收增长弹性 - 前期税收增长弹性$$

(五)税收弹性波幅

税收弹性波幅,是指税收弹性平均变化幅度,由各期税收弹性与其平均税收弹性的绝对平均距离求得。这一指标反映各期间税收征管工作的平稳性。具体计算公式如下:

$$税收弹性波幅 = \frac{\sum |各期税收弹性 - 平均税收弹性|}{样本量}$$

三、分类税收弹性分析

在企业总体税收收入弹性分析的基础上,可以开展分类税收弹性分析。分类税收弹性分析,是指按照税种、地区、行业和企业经济类型进行分类开展税收弹性分析。通过分类弹性分析,可以深入了解税收增长的拉动因子,为细化税收增长因素分析提供数据支持。

分类税收弹性分析的步骤和方法:一是计算总体税收增长弹性。通过计算总体税收增长弹性,初步判定税收增长是否大于经济增长。二是计算分类税收增长弹性。通过计算分类税收增长弹性,逐步确定税收增长的拉动因子。三是计算分类税收增量占总增量的比例。对税收增长弹性大于1的因子,通过计算税收增量占总增量的比例,求得拉动效应。

第三节　税收负担相关性分析

税收负担是税收与税源的比例关系,这一比例关系从时间的维度上可与税收弹性建立关联分析。通过关联分析,可以更透彻地认识和把握各项指标的内涵和联系。

税收负担是税收与税源的比例关系,因此该指标是说明税收经济关系最直接的分析指标。税收变化弹性是税收增长与税源增长的比例关系,所以该指标也是说明税收与经济关系的重要指标之一。两者都说明税收经济关系,但是基本区别是前者是一项静态分析指标,而后者是动态分析指标。由于税收变化弹性是不同时间税收经济负担变化的比例关系,对于某一个纳税人来说,在税收政策不变的条件下,两者之间存在下列必然关联关系:

（1）税收负担提高,税收弹性大于1。

（2）税收负担不变,税收弹性等于1。

（3）税收负担下降,税收弹性小1。

第十一章　同业税负分析

为了突出税收负担的可比性，要剥离影响税收负担形成过程中的诸多影响因素，集中考虑某一种因素的影响，并解析其规律特征，才能为完善税收管理体系提供准确的数据支持。同业税负分析就是为了解决税收负担可比性的矛盾而开展的一项税收经济分析。

第一节　同业税负及其内涵

一、同业税负与行业税负

同业税负与行业税负是两个不同的概念。

行业税负，是指某一行业税收总量与税源总量之间的比例关系，是一项反映行业税收经济关系的数据指标，是一个具体的数值。它可以是一个行业所有税种税收总量负担的概念，也可以是该行业一个税种税收总量负担的概念，可依据研究的目的自行定义口径。

同业税负，是指同一行业税收负担形成过程中所表现出的税收与经济的一系列相关关系，包括个体与整体的相关关系、个体之间的相关关系，以及由这一系列关系所反映出的行业税收经济关系的规律性特征。

同业税负包括行业税负水平，同一行业个体税负实际情况、相对关系以及由其相对关系所决定的征收力度，同一行业个体税负的离散情况、规律特征及其在税收管理实践中的指导意义等。

二、同业税负研究的意义

（一）强化税负分析的可比性

税收负担多因素影响的模糊性，使得长期以来无法进行地区之间、企业之间的税收负担比较。这种税负的不可比性决定了无法利用税收负担指标清晰地认识地域间的税收经济关系以及税收的征管状况。

同业税负的特点之一就是具有可比性。它是建立在三个基本假设前提之上：

（1）同一行业或同一产品的生产技术和加工工艺相近。

（2）同一行业或同一产品的原材料和能源消耗相近。

（3）同一行业或同一产品适用的税收政策相同。

由此排除了税收负担中经济结构、税收政策的影响，使得影响税收负担因素集中于税收征管，强化了可比性。

同业税收负担的研究以行业税负为切入点，剔除了经济结构的影响，细化了比较关系，找到了税负可比的支撑点，解决了地域税负、企业税负的可比性问题。

（二）建立行业税负客观标准

通过抽样样本进行同业税负水平的测算，可以给出现行税制和现有征管条件下各行业的客观税负水平，以此为参考标准，分析指导税收征管工作。

（三）为考核征收力度提供理论基础

同业税负的可比性为考核税收征收力度提供了理论基础。由于同一税负剔除了生产技术差异和税收政策差异的影响，其税负的形成就集中表现为税收征管因素的影响。通过对同一行业个体税负相对位置的测算，就可以表现相同税源条件下税收的征收情况，也可以确定个体税收的征收力度。

（四）为建立税负预警机制提供数据支持

预警机制是在对事物规律特征研究的基础上，通过鉴别异常事件预报警示信息。同业税负的研究就是解析同一行业样本个体税负的相对关系、离散状况以及由此决定的规律特征,因此,同业税负的理论研究为税负预警机制奠定了理论基础。同业税负关系的测算为税负预警提供了数据支持。

第二节　同业税负分析的内容及相关模型

一、同业税负分析的基本内容

同业税负分析研究的基本内容包括行业税负水平测算、征收力度分析、税负预警分析、税负原因分析等。

(一) 行业税负水平测算

行业税负水平,是指在现行税收政策和现有征管条件下,一个行业实际税收负担的客观水平,在数值上体现为一个行业税收总量与税源总量的比例关系。行业税负水平是同业税负分析的切入点,是同业税负后续分析内容的主要参考基准。行业税负水平测算就是在考虑行业样本数量和质量等统计条件的基础上,测算出行业的实际税负水平。

(二) 征收力度分析

征收力度是反映同样税源条件下税收征收强度的指标,可以用同一行业样本个体的实际税负相对值体现。征收力度分析就是分别测算行业样本个体的实际税负值,通过相对值指数化处理,确立个体税负的相对位置,明确征收力度的差异。

(三) 税负预警分析

税负预警是针对异常税负事件予以警告报告。税负预警分析是通过对同一行业样本个体税负离散状况的分析,总结个体税负相关关系的规律特征,并参考这一规律特征,查找异常税负事件的分析工作。离散度是建立税负预警机制的一个重要参考值,某一行业的样本离散状况,在一定程度上反映该行业税收经济关系的复杂性和税收管理的现状。离散度越大,说明情况越复杂,要求设定的预警区间范围也相应较宽。

（四）税负原因分析

税负原因分析是针对征收力度偏低地区、企业税负预警地区和行业企业就征收力度及出现税负预警的形成原因开展系列分析。

二、相关模型与分析思路

（一）税负计算公式

$$税收负担 = \frac{实际税收总量}{相关税源总量} \times 100\%$$

（二）征收力度测算模型

1. 同业税负的计算

$$TB_{ij} = \frac{TAX_{ij}}{CR_{ij}} \times 100\%$$

其中，TB 为税收负担；TAX 为税收；CR 为计税收入或所得；i 为地区；j 为行业。

2. 税负相对值

$$T\hat{B}_{ij} = \frac{TB_{ij}}{T\bar{B}_{ij}}$$

其中，$T\bar{B}_j$ 为行业税负水平。

3. 综合征收力度

$$CT\hat{B}_{ij} = \frac{\sum T\hat{B}_{ij}}{N_i}$$

其中，N_i 为 i 地区涉税行业数量。

（三）税负预警测算

1. 行业税负水平

$$T\bar{B}_j = \frac{TAX_j}{CR_j} \times 100\%$$

2. 行业税负离散度

（1）修正标准差。

$$S_j = \frac{\sqrt{\sum (TB_{ij} - T\bar{B})^2}}{N}$$

（2）离散系数。

$$\delta_j = \frac{S_j}{TB_j}$$

3. 税负预警线

$$RATB_j = T\bar{B}_j - S_j(\delta)$$

以标准差异界定合理区间是一般概念，针对实际工作中的具体对象，由于样本分布较散，标准差过大，以此界定对象的取值范围就可能过大，超过了客观环境和条件的要求，因此，在设定预警线时要考虑样本离散的相对概念及离散系数。这一比例关系是标准差与研究对象客观水平值的一个相对大小的关系。可以参考这一比例关系的大小界定分析对象的预警界限，具体取值要根据管理对象的性质和预警管理要求来确定，一般研究对象可以参考 60 分及格为惯例确定参考值。

税负预警指标只是纳税评估的指标之一，不等同于征收率、不能作为征收税款的依据，通过税收预警工作，加强税源管理，税收将逐步规范和完善，离散系数将会逐渐减少，最终小于 0.6。此外，企业可以根据税负预警值，根据实际缴纳税款的情况，按日或按年度规划并核算企业一段时间的总税负。进行横向和纵向的比较，促使企业从税收方面去了解其经济经营情况，并报备有关政府监管部门，及时调整其运营策略。

第十二章　税收收入质量评价

为深入推进依法治税,贯彻落实组织收入原则,促进税收收入由计划管理向质量管理转变,实现税收收入持续稳定增长,建立科学全面的税收质量评价体系势在必行。税收收入计划管理强调"量"的增加,但税收收入质量管理更强调"质"的提高,其内涵不仅有量的增加,还包括收入结构的合理性、税收经济增长的协调性、税务部门对收入的掌控能力以及风险控制能力等。通过评价税收收入质量,还能够从税收的角度,反映经济结构调整,促进发展方式转变,鼓励技术进步,推进创新成果,有利于税务部门更好地为经济社会的科学发展服务。

第一节　税收收入质量评价体系

一、建立税收收入质量评价体系的目的

(一) 促进组织收入原则落实

贯彻落实"依法征收、应收尽收、坚决不收'过头税'、坚决防止和制止越权减免税"的组织收入原则,是依法治税在税收工作中的具体表现,也是促进税收收入健康持续增长的有效保证。税收收入质量的高低,能够反映出税务机关对组织收入原则的落实程度。评价税收收入质量,有利于促进组织收入原则落到实处。

(二) 提高收入风险管理水平

加强征管薄弱环节管理,提高税收掌控能力,强化风险意识,减少税收流失,是提高税收收入质量的有力保障。评价税收收入质量,尤其是发现组织收入工作中存在的问题,有利于推动各地税务机关提高管理水平,降低收入风险,营造良好

的税收环境。

（三）科学反映税收发展状况

税收来源于经济，分析税收收入的发展不能脱离经济因素。对税收与经济发展的协调性进行评价，正确衡量税收与经济的相关关系，改善和调整其中的不和谐因素，发挥税收调控经济发展的职能作用，促进税收的可持续增长和经济的健康高质量运行。

（四）服务国家经济结构调整

税收收入结构能够反映经济结构状况。通过分析税收产业结构、税种结构和行业税收的发展变化，可以展示经济增长、结构优化和质量升级的成效。对税收收入结构的合理性和优化度进行评价，反映经济税源质量和可持续发展能力，服务经济发展方式转变和结构调整。

二、建立税收收入质量评价体系的总体思路和原则

建立税收收入质量评价体系的总体思路是紧密围绕建立税收收入质量评价体系的目标，合理选取评价指标，科学确定评价标准和方法，切实指导各地税务机关努力提高税收收入质量管理水平，促进税收收入健康可持续增长。

税收收入质量评价体系，遵循以下原则。

（一）依法合规原则

评价指标的确定，符合税收法律法规，符合国家大政方针，符合经济社会发展方向。评价体系全部采取量化指标，涵盖全面，重点突出，方法科学，过程严谨。

（二）客观公正原则

在评价指标统一、量化的前提下，充分考虑由区域经济发展水平不平衡和功能区产业结构差异造成的经济税源和税收收入的差异性，采取相对值评价，消除绝对值差异，更具可比性。

（三）综合协调原则

税收收入是经济发展、税收政策和税务部门征管的综合体现，税收收入质量评价是对税源质量、税收政策执行和税收征管能力的综合评价。收入评价体系与

其他评价体系协调统一,相互配合,提高系统评价的整体功效。

(四) 实用简便原则

评价数据取自现行的国民经济核算体系和税务部门收入规划核算系统,来源便捷、准确。评价工作依托现代信息技术,与各类应用系统衔接融合,以自动生成评价结果为主,实现系统内部"信息管税"。按年适时公布评价情况,指导基层及时改进。

(五) 循序渐进原则

税收收入质量评价体系立足当前,兼顾需要与可能,同时着眼长远。随着数据来源的丰富和数据处理方法的改进,逐步完善税收收入质量评价体系,实现数据信息的充分利用。

第二节 税收收入质量评价体系的指标选取

构建税收收入质量评价体系,首先要选择与税收收入质量存在密切关系的指标,以便有针对性地选取不同的处理方法来计算评价结果。我们从税收收入形成的各个层面和角度入手,将能够反映或影响税收收入质量的因素归纳为三个方面:一是反映税收收入结构优化度,主要包括产业、税种、行业以及微观企业之间税收收入分布结构的相关指标,经济税源结构优化程度越高,税收的可持续发展能力就越强,税收收入质量也相对较高;二是评判税收与经济协调程度,税收收入反映出的状态与经济发展越匹配,税收收入的质量相对就越高;三是税收收入风险控制指标机关风险管理能力,包括税务机关对税收收入的掌控能力、税收政策的执行能力、税源的管理能力等指标,税务部门的风险管理水平越强,税收收入的质量就越高。

一、税收收入结构优化度指标

(一) 税收收入产业结构系数变动率

(1) 设置目的:第一、二产业比重下降,第三产业比重上升是产业结构演进和发展的必然趋势。加快第三产业经济发展是国家经济结构调整的一项主要目标。

如果第三产业税收收入比重上升,则说明该地区经济结构优化,税收收入质量提高。

(2)计算公式:

$$税收收入产业结构系数 = \frac{第三产业税收收入}{全部税收收入} \times 100\%$$

$$税收收入产业结构系数变动率 = \frac{\dfrac{报告期税收收入}{产业结构系数} - \dfrac{基期税收收入}{产业结构系数}}{基期税收收入产业结构系数} \times 100\%$$

(3)数据来源:税收会统报表。

(二)税收收入税种结构系数变动率

(1)设置目的:税制改革的方向是不断提高直接税收占总体税收的比重,通过设置该指标,反映直接税收收入比重增减情况。如果直接税收收入比重增加,则说明税种结构不断优化,税收收入质量提高。

(2)计算公式:

$$所得税占全部税收收入比重 = \frac{企业所得税收入 + 个人所得税收入}{全部税收收入} \times 100\%$$

$$税收收入税种结构系数变动率 = \frac{\dfrac{报告期所得税占}{全部税收收入比重} - \dfrac{基期所得税占}{全部税收收入比重}}{\dfrac{基期所得税占}{全部税收收入比重}} \times 100\%$$

(3)数据来源:税收月度快报。

(三)税收收入的行业集中度

(1)设置目的:该指标反映某地区各行业税收收入在全部税收收入中的均匀分布程度。如果行业税收分布较为均匀,则说明税收收入稳定性较高。

(2)计算公式:

$$行业税收集中度指数 = \sum_{i=1}^{n}\left(\frac{第\ i\ 个行业的税收收入}{地区行业总收入}\right)^{2}$$

(3)数据来源:税收会统报表。

(4)评价方法说明:此处计算集中指标引入了国际上常用的赫芬达尔指数(Herfindahl Index),该指标能够较为全面地反映税收集中程度。如税收独家垄断时,该指标为 1;如存在大量规模相等的税源,该指标则趋近于 0。这个指标处理相对简单易行,但是否绝对科学还不确定。如果可以,建议引入税收洛伦兹曲线和基尼系数的概念,用税收基尼系数反映此集中度,方法如下:

首先,构建税收洛伦兹曲线,将行业税收按照由低到高的顺序排列,横轴表示行业的累积百分比,纵轴表示税收收入的累积百分比,根据洛伦兹曲线可以反映不同行业(由小到大)个数所占比重(累计比重)与它们税收的占有率累计比重的对应关系,该曲线与等分布线的形态表明税收分布不均匀,曲线向下凸的程度越大,税收集中度就越高,反之越低。

其次,构建税收基尼系数来反映税收集中度,以反映税收的分布和变化情况,计算洛伦兹曲线与绝对均衡线之间的弓形面积 S_a 占等分线右下方整个三角形面积($S_a + S_b$)的比例,公式为:

$$G = \frac{S_a}{S_a + S_b}$$

得出的结果就是我们所要使用的指标。G 为 0 时,表示税收分布最为均匀,G 为 1 时,表示税收收入仅由 1 个行业创造。G 值越大,税收集中度越高,税收结构相对越不合理。

(四) 税收收入的企业集中度

(1) 设置目的:该指标反映某地区微观企业税收收入在全部税收收入中的均匀分布程度。如果企业税收分布越均匀,则说明税收收入稳定性越高。

(2) 计算公式:

$$企业税收集中度指数 = \sum_{i=1}^{n} \left(\frac{第\ i\ 个企业的税收收入}{地区企业总税收收入} \right)^2$$

(3) 数据来源:重点税源系统。

(4) 评价方法说明:情况如上,可建立相应的税收洛伦兹曲线和基尼系数。

(五) 高耗能行业税收占税收总体比重变动率

(1) 设置目的:高耗能行业税收占税收总体的比重,反映了产业结构调整的成效,也客观地反映各地节能减排的效果。如果该比重下降,则说明产业结构和税收收入结构的优化。

(2) 计算公式:

$$高耗能行业税收占税收总体比重 = \frac{六大耗能行业税收收入}{地区总税收收入} \times 100\%$$

$$高耗能行业税收占比变动率 = \frac{报告期高耗能行业税收占税收总体比重 - 基期高耗能行业税收占税收总体比重}{基期高耗能行业税收占税收总体比重} \times 100\%$$

（3）数据来源：税收统计报表。

（六）高新技术产业税收收入占税收总额比重变动率

（1）设置目的：该指标反映高新技术行业规模的发展和成长性。如果该比重上升，则说明产业结构和税源结构不断优化，税收收入质量提高。

（2）计算公式：

$$高新技术产业税收收入占税收收入总额比重 = \frac{高新技术产业税收收入}{税收收入总额} \times 100\%$$

$$高新技术产业税收占税收总额比重变动率 = \frac{报告期高新技术产业税收收入占税收总额比重 - 基期高新技术产业税收收入占税收总额比重}{基期高新技术产业税收收入占税收总额比重} \times 100\%$$

（3）数据来源：税收会统报表、重点税源监控系统和税收资料调查系统（目前条件下取出比较困难，主要是国民经济行业分类中没有专门高新技术行业的划分标准）。

（七）税收收入占财政收入比重变动率

（1）设置目的：该指标反映税收收入对财政收入的贡献程度。如果该比重上升，则说明税收收入对财政收入贡献增加，税制不断趋向合理和科学。

（2）计算公式：

$$税收收入占财政收入比重 = \frac{税收收入}{财政收入} \times 100\%$$

$$税收收入占财政收入比重变动率 = \frac{报告期税收收入占财政收入比重 - 基期税收收入占财政收入比重}{基期税收收入占财政收入比重} \times 100\%$$

（3）数据来源：税收月度快报和财政收支报告。其中，财政收入可以使用地方财政总收入和地方一般预算收入所对应的税收收入口径。

二、税收与经济协调程度指标

(一) 税收宏观税负变动率

(1) 设置目的:宏观税负反映一定时期某地区经济总量所承担的税收负担,各地经济结构不同,宏观税负也存在较大差异,因此,我们重点考察某地区宏观税负与上期相比的增减变化程度。总体上看,宏观税负应该呈现稳定上升趋势。如果该指标上升,则说明经济与税收结构优化以及税收征管质量和效率提高,综合反映税收质量提高。

(2) 计算公式:

$$地区税收宏观税负 = \frac{地区税收收入}{地区生产总值} \times 100\%$$

$$地区宏观税负变动率 = \frac{报告期宏观税负 - 基期宏观税负}{基期宏观税负} \times 100\%$$

(3) 数据来源:税收月度快报、统计部门公布的数据。其中,根据分析需要,对于 GDP 税收收入口径可以将进行可比性调整后的税收收入作为税收收入,扣除第一产业税收、海关代征进口税收和证券交易印花税;调整后的 GDP 为 GDP 扣除第一产业增加值。

(二) 税收弹性系数

(1) 设置目的:税收弹性系数是税收增长率与经济增长率的比值,反映了经济变化对税收变化的影响以及经济税收运行的协调性。如果该指标波动超过正常范围,则表明税收与经济的协调性较差。

(2) 计算公式:

$$税收弹性系数 = \frac{税收收入增长率}{地区生产总值增长率} \times 100\%$$

(3) 数据来源:税收月度快报、统计部门公布的数据。

(三) 工业增值税弹性系数

(1) 设置目的:通过工业增值税弹性系数分析反映工业税收与经济协调增长的情况。如果该指标波动超过正常范围,则表明税收与经济的协调性较差。

（2）计算公式：

$$工业增值税收入 = 入库工业增值税收入 - 调库收入 + 免抵资源$$

$$工业增值税弹性系数 = \frac{工业增加值税收增长率}{工业增加值现价增长率}$$

（3）数据来源：税收会统报表和出口退税管理系统、统计部门公布的数据。

（四）商业增值税弹性系数

（1）设置目的：通过商业增值税弹性系数对比分析反映商业税收与经济协调增长的情况。如果该指标波动超过正常范围，则表明税收与经济的协调性较差。

（2）计算公式：

$$商业增值税弹性系数 = \frac{批发零售增值税税收增长率}{社会消费品零售总额增长率}$$

（3）数据来源，税收月度快报、统计部门公布的数据。

（五）房地产业增值税弹性系数

（1）设置目的：通过房地产业增值税弹性系数对比分析，反映房地产增值税收入与房地产行业协调发展的情况。如果该指标波动超过正常范围，则表明税收与经济协调性较差。

（2）计算公式：

$$房地产增值税弹性系数 = \frac{房地产增值税税收增长率}{商品房零售额增长率}$$

（3）数据来源，税收月度快报、统计部门公布的数据。

（六）建筑业增值税弹性系数

（1）设置目的：通过建筑业增值税弹性系数对比分析，反映建筑业增值税收入与建筑业协调发展的情况。如果该指标波动超过正常范围，则表明税收与经济协调性较差。

（2）计算公式：

$$建筑业增值税弹性系数 = \frac{建筑业增值税税收增长率}{建筑业总产值增长率}$$

（3）数据来源，税收月度快报、统计部门公布的数据。

（七）服务业增值税弹性系数

（1）设置目的：通过服务业增值税弹性系数对比分析，反映服务业增值税收入与服务业协调发展的情况。如果该指标波动超过正常范围，则表明税收与经济协调性较差。

（2）计算公式：

$$服务业增值税弹性系数 = \frac{服务业增值税税收增长率}{服务业总产值增长率}$$

（3）数据来源：税收月度快报、统计部门公布的数据。

（八）工业企业所得税弹性系数

（1）设置目的：通过工业企业所得税弹性系数对比分析，反映工业企业所得税收入与工业企业利润协调发展的情况。如果该指标波动超过正常范围，则表明税收与经济协调性较差。

（2）计算公式：

$$工业企业所得税弹性系数 = \frac{工业企业所得税税收增长率}{工业企业利润增长率}$$

（3）数据来源：税收月度快报、统计部门公布的数据。

（九）企业增值税税负变动率

（1）设置目的：企业增值税税负反映纳税人一定时期内从事应税活动取得收入承担的增值税税负状况。企业增值税税负的变化，可以反映经济结构变化和税务机关征收管理的效果。如果该指标持续稳定上升并保持在合理区间，则表明经济总量对税收收入贡献率上升和税务机关征收效率的提高。在当前"减税降费"的大环境下，特别是随着发票电子化管理的推广，增值税实现实际税负和法定税负差距进一步缩小，我们认为微观企业增值税税负也应该保持一个稳定下降的趋势。

（2）计算公式：

$$企业增值税税负 = \frac{\sum(企业申报应缴增值税 + 审核通过的免抵调库资源)}{\sum(按适用税率计征销售收入 + 免抵退计征销售收入)} \times 100\%$$

$$企业增值税税负变动率 = \frac{(报告期企业增值税税负 - 基期企业增值税税负)}{基期企业增值税税负} \times 100\%$$

(3) 数据来源：重点税源管理系统。

（十）企业总税收收入负担变动率

（1）设置目的：企业总税收收入负担变动率反映企业一定时期内从事应税活动取得收入承担的全部税收负担状况。企业总体税负变化可以综合反映经济结构调整和税务机关征管能力状况。在当前"减税降费"的大背景下，我们认为企业总税负也应保持一个稳定下降的趋势。

（2）计算公式：

$$企业总税收收入负担=\frac{\sum 企业缴纳全部税收}{\sum 主营业务收入}\times 100\%$$

$$企业总税收收入负担变动率=\frac{报告期企业总税负-基期企业总税负}{基期企业总税负}\times 100\%$$

（3）数据来源：重点税源系统。

三、税收收入风险控制指标

（一）税收收入预测准确率

（1）设置目的：该指标反映某地区对税源的掌控和预测能力。计算该指标时要剔除免抵调库、海关代征和证券交易印花税等不可控制的收入数。

（2）计算公式：

$$税收预测准确率=\frac{税收收入预计完成数}{税收收入实际完成数}\times 100\%$$

（3）数据来源：税收月度快报。

（二）新欠发生率

（1）设置目的：新欠发生率反映本年新欠占当年应征税金的比率。新欠发生率越低，说明当年应征税金中形成的欠税越少，税务部门内部的征管能力越高。

（2）计算公式：

$$新欠发生率=\frac{当年新增欠税}{当年应征税款}\times 100\%$$

（3）数据来源：税收会统报表。

（三）往年陈欠清理率

（1）设置目的：往年陈欠清理率反映当年清缴以往年度欠税占全部以往年度欠税的比重。往年陈欠清理率越高，说明当年清缴过去的税越多，税务部门内部征管控制能力越高。

（2）计算公式：

$$往年陈欠清理率 = \frac{当年清缴往年欠税}{全部以往年度欠税} \times 100\%$$

（3）数据来源：税收会统报表。

（四）缓征税款发生率

（1）设置目的：缓征税款发生率，是指当年缓征税款占当年应征税金的比重。缓征税款发生率越高，税收风险越大。

（2）计算公式：

$$缓征税款发生率 = \frac{当年缓征税款}{当年应征税金} \times 100\%$$

（3）数据来源：税收会统报表。

（五）多缴税金余额变动率

（1）设置目的：运用多缴税金年度余额的增减变化情况，反映非即期收入的规模和变动情况。如果该指标下降，则说明税收收入质量越高。

（2）计算公式：

$$多缴税金余额变动率 = \frac{本期多缴税金余额 - 基期多缴税金余额}{基期多缴税金余额} \times 100\%$$

（3）数据来源：税收会统报表。

（六）查补收入占税收收入总额比重

（1）设置目的：运用查补收入占税收收入总额比重，反映加强征管对税收收入贡献的情况。

（2）计算公式：

$$查补收入占税收收入总额比重 = \frac{查补收入}{税收收入总额} \times 100\%$$

（3）数据来源：税收月度快报。

（七）非正常入库税收发生次数

（1）设置目的：通过检查重点税源企业中，既有留抵税款又有入库收入及整数倍入库的情况，反映企业入库情况是否正常。如果没有非正常入库税收发生，则表明企业入库没有异常，税收质量高。

（2）计算公式：直接计算次数。

（3）数据来源：重点税源监控系统。

（八）即征即退税款退税的均衡增长指数

（1）设置目的：通过资源综合利用退税和民政福利企业退税办理的情况，反映各地在办理退税时，是否有不及时办理或在时间上分布不均衡的情况。如果退税额在时间上分布较均衡，则说明税收质量较高。

（2）计算公式：

$$即征即退均衡增长指数 = \frac{月度即征即退税款增幅标准差}{月度即征即退税款平均增长率} \times 100\%$$

$$月度即征即退税款增幅标准差 = \sqrt{\frac{\sum_{i=1}^{12}(月度增幅_i - 月度平均增幅)^2}{12}}$$

（3）数据来源：税收会计报表。

（九）地区月度税收收入均衡增长能力指数

（1）设置目的：地区税收收入增幅在一定时期内保持一定的连贯性，避免出现大起大落的现象。该指标运用变异系数衡量各地区月度税收收入增长幅度的差异性，数值越小，说明该地区税收稳定性越强，税收质量相对较高。

（2）计算公式：使用标准差系数的计算方法计算该指标。计算某地区月度平均增幅可采取算术平均法和几何平均法，前者直接对 12 个月的税收增幅进行加总平均，后者将对各月税收增幅连乘后开 12 次方。

$$地区月度税收收入均衡增长能力指数 = \frac{月度税收收入增幅标准差}{月度税收收入平均增长率} \times 100\%$$

$$月度税收收入增幅标准差 = \sqrt{\frac{\sum_{i=1}^{12}(月度增幅_i - 月度平均增幅)^2}{12}}$$

（3）数据来源：税收月度快报。

第三节　税收收入质量评价指标体系的处理

一、数据的同度量处理

税收收入质量评价体系的指标选择工作完成后，因为各指标的状态和单位不同，需要将各项指标进行标准化或无量化处理。我们认为，根据不同的指标应当选取不同的标准化处理方法，从而避免个别指标由于地区间差距过大，对最终的得分产生决定性的影响。经过认真分析和筛选，主要采取以下 4 种方法：区间赋值法、相对化处理法、简单加权百分位数赋值法和功效系数法。

（一）区间赋值法

针对已经计算出的指标数据值，对其所处的不同区间进行赋值。如当 $x_1 \leqslant x_2 \leqslant x_3$，得满分（即指标数值在某合理区间内，认为最合理）；而当 $x_1 \geqslant x_3$ 或者 $x_1 \geqslant x_2$，则按照超出比例相应扣减。

（二）相对化处理法

进行相对化处理，必须先对某个评价指标确定一个标准值，而后计算实际值与标准值之比。标准有"正""逆"之分。所谓正指标，即标准数值越大越好的指标；所谓逆指标，即指标数值越小越好的指标。对正、逆指标的对比相对化处理公式如下：

$$正指标：x_i' = x_i / x_m$$
$$逆指标：x_i' = x_m / x_i$$

公式中：$x_i' = x_i/x_m$ 为实际值；x_m 为标准值。标准值的选择需根据研究的目的而确定。一般而言，可以用参评单位某一时期的平均值或最优值制作标准值，也可以用经验值或理论值、国外先进水平或历史最高水平、计划值或预测值等作为标准值。

（三）简单加权百分位数赋值法

首先，根据各指标的内涵进行排序，越排在前面表明税收质量越高；其次，赋予其所在次位的百分位数值；最后，将所得数值相加构造一个综合得分函数，得分越高说明税收收入综合质量越高。

$$Score_i = \sum_{i=1}^{n} x_i/n$$

其中，x_i 为指标的百分位数值；n 为指标体系所包含的指标数量；$Score_i$ 为综合得分。

（四）功效系数法

功效系数法是利用多目标规划原理中的功效系数加以改进，进而得到综合评判的分数，它借助功效系数法将确定要考核的各项指标值转化为可以度量的评判分数。

按功效系数法的一般原理，其模型为：

$$d_i = \frac{x_i - x_i^{(s)}}{x_i^{(h)} - x_i^{(s)}} \times 40 + 60$$

其中，x_i 为第 i 个指标实际值；$x_i^{(s)}$ 为第 i 个指标的不容许值；$x_i^{(h)}$ 为第 i 个指标的满意值；d_i 为第 i 个指标功效系数。

d_i 把指标值处于不容许状态看作及格状态，当其某项指标值等于不容许值时，d_i 为 60 分。一般情况下，实际指标值在不容许值和满意值之间，所以 d_i 在 60 分与 100 分之间。

经过同度量处理后，每个指标的赋值都在 $0 \sim 100$ 分，各方法的应用如表 1 所示。

表 1　税收收入质量评价指标体系

一级指标	二级指标	三级指标	同度量方法
税收收入质量	税收收入结构优化度	税收收入产业结构系数变动率	功效系数法
		税收收入税种结构系数变动率	
		税收收入的行业集中度	区间赋值法
		税收收入的企业集中度	
		高耗能行业税收占比变动率	功效系数法
		高新技术产业税收收入占税收收入总额比重变动率	
		税收收入占财政收入比重变动率	
税收收入质量	税收与经济协调程度	税收宏观税负变动率	区间赋值法
		税收弹性系数	
		工业增值税弹性系数	
		商业增值税弹性系数	
		企业所得税弹性系数	
		企业增值税税负变动率	相对化处理法
		企业总税收入负担变动率	
	税收收入风险控制	税收收入预测准确率	相对化处理法
		新欠发生率	
		往年陈欠清理率	
		缓征税款发生率	
		多缴税金余额变动率	
		查补收入占税收收入总额比重	
		非正常入库税收发生次数	简单加权百分位数赋值法
		即征即退税款退税均衡率	
		地区月度税收收入均衡增长能力指数	相对化处理法

二、权重设置

指标权重的设置与最终结果关系密切,指标权重的确定方法主要有两类:一类是主观赋权法,根据各指标自身价值的重要性来确定指标的权重,聘请专家学者或者是实务工作者进行量化打分,取分值的平均进行赋权,最后汇总。另一类是客观赋权法,根据各指标的实际观测值所提供的信息量大小来确定各指标的权重。比较典型的是主成分分析法,系统根据指标与数据间的内在联系自动生成权重,该权重在一定程度上减少了主观判断可能产生的误差,具有客观合理性。

采用主观赋权法和客观赋权法两种方法相结合设置指标权重,权重的分配比例为3∶1。

(一)主观赋权法

根据各个指标对税收收入质量的重要程度,聘请专家学者或者实务工作者进行量化打分,取分值的平均进行赋权,如表2所示。

$$最后得分 = \sum 权重 \times 指标值得分$$

表 2　主观赋权指标体系

二级指标	三级指标	权重
税收收入结构优化度	税收收入产业结构系数变动率	
	税收收入税种结构系数变动率	
	税收收入的行业集中度	
	税收收入的企业集中度	
	高耗能行业税收占比变动率	
	高新技术产业税收收入占税收收入总额比重变动率	
	税收收入占财政收入比重变动率	

（续表）

二级指标	三级指标	权重
税收与经济协调程度	税收宏观税负变动率	
	税收弹性系数	
	工业增值税弹性系数	
	商业增值税弹性系数	
	企业所得税弹性系数	
	企业增值税税负变动率	
	企业总税收收入负担变动率	
税收收入风险控制	税收收入预测准确率	
	新欠发生率	
	往年陈欠清理率	
	缓征税款发生率	
	多缴税金余额变动率	
	查补收入占税收收入总额比重	
	非正常入库税收发生次数	
	即征即退税款退税均衡率	
	地区月度税收收入均衡增长能力指数	

（二）客观赋权法——主成分分析法

1. 原理

主成分分析法是一种通过降维来简化数据结构的方法，它把多个变量（指标）化为少数几个综合变量（综合指标），而这几个综合指标量可以反映原来多个变量的大部分信息，其方差贡献率可以确定为各指标的权数。由于方差贡献率是由数据的内部结构联系自动生成，在赋权上具有客观性。

2. 模型

$$
\begin{cases}
F_1 = A_{11}ZX_1 + A_{21}ZX_2 + \cdots + A_{n1}ZX_n \\
F_2 = A_{12}ZX_1 + A_{22}ZX_2 + \cdots + A_{n2}ZX_n \\
\quad\quad\vdots \\
F_m = A_{1m}ZX_1 + A_{2m}ZX_2 + \cdots + A_{nm}ZX_n
\end{cases}
$$

应用主成分分析进行赋权的主要步骤：

（1）进行指标数据标准化处理，消除量纲不同的影响。

（2）求无量纲后的相关系数矩阵 R，进行指标之间的相关性判定。

（3）求 R 的特征值、特征向量和贡献率。

（4）确定主成分的个数，按照特征值大于 1 以及累计贡献率（即主成分解释的方差占总体方差的比例）大于 85％的原则，提取主成分因子。

（5）以因素的贡献率为权数对因素参数进行加权，获得综合指标计算公式。

三、评价指标的综合汇总

在确定评价指标的权数之后，将经同度量处理后的变量值进行综合汇总。我们主要用 4 种方法：总分评定法、加权平均综合法、最优值距离法和逼近理想值排序法。

（一）总分评定法

总分评定法是通过将变量值转化为分值，而后将各个评价对象的分值加总的方法。将变量值转化为分值，有多种计分方法。由于变量的计量尺度不同，对于不同计量层次的变量采用不同的计分方法。

（1）对于以定距尺度或定比尺度计量的评价指标，其计分方式可根据各评价指标的优劣排比，名次在前记高分，名次在后计低分。例如，采用的指标是动态指标，以报告期值对比基期值，采用五档计分。

（2）综合评判结果，把各指标的分加总，即得该评价对象的总分。

（二）加权平均综合法

该方法有两种形式：一种是加权算术平均形式；另一种是加权几何平均

形式。

（1）加权算术平均形式：

$$加权算术平均综合值 = \sum_{i=1}^{n} K_i W_i / \sum_{i=1}^{n} W_i$$

给定评价指标体系由 n 个指标构成，$i=1,2,3,\cdots,n$；K_i 为经过同度量处理后的各项考核指标的相对值；W_i 为各项指标的权重，且 $W_1 + W_2 + W_3 + \cdots + W_n = 1$。

（2）加权几何平均形式：

$$加权几何平均综合值 = \sum w_i \sqrt{\prod_{i=1}^{n} K_i^{W_i}}$$

给定评价指标体系由 n 个指标构成，$i=1,2,3,\cdots,n$；K_i 为经过同度量处理后的各项考核指标的相对值；W_i 为各项指标的权重，且 $W_1 + W_2 + W_3 + \cdots + W_n = 1$。

（三）最优值距离法

最优值距离法是以各项评价指标的实际值与最优值（或标准值）之间距离的大小来衡量评价对象效益的高低。对评价指标体系中的各评价指标进行相对化处理后，运用距离法进行综合，其综合值反映了各评价指标与相对的最优值（或标准值）之间的距离。

第 j 个参评单位的距离综合值的计算公式如下：

$$S_j = \sqrt{(1-x'_{1j})^2 w_1 + (1-x'_{2j})^2 w_2 + \cdots + (1-x'_{nj})^2 w_n}$$

上述式中，x_{ij} 是经相对化处理后的变量值，$x_{ij} = x_{ij}/x_{i0}$；i 为第 i 个评价指标，$i=1,2,3,\cdots,n$；j 为第 j 个参评单位，$j=1,2,3,\cdots,m$。x_{ij} 为第 j 个参评单位的第 i 个评价指标的实际值，x_{i0} 为第 i 项指标的最优值或标准值，它们可以是全国的先进水平或历史的最高水平，也可以根据经济发展规划而确定。权数 w_i 是根据各项评价指标在社会再生产过程中的重要程度分别确定相应的权数。

S_j 值的含义：S_j 值越小，与最优值越接近，表明效益越佳；S_j 值越大，越远离最优值，表明效益越低。

注意：进行相对化处理时，对于正指标，以实际值对比标准值；对于逆指标，以标准值对比实际值。

（四）逼近理想值排序法（TOPSIS法）

TOPSIS法是一种逼近于理想值的排序法，该方法只要求各效用函数具有单调递增（或递减）性就行。TOPSIS法是多目标决策分析中一种常用的有效方法，又称为优劣解距离法。

其基本原理是，通过检测评价对象与最优解、最劣解的距离来进行排序，若评价对象靠近最优解同时又远离最劣解，则为最好；否则为最差。其中，最优解的各项指标都达到各评价指标的最优值。最劣解的各项指标值都达到各评价指标最差值。

因此，理想解是设想的最优解（方案），它的各个属性值都达到各备选方案中最好的值；而负理想解是设想的最劣的解（方案），它的各个属性值都达到各备选方案中的最坏的值。方案排序的规则是把备选方案与理想解和负理想解做比较，若其中有一个方案最接近理想解，则该方案是备选方案中最好的方案。

四、稳定性检验

最后，根据前述4种方法（总分评定法、加权平均综合法、最优值距离法和逼近理想值排序法）得出的结果进行稳定性检验。如果某种方法运行计算出的结果更贴近现实经济，则表明该种方法更可行，可考虑采纳；抑或综合考虑4种方法的平均值。

第四节　税收收入质量评价的要求

一、加强组织领导

税收收入质量评价工作是促进组织收入原则落实的重要举措，是税收工作服务高质量发展、服务科技创新，政府决策的重要抓手。各级税务部门要充分认识税收收入评价工作的重要意义，加强组织领导，建立健全组织机构，制定工作制度,保障评价工作顺利推行和健康运行。

二、建立工作机制

税收收入质量评价工作涉及面广,涵盖税务部门各主要业务流程和工作环节。各地税收经济分析部门要以收入规划核算部门为主、相关部门分工协作,建立"评价——发布——分析——反馈——质量改进"的制度机制,上级税务部门定期发布税收收入质量评价结果,下级税务部门根据评价结果找差补缺,加强管理,不断提高税收收入质量。

三、优化评价体系

税收收入质量评价涉及数据较多,口径复杂。数据质量会直接影响评价结果,各级税务部门要切实加强数据质量管理,运用科学的数理统计方法,确保税收收入质量评价结果客观、公正、合理,可以更好地指导各地税务机关提高工作质量和效率。

四、深化结果运用

要根据评价结果,进一步分析本地区经济税源结构存在的突出问题,认真查找与其他地区和全国平均水平差异的原因,积极向地方党委、政府建言献策,促进经济结构优化升级,确保税收收入的可持续增长。

附　录

附录一 税收经济分析选读

税收分析报告部分

××市科技企业2020年1～5月税收完成情况分析

2020年1～5月,××市1 834家科技企业实现销售收入2 513.4亿元,占全市总收入的比重达13.6%,增幅8%,完成税收收入85亿元,占全市税收收入的12.1%,同比增加13.7亿元,增长19.2%。比全市税收收入增幅高出12.2个百分点,对全市税收增长的贡献率为23.5%。科技企业税收呈现出较大的增长幅度。为了解科技企业对全市税收贡献的具体情况,现简要分析如下:

一、基本背景

科技企业是指年销售收入在1亿元以上,拥有具有自主知识产权的科技成果、技术和产品,在细分行业内居于全国前十名,销售收入年增长在20%以上的企业。科技企业已经成为××市经济发展的重要增长点,是技术创新、高端产业发展、群众增收的重要推动力量。

市、区县两级财政对科技企业的投入不断增加,特别是对科技企业的支持力度不断增强。例如,高新区对上年度销售收入1亿～10亿元、上年收入增速40%以上、设有研发机构、具有明确的企业发展战略的企业,给予上年度研发经费最高按照收入20%,每年不超过200万元的支持。对上年度销售收入10亿元以上、上年收入增速 20％以上、设有研发机构、具有明确的企业发展战略的企业,给予上年度研发经费最高按照收入 20％,每年不超过 300 万元的支持。研发经费支持需全部用于企业研发投入。

二、科技企业税收情况简析

(一) 分税种情况

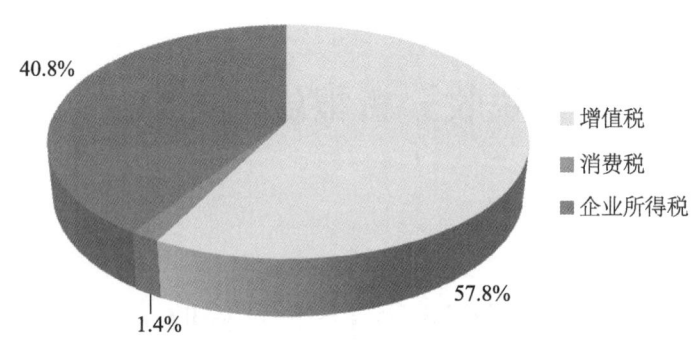

40.8%

■ 增值税
■ 消费税
■ 企业所得税

57.8%

1.4%

图 1 各主要税种收入占比情况

1. 主要税种增幅高于全市水平

图 1 中科技企业共缴纳增值税 49.1 亿元,同比增加 12.2 亿元,增长 33.1％,相对全市增值税 15％的增幅,科技企业高出 18.1 个百分点;所得税 34.7 亿元,同比增加 1.6 亿元,增长 5％,相对全市增值税 3.9％的增幅,高出 1.1 个百分点。

2. 增值税增收贡献率高

科技企业共实现销售收入 2 513.4 亿元,同比增长 8％;实现增值税 49.1 亿元,同比增长 33.1％。占全市增值税税收收入的 16.5％,对全市增值税税收增长的贡献率为 31.4％。科技企业增值税税收占比为 57.8％,比全市增值税税收占比 42.3％高出 15.5 个百分点。

(二) 分行业情况

1. 制造业主体地位明显

表 1 中,科技企业涉及 60 个行业,其中 30 个行业为制造业,共有科技企业 1 512 户,占全部科技企业的 82.4％;实现税收 72.2 亿元,占全部科技企业的 84.9％,同比增加 8.7 亿元,增长 13.7％。

表1　制造业所属细分行业税收亿元以上情况统计表

(单位:万元)

行业	户数	本年税收	同期税收	增减额	增减比
汽车制造业	96	105 487	88 687	16 800	18.9%
计算机、通信和其他电子设备制造业	120	83 506	87 720	−4 214	−4.8%
电气机械和器材制造业	111	63 662	59 374	4 288	7.2%
医药制造业	40	60 100	44 523	15 577	35.0%
专用设备制造业	103	52 799	42 517	10 282	24.2%
化学原料和化学制品制造业	102	44 212	39 672	4 540	11.4%
食品制造业	35	38 253	28 063	10 190	36.3%
通用设备制造业	87	36 310	30 415	5 895	19.4%
金属制品业	184	34 785	32 223	2 562	8.0%
橡胶和塑料制品业	80	25 954	23 248	2 706	11.6%
铁路、船舶、航空航天和其他运输设备制造业	54	23 004	20 767	2 237	10.8%
非金属矿物制品业	62	20 663	17 057	3 606	21.1%
黑色金属冶炼和压延加工业	150	20 661	22 226	−1 565	−7.0%
酒、饮料和精制茶制造业	15	18 052	19 965	−1 913	−9.6%
造纸和纸制品业	29	14 670	6 597	8 073	122.4%
有色金属冶炼和压延加工业	34	12 640	12 286	354	2.9%
仪器仪表制造业	17	11 497	9 443	2 054	21.8%
其他制造业	30	10 012	7 131	2 881	40.4%

2. 汽车制造业税收增收最多

汽车制造业(科技企业中只有汽车配套企业,无整车制造企业)占全部科技企业税收收入的12.4%,是科技企业中唯一税收超过10亿元的行业,实现税收收入10.5亿元,同比增加1.7亿元,增长18.9%。

3. 医药、专用设备、食品、造纸和纸制品业税收增长明显

其中造纸和纸制品业实现税收收入1.5亿元,同比增加0.8亿元,增长122.4%。××市凭借区位、政策、基础设施、人才等优势大力发展专业技术服务业,初步形成高增值、高开放、强凝聚的专业技术服务业集群效应,专业技术制造业已经成为××市经济建设新的增长点。

4. 计算机、通信和其他电子设备制造业税收下降较多

计算机、通信和其他电子设备制造业实现税收收入 8.4 亿元,同比减少 0.4 亿元,降低 4.8%。

(三) 分单位情况

1. 科技企业主要集中在 A 区、B 区两区,共有企业 1 711 户,占总数的93.3%。

2. B 区与 A 区科技企业税收收入规模大,税收收入分别为 40.3 亿、25.6 亿,分别占全市税收收入的 47.4% 和 30.1%,B 区科技企业税收增长最快,为 5.5亿元。

3. 科技企业税收收入超过 5 亿元的征收单位有 7 个,其中税收最多的为 C 区24.6 亿元;税收收入 1 亿~5 亿元的征收单位有 7 个;税收收入小于 1 亿元的征收单位有 10 个,其中税收最少的为直属局 0.04 亿元。

(四) 各企业类型情况

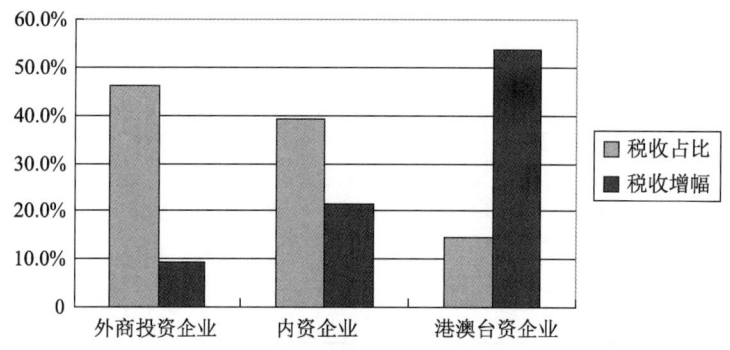

图 2　各注册类型企业税收占比、增幅情况

1. 各注册类型企业税收收入增幅相差较大

外商投资企业占各类型企业税收的 46%,实现税收收入 39.1 亿元,同比增收3.4 亿元,增长 9.5%;内资企业税收占各类型企业税收的 39.3%,实现税收收入33.4 亿元,同比增收 5.9 亿元,增长 21.4%;中国香港、中国澳门、中国台湾(以下简称港澳台)企业占各类型企业税收的 14.7%,同比增收 4.4 亿元,增长 53.7%(见图 2)。

2. 港澳台资企业税收增速明显

港澳台资科技企业税收增速较快,港澳台独资经营公司与港澳台合资经营企业推动明显。港澳台资科技企业实现税收收入 12.5 亿元,占各类型税收的 14.7%,同比增收 4.4 亿元,增长 53.7%,超过整体科技企业税收增幅 34.5 个百分点。(港澳台商)独资经营公司与(港澳台商)合资经营企业上缴税收合计11.9 亿元,占港澳台资科技企业税收的 95.2%,增收额合计 4.4 亿元,拉动港澳台资科技企业税收增长 53.6 个百分点。

(五)企业利润略有提高

科技企业实现利润总额 67 亿元,同比增加 2.3 亿元,增长 3.6%,其中:盈利企业共有 721 户,比上年减少 42 户,下降 5.5%,盈利企业利润总额 123.1 亿元,同比下降 0.2%,亏损企业共有 570 户,比上年增加 50 户,增长 9.6%,亏损企业亏损总额 56.1 亿元,同比下降 4.4%。

(六)增值税税负高于全市水平

科技企业完成计征增值税销售额 2 513.4 亿元,应纳增值税额 49.1 亿元,增值税税负率为 2%,同比提高 0.4 个百分点。与全市 1.3% 的税率负相比,高出 0.7 个百分点。

三、存在的问题

(一)部分企业税收贡献能力偏低

当前有 986 户科技企业税收收入小于 100 万元,税收收入共2.3 亿元,占全部企业的 2.7%,税收贡献低,影响科技企业整体实力。331 户科技企业有销售收入,无增值税税收,占总户数的 18%,其销售收入共 418.8 亿元,占全部企业的 16.7%,应重点加强关注。

(二)科技企业创新领军企业较少

当前销售收入超 10 亿元的企业共 37 户,占全部科技企业的 2%,在国内外上市的科技企业较少,缺乏具有较大规模和实力的产业集群,区域专业化产业集群尚处于发育阶段。

(三)传统产业所占比例过高

批发业、零售业、金属制品业等传统产业共 369 户,占总户数的 20.1%,税收收入共 6.8 亿元,占全部的 8%,传统产业企业所占企业比例过高。

(四)部分科技企业销售规模较小

当前共有 773 户科技企业销售额不足 0.4 亿元,据其推测出其全年销售额不足 1 亿元,达不到科技企业的认定标准,需要加强关注。

(五)科技企业盈利能力偏弱

当前科技盈利企业比上年减少,亏损企业比上年增多。亏损企业较多,所占比例达到 31.1%,科技企业盈利能力有待加强。

(六)科技企业研发投入较少

科技研发可以促进企业重大科技成果转化,掌握具有自主知识产权的关键技术和核心技术,是企业可持续发展的重要方向。从目前调查情况看,科技研发成果并不显著,如 D 区的 218 户科技企业中,仅有 5 户企业享受“研发费用加计扣除”税收优惠政策。说明科技企业中真正研发新产品、新技术的企业并不多,大部分企业将政府扶植资金用于改扩建等项目,而非研发。

四、建议

(一)加大减免税扶持力度,搞好纳税服务

应加大对获得科技成长计划支持企业的扶持力度,从税收奖励等方面给予倾斜。加强对新兴业态、新型经营模式的调研和指导,设立科技企业纳税咨询服务岗,制订科技企业调研帮扶制度,建立搜集、分析、满足科技企业需求的快速反应机制,使科技企业的合理需求得到有效满足。

(二)积极引进技术经纪人人才建设

技术经纪人具有促进科技成果转化的综合能力,在技术市场中,技术经纪人以促进成果转化为目的,促成他人技术交易。技术交易的最终目的是促使科学研究和科技开发的成果转化为生产力,使之产生良好的经济效益和社会效益,通过技术成果转化,更好地服务科技型企业。

科技企业作为××市重点发展战略,我们将持续关注,及时掌握生产经营及税收动态,支持××市经济税收更好地发展。

2010 年至 2017 年××省卷烟税收发展的比较与思考①

卷烟之于人类,是生活习惯的延续;之于社会,是经济发展的产物;之于国家,是重要的财税支撑。××省卷烟提供的税收在××省国税收入中,地位举足轻重,2010 年至 2017 年卷烟提供国税收入 360.88 亿元,占同期国税组织收入的 9.5%,居行业税收第一位。因此,加快××省卷烟行业发展战略意义十分重要。

一、基本观察

(一)横向比较,落差较大

1. 卷烟产业规模小,无规模优势和规模效益。2010 年至 2017 年××省卷烟累计产量为 822.42 万箱,仅占全国产量的 2.29%,低于 2017 年××省人口比重 1.19 个百分点。同期 A 省、B 省和 C 省卷烟产量分别达到 1 871.13 万箱、2 008.68 万箱和 2 634.70 万箱,分别是××省卷烟产量的 2.28 倍、2.44 倍和 3.2 倍(见表 1)。

表 1 四省 2010—2017 年卷烟生产规模情况表

项目	全国	××省	A 省	B 省	C 省
产量(单位:万箱)	35 906.77	822.42	1 871.13	2 008.68	2 634.70
占全国比重(%)	100	2.29	5.21	5.59	7.34

2. 企业经营效益偏低。企业所得税是企业经营效益的重要度量指标,××省卷烟企业所得税八年累计入库 19.69 亿元,占卷烟税收比重的 5.46%,分别低于 A 省、B 省和 C 省比重水平 0.06 个、0.09 个和 1.25 个百分点,也低于全国同期平均水平 1.04 个百分点。

3. 产品收益低位运行。八年间,××省卷烟单位产量提供国税收入为 4 388 元/箱,仅为同期全国单位卷烟产量提供国税收入 6 037.9 元/箱的 72.67%,分别为同期 A 省、B 省和 C 省的 98.4%、72.7%和 53.9%。

---

① 本文成文于国、地税合并前,故原"国税""地税"等称呼不作修改。

中部四省 2010—2017 年卷烟制造单位税收情况如表 2 所示。

表 2　中部四省 2010—2017 年卷烟制造单位税收情况表

项目	××省	全国	A 省	B 省	C 省
单位税收(单位:元/箱)	4 388.0	6 037.9	4 458.8	6 033.4	8 142.6
××省占比(%)	100.0	72.7	98.4	72.7	53.9

(二)纵向观察,隐忧凸显

1. 产量增长加快。××省 2017 年卷烟产量为 119.8 万箱,较 2010 年年均增长 5.6%,比全国、A 省、B 省和 C 省同期年均产量增幅分别高出 1.81 个、2.52 个、2.75 个和 1.59 个百分点。

2. 税收发展滞后。应该说,八年来××省卷烟税收在产量低速增长前提下取得年均两位数税收增幅(14.6%)属难得的成绩,但对比全国和中部省份卷烟税收形势,××省卷烟税收年均增幅分别落后 A 省、B 省和 C 省同期卷烟税收增幅 1.44 个、13.18 个和 2.4 个百分点,也落后全国卷烟税收增幅 4.16 个百分点。

3. 税收效益不足。受税收发展滞后影响,2017 年××省单位卷烟提供国税收入 5 975 元/箱,较 2010 年 3 372.5 元/箱水平年均增长 8.5%,税收效益提升水平较慢,分别低于 A 省、B 省和 C 省税收效益年均增幅 4.05 个、15.71 个和 3.96 个百分点。

二、原因及启示

(一)提升结构是提高效益的首要途径

B 省实践显示,立足中高档产品,不断提升产品负税结构,使 B 省卷烟税收实现质的飞跃,2017 年卷烟税收达到 316.06 亿元,年均增长 27.8%。2010 年××省卷烟税收效益是 B 省的 1.33 倍,2017 年 B 省卷烟税收效益 11 557.2 元/箱,却是××省 1.93 倍。

(二)扩大规模是巩固效益的主要手段

C 省实践证明,大规模的产品指标和产能是税收和单位产品税收效益维持高位运行的不竭动力,2010 年 C 省卷烟税收效益就达 5 190.3 元/箱,与××省 2016 年卷烟税收效益水平持平。近年来,××省虽然卷烟产量增速有所加快,但规模未能实现重大突破,仍不足中部省份的一半,难以实现规模效应,在市场竞争中仍处弱势。

(三)品牌建设是强化竞争的重要利器

A省、B省、C省通过品牌建设,逐渐确立了芙蓉王、白沙、黄鹤楼、黄山等核心品牌,并立足拓展中高档市场。2010年黄山品牌销量超过160万箱,2016年芙蓉王品牌销售突破600亿元,白沙销售突破300万箱,《2016年胡润品牌榜》发布黄鹤楼品牌价值达270亿元,仅次于中华品牌,一举超过芙蓉王和云烟。而××省2016年所有卷烟品牌销量仅116.8万箱,相对高端的金圣品牌销量不足30万箱。

(四)占有市场是企业生存的长久之道

产品走不出去就意味着放弃了别人的市场,意味着被别人抢占了市场,包括自己的传统市场。从当前卷烟销售情况看,外省烟充斥××省市场,尤其是中高端市场。究其原因:一是厂商分离,外省品牌烟营销力度加大;二是外省品牌烟具有规模效益,省内与省外烟同价竞争时,外省品牌烟销价低,让利烟草公司,使批发环节中经营外省品牌烟更具动力;三是××省卷烟品牌老化,品种少、档次低,未跟进消费者的需求,流失了省内卷烟销售市场。

(五)税制改革是中高档烟税收的重要推力

根据《财政部　国家税务总局关于调整烟产品消费税政策的通知》(财税〔2009〕84号)的规定,对调拨价在70元/条以上卷烟适用甲类卷烟,税率提升至56%,提高11个百分点;而调拨价在70元/条以下适用乙类卷烟,税率提升至36%,提高6个百分点。对A省、B省、C省等以中高档卷烟为主体地区的税收效益快速提高有益,而对以中低档烟为主的××省而言,卷烟税收效益提升缓慢。2009年至2017年××省单位卷烟产品税收效益999.3元/箱,虽较2008年至2010年水平提升35.1%,但同期A省、B省和C省该指标提升幅度却分别高达68.8%、115.3%和58.7%。

三、建议与对策

(一)以品牌建设为推手,提高市场竞争软实力

一是明确品牌定位,将本土文化融入卷烟品牌,将特色文化赋予卷烟品牌,使卷烟品牌更具文化特征。二是着力品牌培育,选择知名度广、大众易接受、易记忆

的品牌为主打品牌,建议将甲、乙品牌香烟作为中高档进行培育,使××省卷烟更具地域特色,更加深入人心。三是打好品牌营销,推进公众对××省卷烟品牌的认识。

(二)以产品研发为核心,提高核心竞争能力

建立以市场为导向的产品研发体系,首先加强市场分析调研,及时了解卷烟消费动态,特别是城市人群消费能力和水平;其次积极调整现有产品结构,扩大中高档卷烟占比;最后是加大中高端卷烟研发力度,力促定位出彩,产品出色,强化新产品特征和差异化,丰富中高档产品品种,提高企业盈利能力。

(三)以争取指标为抓手,提高规模竞争实力

众所周知,卷烟行业规模化除了自身市场开拓外,国家卷烟生产指标争取也是重要因素。一是要积极争取××省卷烟行业技术改造契机,老厂扩建,迅速扩大卷烟生产指标;二是要加强上情沟通,利用优势资源,争取国家指标多倾斜和多照顾。

(四)以政府支持为依托,助推企业做大做强

一是统筹发展,增强前瞻性,卷烟税收是增加政府财力的重要来源,更加需要进行全省范围内的统筹规划,正确处理好当前和今后、多予和少取的关系。二是加强人才引进和培养,人才是企业发展的根本,特别是要为技术研发、品牌营销和企业管理人才创造优厚条件,吸引人才进驻。三是加大政策扶持,建立卷烟发展基金,促进卷烟企业加大研发投入,并奖励企业研发成果;四是政府积极推介,利用政府涉交、联谊、接待等适合场合,推介××省卷烟产品。

关于减税降费的作用机制与落实路径分析

　　近年来,党中央、国务院部署实施了一系列力度大、内容实、范围广的减税降费政策措施,有力地促进了创业创新,有效推动了经济社会发展。2019年除了继续深化增值税改革、调整社保费率外,我国将继续出台有助于改善民生和打好三大攻坚战的减税措施,例如,延续实施2018年执行到期的部分税收优惠政策;对从事污染防治的第三方企业,减按15%税率征收企业所得税等一系列税收优惠政策。

一、减税降费的作用机制

　　2019年减税,着眼于"放水养鱼"、增强发展后劲并考虑财政可持续发展,是减轻企业负担、激发市场活力的重大举措,是完善税制、优化收入分配格局的重要改革,是宏观政策支持经济稳增长、保就业、调结构的重大决策。可以从以下两个方面来分析其作用机制。

(一) 从效率和公平的角度

　　在现代市场经济的税收制度下,税收效率主要是分析税收征收与经济效率之间的关系。即在市场所决定的资源配置效率有效的情况下,由政府的征税行为所导致的效率损失的最小化,也就是说尽可能地保持税收中性原则;反之,在市场所决定的资源配置低效率或无效的情况下,征税有可能改善资源配置效率,达到帕累托改进的目的。税收公平主要是体现在,市场决定个人收入分配前提下税收对个人收入分配的影响,以及如何通过所得税、商品税、财产行为税来改变市场所决定的个人收入分配状况,由此带来社会就业水平的提升。因此,当前税收制度优化就是要在公平和效率两者之间寻求一种平衡,即要实现效率改进,同时也要兼顾公平,实现两者辩证统一。因此,当前的减税降费可以从效率和公平的角度来分析其产生的经济效应。例如,党的十九大以来,我国增值税实施了一系列的减税措施,无论是从特惠式减税转向普惠式减税,还是从税基式减税转向税率式减税,通过减税范围的不断扩大,减税力度的不断加强,极大地降低了政府征税带来的效率损失,同时,减税范围的扩大更加体现了税收的公平性。此外,2018 年的个人所得税减税和小微企业减税,无论是在经济效率提升还是收入分配公平方面都起到了明显的成效。

(二) 从供给和需求的角度

全面实施减税降费是落实"供给侧结构性改革"的重要手段之一。"供给侧结构性改革"的核心就是要全面提升要素生产率,通过激发要素创造力,推动经济高质量发展,实现"加快转变发展方式、优化经济结构、转换增长动力"。税收对"供给侧结构性改革"的影响,也是通过税收对生产要素的供给和需求两个方面产生效应体现的。以个人所得税减税改革对劳动力供需的影响为例,个人所得税作为直接税,通过减税提高了居民的个人可支配收入,消费增加,社会总需求增加,对劳动力的需求也相应增加,同时,税负水平的下降对企业来说也会增加相应投资,对劳动力需求也会相应增加。此外,从减税对劳动力供给需要产生的替代效应和收入效应综合分析得出,就目前的中国经济实际情况看,减税增加了个人可支配收入,也就是间接增加了失业的机会成本,因此,个人所得税减税改革会增加劳动力的供给。所以,从这个角度分析,当前的减税政策有利于提升社会就业水平。另外,增值税减税效应也会体现在商品流通领域,由于增值税具有税负转嫁性,增值税税率的下调最终会影响消费者的最终消费价格,通过降低商品零售价格,提升居民消费水平,进而通过有效需求的提升带动市场有效供给的提升。

二、落实减税降费的路径

2018 年减税的主要着力点是个人所得税以及小微企业的减税。2019 年以来,减税降费的着力点体现在增值税和社会保险费上,为进一步凸显党中央减税降费的决心,需要进一步研究减税降费的实现路径问题。

(一) 进一步制定完善减税降费政策制度

在相关制度的顶层设计上,需要进一步理清税制优化的基本路径,有针对性地提出相关政策建议。以增值税减税为例,要在降率的基础上进一步考虑减少增值税税率的档次。2016 年全面实施"营改增"以来,增值税已经实现了全面覆盖,尤其是与制造业密切相关。目前增值税依然有三档税率,而且制造业多适用高档税率,服务业则多适用低档税率,尽管增值税税率的下调对制造业而言,可以帮助制造业转型升级,但是税率级次没有发生变化,依然会产生要素收益空间,因此,建议对增值税简化税率级次。此外,要继续加大减税降费对于中小微企业和实体经济的税收支持力度,这关系到经济持续稳定运行和社会就业稳定,对进一步把握好重要战略机遇期,实现经济高质量发展具有重要意义。

(二)加强税收预测与分析监控

减税降费规模巨大,势必对当地的税收收入产生影响。各地税务机关既要全面落实减税降费的经济政策,同时还要加强对辖区内税源的管理,摸清税源底数和潜力,及时跟踪减税降费政策的落实情况。特别是做好税收收入的中长期分析和预测,通过与财政、人社、医保、工商等部门的沟通合作,既要做好各项收入的前期预算编制工作,又要与相关部门共同制定并规范相关业务流程,切实保障减税降费工作的有序开展。

(三)优化纳税服务质效

减税降费政策的落实离不开纳税服务质效的提升。各地税务机关要持续优化办税服务模式,创新服务方式,拓展服务渠道,让纳税人最大限度地感受到改革带来的便与利,通过不断优化营商环境,提升减税降费带给纳税人的"获得感"。在机构改革的不断完善中,大力宣传推广"全程网上办"和电子税务局,提升办税便利化水平,让纳税人全面了解最新的税收优惠政策,此外,还可以通过专业全程导税服务,降低纳税人办税成本,实现纳税服务减负增效。

××市西部大开发税收优惠政策

实施效应分析及对策建议

2012 年 6 月 28 日,《国务院关于支持赣南等原中央苏区振兴发展的若干意见》(国发〔2012〕21 号)出台,标志着赣南等原中央苏区发展上升为国家层面的区域性发展战略。其中,作为促进赣南等原中央苏区发展的重要税收政策之一,明确自 2012 年 1 月 1 日至 2020 年 12 月 31 日,对设在××市的鼓励类产业的内资企业和外商投资企业减按 15% 的税率征收企业所得税。优惠政策实施九年来,在促进××市区域经济发展、吸引资本流动、促进产业结构升级等方面发挥了积极作用。通过分析西部大开发税收优惠对××市经济发展的影响,结合××市经济发展的新趋势和新目标,思考在更高起点上继续推进西部大开发税收优惠政策在××市落实落细,是值得深入研究的课题。

一、西部大开发税收优惠正向效应显著

据统计,2012—2020 年,××市执行西部大开发税收优惠政策累计为 2 772 户(次)企业减免企业所得税 53.54 亿元。从企业受惠规模看,每年享受优惠的企业户数相对较为稳定,但减免税的规模在不断扩大,除 2020 年受新冠疫情影响外,户均享受西部大开发优惠的金额呈逐年增长态势(见表 1)。

表 1   2012—2020 年××市享受西部大开发税收优惠情况

单位:亿元

项目	2012 年	2013 年	2014 年	2015 年	2016 年	2017 年	2018 年	2019 年	2020 年①
户数	380	367	316	274	303	340	308	265	219
减免税额	3.05	3.33	4.93	3.67	5.44	9.09	9.5	8.6	5.93

从行业来看,以 2019 年为例②,享受西部大开发税收优惠政策的企业主要集

---

①   该数据为 2020 年度企业所得税预缴申报四季度的累计数据。
②   2020 年度企业享受优惠的完整申报数据需至 2021 年 5 月底企业所得税汇算清缴完成才能获得,故以 2019 年度数据为例说明。

中在制造业、信息产业、租赁和商务服务业及金融业(见表2)。其中:制造业户数和减免税额占比分别达到39.24%和41.74%。

表2 2019年度××市享受西部大开发税收优惠行业分布情况

行业	户数	减免税额(亿元)
制造业	104	3.59
信息传输、软件和信息技术服务业	6	1.24
租赁和商务服务业	20	1.15
金融业	15	1.06
电力、热力、燃气及水生产和供应业	39	0.52
房地产业	4	0.31
建筑业	21	0.28
采矿业	4	0.11
批发和零售业	5	0.11
科学研究和技术服务业	30	0.09
水利、环境和公共设施管理业	2	0.04
交通运输、仓储和邮政业	6	0.03
教育	1	0.03
居民服务、修理和其他服务业	6	0.03
卫生和社会工作	2	0.01
总计	265	8.60

(一)区域经济强劲拉动

税收政策作为经济宏观调控的重要政策工具,通过实施低税率或者差异化优惠税率,可以扶持地方弱势产业、发展特色产业、壮大支柱产业,在均衡地区差距、推进区域经济发展等方面发挥着积极的促进效用。西部大开发优惠政策实施以来,××市GDP规模呈逐年稳步增长态势,从2012年1 508.49亿元增长至2020年3 645.2亿元,增幅近1.42倍。剔除2020年新冠疫情影响因素,2012—2019年,增速基本维持在8%至11%的合理范围内,且历年增幅均高于全省平均水平

（见表3）。

表3 2012—2020年××市及全省GDP情况

GDP	2012年	2013年	2014年	2015年	2016年	2017年	2018年	2019年	2020年
××市总量（亿元）	1 508.49	1 673.31	1 843.59	2 310.32	2 541.21	2 805.93	3 170.28	3 474.34	3 645.2
××市增幅	11.9	10.5	10	9.6	9.5	9.5	9.3	8.5	4.2
全省增幅	11	10.1	9.7	9.1	9	8.9	8.7	8	3.8

（二）特惠政策引凤筑巢

税收优惠政策是促使资本流动的重要因素之一,当某一区域的税收负担较低时,会吸引高税负地区的资本流入至该区域。同时,与非税收优惠区域相比,税收优惠区域的企业税后收益更多,间接使得企业有更强能力和动机将资金用于投资或扩大生产经营。因此,区域税收优惠政策的倾斜会对固定资产投资和吸引资本产生比较显著的刺激作用。西部大开发15%的企业所得税低税率优惠已成为××市招商引资的核心竞争力之一,为稳定企业投资和预期发挥重要作用。2012年以来,××市固定资产投资增速均高于全省和全国平均水平,特别是"十三五"期间,固定资产投资增速维持在全国平均水平的2倍以上。此外,××市企业纳税人从2012年的1.58万户快速增长至2020年的8.47万户,实际利用外资由2012年10.24亿美元增长至2020年的21.66亿美元。外资的涌入和企业纳税人户数的增长,充分彰显了××市对外部企业和资本的吸引力(见表4)。

表4 2012—2020年固定资产投资增速情况

单位:%

区域	2012年	2013年	2014年	2015年	2016年	2017年	2018年	2019年	2020年
××市	31.8	28.5	20.9	17.6	16.6	13.8	11.3	10.5	9.2
A省	23.5	19.8	17.8	16	14	12.3	11.1	9.2	8.2
全国	20.6	19.6	15.7	10	8.1	7.2	5.9	5.4	2.9

（三）高新产业蓬勃发展

2019年,以通用设备、专用设备、电气机械和器材、计算机、通信和其他电子设备和仪器仪表等为代表的高新产业共享受西部大开发优惠减免税额近 6 000 万元,较 2012 年增长 72.3％。同时,通过研发费用加计扣除、固定资产加速折旧等一系列税收叠加优惠政策,引导企业加强研发投入、减轻企业税收负担、增加企业税后盈余,有效促进了高新产业的蓬勃发展。目前,××市高新技术产业企业已达 778 户,较 2012 年增加 759 户,增长近 39 倍。2020 年,××市战略性新兴产业、装备制造业增加值分别增长 2.8％、9.2％,高新技术制造业、高新技术产业分别增长 12.0％、11.6％,新动能正加快培育和壮大。

(四) 特色产业升级蝶变

稀土、钨等资源类金属加工是××市的特色产业,历来是××市经济发展的支柱。××市围绕稀土产业,着力扶大扶强,持续增强产业集群效应,形成了以粤磁科技、嘉圆磁电、诚正稀土等为龙头的高性能磁材产业集群;以腾远钴业、寒锐钴业、吉锐新能源为龙头的钴金属材料产业集群。稀土永磁材料和钴镍金属材料年产能分别达全国份额的三分之一,逐步向稀土永磁电机、新能源动力电池等高端装备应用产业迈进。西部大开发企业所得税优惠政策的实施,促进了××市特色产业的发展壮大。如 A 省金力永磁科技股份有限公司,2012 年以来累计享受西部大开发税收优惠减免企业所得税 7 000 余万元,企业将优惠减免的资金投入到晶界渗透技术、高耐腐蚀性新型涂层技术等新工艺研发中,进一步提升企业产品竞争力和利润空间。

二、政策效应抑制因素分析

西部大开发税收优惠政策的实施,对××市的经济发展产生了明显的促进效应。但值得注意的是,政策的受惠范围、受惠力度相对于××市整体的经济体量仍然不高,客观上仍存在着一些因素抑制了优惠政策效应的充分释放。

(一) 经济下行拉低了受惠增速

企业真正获得西部大开发税收优惠红利的前提是企业产生盈利。近年来,国内外等宏观经济形势日益严峻,特别是新冠疫情爆发给实体经济带来了较大的冲击,企业盈利能力普遍下降,导致政策实际效果大打折扣。从该政策享受力度最大的制造业来看,2019 年,××市制造业利润总额同比下降 0.4％,企业盈利能力下降,一定程度上影响了西部大开发税收优惠的受惠范围和受惠规模。

（二）其他优惠"挤占"了受惠力度

为激活力、减负担、促发展，国家出台了一系列更大规模的减税降费政策，特别是新实施的小微企业普惠性税收政策，既放宽了标准，又加大了力度。经测算，应纳税所得额、企业从业人数和资产总额分别不超过 300 万元、300 人和 5 000 万元的小微企业所得税实际税负大致在 2.5%～7.5%，远低于西部大开发政策规定的 15%税率，相对占比超过 90%以上的小微企业群体，其更倾向于享受小微企业税收优惠，因此，对西部大开发税收优惠产生一定的挤占效应。2019 年，××市小微企业所得税优惠 6.4 亿元，同比增长 204.8%，同期西部大开发政策减免额有所下降。

（三）行业结构限制了受惠范围

××市在执行西部大开发政策时，适用国家发展改革委制定的全国统一鼓励类行业目录，而西部地区除适用全国统一目录外，还可适用国家发展改革委单独为其出台的《西部地区鼓励类产业目录》，范围较全国标准更广，享受面更宽。近年来，××市注重高质量发展，新兴产业虽然发展加速，但传统产业税收比重仍然偏高、仍占主体地位，如"两烟"、房地产、有色和建筑等传统税收占比近六成。传统特色产业与西部大开发政策鼓励类目录不完全相符，一定程度上限制了企业享受优惠政策的力度。

（四）少数企业自行判别有难度

根据《国家税务总局关于发布修订后的〈企业所得税优惠政策事项办理办法〉的公告》（国家税务总局公告 2018 年第 23 号）要求，企业享受优惠事项采取"自行判别、申报享受、相关资料留存备查"的办理方式。在便利企业享受优惠的同时，也存在部分企业由于无法确定自身是否属于鼓励类产业，担心涉税风险而选择放弃享受优惠的现象。

三、推动西部大开发税收优惠落实落细的思考

自 2021 年起，新一轮西部大开发税收优惠政策延续执行，且优惠适用的门槛更低[①]，惠及的企业也将更多。《××市十四五规划和二〇三五年远景目标建议》

---

① 自 2021 年起，企业享受西部大开发税收优惠政策的主营业务收入占全部收入比重的限制条件从 70%下降至 60%。

中提出,要全面落实新时代赣南苏区振兴发展政策,将××市打造成对接融入粤港澳大湾区桥头堡,建设成省域副中心城市。深入贯彻落实国家新时代支持革命老区振兴发展等系列政策,推动新一轮西部大开发税收优惠政策的落实落细,是税务部门服务地方经济发展不可推卸的责任。

(一)对症下药,积极推进产业目录修订优化

2014年10月1日起实施的《西部地区鼓励类产业目录》,除了有国家现有产业目录中的鼓励类产业,还单独对西部地区不同省份因地制宜分别新增了不同的鼓励类产业。为进一步提升政策实施效应,推进××市特色产业、新兴产业发展,应在深入调研的基础上单独制定《××市鼓励类产业目录》,如将围绕稀土发展的产业链上的行业纳入鼓励类产业目录范围,通过产业导向型的税收优惠提升优势产业发展动能。

(二)简化流程,不断完善优惠政策执行机制

产业目录判定需要相关部门的专业判断,《财政部 税务总局 国家发展改革委关于延续西部大开发企业所得税政策的公告》(财政部公告2020年第23号)规定,税务机关在后续管理中,不能准确判定企业主营业务是否属于国家鼓励类产业项目时,可提请发展改革等相关部门出具意见。为此,发改部门和税务部门应积极协调配合,可将相关后续管理流程下放至市一级相关部门,统一鼓励类产业目录的界定标准和界定流程,着力解决企业享受优惠政策的后顾之忧,推进政策及时高效落地。

(三)跟踪问效,全面打造高质高效营商环境

充分利用各项税收数据开展经济分析,加强西部大开发优惠政策落实的跟踪问效,为政府决策提供有参考价值的意见建议。同时,不断优化营商环境,加大税收优惠政策宣传力度,全面实施"一网、一门、一次、一窗"办税,减少纳税次数,压缩办税时间,为纳税人提供容缺受理、短信提醒等各项服务,深化推进"精确执法、精细服务、精准监管、精诚共治",以更加高质高效的纳税服务营造良好税收营商环境,使得纳税人充分享受税收优惠政策红利。

税收经济分析论文部分

财务数据透视下税收优惠对企业科技创新的影响

一、研究背景

根据"十三五"科技创新规划的部署,我国将坚持结构性减税方向,逐步将国家对企业科技创新的投入方式转变为以普惠性财税政策为主。税收优惠政策需要与我国经济发展"新常态"相适应,结合"供给侧结构性改革"中提出的要进一步提升全要素生产率水平,税收优惠政策应该根据经济的发展情况不断进行调整和完善。科学技术成为社会经济发展的"发动机",科技创新成为世界各国经济新的增长点。高新技术产业是目前最具有活力的产业,世界各国纷纷出台政策鼓励本国高新技术及相关产业的发展,尤其是在当前"供给侧结构性改革"的大背景下,我国通过相关机制的完善,充分调动生产要素的生产效率提升,既包括实现国内劳动力、资本及技术要素的正向激励,又能够更好地促进生产要素的合理聚集,其中税收政策激励是当前"供给侧结构性改革"的重要手段之一。发展经济学告诉我们:科技研发(以下简称 R&D①)作为一项投资风险大、回报周期长的经济活动,加之研发成果产权保护机制不健全,这使得企业投资科研具有很强的正外部性,因此 R&D 存在提供不足、资源配置失效等市场失灵问题。为解决企业 R&D 市场失灵问题,各国政府采取激励手段进行调控,例如,加强知识产权界定与保护、实施直接的货币补贴以及实施各种税收优惠政策鼓励等措施,但从各国实际经验来看,税收优惠政策受到发达国家的青睐,尤其是降低了资本要素在研发方面的成本,起到了很好的激励效应。近几年随着国家税制体系的不断完善,根据经济发展的需要,我国也逐步制定和实施了若干有关科学技术创新的所得税税收优惠政策措施,激励增加创新投入。例如:为了鼓励向中小高新技术企业投资,规

---

① R&D(Research and Development),指在科学技术领域,为增加知识总量(包括人类文化和社会知识的总量),以及运用这些知识去创造新的应用进行的系统的创造性的活动,包括基础研究、应用研究、试验发展三类活动。可译为"研究与开发""研究与发展"或"研究与试验性发展"。

定投资额按比例抵扣的企业所得税优惠政策[①];为了鼓励向科技型中小企业技术开展"股权激励",实施相应的个人所得税优惠政策[②];为了鼓励中小企业提高研发积极性,扩大研发费用的扣除标准[③]等。但是和发达国家相比,我国企业税收优惠政策还存在流转税优惠力度不够、所得税指向有偏差、人力资本激励不足等问题,需要进一步研究优化相关税收政策。

二、税收激励科技创新的作用机理

税收优惠政策主要是通过创新利益驱动机制增加创新预期收入、降低创新成本,从而提高创新利润预期;通过创新风险分担机制降低企业自身承担的创新风险;通过创新能力支持机制保障创新所需的资金供给和人力资本。以上三个机制分别通过税收优惠政策实施影响并形成企业创新动力和创新能力,进而激励企业的创新投入,形成技术创新。税收优惠政策推进科技创新的作用机理如图 1 所示。

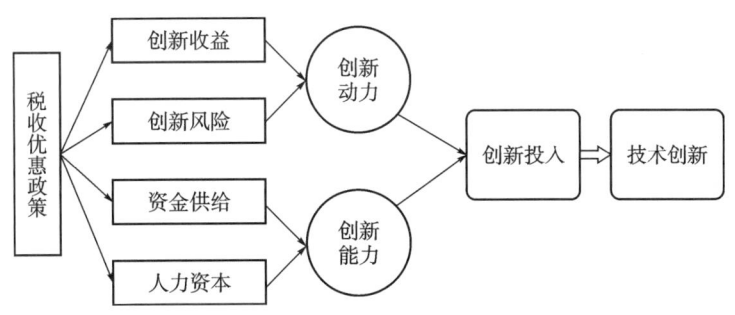

图 1　税收优惠推进科技创新的作用机理

第一,从提高企业经济效益上看,税收优惠政策的实质是政府通过主动让渡

---

① 财税〔2015〕62 号、财税〔2015〕116 号、国家税务总局公告 2015 年第 81 号文件规定,对有限合伙制创业投资企业的法人合伙人,给予创业投资企业的所得税优惠政策,即有限合伙制创业投资企业采取股权投资方式投资于未上市的中小高新技术企业满 2 年(24 个月,下同)的,其法人合伙人可按照对未上市中小高新技术企业投资额的 70% 抵扣该法人合伙人从该有限合伙制创业投资企业分得的应纳税所得额,当年不足抵扣的,可以在以后纳税年度结转抵扣。

② 财税〔2016〕101 号文件规定,非上市公司授予本公司员工的股票期权、股权期权、限制性股票和股权奖励,将修改前在取得股权激励和转让两个环节分别纳税简化为在转让环节按"财产转让所得"项目纳税。较之前按"工资、薪金所得""财产转让所得"分别纳税,税负降低了 10～20 个百分点。

③ 财税〔2017〕34 号规定,实际发生的研发费用,未形成无形资产计入当期损益的,在按规定据实扣除的基础上,在 2017 年 1 月 1 日至 2019 年 12 月 31 日,再按照实际发生额的 75% 在税前加计扣除;形成无形资产的,在上述期间按照无形资产成本的 175% 在税前摊销。

部分利益的方式来增加企业财力,降低经营成本,驱动科技创新投入。例如:企业研发费用税前抵扣有利于降低研发成本;政府让渡部分税收有利于增加企业创新投入;对高新技术产品实施出口退税以及创新成果获利后给予一定的税收返还,更增强了企业科技创新的信心。

第二,从降低企业创新风险上看,税收优惠政策还可以降低企业创新研发的风险。例如,对科技初创企业给予一定期限的税收减免可以降低企业创新风险;对风险投资机构的融资给予适度税收抵免可以增强社会资本参与度;对研发企业采取费用扣除、提取风险准备金等可以增强企业抵御风险能力。税收优惠对科技创新还起到筹集资金作用,税收优惠本质上就是减少政府收入用于补贴企业利润,相当于为企业提供了研发资金;研发设备加速折旧实质上就是延期纳税,相当于使企业获得了无息贷款;对国家鼓励发展产业的投资抵免可以激发资本投资热情,解决企业筹资难题;研发基金提取和费用扣除等财税优惠政策相当于企业依靠自身力量筹措资金。因此科学合理的税收优惠政策对解决企业科技创新融资难题具有十分重要的作用。

第三,从强化创新人才引进培养上看,企业对人力资本投资主要表现在技术培训方面,若所得税负过高,就会降低企业人力资本投资能力,由于人力资本投资有着极强的正外部性,即技术人员流失给企业带来损失,企业出于自身利益的考虑很难自发增加人才培养力度。而科研技术人员是推动社会进步的骨干力量,这类群体的税负过高将严重影响科技进步,反之则可以激励创造更多更好的科技成果,形成全社会科技创新的氛围。此外,对科研人员实施税收优惠,将有助于增加创新人力资本的供给。因此,政府通过给予人力资本税前扣除、个人股权奖励优惠等政策,使私人收益和社会收益一致,从而激励企业和人才加大科技创新力度。

总之,税收优惠通过对创新资金的供给和人力资本投资的积极影响,改善企业技术创新的能力。利益驱动和能力支持将最终影响企业创新投入决策,进而达到通过税收优惠激励企业技术进步的政策目标。

三、税收优惠激励科技创新的实证研究

为了研究税收优惠对企业科技创新投入的影响,本文对科技创新企业中的典型样本进行实证研究,同时为便于研究,对市场环境进行了简化处理,主要考虑所得税的激励效用,仅采集与税收优惠相关的主要财务指标进行分析。

（一）研究思路及假设

高新技术企业是科技创新能力的代表，研发是自主创新的关键，我们用研发资金的投入与研发人员来衡量自主创新能力。研究这类企业的税收优惠激励效应具有一定的典型性。本文在总结国内外的研究成果时发现，从税种方面看，流转税对交易行为征税，所得税对收益征税，两者对技术创新激励有不同的影响。为了简化研究，我们仅以所得税税收优惠政策的激励效应为研究对象，尤其是研究企业所得税优惠对企业盈利水平的影响程度。由于国内外高新技术行业都习惯于将企业盈余按照一定的比例投入到企业研发中去，在研究税收优惠政策对科技创新的影响效应分析中大多采用了研发经费支出占比作为重要的衡量标准。因此，本文在不考虑其他因素的影响下，重点考虑所得税的优惠程度对高新技术产业相关财务指标的影响。

本文选取江苏省某市 2014—2016 年 211 户科技创新型企业为研究对象[①]，以研发资金的投入与研发人员来衡量企业科技创新能力大小，并提出如下假设：

假设 1：企业所得税税收优惠比流转税税收优惠更能激励企业的研发投入，即企业所得税优惠程度越高，其企业研发投入占比越高。

假设 2：个人所得税实际税负与其研发人员占其员工比例成负相关，即研发人员占比越高，其企业综合个人所得税税负越低。

（二）多元回归模型的建立

企业的研发费用支出代表企业的科技研发能力，研发费用水平越高，说明企业在"科创研"的投入越高，企业的研发能力越强。此外，企业的所得者权益包括了实收资本（或股本）、资本公积、盈余公积和未分配利润，在股份制企业又称为股东权益。所有者权益是企业投资人对企业净资产的所有权，表现了企业所有者在企业中的经济权益，该指标越高，说明企业投资者回报率越好，企业经营效益越高。本文以行业企业所得税税负、个人所得税税负为因变量，并把其他相关的一些重要影响因素作为非税控制变量纳入分析范畴，以此建立多元回归分析模型。选择变量如表 1 所示：

---

① 由于 2014—2016 年，该市高新技术企业的规模发生变化，为了更好地进行数理分析，本文抽样选取了在此期间相同的高新技术企业进行分析，共计 211 家。

表 1　中长期效益模型变量

变量类型	变量	表达方式
因变量	RDR(研发成本占比)	高新技术企业研发费用支出占主营业务成本的比率
	RDPR(研发人员占比)	高新技术企业的研发人员占高新技术企业从业人员的比率
自变量	ITB1(企业所得税税负优惠比率)	高新技术企业所得税优惠金额占当年该企业名义企业所得税的比率①
	ITB2(个人所得税税负)	高新技术企业代扣代缴个人所得税占当年工资薪金支出总额比率
非税控制变量	ROE(资产收益率)	高新技术企业利润总额除以高新技术企业的所有者权益
	SM(销售毛利率)	高新技术企业利润总额除以主营业务收入
	ALR(资产负债率)	高新技术企业期末总负债除以期末总资产

　　本文以研发成本占比(RDR)和研发人员占比(RDPR)为因变量,以企业所得税税负优惠比率(ITB1)、个人所得税税负(ITB2)为自变量,并把资产收益率(ROE)、销售毛利率(SM)和资产负债率(ALR)作为非税控制变量纳入分析范畴,建立研究模型如下:

$$RDR = \alpha_0 + \alpha_1 ITB_1 + \alpha_2 ROE + \alpha_3 SM + \alpha_4 ALR + \varepsilon_1 \tag{1}$$

$$RDPR = \beta_0 + \beta_1 ITB_2 + \beta_2 ROE + \beta_3 SM + \beta_4 ALR + \varepsilon_2 \tag{2}$$

　　其中表 2 显示模型中因变量和自变量的统计数据的均值水平②。

表 2　变量描述性统计(均值)

年度	RDR	$RDPR$	ITB_1	ITB_2	ROE	SM	ALR	N
2014	5.27	13.9	38.95	12.50	14.06	22.4	49.34	211
2015	5.49	14.2	40.27	10.41	12.78	23.03	46.37	211
2016	5.55	16.9	42.31	10.78	13.79	23.85	71.03	211

---

　　①　按照《企业所得税法》的规定,高新技术企业的名义企业所得税税负均为 15%,故在此用享受优惠的企业所得税金额与该企业名义缴纳的企业所得税比例。

　　②　以上数据来源为:该市的科技创新型企业的相关年度财务指标、研发投入、研发人员规模、研发支出情况、所得税的纳税情况等微观数据,数据来源于某省统计信息网、该市《工业统计年鉴》以及"金税三期信息系统"。

(三) 模型实证研究

根据《企业所得税法》的规定,高新技术企业(含对经认定的技术先进型服务企业)享受 15％的低税率的企业所得税税收优惠。除此之外,还可以根据企业自身的特点享受到不同的固定资产加计扣除和研发费用加计扣除。因此,高新技术企业能享受到的税收优惠政策越来越多样。

1. 描述性统计分析

本文将 2014—2016 年高新技术企业上缴的企业所得税水平及其与之相关的高新技术企业所得税减免规模进行统计分析,详见图 2。

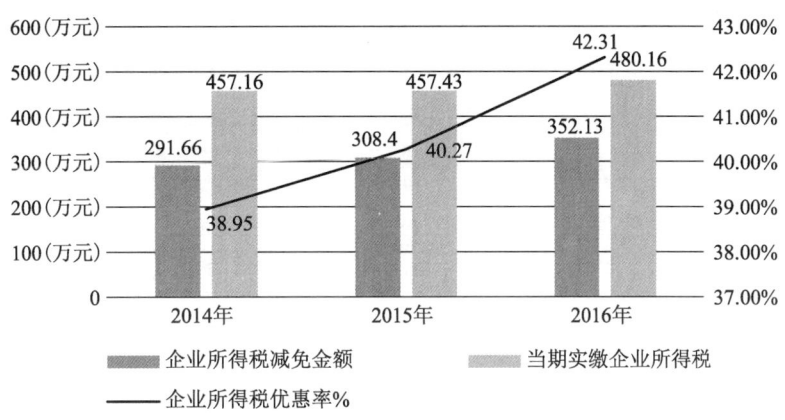

图 2　2014—2016 年高新技术企业平均纳税及享受优惠情况

图 2 所示 2014—2016 年高新技术企业平均缴纳企业所得税规模不断提高,由 2014 年缴纳的 457.16 万元提高到 2016 年的 480.16 万元,但是随着经济的不断发展及税收优惠政策的不断深入,企业当期所得税减免额也在不断提高,企业所得税优惠程度不断提高,高新技术企业所得税优惠率由 2015 年的 40.27％,提高到 2016 年的 42.31％,说明政府制定的税收优惠政策得到充分落实,为企业的经营提供了动力。此外,2017 年国家推出了一系列针对高科技中小企业的所得税优惠政策,比如小微企业享受减半征收所得税优惠的范围,将年应纳税所得额上限由 30 万元提高到 50 万元,科技型中小企业研发费用加计扣除比例由 50％提高到 75％[①],税收助力科创的效应将进一步显现。

[①]　根据财税〔2017〕34 号的规定,科技型中小企业开展研发活动中实际发生的研发费用,未形成无形资产计入当期损益的,在按规定据实扣除的基础上,在 2017 年 1 月 1 日至 2019 年 12 月 31 日,再按照实际发生额的 75％在税前加计扣除;形成无形资产的,在上述期间按照无形资产成本的 175％在税前摊销。

此外,为响应国家"大众创业、万众创新"战略的实施,从支持科技人员创新的角度,对高新技术企业研发成果转化实施递延缴纳个人所得税的税收优惠政策,在一定程度上激励了高新技术企业"科创研"活动的展开。高新技术企业平均工薪水平和其个人所得税的变化可以对其进行说明,详见图3。

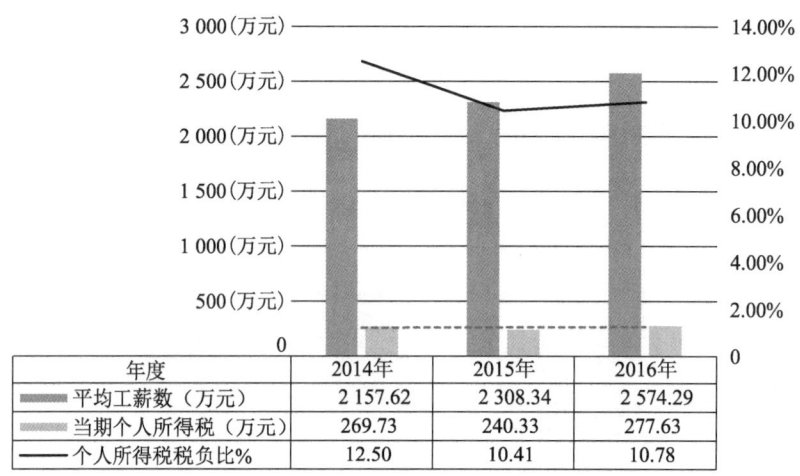

年度	2014年	2015年	2016年
平均工薪数(万元)	2 157.62	2 308.34	2 574.29
当期个人所得税(万元)	269.73	240.33	277.63
个人所得税税负比%	12.50	10.41	10.78

图3　2014—2016年度高新技术企业平均工薪及个人所得税实际税负情况

从上图可以看到,2014至2016年,该地区高新技术企业的平均工薪呈现出不断上涨的趋势,由2014年的2 157.62万元提升到2016年的2 574.29万元,与此相对应的其年均缴纳的个人所得税却呈现出下降的趋势,尤其是在2014至2015年,下降趋势明显,由2014年的269.73万元,降低到2015年的240.33万元,尽管2016年度有所提升,这主要是受到该年度工薪上涨因素的影响。而且从个人所得税税负比来看,也呈现出下降的趋势,说明高新技术企业个人所得税税负受到与科技创新有关税收优惠政策[①]的影响效果显著。

此外,根据模型回归的需要,本文依据财务数据计算了高新技术企业的净资产收益率(ROE)、研发成本比率(RDR)和资产负债率(ALR),以此反映高新技术企业的实际经济效益。详见图4。

---

① 《财政部　国家税务总局关于纳税人向科技型中小企业技术创新基金捐赠有关所得税政策问题的通知》(财税〔2006〕171号)规定,个人通过公益性的社会团体和国家机关向科技部科技型中小企业技术创新基金管理中心用于科技型中小企业技术创新基金的捐赠,在申报个人所得税应纳税所得额30%以内部分,准予在税前扣除等。

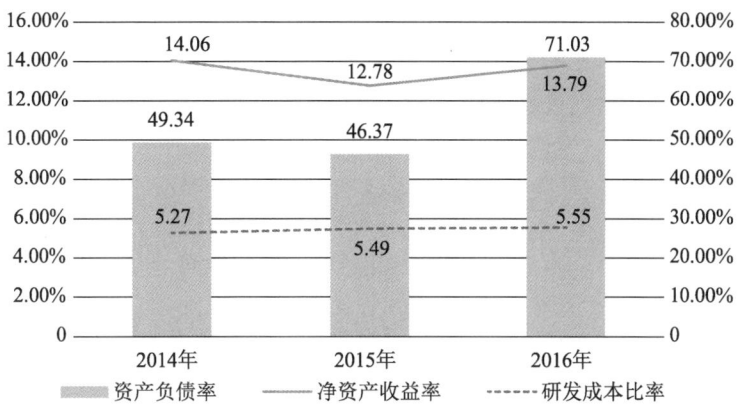

图4 高新技术企业的相关经济指标情况

图4显示 2014—2016 年,高新技术企业净资产收益率呈现出先降低后上升的趋势,说明企业资本运营中产生的经济效益在 2016 年得到改善。此外,高新技术企业的研发成本比率在此期间不断提升,说明企业在研发方面不断增加资本投入。从资产负债率来分析,在 2016 年,高新技术企业的资产负债率明显提高,说明企业扩大了融资规模进行生产经营,也说明了市场对高新技术企业看好,呈现出乐观的市场预期。

2. 实证分析

本文根据样本中财务指标的经济逻辑联系,运用 Stata14.0 软件,采用"静态面板①"模型进行研究。分析过程如下:

第一,我们对模型1进行面板数据回归分析,由于企业数 $n=211$,而 $T=3$,由于 n 远远大过 T, 故这是一个短面板。其中,变量 namber(纳税企业税务登记号)的组内标准差为 0,因为分为同一组的数据属于同一个企业,另一方面,变量 year 的组间标准差为 0,因为不同的组的这一变量取值完全相同。

第二,我们要分析研发成本占比在 211 家企业的时间趋势图,如图 5 所示。

从图 5 中可以看出,绝大多数高新技术企业的研发成本占比呈现出平稳趋势,当然也有一部分企业的研发成本占比提升,占到总样本规模的 10% 左右。

---

① 面板数据(panel data or longitudinal data,也称为"平行数据"),指的是在一段时间内跟踪同一组个体(individual)的数据,它既有横截面的维度(n 个个体),又有时间维度(T 个时期)。通常如果面板数据 T 较小,而 n 较大,这种面板数据被称为"短面板"(short panel)。由于本文中的 T 为 3,而 n 为 211,因此,本文研究的样本数据为短面板数据。

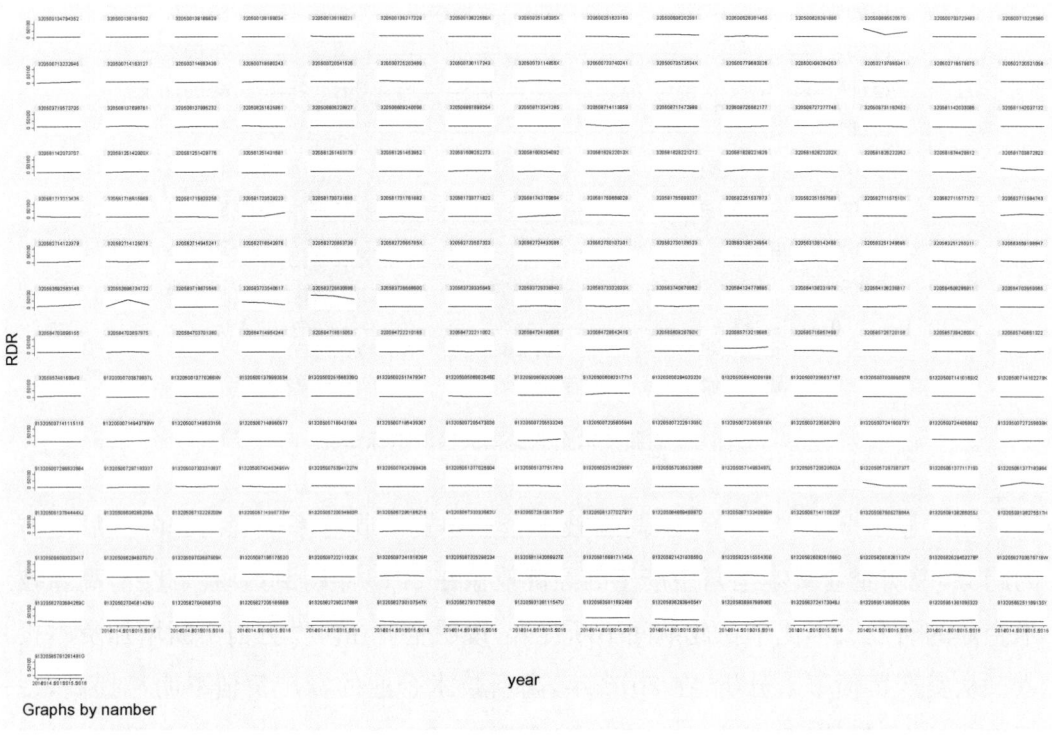

图 5

第三，鉴于同一家企业不同期之间的扰动项一般存在自相关，故使用以"namber"为聚类变量的聚类稳健标准差，采用混合回归模型（OLS）进行分析，结果如下表 3 所示：

得到目标模型为：

$$RDR = 8.24 + 0.001\,5ITB_1 - 0.082\,4ROE + 0.267\,5SM -$$
$$0.015\,4ALR + \varepsilon_1 \tag{3}$$

根据实证检验的结果，我们发现，整体回归方程 F 值为 4.73，且 P 值为 0.001 1，明显小于 0.05 的显著水平，表明自变量和应变量之间存在明显的相关性。SM 系数检验中 t 值为 3.32，p 值为 0.001，达到了显著水平。回归方程中销售毛利率 SM 的混合回归系数为 0.267 5，说明销售毛利率 SM 对于研发投入的影响是正向的；净资产收益率 ROE 与研发支出的混合回归系数为 $-0.082\,3$，t 值检验其 p 值为 0.02，小于 0.05 的显著水平，说明净资产收益率 ROE 对研发投入

表3 高新技术企业研发成本占比影响因素回归结果

Linear regression				Number of obs	633
				F(4, 210)	0.59
				Prob>F	0.001 7
				R-squared	0.783 8
				Adj R-squared	0.792 6
				Root MSE	0.780 1
				(Std. Err. adjusted for 211 clusters in namber)	
rdpr	Coef.	Std. Err.	t	P>t	95% Conf	Interval
Itb1	0.001 465 3	0.003 919 1	1.36	0.025 3	−0.009 191	0.006 260 5
roe	−0.082 368 2	0.035 239 9	−2.34	0.020	−0.151 837 4	−0.012 898 9
sm	0.267 510 6	0.080 568 7	3.32	0.001	0.108 683 6	0.426 337 7
alr	−0.015 398 3	0.015 412 3	−1.00	0.319	−0.045 761 2	0.014 964 7
_cons	8.240 676	1.375 675	5.99	0.000	5.528 775	10.952 58

的影响显著,而且对研发投入的影响是负相关的;资产负债率 ALR 与研发支出的相关系数为 $-0.015\,4$,其 p 值为 0.319,在其 t 检验时其 p 值未达到 0.05 的显著水平,受到数据规模的限制,仍可说明资产负债率对研发投入有一定的影响;此外企业所得税减免优惠率 ITB_1 与研发支出的混合回归系数为 $0.001\,5$,其 t 值检验时的 p 值也达到显著水平,说明企业所得税减免优惠率对研发支出占比应该有一定的影响,而且该影响是正向的。

我们用相同的方法研究了个人所得税税负对研发人员占高新技术企业从业人员的比率的影响情况,结果如下表4所示。

得到目标模型为:

$$RDPR = 12.87 - 0.012\,1ITB_1 - 0.009\,3ROE + 0.215\,34SM -$$
$$0.172\,89ALR + \varepsilon_2 \tag{4}$$

表 4　高新技术企业研发人员占比影响因素回归结果

Linear regression				Number of obs	629	
				F(4，210)	10.59	
				Prob＞F	0.028 2	
				R-squared	0.683 8	
				Adj R-squared	0.692 6	
				Root MSE	0.801	
			(std. Err.Std. Err. adjusted for 211 clusters in namber)			
rdpr	Coef.	Std. Err.	t	P＞t	[95％ Conf.	Interval]
itb2	−0.012 079 1	0.065 118	−4.56	0.008 53	−0.013 995 6	0.115 797 9
roe	−0.009 270 9	0.243 450 7	−3.48	0.047	−0.048 735 27	0.468 810 9
sm	0.215 337	0.327 167 7	3.79	0.005 11	−0.042 714 61	0.857 820 1
alr	0.172 898 4	0.120 667 3	1.43	0.152	−0.064 064 8	0.409 861 7
_cons	12.876 84	8.194 794	11.57	0.001 17	−3.215 874	28.969 55

对于方程(4)，根据实证检验的结果，我们发现，整体回归方程 F 值为 10.59，且 P 值为 0.028 2，小于 0.05 的显著水平，表明自变量和应变量之间存在明显的相关性。SM 系数检验中 t 值为 3.79，p 值为 0.005，小于 0.05，达到了显著水平。回归方程中销售毛利率 SM 的混合回归系数为 0.215 34，说明销售毛利率 SM 对于研发人员占比的影响是正向的；净资产收益率 ROE 与研发支出的混合回归系数为 −0.093，t 值检验其 p 值为 0.047，小于 0.05 的显著水平，说明净资产收益率 ROE 对研发人员占比的影响显著，而且对研发投入的影响是负相关的；资产负债率 ALR 与研发人员占比的相关系数为 0.172 89，其 p 值为 0.152，在其 t 检验时其 p 值未达到 0.05 的显著水平，受到数据规模的限制，仍可说明资产负债率对研发人员的构成有一定的影响；此外 ITB_2 与研发人员的相关系数为 −0.012 1，其 t 值检验时的 p 值为 0.008 5，也达到显著水平，说明个人所得税税负对研发人员的占比影响显著，并呈现负相关关系。

四、实证结论、存在的问题及政策建议

(一) 实证结论

根据上述实证检验结果,结合税收优惠激励科技创新的效应机理分析,我们可以得到以下结论:

(1) 企业所得税优惠能促进高新技术企业科技创新能力的培养。研发资金的投入与所得税税负成反向关系,通过模型及样本数据分析,企业所得税优惠比例对研发成本投入的影响是显著的,根据模型可以得出:企业所得税税收优惠率每增加 1 个百分点,将会带动企业增加研发费支出比重增长 0.15 个百分点,说明企业所得税优惠通过利益驱动发挥激励作用。

(2) 个人所得税优惠能扩大科研队伍规模。高新技术人员的收入水平与其所从事的工作和贡献程度有直接的关系,个人所得税优惠会直接降低高新技术人才的税负,促进高新技术研发。根据模型可以得出:个人所得税税负水平每降低 1 个百分点,研发人员占比将会提高 1.21 个百分点,说明个人所得税优惠通过人力资本发挥激励作用。

(3) 适当的高新技术产业的资产负债率有利于提高高新技术产业创新能力。从模型 1 的相关系数来看,每降低 1 个百分点的资产负债率,会提高研发成本 1.54 个百分点,从模型 2 的相关系数来看,每降低 1 个百分点的资产负债率,会提高研发人员的比重为 1.73 个百分点,说明税收优惠能够增加企业自有资金,同时也能吸引社会资本投资来帮助企业分担风险和筹集资金。

(4) 销售毛利率与企业研发投入成正向关系,说明企业盈利能力越强产品的竞争力越强。因此为了辅助税收优惠政策提升企业的创新研发能力,需要提高企业的盈利能力。从上述两个模型中可以看出,高新技术企业的销售毛利率每增加 1 个百分点,其研发成本占比和研发人员占比分别提高 2.67 个百分点和 2.15 个百分点,说明税收优惠对促进科技成果转化的作用比较明显。

(二) 存在的问题

本文结合实证研究结论,从财务数据分析的角度来分析我国科技创新税收优惠政策存在的主要问题。

1. 政策引导还不够系统

实证结果显示,科技创新类的税收优惠政策确能促进企业增加科技创新强

度,但企业主要对企业所得税的优惠比较敏感,对增值税优惠政策较不敏感。目前各项税收优惠政策只是从单个税种自身的角度来进行设计,没有从整体上对企业创新全过程加以审视,没有从企业需求视角对创新各环节进行引导规范,导致税收优惠存在着一定的片面性和狭隘性。

2. 利益驱动还不够延续

近年来,财政部、国家税务总局出台了不少科技创新税收优惠政策,近期出台的政策一般标明有效期,甚至出现追溯以往年度的现象。这样,一方面会导致企业在事项发生后再调整以往数据,打乱企业年初制定的工作计划,也不利于企业根据国家最新的优惠政策制定业务计划从而充分利用税收红利;另一方面,科技创新优惠政策实际实施时,存在同一税种的优惠条件先后未衔接或有出入、不同税种优惠政策的享受条件有差别等情况,易引起税企双方的争议。

3. 风险分担还不够全面

从实证结果可以得出,高新技术产业的资产负债率较高,已影响该产业当前的发展。但是我国对于天使投资、种子期、VC/PE期等风险创新活动税收支持不够,对于创投机构也没有投资损失税前抵扣优惠政策。现行政策规定,对有限合伙制创业投资企业采取股权投资方式投资于未上市的中小高新技术企业,给予法人合伙人所得税优惠政策,该政策限定了被投资企业必须为高新技术企业,将大部分的中小科技企业挡在门外,且对于自然人合伙人进行创投也缺少优惠。

4. 筹集资金吸引力不够

科技型中小企业研发费用按照实际发生额的75%在税前加计扣除更多体现在盈利情况下的所得额减免,大型科研企业在研发时往往倾向于使用盈利后的自有资金,对现金流的需求很大,因此研发费用加计75%扣除的优惠红利局限于中小科技企业,没有充分发挥效力。同时,研发费用加计扣除均在年度汇算清缴时填报并享受,高新技术企业尽管每季都产生了技术研发费用,但在季度预缴申报时并不能享受税收优惠,对于年度中间完成项目研发的企业,无法及时享受税收优惠、减少了企业当期现金流,从而影响企业资金周转,导致资金成本负担增加。

5. 人才激励的针对性不够

现有针对科研人员的税收优惠一般为技术成果转让期、收益分配期的所得税优惠,但缺少对科研人员创业投资期、研发实施期人员工资薪金的税收优惠政策。对于自然人的直接投资缺少投资损失的个人所得税抵扣等税收优惠,不利于营造"大众创业、万众创新"的新格局。

(三) 相关政策建议

1. 构建科学税制强化政策引导

建议梳理近年来出台的企业所得税、个人所得税等税收政策,规范、统一科技创新类优惠条件,使企业可以按同一条件享受税收优惠。在新的政策出台时,预留一段时间,可以从下期开始实行税收政策。同时完善科技创新税费法律体系:一是从所得税激励为主改为所得税与流转税并重;二是由税率直接优惠向综合性优惠转变;三是扩大企业税费优惠范围。如将增值税即征即退的优惠政策扩大到附加税费的退还,对科技创新企业承担的各项基金费用给予一定的优惠。同时,随着"一带一路"的深入推进,境内企业向境外企业和个人输出技术将日渐增多,对于先进技术输出的所得可享受部分免税。境内企业承接境内跨国企业的外包服务也可以认定为国际(离岸)外包服务,享受技术先进型服务企业优惠政策。

2. 扩大研发扣除加强利益调控

一是,建议允许高新技术企业在一定标准内计提研发经费,并由企业自行掌握使用,税务机关不再实施备案管理。对超过一定期限的滚动结余部分,并入应纳税所得额征收企业所得税。二是,建议预缴企业所得税时即允许按照上年金额或者本年预计金额享受加计扣除政策。对科技企业按不超过当年研发费投入本金额度内实际贷款所滋生的利息可以凭增值税普通发票计算抵扣增值税应纳税额等。三是,建议研发费用75%加计扣除的政策从中小企业扩大到所有企业。四是,建议延长研发机构弥补亏损年限。考虑到纯研发机构研发周期较长,在研发的初始阶段可能一直亏损因而在5年内无法弥补其研发费用,建议对此类机构允许其在10年内结转扣除发生的亏损。五是,建议对于设备投入等无法剥离计入研发费用的可按照实质重于形式的原则,允许税会差异,税务处理上可以认定为研发费用加计扣除优惠。

3. 鼓励风险投资减轻经营压力

为推动技术创新,建议尽快出台或完善天使投资、种子期、VC/PE期等风险创新活动税收政策,引导各类资本投资于不同创业阶段的企业。一是试点对自然人直接投资于未上市高新技术企业的投资损失税前扣除并享受20%个人所得税优惠税率,积极营造"大众创业、万众创新"的新格局。二是根据持股时间长短给予差别化优惠政策,如:对个人投资者投资种子期、VC/PE期科技型企业,持股1年以上3年以内取得的股息红利,减按50%计入个人应纳税所得额,持股3年以上取得的股息红利,免征个人所得税等。三是给予创投机构实行投资损失税前抵扣优惠政策。为鼓励风险投资选择具有成长潜力的科技型中小企业,建议取消被投资企业必须为高新技术企业的限制,将被投资企业范围从中小高新技术企业扩大到中小科技型企业,具体界定标准可由财政部门会同科技部门负责制定。同时,在给予创业投资企业的所得税优惠政策上,建议将自然人合伙人进行创投的优惠试点政策扩大至全国。

4. 广泛筹集资金降低融资成本

为了鼓励企业可以将资金更多地投入到研发创新中,可从企业自主创新设备购进、专业技术购买等加以研究,使企业切实感受到加大自主创新投入的税收优惠,激励企业加大创新投入。一是建议对企业研发场地的租赁费用等给予一定的减免扶持,对未入驻孵化器的研发创新项目也给予支持。二是建议对于国家大力发展的新经济领域先行试行"单阶税负"设计,避免投资者分红所得双重征税。同时,进一步完善合伙企业所得税的相关规定,使合伙企业投资者"单阶税负"能够真正落实到位。

5. 推动成果转化提高创新效率

放宽高新技术企业相关条件,简化享受流程。根据"放管服"相关要求,比照软件企业相关政策,一是建议取消高新技术企业事先认定程序,改为事后审核。针对体量巨大、处于转型升级的传统工业企业,采取比例与数量相结合的方法,放宽优惠条件,对于总投入量达到一定程度的企业即使无法达到研究开发费用占比、高新技术产品占比和科研人员占比的规定,也可享受高新技术企业优惠。二是建议将高新技术企业认定中"总收入"改为按照《企业所得税法》第六条规定计算的"收入总额减除不征税收入和投资收益的余额"来计算,同时给予研发实施期的中小高新技术企业10%的优惠税率。扩大技术成果的范围,将原来可以免征减征企业所得税、分期纳税或递延纳税的技术成果范围扩大到非专利技术,对该类非专利技术的认定办法可以由科技部门确定。

6. 加大人才激励促进创新投入

一是,对以自行研发的专利或非专利技术等非货币性资产投资创业的,在计算个人所得税时允许按非货币性资产转让收入的 30%～40% 扣除原值。二是，在转化科技成果时，不应局限于科技人员取得股权奖励，也应该包括无法实施股权奖励只能给予货币奖励的情况，建议给予货币奖励政策一定的优惠税率。三是，给予市级科技奖励资金与省级科技奖励资金同等所得税优惠政策。允许科研人员因承担国家或部委直接立项的科研项目获得的个人奖励，以及省级以下政府部门为引进人才给引进人才发放的创业启动资金、住房补贴、科研奖励等参照国家、省部级科技奖金执行。提高重点科研人员的工资薪金费用扣除标准或使用其他优惠办法降低其个人所得税税率。企业员工持股和股权激励的现象已经成为趋势，虽然财税〔2016〕101 号文将股权激励分为享受和不享受税收优惠两大类并规定了七条判断标准，但量化指标仅三条，建议细化判断指标。建议引进与储蓄相联系的股票期权计划，员工行权时其行权收益可以递延纳税，根据行权日后持有时间长短，设定股权激励方式下财产转让所得适用阶梯式的优惠税率。

参考文献

[1] 赵红梅,杨秀云.生命周期视角下税收优惠对创新能力的影响——基于常州 60 家科技型小微企业问卷调查[J].中国管理信息化,2017(13):11-13.

[2] 陈芳,顾雪玲.高新技术企业科技税收优惠政策的研究[J].江苏科技信息,2017(17):8-10.

[3] 丁淑芬.促进科技创新税收优惠的问题及建议[J].税收征纳,2017(06):13-16.

[4] 刘廷廷.我国所得税优惠政策对高新技术企业创新的激励效应研究[D].上海海关学院,2017,15-16.

[5] 王郑颖,潘孝珍.税收优惠对企业科技创新投入的激励效应——基于大华股份的案例分析[J].生产力研究,2017(02):5-7.

[6] 江苏省国家税务局课题组,刘伯羽,江武峰,等.鼓励科技创新税收优惠政策调研——基于江苏省的实证研究[J].国际税收,2017(01):31-35.

[7] 安徽省地方税务局课题组,周敬军,李珺.落实科技创新税收优惠政策效应分析——以安徽省政策落实情况为样本[J].国际税收,2017(01):27-30.

[8] 陈焕平.税收优惠促进企业科技创新效应的研究[D].浙江财经大学,2017.

后"营改增"时代的集约化税收风险管理机制探析①

摘要:"营改增"是当前全面减税改革的重要内容之一,在全面实施"营改增"后的一年多时间里,陆续暴露出了一些税收征管风险管理方面的问题,如税收风险管理意识淡薄、征管资源配置不合理、税收征管风险管理机制的信息化建设不完善以及税收征管风险管理预警系统不足等问题。因此,本文从税收风险管理和控制的角度,分析"营改增"后期税收征管活动存在的风险因素,并针对性地提出建立集约化税收风险管理的构架体系,为保证实施高效税收征管活动提出建议。

关键词:后"营改增"时代;集约化;税收风险管理

一、研究背景

随着 2016 年 5 月 1 日"营改增"税制改革的全面实施,在全面推进"营改增"的过程中也陆续暴露出了一些税收征管风险管理方面的问题,如税收风险管理意识淡薄、资源配置不合理、税收征管风险管理的信息化建设不完善以及税收征管风险管理预警系统不足等。以上问题在一定程度上给地税部门税收管理带来了一定的不利影响。特别是随着营业税的消失,地税部门的税收收入不可避免地出现了明显的下滑,此外,长期来看,附征的城建税、教育费附加等税种也会随着"营改增"最终划归国税部门统一征收②,这样将最终导致地方税收系统的征管职能进一步萎缩,地方税收增长乏力的状况,而且尽管目前附加税尚属于地方税务部门征管,但由于其附加税计税依据是增值税,也增加了地税部门的预测难度。随着地方税主体税种的不断弱化,地税部门应该积极作为,探索更加科学高效的税收征管模式,主动化解"营改增"给地税部门带来的消极影响。

全面实施"营改增"对营改增行业税收管理产生了一定的影响,但是此次税制改革为规范企业税收管理,形成高效、集约化的风险管理模式提供了契机。同时,"营改增"税制改革,也使得很多企业提升了自身的管理绩效,有助于税务部门降低税收执法风险。为此在化解"营改增"后税收管理风险方面,地税部门结合实

---

① 本文成文于国、地税合并前,故原"国税""地税"等的称呼不作修改。
② 目前国内尚未出台政策明确规定"营改增"后所涉及的附加税是由国税还是地税来征收,有些地区是委托国税征收,有些地区是加强国地税合作,由地税征收。

践,探索出构建"集约化税收风险管理"机制,充分利用"金三系统"中征管信息全面、协税护税网络健全的优势加强对"营改增"行业的监控管理,尤其是强化对附加税的监督管理。

二、后"营改增"时代的税收风险问题

税收风险是由于征纳双方信息不对称而引起的税收征管结果的不确定性。对于税务机关而言包括税收收入的不确定性、征管执法行为结果的不确定性;对于纳税人而言就是面临处罚的不确定性。因此,税收风险可以定义为:任何妨碍税务机关实现其目标的不利因素。从引发税收风险的因素来看,不外乎两个方面,即税务系统组织内部因素和税务系统组织外部因素,前者可以称之为税收征管风险,后者可以称为纳税遵从风险。由此税收风险分为两类,一类是非可控性税收征管风险因素,也就是外部风险因素,主要是指政府税务部门无法控制的因素。外部风险因素形成的主要原因有税收征管依据法律的规范性和社会公众法律维权意识的变化。另一类是可控性税收征管风险,也就是内部风险因素,这主要是由政府税务部门在税收征管中工作不到位造成的内部风险因素。目前,从各地区的征管实践来看,涉及"营改增"的税收风险主要存在以下几个问题:

(一) 税收登记的风险

由于"营改增"税改对企业来说是全面减税的改革,为了更好地享受到政策改革的红利,不少纳税人会对本企业登记的基础信息和数据进行变更,对税务机关进行相关政策适用带来了一定的风险。

(二) 发票征管的风险

随着"营改增"政策的实施,企业开始逐步转变经营策略,纳税人接触增值税专用发票的机会增多,纳税人不依据税法的要求领购、开具、获取和管理增值税专用发票将会受到税务征管相关部门的处罚。

(三) 纳税申报的风险

"营改增"后,随着企业转型发展,其主营业务收入以及营业外收入等发生变化,税务方面的计算在改革前后还是有一定差异的,尤其在年末,企业对于所得税清算,增值税在企业所得税前的扣除规定等都为企业纳税申报带来一定的风险。

三、后"营改增"时代税收征管风险管理存在的问题

税收风险管理就是要把管理学中的风险管理技术引入到税收征管中来,税收征管的主管税务机关对税收风险的识别、分类、控制要和具体的实际工作结合起来。研究税收征管执法风险发生的规律及控制防范技术。当前我国税收实施风险管理必须区分两个层次:第一个层次就是面向税务机关作为一个组织本身的风险管理程序,我们称之为税收征管风险的战略管理程序。这一风险管理程序决定了我国税收征管的战略性问题,是比较宏观、全面的工作程序。第二个层次就是面向纳税人的风险管理程序,我们称之为纳税遵从风险战术管理程序,这一程序是比较微观的、细致的工作程序。

随着"营改增"试点到全面实施"营改增",税收征管风险管理过程持续不断优化,"营改增"之后如何强化对税收风险实施有效的管理,以改善税收征管的质量,这是近几年来税务系统及相关研究机构研究的一个热点问题。纳税人在"营改增"过程中,对新政策的理解不全面或者税务机关操作不规范等因素造成多缴误缴纳税额等涉税风险,尤其是刚刚全面实施"营改增"之后,大部分企业并没有迅速从征收营业税中脱离出来适应新的税收政策,新的税收制度提供了更多的税收优惠政策降低了企业实际税负,税务机关如何将相关"营改增"的税收法律、税收制度和税收政策落到实处将是摆在基层税务机关最主要的难题之一。目前"营改增"税收征管风险管理存在问题主要表现在以下几个方面:

(一) 关于"营改增"后纳税人的税负变化

"营改增"后,纳税人的税负问题一直是社会关注的焦点,也是衡量"营改增"减税效应是否到位的根本体现。对于小规模纳税人来说,其按照3%的征收率,而且计税依据是不含税价格,所以其税负会低于"营改增"前的税负。但是,对增值税一般纳税人而言,需要具体问题具体分析。特别是"四大行业"中涉及无法取得进项专用发票的经营行为,税负有可能会提高。

(二) "营改增"后税收征管风险管理意识淡薄

当前我国的税收工作遵循的仍然是税收管理的传统观念,对税收征管中所能产生的税收风险采取了统一的风险管理,没有强调风险水平之间的差异。这种管理理念相对落后,需要加以改进。在传统的税收征管过程中,无风险纳税人的纳

税服务不仅不能有效规避税收风险,反而造成了税收成本一直居高不下,导致了资源收集的严重浪费、纳税人的满意度调查普遍较低以及征管低效率等问题。此外,"营改增"后地税收入大量减少,工作量不平衡导致国税、地税心态不同,依赖政府、依靠上级的思想比较严重,工作积极性、主动性不够,解决问题的办法不多。

(三)"营改增"后税收征管资源管理配置不合理

在"营改增"后的税收征管工作中,税收工作人员不能科学合理地设置税收征管模式,征管机构以及人力资源机构等,导致了各部门的职责不明确,部门设置不合理。很多优秀的管理人员未被分配到适当的位置上,无法让自己的专业知识发挥有效的作用,无法让优秀的资源物尽其用。在风险监测和风险评估等技术要求相对较高的职位上,人力资源配置不合理,缺乏有效的激励机制,导致税收管理人员工作的积极性不高造成税收风险管理的低效率。此外,税收征管机构将资源集中分配在对业务和行政审批的部门,在征税不合理的情况下过多的行政人员和一线工作人员,特别是一些高层次人才不能做一些对税收风险管理有利的事,大大降低了税收风险管理的质量。目前,国税与地税按照方便纳税人和主体税种征管原则,双方就"营改增"后的二手房交易增值税、私房出租增值税及核对征收个体工商户个人所得税、地方税附加等相互委托代征,但双方均有各自的工作重点和任务,在实际操作过程中,很可能会出现征收数据传递不及时,出现少征、错征、漏征,导致税款流失的情况。

(四)税收征管风险管理的信息化建设不完善

近年来,虽然我国的税收风险管理在信息技术方面取得了一定的成绩,但仍然存在多种缺陷,很难实现税收管理方式的根本转变。一方面,各级地方税务机关在税收信息采集方面相关渠道有限,很难收集广泛而全面的税收相关信息,如很难获得资金流、物流的数据以及正在运行的第三方交易数据,导致税收整体水平的风险管理体系以及系统间的信息集中和共享的程度不高,很难实现各部门之间有效的信息沟通,这一系列问题最终导致了税收风险管理的质量偏低。另一方面,处理信息不畅,主要表现在收集环节以及信息拟合分析程度不高。受各种因素影响,需要进一步提高针对税收风险管理对策措施的有效性。第三方面,信息共享度不高。随着金税三期系统全面上线,双方在系统中已能实现联合税务登记、联合办税服务。但由于国税、地税前期征管软件的独立性和管理体制的差异性,双方征管数据(财务报表信息、发票信息、税源信息等)暂时无法有效互通互联。纳税人信息不能及时共享利用,为后期风险管理工作的开展带来阻力。

(五) 税收征管风险管理预警系统不足

当前,研究者们在研究税收征管风险时,只是停留在具体的行政行为上的风险而缺乏对其内在因素的分析。税收征管部门尚未建立全面有效风险管理预警系统,导致风险因素无法评估。不能通过科学系统的手段和方法对税收征管活动中存在的潜在风险进行识别导致税务管理部门很难有效地通过开展税收分析、纳税评估来降低税收征管风险。

四、当前构建"集约化税收风险管理"机制的实践

自"营改增"试点以来,全国各地税务机关为了避免"营改增"改革所带来的税务风险的发生,将企业"集约化管理"的管理理念和风险管理理论融入税收征管工作中,并在此基础上进行了大量有益的实践和探索。"集约化"管理是现代企业集团提高效率与效益的基本取向。集约化的"集"就是指集中,集合人力、物力、财力、管理等生产要素,进行统一配置;集约化的"约"是指在集中、统一配置生产要素的过程中,以节俭、约束、高效为价值取向,从而达到降低成本、高效管理,进而使企业集中核心力量,获得可持续竞争的优势。从税务部门的角度来看,由于税改后价税分离,企业管理难度加大,涉税风险提高,因此,采用税收集约化规范管理将会大大降低各种税收风险。目前税务机关的"集约化税收风险管理"的实践主要表现在以下几个方面:

(一) 建立税收征管的风险管理体系

(1)成立税收征管风险管理领导小组。税收风险管理领导小组是税收风险管理的决策机构,主要职责是协调和指导税收征管过程中可能遇到的风险,研究制定风险管理的目标和任务,对税收风险管理的执行情况进行监测以及评价,明确税收风险管理责任,以确保税收风险管理工作积极有效地开展。

(2)统一的机构设置。一是建立了统一的纳税服务机构,主要负责对各类窗口纳税人提交的纳税信息进行初步鉴定,主要在于处理个人事务,集中处理信息和进行低风险处置工作;二是建立统一的风险监控机制,主要负责税收的风险识别、分拣等工作;三是建立统一的风险应对机制,主要指的是税务监察机构对税收

征管工作中涉嫌的偷税、漏税、骗税和抗税等风险较高税收行为进行的应对。

（二）建立规范的税收征管风险管理运行机制

税收征管风险管理的实践体现出了现代化的管理模式、程序设计以及建立了相应的保障体系和运行机制。包括战略规划和方案的制定，风险识别，等级排序和推送，风险应对和反馈，风险应对审核，绩效评价等六个步骤。税务机关的税收风险识别指标体系是以税收风险识别以及使用风险识别模型为核心设立的，以此来提高对税收征管风险应对的有效性。建立健全税收风险指标体系，形成了针对不同行业、规模、地区较为系统的风险分析指标体系。

（三）建立广泛的税收征管风险管理运营支撑系统

随着税收征管信息技术的不断进步，税收信息体系积累了大量的数据，日益普及的网络为税收信息的收集创造了条件。税务部门在税收征管的过程中利用风险管理平台，将税收征管风险进行转化，优化纳税服务，提高风险应对决策的有效性。各级税务机关把收集到的数据看作是税收征管风险管理的生命线。各级税务机关在税收征管工作中制定了相应的征管标准，加强对收集到的税收数据进行分类管理，提高数据输入的质量。税务部门建立起了专业化的数据质量审核机制来监测数据质量，及时用数据解决问题，提高了数据的综合质量。建立专门的档案管理中心，将纳税人的纸质材料进行集中管理，并且推广使用电子档案管理系统，完善与税收有关的电子数据和信息技术的应用。成立了以"政府领导，税务主管，部门合作，司法保护，社会参与，信息支撑"为主要特点和基本内涵的社会综合治税新机制，逐步形成税务部门依法管税，纳税人依法纳税，社会各界协税护税的综合治税新格局。推动以需求为导向，明确要求在外部数据采集时优先使用第三方信息交换的平台，加快第三方数据库的建设以实现第三方数据分类和存储应用。

五、构建"营改增"后时代税收集约化管理的政策建议

增值税属于价外税，"营改增"后企业信息化管理的各项指标都发生了变化，尤其是企业的合同、成本预结算等都必须实行价税分离。因此如何使得合同、物流、发票和资金信息化四流合一成为当前税务信息化系统建设的重中之重。尤其是在税收管理呈现出风险高发的特殊时期，更需要构建税收风险管理集约化特征

的管理模式。主要手段如下：

（一）构建税务部门与企业集中统一规范化管理模式

当前税务部门管理能力层次差异，"营改增"税改后价税分离，管理难度和风险极高，因此，首先构建税务部门和企业集中统一的规范化管理模式成为构建集约化税收风险管理模式的前提。通过搭建税务系统和企业集团信息化管理平台，更好地实现对整个企业各项目涉税经营情况全面信息的掌握，进而将各种风险大大降低。

（二）打造"营改增"四流合一信息化管理平台

早在"营改增"前，根据国家税务总局金税三期工程的部署，对原有的业务系统、税收信息系统进行了升级改造，特别是在原有系统数据之上，增加增值税项，这样轻松实现了企业业务数据与税务数据的真实统一，而非脱离业务数据浮在表皮之上的非"营改增"四流合一。建议"营改增"系统能建立在业务系统之上，选择能与业务系统集成的"营改增"平台，否则会形成业务系统和税务系统两种系统，一旦企业管理水平上来，届时再考虑与业务系统集成，工作量会非常大，投入成本可能会比一次性到位高很多。

（三）强化国地税信息系统实现互联互通

此外，地税部门要做到与国税税控系统实现互联互通，利用"金三信息系统"，直接通过平台的相关业务系统进行开票、直接调取国税税控中心认证发票信息，这些信息完全与企业的业务系统融为一个整体，这样不仅提高了工作效率，同时避免了数据的重复输入和错误输入，更保证了开票、票据认证、税务管理的真实统一，大幅度降低企业发票、税务等管理风险。

（四）借助互联网技术研发移动互联网 APP 管理

随着移动通信技术的发展，目前人们更多地使用移动 APP 进行相关商业活动，但是税务系统中，具有税务管理功能的移动 APP 尚未形成。国家税务总局早在2015 年提出《"互联网＋税务"行动计划》方案，强调把互联网的创新成果与税收工作深度融合，拓展信息化技术应用领域，推动效率提升和管理变革。因此，为了更好地实现税收的集约化管理，降低税务干部的工作难度，要积极研发既能方便税务监管，又能自动获得更多信息，动态监控纳税人的相关经济业务的 APP 应用。

六、结束语

当前我国的税收风险管理理念仍然比较传统,加上我国的税收风险管理在信息技术仍然存在多种缺陷,很难实现税收管理方式的根本转变。因此,在完善"营改增"后期税收征管,建立"集约化税收风险管理"机制方面还要通过有效整合各部门风险管理职能,设立专门从事税收风险评估的部门,对税收风险实施统一分析识别、任务统筹推送、分类纳税评估的集约化管理模式,积极构建集中管控、闭合运作、协调有序的税收风险管理机制。

参考文献

[1] 张德志.税务风险管理理论与实践[M].北京:中国税务出版社,2013(9).

[2] 李建春.浅论税务稽查集约化管理的构成要素[J].税务研究,2001(7).

[3] 李静.财务集约化下的纳税筹划与风险管理探讨[J].财经界,2015(8).

[4] 王志."营改增"后税收征管风险管理研究[J].经济研究参考,2016(25).

互联网经济条件下的我国区域税负变动分析

——基于"互联网十"指数的划分

一、"互联网十"经济指数①区域划分说明

互联网经济又称"网络经济",是基于网络或互联网所产生经济活动的综合表述,是在信息网络化时代背景下产生的一种新型的经济现象,特别是在经济主体的生产、经验、交换和消费的过程中,成为解决企业与外部需求之间信息不对称,由此带来生产成本下降的重要工具。"互联网十"是对互联网经济的精炼概括,它成为降低企业的边际成本、进而促进企业扩大生产规模,改善经营管理的重要理念。特别是随着移动互联网的快速发展,以电子商务为代表的互联网经济在全国都得到了飞速的发展,以 2010 年至 2015 年中国电子商务市场成交额及增长率为例(见图 1),6 年来,尽管电子商务成交额增长率呈现出先下降后上升的趋势,但我国的电子商务总体成交额都在不断上涨,而且短短的 6 年内,我国电子商务市

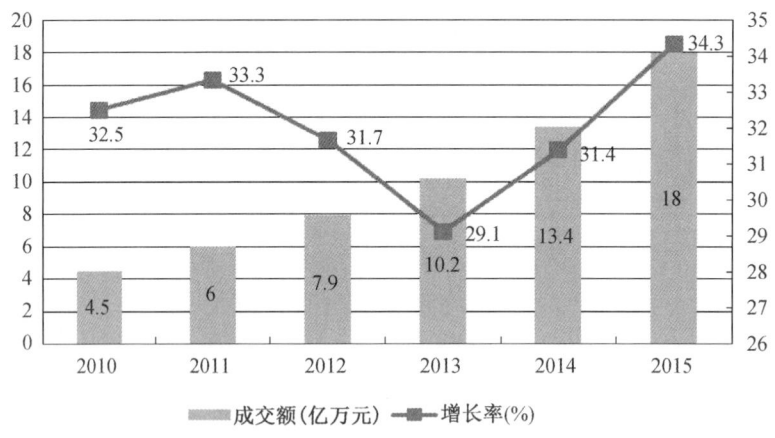

图 1 2010—2015 年中国电子商务成交额规模及增长率

---

① "互联网十"指数基于腾讯产品全样本数据分析,构建了全面、纵深、实时、连续的指数体系。该指数反映出截至 2015 年 1 月 1 日的移动终端"互联网十"活跃度。通过构建 31 个省/自治区/直辖市(中国香港、中国澳门、中国台湾地区的数据未进行统计,下同)、六大省级梯次、351 个城市(有数据源的城市,下同)的多层级"互联网十"指数,对省级、区域间、市级"互联网十"发展进行全方位分析;通过与宏观综合指标(从经济、社会、文化、消费等多角度构建)对比,度量"互联网十"发展与宏观综合发展的差异。

场交易额由 2010 年的 4.5 亿万元增长至 2015 年的 18 亿万元(估算值)整整翻了 4 倍,其发展势头越来越高,特别是 2015 年天猫交易额又一举突破了 900 亿元大关,电子商务消费对经济增长的贡献率达到了 60%,互联网经济的发展推动了消费结构、产业结构的升级,成为将来推动经济结构性改革的重要引擎。

以此为背景,腾讯研究院在 2015 年 1 月份,依据大数据分析互联网经济全国 31 个省域的发展程度,构建"互联网+"经济指标,并以此为标准将全国划分为 6 大区域,其中根据"互联网+"发展程度及所处位序,基于"互联网+"指数将全国 31 个省/自治区/直辖市互联网经济区域自然形成 6 大梯队,梯队等级越高,该地区的互联网经济发展水平越高,详见表 1。

表 1　互联网经济发展程度梯队区域划分

区域梯队	梯队指数	省/自治区/直辖市
1	16.61	北京、上海、广东
2	9.84	浙江、天津、福建、江苏、辽宁
3	7.15	宁夏、陕西、内蒙古、海南、山西
4	6.09	广西、吉林、重庆、新疆、黑龙江
5	5.37	河北、山东、湖北、云南、河南、四川、青海
6	4.39	安徽、湖南、江西、甘肃、贵州、西藏

依据"互联网+"发展程度及所处的位置,我们可以看到:第 1 梯级"互联网+"指数高达 16.61,远远超出其他梯级,第 2 至 5 梯级"互联网+"指数分别为 9.84、7.15、6.09、5.37,发展程度较为接近,第 6 梯级"互联网+"指数为 4.39,相较于其他梯级,较为滞后。从全国范围来看,从第 1 梯队到第 6 梯队大致呈现出由东部向西部、由沿海向内陆地区挤压的态势。

此外,随着互联网经济的突飞猛进,在"互联网+"时代背景下,对税收监管工作来说,既是机遇又是挑战,一方面给税收理论创新、税收制度完善和税收征管改革带来前进的动力;另一方面由于互联网经济有别于传统经济模式,对税收治理,特别是税源监控带来的挑战,在一定程度上会引起税源在我国区域之间的转移和流失,进而造成区域之间税负差异。因此,本文欲借助省域的相关经济数据,研究互联网经济的发展区域性差异与其对税负差异的影响程度。

二、"互联网十"经济区域发展差异对税负差异的影响机理

20 世纪 80 年代以来,信息技术在经济增长理论中的贡献性研究主要是利用新古典经济增长理论中的要素投入对经济产出和生产率的影响,信息技术作为一种特殊的生产要素,作为技术进步的典型代表,是对劳动力和资本两者的重要补充。其中,卢卡斯(Lucas)、保罗·罗默(Paul·Romer)等人在研究经济增长的影响因素时候,将技术进步作为经济增长的额外产出,同时技术进步对经济增长又产生了溢出效用,进一步推动了经济增长。其中卢卡斯尤其强调人力资本在经济增长中的重要作用。随着信息技术的不断延伸,互联网和电子商务应用所产生的数字经济、网络经济已经成为 21 世纪初期全球经济增长的新引擎。还有学者研究互联网对经济增长的作用机理,从公司运营、产业布局、国家制度等层面展开。Choi(2009)等认为互联网的应用降低了企业的生产经营成本,促进了企业间的信息交流,减少了市场失灵、信息不对称给企业带来的额外负担,有助于企业提高生产效率,进而促进了当地经济的发展。Litan(2001)和 Yi(2005)利用 1991—2000 年的跨国面板数据实证分析了互联网用户的变化对不同国家的通货膨胀率、实际经济增长率的影响。随着互联网经济的发展,生产要素在不同地域间更加自由地流动,随之造成国家间、区域间发展的不平衡,在信息技术和区域经济协同发展的研究上,Chow 和 Lin(2002)、Young(2003)等人利用索罗模型,研究了美国不同州的电子商务规模和当地经济发展程度的相关性研究,得出结论认为:电子商务的规模反映了该地区信息技术的成熟度,信息技术越成熟的州,其地区 TFP[①] 增长越明显,进而引起不同州之间经济增长的差异。

国内研究互联网经济的起步也较早,很多学者从 TFP 的角度研究了中国经济增长的源泉和可持续增长的问题,得出结论认为:技术进步率越高的地区 TFP 的增长越明显。郑京海和胡鞍钢(2004)、郭庆旺(2005)等通过整理我国不同区域经济发展的数据,构建面板数据模型研究技术进步贡献在不同区域的影响程度。李晓西(2006)利用 1996—2005 年的信息技术产业的相关数据对经济增长的名义贡献,得出结论认为:信息技术产业增加值对经济增长的贡献程度由 1996 年的

---

① TFP(Total Factor Productivity):全要素生产率,也称之为技术进步率,系新古典学派经济增长理论中用来衡量纯技术进步在生产中的作用的指标的又一名称,它是以索罗等人为首,从 20 世纪 60 年代以来发展的增长核算中,作为长期经济增长来源的一个组成部分。所谓纯技术进步包括知识、教育、技术培训、规模经济、组织管理等方面的改善。

4.39％上升到 2005 年的 16.6％,而且预测中国经济增长对信息技术进步的依赖程度会越来越高。在互联网资源与区域经济发展的联动性方面,林娟、汪明峰(2014)通过构建互联网资源指数和 GDP 指数,发现两者存在显著的线性关系,并揭示了互联网资源与经济发展的不平衡情况,解释了经济的不平衡发展引发并加剧"数字鸿沟"现象。孙中伟、张兵等(2010)研究了互联网经济与区域经济发展的关系问题,通过考察 1999—2008 年我国互联网资源与省域经济发展之间的关系,定量分析省域经济发展水平对互联网资源分布的影响。王文清、王鲁宁(2015)通过研究"互联网＋"对电子商务税收征管的影响,分析了以电子商务为代表的互联网经济为税务征管带来的难点,并由此分析认为,互联网经济的发展带来了税源的转移,是造成目前此领域税收征管困难之一,希望通过税制改革加以完善。国家税务总局研究课题《税收与税源问题研究》(2008)在区域税收转移方面做了大量的研究,特别是将区域经济发展与税收、税源转移的内在原因做了深入探索,基本结论是:区域经济发展的差异是造成税源转移的重要原因,而后者又进一步加剧了地区之间经济发展的差异。

国家在针对互联网经济的税收征管采取免税或低税的政策,因此互联网经济特别是电子商务的发展会造成税务部门征税权的流失,但是互联网经济的发展可以提高要素的生产效率,由此带来生产要素收益率的变化,因此互联网经济的发展会进一步促进要素的跨区域流动,并造成税源的跨区域流动,进而造成区域之间经济发展的不平衡、税负水平的差异。由此,本文针对互联网经济带来的区域税负差异进行研究,"互联网＋"经济发展差异对税负差异的影响机理如图 2 所示。

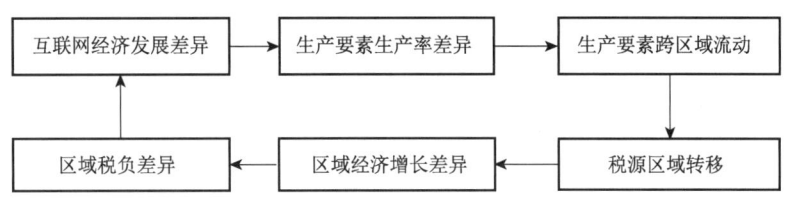

图 2 "互联网＋"经济发展差异对税负差异的影响机理

三、梯度区域经济变量统计性描述及相关性数理分析

(一) 梯度区域经济增长率

本文的基础数据采用各省(直辖市、自治区)的实际生产总值的统计进行计

算,按照"互联网+"指数划分6大区域计算其2008—2014年的经济增长率,其中每个区域涵盖不同的省域,故各区域的经济增长率采用平均值的方法进行计算,由于从2008年开始,互联网对经济影响的效用开始显现,故本文选择从2008年开始计算,各梯度区域经济增长率变化情况如图3所示:

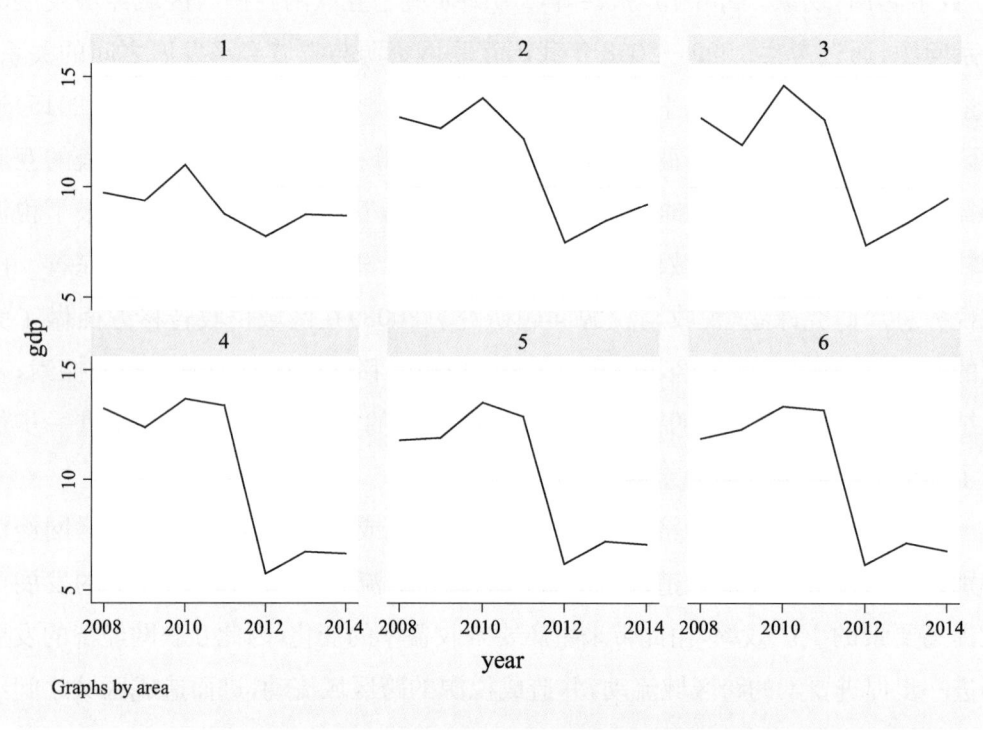

图3　2008—2014年各梯度区域经济增长率变化图

从图4各梯度区域2008—2014年经济增长率变化中我们可以看出不同的梯度区域经济发展水平各异,特别是受到2008年金融危机的影响,我国政府加大投资来拉动经济增长,特别是在非经济发达地区(梯队指数较低的区域),经济增速明显高于经济发达地区(梯度指数较高的区域),经济刺激效果凸显,但是随着我国互联网经济的发展和经济结构的调整,整体经济增速呈现先下降后上升的趋势,其中互联网经济发展水平较高区域的经济增速要高于其他低水平的地区,从图4中我们可以看到:自2012年开始,第1梯队地区的经济增速明显高于其他梯度地区,2~3梯队的经济增速也明显快于其他4~6梯队的经济增速,说明互联网经济对区域经济的影响效果明显,互联网经济减缓了经济衰退,并在一定程度上拉动了经济增长,其效果在2~3梯队区域尤为明显。

（二）梯度区域宏观税负水平及其变化趋势

本文涉及的宏观税负指的是该省域的税收收入与该省域的 GDP 的比值①，其中本文通过宏观税负的增长率来反映该区域的税负变化弹性，如果弹性为负值，说明该区域的税负水平在降低，通过计算不同梯度区域的税负水平及其变化趋势，可以得到一些特殊性结论。详见图 4 与图 5。

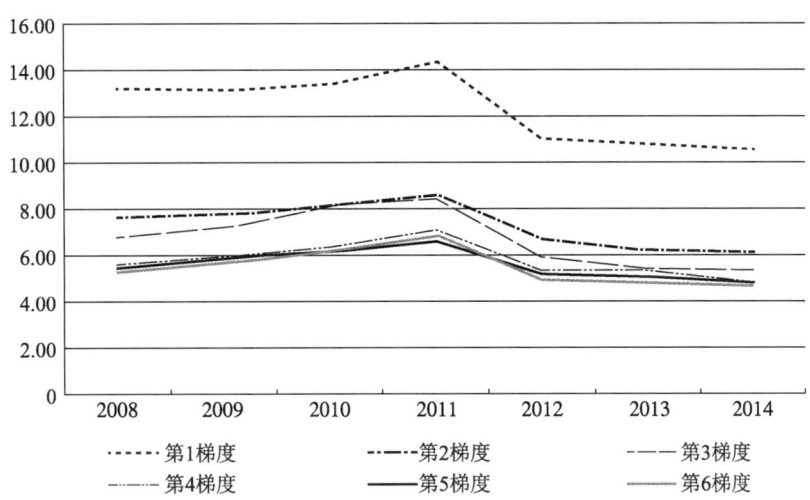

图 4　2008—2014 年各梯度区域宏观税负水平变化情况

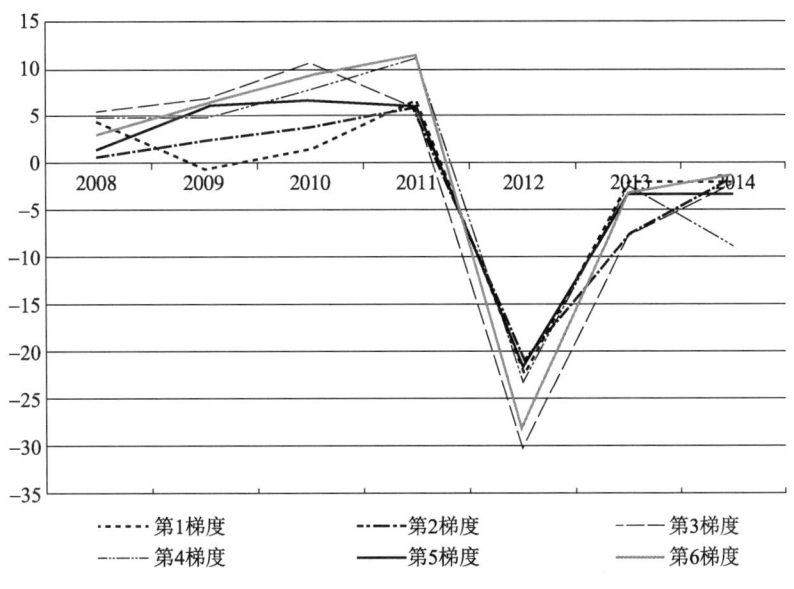

图 5　2008—2014 年各梯度区域宏观税负弹性变化情况

① 数据来源：《中国税务年鉴》（2009—2015 年度）

通过上图显示,我们可以得到如下结论:

首先,各梯度宏观税负变动情况基本一致,都呈现先税负增加后又降低的趋势。这与我国在 2011 年前后逐步开展的"结构性减税"政策实施有很强的关系,特别是"营改增"税改政策在上海等第 1 梯度区域率先实施,后随着"营改增"等结构性减税政策深入,减税效应明显,加之互联网经济的发展,带动了相关产业的发展,使得税收负担的变动速度趋缓。但是由于我国税收制度尚不完善,互联网经济发展较快的区域受到"总部经济"汇总纳税的影响,税负水平要高于其他梯度水平较低的地区,但这也说明,互联网经济在一定程度上带来了生产要素的聚集,提高了要素的生产效率,降低了生产成本,同时也降低了该区域的总体税负水平,吸引了大量机构、总部的聚集,进一步提升了互联网经济指数较高地区的经济增长。

其次,从区域税负变动弹性来看,总体区域的税收负担变动弹性均呈现出从稳定到下降后又上升的趋势。但是不同区域之间税负变动弹性又呈现出不同的特点:互联网指数较高的区域税负弹性变动整体较为平稳,税负变动程度不如互联网经济发展较慢的区域,税负增长弹性较慢,这也从另外一个角度说明:互联网经济指数较低的区域的税源有向互联网经济指数较高地区流动的趋势,这与生产要素流动受到互联网经济的影响有很大的关系。

(三) 区域经济增长差异与其税负弹性变动相关性分析①

我们假定 2008—2014 年度,各区域的"互联网+"指标均保持不变,我们利用 Stata12 作为计量分析工具,对区域经济增长指标与其"互联网+"指标、税负弹性指标进行面板数据分析,探寻其内在联系。

通过简单线性回归,我们得到图 7:

我们可以看到,梯度区域税负弹性的变动对其经济增长的影响是显著的,并呈现出正相关的关系,说明区域税负弹性每变动 1%,能相应拉动经济增长 0.18%,进一步说明减税对经济增长的拉动效果显著。此外,还能看到区域互联网经济的发展程度差异对区域经济增长的影响不慎显著,主要原因是本文假设 2008 年至 2014 年互联网经济区域梯度指数不变,因此,不能从上述分析中得到一般结论。但是从现实经济发展过程中我们可以得出,互联网经济的发展有助于区域经济资源整合,有助于经济增长,从图 6 中,我们也可以分析得出,互联网发

---

① 此次计量分析通过了平稳性检验和固定效应检验,相关数据及检验结果可向作者索取。

```
Linear regression                                   Number of obs =      42
                                                    F( 2,     5) =   18.66
                                                    Prob > F      =  0.0048
                                                    R-squared     =  0.4490
                                                    Root MSE      =  2.0945

                                    (Std. Err. adjusted for 6 clusters in area)

                        Robust
    gdp       Coef.    Std. Err.      t     P>|t|     [95% Conf. Interval]

    tax    .1854555   .0348449     5.32    0.003    .0958837    .2750273
  intel   -.0127262   .0965854    -0.13    0.900   -.2610067    .2355544
  _cons    10.49127   .9058647    11.58    0.000    8.162673    12.81987
```

图6 梯度区域经济增长率与其税负弹性线性回归结果

展程度的差异对区域经济增长的影响呈现逆相关,即互联网经济区域发展指数差距越大,越不利于各区域经济的均衡增长。

四、研究结论及相关建议

(一)研究结论

本文对互联网经济所带来的区域经济发展中的经济增长、税负变动情况进行了研究分析,结合区域年度统计数据进行统计及计量分析,得到几点启发性的结论:

1. 随着互联网经济的深入发展,逐步影响到不同省域的经济增长水平,依据腾讯发布的"互联网+"指标梯队构成,互联网经济发展程度较高的省域往往都是经济发达的省域,其经济增长水平相对稳定,尽管国内经济面临结构性调整带来的增速降低的风险,但是整体来看,互联网经济水平高的省域经济下滑的风险比较低,相比之下,互联网经济发展水平较低的省域其经济波动较为明显,经济增速下滑明显。

2. 互联网经济的发展不仅仅影响到区域经济增长的差异,同时还在一定程度上影响该地区的税负弹性的变动,互联网经济发展程度越高的地区,尽管其税负水平相对较高,但其税负弹性变动不剧烈,说明互联网经济在降低区域整体税负的同时,还缓解了税负变动给经济带来的负面影响。

(二)相关建议

本文根据上述研究及得出的结论,为进一步实现区域间经济的稳定发展,缩小由互联网发展水平差异导致的经济增长差异与税负水平差异,提出如下建议:

1. 互联网经济的发展在一定程度上可以推动经济增长,因为互联网可以解决经济主体之间的信息不对称的困难,降低企业生产经营成本,促进生产要素向生产率高的区域流动,正因为如此,互联网经济发展水平的差异会拉大区域之间经济发展的不平衡,因此,为了促进区域间经济平衡发展,一方面,各区域多部门应联合制定相关政策,释放互联网活力,引导企业更好地利用"互联网+"生态;另一方面,要尽量缩小互联网经济发展差距,制定相关制度合理规范生产要素的跨区域流动,稳定区域经济增长水平。

2. 从互联网经济对税收的影响来看,由于税收来源于经济主体的生产经营活动,而以电子商务为代表的互联网经济已经成为目前税收征管的真空地带,互联网经济发展水平较高的地区要加强企业的税收监管,降低互联网经济带来的税源流失,同时互联网发展水平相对较低的地区要利用好已有的税收政策,弥补税收监管漏洞,防止税源借助互联网经济不合理地流入互联网水平较高的地区。

3. 此外,"互联网+"已经作为一种生态系统,直接影响到经济与税收,因此,作为税务监管部门,要审时度势,利用好互联网及大数据分析工具,应对好"互联网+"给税收治理现代化带来的挑战。

落实和完善"减税降费"促进经济高质量发展

十九届五中全会中提出全面建设社会主义现代化国家的宏伟目标,其中高质量推进新时代税收现代化建设是这一宏伟目标的具体化体现。"十三五"时期,党中央立足经济社会发展全局,出台系列"减税降费"政策,新增减税降费累计达到7.6万亿元左右,其中2020年新增减税降费规模超过2.5万亿,有效激发了市场主体活力。从政治经济学上看,"减税降费"的一系列举措是一整套让渡社会福利和降低社会成本的制度性安排,对宏观经济平稳运行和社会健康发展的作用是全局性的,因此"十四五"期间税务部门将继续落实和完善减税降费政策,支持加快发展现代产业体系,促进经济高质量发展。

一、"减税降费"是税收原则的集中体现

"减税降费"是一项复杂的税收经济活动,一方面受到客观的社会、政治、经济、财政、文化等多种因素的影响;另一方面对社会经济活动产生直接、间接的影响。"减税降费"在实践中体现了税收原则。

第一,"减税降费"体现了效率原则。税收必须在税务行政、资源配置、经济运转三方面尽可能追求经济效率,尤其是在市场所决定的资源配置低效或无效的情况下,税收有可能会改善资源配置效率。"减税降费"通过降低资源配置成本,提升了生产要素在市场中的收益率,进而改善了不同生产要素的配置效率,有效地激发了市场主体活力。

第二,"减税降费"体现了公平原则。税收作为调节国民收入再分配手段,在调整社会财富分配时应力求公平合理。《中共中央关于制定国民经济和社会发展第十四个五年规划和二○三五年远景目标的建议》(以下简称《建议》)中提出要在调节收入分配上主动作为,按照《建议》的部署,深化相关税种改革,优化税制结构,适当提高直接税比重,通过税制优化进一步实现收入分配的公平合理。而"减税降费"的一系列措施进一步促进了社会横向和纵向公平,起到了改善社会国民收入再分配的效果。

第三,"减税降费"体现了稳定原则。在经济周期中,税收发挥调节经济,促使

经济稳定发展的作用,主要体现在两个方面:一是发挥自动稳定器的作用;二是采取相机抉择的税收措施,即适当采取增税或减税措施来稳定经济。当前面对严峻复杂的国际经济形势、艰巨繁重的国内改革发展稳定任务,特别是在 2020 年新冠肺炎疫情的严重冲击下,积极的财政政策提质增效,通过实施完善"减税降费"政策,稳定了宏观经济基本面。

二、"减税降费"对经济产生深层次的影响

"减税降费"着眼于"放水养鱼",是减轻企业负担、激发市场活力的重大举措,是支持经济"稳增长、保就业、调结构"的重大决策。

第一,"减税降费"可以起到稳定经济增长的作用。大量实证分析显示:经济增长率与税收负担率成负相关关系。2018 年以来,一系列减税降费政策,包括个人所得税改革、小微企业普惠性税收减免、深化增值税改革和降低社会保险费率等政策陆续发布实施,通过"精准滴灌"小微企业、输血实体经济"关键部位"等措施拉动经济增长。有数据显示:2019 全年新增"减税降费"达到 2.36 万亿元,拉动全年 GDP 增长约 0.8 个百分点、拉动固定资产投资增长 0.5 个百分点、拉动社会消费品零售总额增长 1.1 个百分点。

第二,"减税降费"对企业吸纳就业有着重要的影响。一方面,税收征收影响企业的税后受益,税负高低对其是否能够并意愿扩大生产产生直接影响;另一方面,税收特别是个人所得税通过"收入效应"和"替代效应"综合对个人劳动意愿进行调节。企业通过"减税降费",稳步降低企业税负,进而吸引资金、人才流入,提高社会总体就业水平。劳动者通过"减税降费",增加可支配收入,提高了劳动的积极性。

第三,"减税降费"有效支持了科技创新,宏观上优化了产业结构,微观上刺激了企业创新投入。数据显示:2016 年至 2019 年享受研发费用加计扣除优惠政策的企业累计达 84.3 万户次,是"十二五"期间的 4.9 倍,有效地促进了科技企业的发展。此外,"减税降费"成为调节了收入分配结构的重要手段,自 2018 年起,我国分 3 步成功建立了综合和分类相结合的个人所得税制,"调高惠低"作用进一步显现,对扩大中等收入群体、优化收入分配,调节收入结构起到了促进作用。

三、"减税降费"对财税改革的推动作用

《建议》中提出建立现代财税金融体制的目标,其中"减税降费"是抓好关键环节,立足新发展阶段实施宏观经济治理的重要举措。通过"减税降费"推动构建完善现代税收制度,深化税收征管制度改革,更好发挥税收在构建高水平社会主义市场经济体制中的作用。

首先,"减税降费"可以优化政府财政收入结构。从短期看可以激发市场活力,长期看可以涵养税源,增加政府财力。另外,税务部门要坚持依法依规征税收费,不折不扣地落实减税降费政策,坚决不收"过头税费",坚守税费安全底线,深化风险导向下的税务监管,有效打击"假企业"虚开发票等行为,进一步提高市场主体缴纳税费的遵从度,保证了国家税收收入的稳定。

其次,"减税降费"为税制优化提供可靠路径。数据显示:2019 年,全国税收收入 157 992 亿元,同比增长 1%,增幅比上年回落 7.3 个百分点,涉及减税降费的主要税种收入下降或增幅明显回落,其中国内增值税增长 1.3%,增幅比上年回落 7.8 个百分点,而企业所得税增长 5.6%,增幅比上年回落 4.4 个百分点,企业所得税增速超过增值税增速,说明"减税降费"政策的实施有效地改善了税收收入结构,促进了直接税比重的提升。

最后,"减税降费"为优化税收征管提供有利条件。近年来,我国初步构建起优化统一高效的税收征管体系,尤其是税务部门适应数千万企业纳税人、数亿自然人纳税人、十多亿缴费人的新特点新需求,借助"减税降费"政策的实施,深化税费征管制度改革,进一步优化税费执法方式,打造市场化、法制化、国际化的营商环境。

四、小结

展望"十四五",作为实施财政政策的重要表现,"减税降费"从国际竞争、高质量发展等方面考虑,仍有发力空间。一方面,要从方向上"精准滴灌"小微企业等,输血实体经济"关键部位";另一方面,通过完善配套机制,保障政策落实落细,进而构建有利于减轻企业税负的长效机制。

我国区域间税负差异与生产要素流动的相关性分析

摘要：本文选择以区域间的税负差异与生产要素的跨区域流动问题的相互影响关系为视角，运用泰尔（Theil）指标体系对我国区域间的税负差异度进行测算分析，并通过引入"科布—道格拉斯"生产函数，计算不同区域间资本和劳动力生产要素的边际生产率，并运用基尼系数来计算生产要素的边际生产率差异情况，以此来反映生产要素跨区域流动的趋向，并通过相关性分析进一步研究区域间税负差异同生产要素流动之间的关系。由此提出缩小区域间税负差异，引导生产要素合理地跨区域流动的相关政策建议。

关键词：区域税负差异 生产要素流动 相关性

一、问题的提出

经济的发展首先离不开自然资源、资本、劳动力、技术等生产要素的聚集。当然也需要政府对生产要素的聚集进行引导，弥补由生产要素过度集中而引发的"市场失灵"风险。而税收在政府引导生产要素聚集、提高生产要素配置效率方面发挥着重要的作用，即政府可以通过实施各种税收优惠政策来控制不同区域、不同产业之间税负水平的高低变化，进而影响到资本、劳动力等生产要素的投资成本和边际生产率水平，实现对生产要素在不同区域间的聚集的影响。纵观40多年的经济改革，我国经济整体的发展状况呈现一种波动性上升趋势，其中各区域的经济增长情况也呈现出类似的特点，这首先与各区域内生产要素资源的禀赋差异有很大关系，但同时也与生产要素的跨区域流动密不可分。而涉及区域间经济发展差异所导致的生产要素流动与区域间的税负差异的相互关系方面的研究较少，例如何辉、经庭如（2007）认为：区域间的税负差异是影响区域经济增长差异的一个重要方面，而且区域间税负存在差异，使得各区域生产要素的投资收益率不同，为了追求利润最大化，私人和企业就会把资本、劳动、技术投向收益率比较高的区域，而资本、劳动、技术本身又作为经济增长的重要因素，由此引出区域间税负差异将会导致区域间的经济增长差异。段雨澜（2003）认为：改革开放以来我国区域间的税负差异是经济差异扩大的一个重要原因。由于区域经济增长的差异，税负差异可以影响区域的生产要素规模的变动,从而影响区域经济的发展水平。还有其他的一些文献是从生产要素的跨区域流动与公共服务的"非均等"化的角度来进行研究,认为公共服务的地区差异是造成生产要素流动的重要原因,文献中也指出了地方政府的财政支出与税负之间的关系,公共服务区域的"非均等"化与其税负差异之间有直接的联系。

随着我国各区域对生产要素流动的限制越来越弱,以及结合目前我国正在实施的"结构性减税"的税制改革,应该尽快研究区域间宏观税负差异的变化具体情况,并在此基础上围绕区域宏观税负差异对生产要素跨区域流动所产生的影响进行研究,为缩小区域间经济发展差距以及规范生产要素区域间的合理流动提供依据。

二、我国区域间税负差异状况分析

(一) 区域分类口径

在区域经济问题的研究中,一般是按自然地理的行政区与经济发展水平相结合的原则将我国的区域划分为:东、中、西三大经济区域。但是由于"三大直辖市①"区域具有相当经济规模,特别是"总部经济"效应明显,具有吸引生产要素聚集的强大优势。另外从税收负担的角度来看,我国四大国有银行和政策性银行及外资企业总部大部分在三大直辖市落户,一方面使得"直辖市经济"更容易获得税收优惠政策,从而相比其他区域,能够吸引到更多的资本和劳动力等生产要素;另一方面由于"总部经济"的税制设计,使得该区域的企业所得税、营业税等一些涉及区域税收收入的主体税种集中汇缴到该区域,造成该区域的税收负担相比于其他区域可能偏重。故本文在"三大区域"的基础上将北京、天津、上海三大直辖市从东部区域中分离出来,单独形成"三大直辖市"区域,这样做的目的是可以更好地研究我国区域间的税收和生产要素流动问题。故本文将以经济发展的不同水平、地缘关系以及生产要素流动的区域性为划分原则,将全国 31 个省、市和自治区(不含中国香港、中国澳门、中国台湾,下同)划分为"东部区域、中部区域、西部区域和三大直辖市四个经济区域",详见表1。

---

　　① 　重庆市于 1997 年从四川省划分出来成为我国的第四大直辖市地区,但由于其属于西部地区,而且本文的相关统计数据选自 1994 年,此外从现有的企业所得税法中对于中西部地区的税收优惠来看,重庆市依然在西部大开发税收优惠政策的适用范围内,故没有将其纳入直辖市地区的范围,而将其纳入西部地区。

表1　我国区域划分及其所包含的省市

划分区域	包含的省、市、自治区
三大直辖市	北京、天津、上海
东部区域 6 个	辽宁、山东、江苏、浙江、福建、广东
中部区域 10 个	吉林、黑龙江、河北、山西、安徽、江西、河南、湖北、湖南、海南
西部区域 12 个	重庆、四川、贵州、云南、西藏、内蒙古、陕西、甘肃、青海、宁夏、新疆、广西

(二) 税负统计口径

对于区域宏观税负的测算,国内学者主要有三种观点:一是用区内各省(自治区/直辖市)宏观税负进行简单平均得到区域宏观税负;二是用区域内各省(自治区/直辖市)宏观税负进行加权平均等得到区域宏观税负;三是用区域税收收入总额除以 GDP 总额求得区域宏观税负。从数据的可获得性、可比性及衡量的准确性等角度出发,本文采用第三种方法,即:

区域宏观税负＝区域税收收入总额/区域 GDP 总额

依据上述分类标准和测算方法,对我国 1994 年到 2011 年全国整体和分区域的宏观税负水平进行了测算,具体结果见表2和图1。

表2　1994—2011 年全国整体税负水平和分区域税负水平表[①]

单位:%

年份	全国税负	三大直辖市税负	东部区域税负	中部区域税负	西部区域税负
1994	9.39	21.17	8.29	8.02	10.7
1995	9.26	20.31	8.16	7.25	9.98
1996	9.19	20.11	8.52	6.98	9.19
1997	9.92	25.9	9.3	7.38	9.9
1998	10.3	25.03	9.67	7.67	10.4
1999	10.85	26.93	10.46	7.76	10.64
2000	12.2	30.12	12.23	7.83	10.78
2001	13.97	34.13	14.21	10.65	10.75
2002	14.09	34.86	14.27	10.27	10.82
2003	14.75	32.13	14.89	9.99	10.97
2004	14.83	33.59	15.58	9.75	11.67

[①]　数据来源于相关年份《中国税务年鉴》和《中国统计年鉴》计算。(下同)

（续表）

年份	全国税负	三大直辖市税负	东部区域税负	中部区域税负	西部区域税负
2005	15.61	35.99	15.65	9.79	12.8
2006	16.29	38.83	16.09	10.4	13.15
2007	19.82	46.68	17.57	11.29	14.31
2008	19.24	43.7	16.76	11.41	13.46
2009	19.46	40.78	17.62	11.72	14.87
2010	20.23	41.8	18.31	12.26	14.67
2011	20.98	42.68	19.26	13.14	15.26

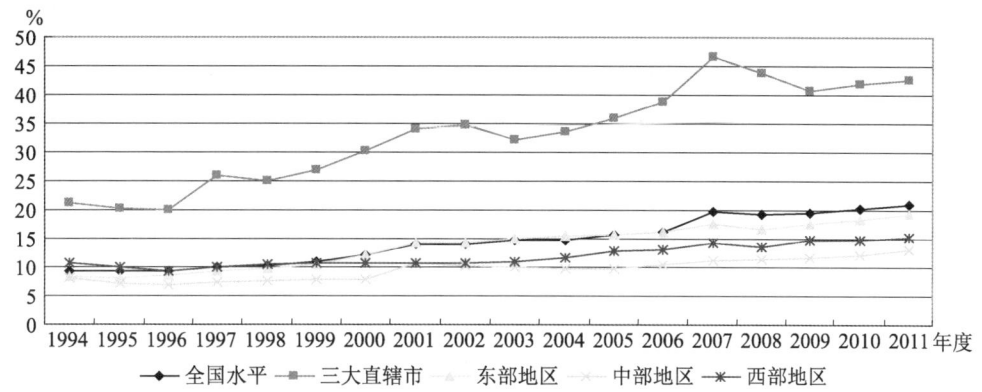

图1　我国总体及各区域税负变化状况图

从图1中可以看出，自1994年以来，我国总体及各区域间宏观税负呈现不断上升趋势，期间虽有一定的起伏变化，但总体上讲，我国总体税负和各区域税负均呈现不断上涨的趋势。具体地说：从1994至2011年，三大直辖市的税负上升了103.1％、东部区域的税负上升了132.2％、中部区域的税负上升了63.8％、西部区域的税负上升了42.3％。通过以上数据我们可以看出我国不同区域宏观税负变化情况呈现出三个特点：一是东部区域及三大直辖市的宏观税负增长较快，特别是东部区域在四类区域中增长幅度是最高的，说明了自1994年分税制改革后，东部区域的经济发展最快，地方经济的发展为区域税收收入提供了广阔的税源，因此造成其税收收入的增长率超过了全国税收收入增长水平；二是东部区域及三大直辖市的税负水平远远超过了全国平均税负水平，而且增长的幅度也较高，主要原因是受到"总部经济"及企业汇总纳税的影响；三是广大的中部、西部省区的税负呈现较低水平，增长幅度也较为缓慢，说明国家一直给予中、西部区域在税收政策上的扶持，实施有差别的税收优惠政策，其本身的实际税率也因此得到减轻，故税收收入增长率低于全国平均水平。

（三）区域间税负差异分析

最早采用计量方法正确判断区域间经济发展差异（包括税负差异）可以追溯到 20 世纪 90 年代，意大利经济学家基尼（Gini）于 1992 年提出的基尼系数（Gini Coefficient）。此后国内外许多经济学者借助鲍莫尔（Baumol. 1986）的计量经济学实证方法对我国区域间税负差异展开研究，并由此产生了泰尔（Theil）指标体系：该指标体系是广义熵（GE）指标体系的一种特殊形式，主要是考察主体间的不平等性和差异性的一种重要工具，根据上文中对于我国区域经济的划分，我国区域间税负差异泰尔（Theil）指数的计算方法如下：

设 A、B、C、D 分别表示东部、中部、西部、直辖市四大经济区域、t_i 表示 i 省的税收收入、g_i 表示 i 省的 GDP；T_A 表示 A 部区域全部的税收额，G_A 表示 A 区域的全部 GDP；I_i 表示 i 省的税收收入占全国税收收入的份额、I_A 表示 A 区域的税收占全国的比重；M_i 表示 i 省的 GDP 占全国 GDP 的份额、M_A 表示 A 区域的 GDP 占全国 GDP 的比重；T 表示当年全部的税收总收入，G 表示按当年价格计算的国民生产总值（GDP）。则：$I_i = t_i/T$，$I_A = T_A/T$，$M_i = g_i/G$，$M_A = G_A/G$。

我们以 A 区域为例，可以得到 A 区域内部的宏观税负 Theil 指数的计算公式：

$$L_A = \sum_{i \in A} \frac{g_i}{G_A} \ln \left[\frac{T_A}{G_A} g \frac{g_i}{t_i} \right] \quad \cdots\cdots\cdots\cdots\cdots\cdots\cdots\cdots (1)$$

同理：B、C、D 区域内部的宏观税负 Theil 指数的计算公式表述为：

$$L_B = \sum_{i \in B} \frac{g_i}{G_B} \ln \left[\frac{T_B}{G_B} g \frac{g_i}{t_i} \right] \quad \cdots\cdots\cdots\cdots\cdots\cdots\cdots\cdots (2)$$

$$L_C = \sum_{i \in C} \frac{g_i}{G_C} \ln \left[\frac{T_C}{G_C} g \frac{g_i}{t_i} \right] \quad \cdots\cdots\cdots\cdots\cdots\cdots\cdots\cdots (3)$$

$$L_D = \sum_{i \in D} \frac{g_i}{G_D} \ln \left[\frac{T_D}{G_D} g \frac{g_i}{t_i} \right] \quad \cdots\cdots\cdots\cdots\cdots\cdots\cdots\cdots (3)$$

关于区域间的税负差异的 Theil 指数的计算，我们以区域 GDP 占全国 GDP 的比例为权重进行公式设计，得到如下公式：

$$L_O = M_A \ln\left(\frac{M_A}{I_A}\right) + M_B \ln\left(\frac{M_B}{I_B}\right) + M_C \ln\left(\frac{M_C}{I_C}\right) + M_D \ln\left(\frac{M_D}{I_D}\right) \quad \cdots\cdots (5)$$

因此根据上述公式(1)～(5)，我们得到区域间税负差异的总 Theil 指数为：

$$L = M_A L_A + M_B L_B + M_C L_C + M_D L_D + L_O \quad \cdots\cdots\cdots\cdots (6)$$

其中：$L' = M_A L_A + M_B L_B + M_C L_C + M_D L_D$ 表示区域内部的税负差异的总指数，$L' + L_O$ 构成了区域间的总的税负差异的指数。

本文运用上述 Theil 指数的计算方法，估算出我国自 1994 年分税制改革以来全国整体和分区域的宏观税负差异现状，计算结果如表 3 所示，并由此绘制成图 2。

表 3　区域间宏观税负差异 Theil 指数计算结果

年份	总差异指数	区域内部差异指数					区域间差异指数
		三大直辖市	东部省区	中部省区	西部省区	区内总差异指数	
1994	0.130 7	0.002 1	0.004 3	0.021 3	0.047 6	0.075 3	0.055 4
1995	0.088 4	0.001 5	0.007 7	0.006 6	0.022 7	0.038 5	0.049 9
1996	0.092 7	0.002 7	0.01	0.005 2	0.026 5	0.044 4	0.048 3
1997	0.094 2	0.004 3	0.005 9	0.004 9	0.021	0.036 1	0.058 1
1998	0.088 9	0.004 2	0.005 1	0.004 9	0.022 3	0.036 5	0.052 4
1999	0.110 5	0.006 8	0.006 4	0.004 2	0.019 3	0.036 7	0.073 8
2000	0.124 7	0.006 2	0.007 9	0.004 6	0.015 6	0.034 3	0.090 4
2001	0.125 8	0.007	0.006 8	0.004 8	0.011 6	0.030 2	0.095 6
2002	0.130 7	0.006 3	0.007	0.005 2	0.012 2	0.030 7	0.1
2003	0.102 1	0.003 7	0.003 9	0.004 8	0.012	0.024 4	0.077 7
2004	0.101 2	0.003 2	0.003 8	0.004 7	0.009 7	0.021 4	0.079 8
2005	0.101 7	0.002 1	0.003 4	0.006 2	0.010 8	0.022 5	0.079 2
2007	0.133 4	0.005 3	0.004	0.007 3	0.010 3	0.026 9	0.106 5
2008	0.134 1	0.005 1	0.004 2	0.008 5	0.010 6	0.028 4	0.105 7
2009	0.136 9	0.005 4	0.004 2	0.006 9	0.011 9	0.028 4	0.108 5
2010	0.132 6	0.005 3	0.005 2	0.006 7	0.012 4	0.029 6	0.103
2011	0.132 5	0.005 1	0.004 8	0.006 5	0.013 3	0.029 7	0.102 8

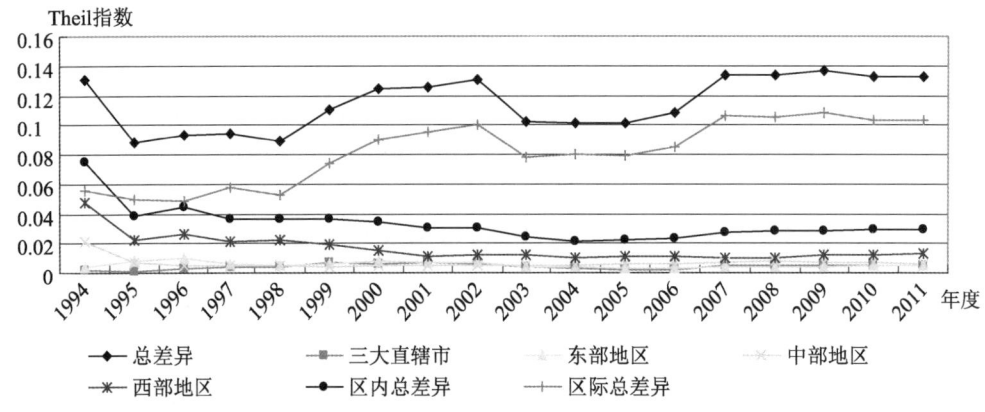

图 2 区域间宏观税负 Theil 指数计算结果图

从图 2 中可以看出,我国区域内部各省(自治区/直辖市)之间的宏观税负差异状况呈现出两个特点:一是西部区域内部各省(自治区/直辖市)之间的宏观税负差异在四类区域中是最高的,即使在 1994 年至 2011 年,呈现出先下降后平稳上升的过程,但是依然要比东部、中部和三大直辖市区域要高;二是东部、中部、三大直辖市区域内部的宏观税负差异在总体基本上十分接近,呈现出小幅交替的升降变化,以 2004 年为拐点,中部区域的区内税负差异开始呈现上升趋势,从 2004 年至 2011 年,中部区域的区内税负差异指数都要高于东部区域,相比中部区域、东部区域和三大直辖市的区内税负差异指数变化就相对缓慢,只是在 2011 年有所下降。

三、区域间生产要素流动趋向的计量分析

本文欲通过构建模型来计算生产要素在不同区域的边际生产率、借此来说明生产要素的流动趋向问题。

(一)模型分析:借助柯布—道格拉斯生产函数

本文欲借助 Robert Solow(1956)的中的经济增长理论,并利用其提出的柯布—道格拉斯生产函数作为分析生产要素同经济增长之间关系的新古典经济学经济增长模型,该模型的基本方程为:

$$Y_t = A e^{\alpha t} K_t^{\beta} L_t^{\gamma} \quad \cdots\cdots\cdots\cdots\cdots\cdots\cdots \quad (7)$$

其中,Y_t 表示为不变价格的可比的 GDP,K_t 为 t 时间的资本存量,L_t 为 t 时

间的劳动力存量，β、γ 分别表示资本和劳动力生产要素度产出的变化率（即产出弹性），表示一个单位的 $\ln K$、$\ln L$ 变化对一个单位 $\ln Y$ 所产生的影响。$\beta + \gamma = 1$ 表示该生产函数是零次齐次函数，表示生产要素的规模回报率为常数，即当资本存量与劳动力规模同比例增长，则产出也将以相同比例增长。参数 α 衡量产出随着时间的指数变化率，解释生产技术或者制度的变化在单位时间内对 $\ln Y$ 变化的影响。若 $\alpha = 0$，说明在全要素生产率（TFP）中这样的改变不存在。对公式（7）两边取自然对数，得到

$$\ln Y_t = \ln A + \beta \ln K_t + \gamma \ln L_t + \alpha t \quad \cdots\cdots\cdots\cdots\cdots\cdots (8)$$

加入 $\beta + \gamma = 1$ 的条件时，将上述公式进一步计算得：

$$\ln(Y_t / L_t) = \ln A + \beta \ln(K_t / L_t) + \alpha t \quad \cdots\cdots\cdots\cdots\cdots (9)$$

根据这个公式，利用统计中的回归分析的方法，估计出生产函数，求出资本存量和劳动力对产出变化比率 β、γ 后，就可以求出资本存量和劳动力的边际生产率 R 和 W：

$$R_t = \beta Y_t / K_t, \ W_t = \gamma Y_t / L_t \quad \cdots\cdots\cdots\cdots\cdots\cdots (10)$$

通过上述公式求出各区域的这两个生产要素的边际生产率，就可以对资本存量与劳动力这两个生产要素在区域间的流动和资源配置的有效性问题做出分析。

（二）数据与方法

为了计算我国四大区域的资本和劳动力生产要素的边际生产率，我们需要利用统计年鉴中的数据估算出四个区域的生产函数，主要包括 GDP 原价的计算、劳动力数据和资本存量的估算。

1. GDP 原价的计算

对于柯布—道格拉斯生产函数中的产出一般是采用可比价格计算的 GDP 原价进行回归，本文采用 1994 至 2012 年《中国统计年鉴》里各省以 1994 年为基年计算的不变价格的 GDP，并分别用各省 GDP 指数对后续年份的当年 GDP 进行平减，得出各省 1994—2011 年的 GDP 时间序列，分别将三大直辖市、东部区域、中部区域、西部区域内各省的可比 GDP 相加，就得到了区域的可比 GDP 时间序列。其中重庆市于 1997 设立直辖市，统计年鉴中其 GDP 数据和指数从 1996 年单列，其他年份是并入四川省计算的，所以重庆市可比 GDP 以 1996 年为基期平减，平

减后并入四川省计算的。计算结果如表4所示：

表4 各区域实际GDP①

单位：亿元

年 区域	1994	1995	1996	1997	1998	1999	2000	2001	2002
三大直辖市	3 781.1	3 770.9	4 229.8	4 725.7	5 191.7	5 719.8	6 339.2	7 026.5	7 845.3
东部区域	18 984.1	18 475.7	20 646.9	22 966.9	25 347.1	27 813.1	30 704.6	33 722.7	37 658.4
中部区域	14 557.7	14 407.7	16 239.2	18 059.2	19 718.2	21 300.0	23 188.3	25 263.6	27 736.9
西部区域	8 607.7	8 551.7	10 284.4	11 302.7	12 262.6	13 117.6	14 194.3	15 416.9	16 691.3

年 区域	2003	2004	2005	2006	2007	2008	2009	2010	2011
三大直辖市	8 820.2	10 101.9	11 317.4	12 759.7	14 683.5	16 299.8	18 028.2	20 190.2	22 255.0
东部区域	42 767.9	48 912.8	55 637.8	63 726.8	73 131.6	81 736.5	91 001.6	102 568.7	113 582.3
中部区域	30 712.7	34 600.6	38 928.0	44 019.2	50 216.3	56 363.3	62 953.9	71 496.4	80 516.1
西部区域	18 592.6	21 015.6	23 809.6	27 001.6	31 119.9	35 211.3	39 976.7	45 624.2	52 104.4

2. 劳动力数据

在中国历年统计年鉴中，由于从业人数和城镇职工就业人数差距巨大，因此我们在计算指数时，分别按照从业人数和城镇职工就业人数进行了两次计算，根据其后面的回归分析，发现利用城镇职工就业人数作为自变量回归的结果更理想，此外，考虑到税收对劳动力生产要素的影响，个人所得税的统计核算基本上与城镇就业职工的工资收入密切相关，因此我们选用城镇就业职工人数来衡量各区域的劳动力人数。详见表5：

表5 各区域城镇就业职工人数

单位：万人

年 区域	1994	1995	1996	1997	1998	1999	2000	2001	2002
三大直辖市	1 248.5	1 231.0	1 201.4	1 181.9	977.0	932.7	898.3	874.3	901.8
东部区域	4 546.1	4 616.5	4 583.8	4 538.0	3 845.7	3 655.4	3 489.2	3 333.7	3 258.1
中部区域	5 684.0	5 692.7	5 683.2	5 619.3	4 615.4	4 416.2	4 222.0	4 036.2	3 905.6
西部区域	3 369.6	3 368.0	3 376.8	3 329.2	2 898.5	2 769.1	2 649.0	2 547.6	2 492.1

---

① 数据来源：《中国统计年鉴》1994—2012年，其中各地区省市GDP均以1994年为基期计算的GDP的实际值。

（续表）

年 区域	2003	2004	2005	2006	2007	2008	2009	2010	2011
三大直辖市	1 024.4	1 027.9	1 032.9	1 041.3	1 111.9	1 148.1	1 206.4	1 245.2	1 451.5
东部区域	3 405.7	3 566.6	3 852.4	4 067.7	4 221.5	4 327.6	4 496.1	4 747.4	5 271.5
中部区域	3 964.8	3 933.8	3 912.6	3 972.8	3 966.5	3 962.4	4 054.8	4 160.9	4 526.8
西部区域	2 574.8	2 570.6	2 606.1	2 631.4	2 724.6	2 754.2	2 815.7	2 898.1	3 163.5

3. 资本存量数据

对于四个区域资本存量的测算方法，我们通过分别计算各个省的资本存量，然后将各区域所包含的省份的资本存量累加得出。从已有的研究来看，资本存量 K 的测算有四个关键部分，即：

（1）基年 1994 年资本存量 K 的确定。

关于资本存量的核算已有文献绝大多数集中在对我国资本总量的测算上，而对各省各区域资本存量的核算研究较少，缺乏基本的资料。因此本文在估算各省市资本存量时，假设各省市拥有的资本存量占全国资本存量的比例，各省市的投资占全国投资的比例，各省 GDP 占全国总 GDP 的比例三者基本相当，以此来推测基期各省 GDP 的存量。具体计算方法是以王小鲁、樊纲（2000）核算的 1994 年中国资本存量数据 25 303 亿元为基础，根据中国国内生产总值核算历史资料（1952—1996），资本形成总额指数 1993 年为 4 033.2（以 1952 年为 100），将以 1952 年为基期的可比资本存量数值折算为现价，再乘以 1994 年各省 GDP 占全国 GDP 总量的比例分别计算出各省基期的资本存量。

（2）固定资产投资价格指数（PIF）的确定。

各区域固定资产投资价格指数可以在《中国统计年鉴》中查到，由于广东省 1994—2000 年、海南省 1994—1999 年价格指数缺失，本文以全国平均指数替代。

（3）当年投资的确定。

贺菊煌（1992）和邹至庄（1993）分别采用了生产性积累来表示新增资本存量，而区域间所得税税负差异与生产要素流动的相关性分析在统计年鉴中找不到相应的生产积累数据，故本文采用《中国统计年鉴》中各区域资本形成总额并对其用固定资产投资价格指数进行平减，得到以 1994 年为基年的可比价格总投资规模序列。

（4）折旧额的确定。

对于折旧的计算方法有很多,例如:张军(2002)在研究中就直接忽略了折旧;王小鲁和樊纲(2000)假设资本折旧率为 5%;宋海岩等(2003)则是在官方公布的名义折旧率 3.6% 的基础上加上经济增长率作为实际折旧率;龚六堂和谢丹阳(2004)采用 10% 的折旧率进行估算。本文从《中国统计年鉴》"各区域国内生产总值构成"中得到 1994 年至 2011 年各省的"固定资产折旧额"(其中 1995 年的折旧数据缺失,用 1994 年和 1996 年的数据的平均值代替),然后利用固定资产投资价格指数进行平减,由此获得可比价格的折旧额序列。

通过上述方法计算得出基年(1994 年)的资本存量、固定资产投资价格指数和当年投资额,并利用王小鲁、樊纲(2000)的计算公式:

$$K_t = K_{t-1} + (GI_t - DS_t)/PIF_t \quad\cdots\cdots\cdots\cdots\cdots\quad (11)$$

其中,GI_t 为第 t 年名义总投资,DS_t 为第 t 年名义折旧,PIF_t 为第 t 年的固定资产价格指数。利用公式(11)求出各省的资本存量,并分区域相加汇总就得到了三大直辖市、东部区域、中部区域、西部区域的资本存量,详见表 6。

表 6 各区域的资本存量[①](1994 年为基期)

单位:亿元

年度\区域	1994	1995	1996	1997	1998	1999	2000	2001	2002
三大直辖市	2 485.14	2 510.04	2 536.76	2 566.77	2 597.18	2 627.28	2 658.34	2 693.16	2 731.01
东部区域	8 751.38	8 826.92	8 910.56	9 001.91	9 103.37	9 207.06	9 315.77	9 431.79	9 562.68
中部区域	5 629.84	5 678.14	5 734.99	5 800.01	5 874.95	5 948.90	6 024.87	6 106.59	6 196.48
西部区域	3 977.16	4 009.96	4 044.49	4 081.79	4 124.56	4 166.19	4 209.35	4 260.89	4 322.13

年度\区域	2003	2004	2005	2006	2007	2008	2009	2010	2011
三大直辖市	2 776.11	2 827.57	2 893.23	2 968.19	3 055.22	3 148.12	3 277.46	3 423.89	3 585.66
东部区域	9 726.97	9 935.04	10 198.77	10 511.55	10 879.98	11 346.75	11 921.43	12 580.9	13 339.61
中部区域	6 296.53	6 431.99	6 609.75	6 838.33	7 125.01	7 490.33	7 984.94	8 558.37	9 238.89
西部区域	4 401.84	4 501.26	4 632.32	4 795.71	4 992.99	5 245.99	5 592.49	6 021.83	6 538.41

(三) 各区域生产函数的回归分析结果

根据上述的以 1994 年为基期计算的不变价 GDP、资本存量、劳动力人数数

---

① 王小鲁,樊纲.中国经济增长的可持续性——跨世纪的回顾与展望[M].经济科学出版社,2000.

据,可以分别计算人均 GDP 和人均资本存量,并将此对数化,得到四大区域的 $\ln(Y_t/L_t)$ 和 $\ln(K_t/L_t)$。 根据公式: $\ln(Y_t/L_t)=\ln A+\beta\ln(K_t/L_t)+\alpha t$,我们以分别以 $\ln(K_t/L_t)$ 和 t 为解释变量对 $\ln(Y_t/L_t)$ 进行回归分析,利用 SPSS18.0 统计分析软件得出以下结果。

1. 三大直辖市区域:

$$\ln(L_t^A/L_t^A)=-180.351+0.975\ln(K_t^A/L_t^A)+0.091t^A$$

2. 东部区域:

$$\ln(Y_t^B/L_t^B)=-180.215+0.924\ln(K_t^B/L_t^B)+0.091t^B$$

3. 中部区域:

$$\ln(Y_t^C/L_t^C)=-156.891+0.970\ln(K_t^C/L_t^C)+0.079\,1^C$$

4. 西部区域

$$\ln(Y_t^D/L_t^D)=-172.707+0.812\ln(K_t^D/L_t^D)+0.087^D$$

(四) 四个区域生产要素边际回报率的比较分析

我们假设生产函数是在规模报酬不变的情况下,即:由资本的边际回报率 β,可以得到劳动力回报率 $\gamma=1-\beta$。 因此我们可以将四个不同区域的生产要素边际回报率值汇总如下,详见表 7:

表 7　各区域生产要素边际回报率估算

区域	资本边际回报率 β	劳动力边际回报率 γ
三大直辖市区域	0.975	0.025
东部区域	0.925	0.075
中部区域	0.970	0.030
西部区域	0.812	0.188

从资本边际回报率 β 和劳动力边际回报率 γ 比较来看,β 要远远大于 γ,这说明在我国各区域的经济产出中,资本要素对生产所起的作用远远大于劳动力要素投入所起的作用。从四个区域的比较来看,三大直辖市的资本回报率最大,也就说与其他区域相比,该区域单位资本投入可以带来更大的产出,此外中部区域、东

部区域的资本回报率都较高,特别是中部区域,在"中部崛起"和"振兴东北老工业基地"的外在政策的影响下,该区域对资本的吸引力逐渐增大。这与我国目前资本要素在三大直辖市和东部沿海区域聚集的现实是相吻合的。此外从中部区域和西部区域比较来看,尽管政府在上个世纪 90 年代实施了"西部大开发"战略,但是中部区域的资本回报率依然明显大于西部区域,说明相对于如今的"中部崛起"等振兴中部区域的战略来说,"西部大开发"政策的效果并不是那么明显,故资本要素在西部区域的投资回报率要小于中部区域和东部区域,这可以解释为什么资本生产要素会从中西部区域向东部及三大直辖市区域聚集。

通过表7,我们得到不同区域的资本生产要素和劳动力生产要素的边际回报率 β、γ 后,就可以利用公式:$R_t = \beta Y_t / K_t$ 和 $W_t = \gamma Y_t / L_t$,分别求出资本生产要素和劳动力生产要素的边际生产率,结果如表8所示。

表8 四大区域生产要素边际生产率情况表

要素 区域 年度	资本要素				劳动力要素			
	三大 直辖市	东部 区域	中部 区域	西部 区域	三大 直辖市	东部 区域	中部 区域	西部 区域
1994	2.78	2.51	1.81	1.76	0.38	0.31	0.18	0.28
1995	2.76	2.46	1.74	1.73	0.38	0.3	0.18	0.28
1996	2.93	2.75	1.94	2.06	0.39	0.34	0.19	0.27
1997	3.1	3.02	2.16	2.25	0.4	0.38	0.2	0.34
1998	3.25	3.26	2.38	2.41	0.43	0.49	0.23	0.4
1999	3.42	3.47	2.59	2.56	0.45	0.57	0.24	0.49
2000	3.63	3.73	2.85	2.74	0.48	0.56	0.36	0.51
2001	3.84	4.01	3.11	2.94	0.5	0.56	0.39	0.54
2002	4.1	4.34	3.44	3.14	0.52	0.57	0.41	0.56
2003	4.4	4.73	3.87	3.43	0.52	0.54	0.43	0.56
2004	5.78	5.22	4.35	3.79	0.55	0.53	0.46	0.64
2005	6.11	5.61	5.25	4.17	0.57	0.58	0.5	0.72
2006	6.49	5.71	6.04	4.57	0.61	0.57	0.53	0.73
2007	6.99	6.22	6.64	5.06	0.63	0.6	0.58	0.85
2008	7.35	6.66	7.1	5.45	0.65	0.61	0.63	0.76
2009	7.66	7.06	7.45	5.8	0.67	0.62	0.67	0.73
2010	8.05	7.54	7.9	6.15	0.71	0.63	0.72	0.76
2011	8.35	7.88	8.25	6.47	0.78	0.62	0.83	0.81

(五) 区域间边际生产率差异水平的衡量

1. 差异程度的衡量指标

对于具有 N 个区域的经济,在考虑要素的边际生产率差异之前必须给出一个度量要素的边际生产率差异的指标,对于一组数据,它们的差异可以有很多种度量方式。本文采用 Resa Corporation(2002)给出的"Gini-Coefficient"的指标[①],具体思想如下:

假设 n 个区域的资本存量的边际生产率已经给出,分别记为 r_1,r_2,…,r_n。按照下面的步骤来定义他们的差异。首先,把 r_1,r_2,…,r_n 按照从大到小排序,记排序后的边际生产率为 $\hat{r}_1$,$\hat{r}_2$,…,$\hat{r}_n$。这样,离差指标定义为:

$$D = \frac{2}{n^2 \bar{r}} \sum_{i=1}^{n} (i\hat{r}_i) - \frac{n+1}{n} \quad \cdots\cdots\cdots\cdots\cdots\cdots (12)$$

其中,$\bar{r}$ 是 r_1,r_2,…,r_n 的平均值。通过简单的计算可以把这个指标改写为:

$$D = \frac{2}{n^2 \bar{r}} \sum_{i=1}^{n} i(\hat{r}_i - \bar{r}) \quad \cdots\cdots\cdots\cdots\cdots\cdots (13)$$

根据上述方法:本文的所选择的 4 个区域,分别记为 A,B,C,D,第 i 年的资本存量的边际生产率为 r_i^A,r_i^B,r_i^C,r_i^D,我们将第 i 年的各区域的生产要素的边际生产率从大到小进行排序,得出相应的 $\hat{r}_i$,我们利用表中的数据和公式(10)计算得到,1994 年至 2011 年区域间生产要素边际生产率的差异水平表,见表 9。

表 9　1994—2011 年区域间资本和劳动力要素边际生产率的差异水平表

年度 要素	1994	1995	1996	1997	1998	1999	2000	2001	2002
资本要素	−0.107 60	−0.105 73	−0.100 23	−0.099 95	−0.100 49	−0.097 81	−0.095 15	−0.093 36	−0.091 95
劳动力要素	−0.376 32	−0.377 66	−0.387 61	−0.389 34	−0.382 26	−0.390 00	−0.376 87	−0.372 27	−0.371 09

[①]　这个指标来源于 Resa Corporation (2002)给出的"Gini-Coefficient"的思想。

（续表）

年度\要素	2003	2004	2005	2006	2007	2008	2009	2010	2011
资本要素	−0.090 18	−0.087 73	−0.087 71	−0.073 33	−0.069 32	−0.067 76	−0.065 66	−0.063 27	−0.061 74
劳动力要素	−0.375 45	−0.376 62	−0.380 56	−0.381 02	−0.383 41	−0.388 04	−0.395 13	−0.397 01	−0.410 75

我们将上表中的数据取绝对值,并绘制出资本和劳动力要素的边际生产率的差异变化趋势图,如图 3 所示。图 3 给出了资本和劳动力边际生产率差异的变化趋势,从该图中可以看到资本存量的差异程度在 1994 年至 2011 年这 18 年间呈现出平稳的变化趋势,后又呈现缓慢的下降,这说明自 1994 年税制改革之后,国家实施了一系列的区域经济政策,促进了资本的流动,使得资本存量在区域间配置的有效性增加,并使区域间的资本存量配置趋于稳定。对于劳动力要素来说,在 1994 年至 2011 年,其边际生产率的差异程度呈现一定的波动趋势,即从 1994 年至 1999 年,差异程度逐年提高,龚六堂、谢丹阳(2004)对 1970 年至 2000 年区域间劳动力边际生产率的差异进行了估算,也得到 1994 年以后劳动力边际生产率差异程度扩大的趋势,从而印证了本文对生产函数的估算以及后面的分析在一定程度上是符合客观事实的,之后的 2000 年至 2003 年出现了下降趋势,说明了 2003 年之后,劳动力在不同区域的边际生产率差异呈现扩大趋势,根据龚六堂、谢丹阳(2004)从经济学的角度进行的分析,当两种生产要素都自由流动时,总产出的提高和劳动力的边际生产率的绝对差异变大是可以同时存在的。2003 年以后呈现上升趋势,从这个角度讲,可以认为 2003 年后的劳动力的边际生产率的差异变化趋势上升是因为资本和劳动力的流动性都提高。

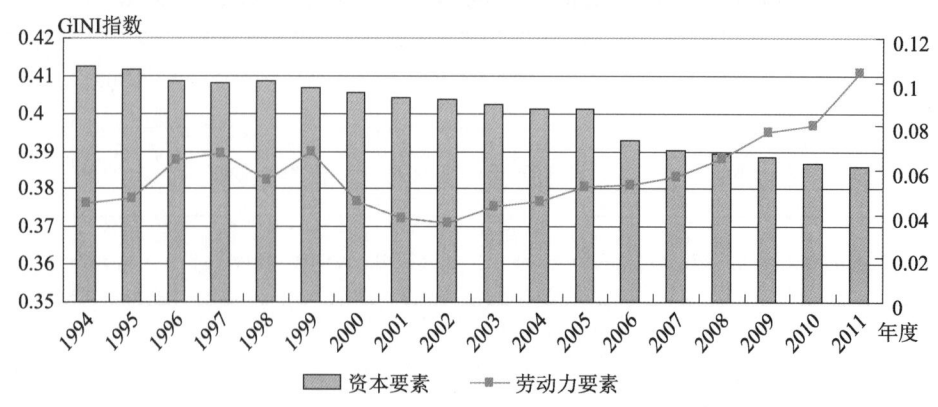

图 3　资本和劳动力要素的边际生产率的差异变化趋势图

四、生产要素流动与区域宏观税负差异的相关性分析

(一) 数据汇总

将前面得到的区域间宏观税负差异同资本要素的边际生产率差异、劳动力要素的边际生产率差异进行汇总,得到表 10。

表 10 区域间宏观税负差异与生产要素边际生产率差异指数表

指数 年度	总差异指数	资本边际生产率差异指数	劳动力边际生产率差异指数
1994	0.130 7	−0.107 60	−0.376 32
1995	0.088 4	−0.105 73	−0.377 66
1996	0.092 7	−0.100 23	−0.387 61
1997	0.094 2	−0.099 95	−0.389 34
1998	0.088 9	−0.100 49	−0.382 26
1999	0.110 5	−0.097 81	−0.390 00
2000	0.124 7	−0.095 15	−0.376 87
2001	0.125 8	−0.093 36	−0.372 27
2002	0.130 7	−0.091 95	−0.371 09
2003	0.102 1	−0.090 18	−0.375 45
2004	0.101 2	−0.087 73	−0.376 62
2005	0.101 7	−0.087 71	−0.380 56
2006	0.108 1	−0.073 33	−0.381 02
2007	0.133 4	−0.069 32	−0.383 41
2008	0.134 1	−0.067 76	−0.388 04
2009	0.136 9	−0.065 66	−0.395 13
2010	0.132 6	−0.063 27	−0.397 01
2011	0.132 5	−0.061 74	−0.410 75

(二) 相关性分析

本文利用 SPSS18.0 统计分析软件对区域宏观税负差异同区域间生产要素边际生产率差异进行相关性分析,分析结果见表 11。

根据相关分析输出结果显示,得出如下结论:(1)区域间宏观税负差异水平与区域间资本要素边际生产率差异之间的 Pearson 相关系数为 0.616,表示两者之

间可能存在正相关关系,两者之间不相关的双侧显著性值为 0.006＜0.01,表明在 0.01 的显著性水平上否定了两者不存在相关性的原假设,即认为两者之间存在正的相关性;(2)区域间宏观税负差异水平与区域间劳动力要素边际生产率差异之间的 Pearson 相关系数为-0.250,表示两者之间可能存在负相关关系,但是两者之间不相关的双侧显著性值为 0.316＞0.01,表示在 0.01 的显著性水平上肯定了两者不相关的原假设;(3)区域间资本生产要素边际生产率差异同区域间劳动力生产要素边际生产率差异之间的 Pearson 相关系数为-0.605,表明两者之间可能存在负相关关系,两者之间不相关的双侧显著性值为 0.008＜0.01,表明在 0.01 的显著性水平上否定了两者不存在相关性的原假设,即认为两者之间存在明显的负的相关性。

表 11 相关性分析表

		区域间宏观税负差异指数	区域间资本要素边际生产率差异指数	区域间劳动力要素边际生产率差异指数
区域间宏观税负差异指数	Pearson Correlation	1	0.616**	-0.250
	Sig. (2 - tailed)		0.006	0.316
	Sum of Squares and	0.005	0.003	-0.001
	Covariance	0.000	0.000	0.000
	N	18	18	18
区域间资本要素边际生产率差异指数	Pearson Correlation	0.616**	1	-0.605**
	Sig. (2 - tailed)	0.006		0.008
	Sum of Squares and	0.003	0.004	-0.002
	Covariance	0.000	0.000	0.000
	N	18	18	18
区域间劳动力要素边际生产率差异指数	Pearson Correlation	-0.250	-0.605**	1
	Sig. (2 - tailed)	0.316	0.008	
	Sum of Squares and	-0.001	-0.002	0.002
	Covariance	0.000	0.000	0.000
	N	18	18	18

**. Correlation is significant at the 0.01 level (2 - tailed).

(三)研究结论

通过以上分析,我们可以明确区域间的税负差异对不同生产要素的生产率差异的影响程度不同,也就是说尽管区域间的税负存在差异,但是其对生产要素的边际生产率的差异变化情况的影响程度不尽相同,即对资本生产要素而言,区域间税负差异越大,则区域间资本要素的边际生产率差异越大,根据前面的分析,生产要素生产率差异是造成生产要素跨区域流动的重要原因。因此,边际生产率差异越大则生产要素流动的动力越充足,即越会加剧生产要素的跨区域流动,我们有理由相信,区域间的税负差异是造成资本要素跨区域流动的一个重要原因。而相对于劳动力要素而言,这样的影响并不是十分明显,其中重要的原因是:在我国现行的税收制度中,对于劳动力要素的供需产生直接影响的税种是个人所得税,特别是针对“工资薪金收入所得”实行超额累进的七级累进税率,因此工资收入水平越高,相应的个人所得税的税收负担就越重,而东部(包括三大直辖市区域)区域工资水平相对较高,因此在累进税率的条件下,个人所得税的名义税收负担率要高于中部区域和西部区域,在预期收入影响下,工资水平越高的区域表现为个人所得税税负越重,但由于外部环境较好,政府提供的公共产品和服务较为充足,依然能够吸引大量劳动力流入。同时中、西部区域劳动力个人收入水平较低,所面临的名义个人所得税税负就较低,而且中西部的农村劳动力到东部发达区域的城镇劳动,普遍从事收入较低的工作,基本处于免税或低税的状态,因此其负担的个人所得税就越低。对于个人劳动力而言,特别是农村流动劳动力,本身其工资收入就较低,很多达不到起征点水平,故税收负担差异对劳动力跨区域转移中作用不大。在我国劳动力流动的主体是农村剩余劳动力的现实条件下,劳动力的流动主要是基于预期收入的角度,即流入具有较高预期收入的区域,个人所得税税负所起作用微小。换一个角度思考,个人所得税税负较高的区域,通常是经济较为发达区域,也正是因为经济越发达,个人收入水平才越高,特别是在个人所得税实行累进税率的情况下,个人所要缴纳的个人所得税就越高。针对根据劳动力边际生产率差异和区域间宏观税负差异数据进行相关性得出的“区域间税负差距越大,劳动力流入越高”这一貌似矛盾的结论,可以理解为个人所得税税负越高的区域,收入越高,在收入主导劳动力流动的条件下,这一区域的劳动力流入越高。因此相关性分析得出的结论在一定程度上是符合中国客观现实的。

四、相关政策建议

本文结合上述研究以及我国目前正在进行的“结构性减税”改革,提出一些政策建议,一方面可以起到完善税制的作用;另一方面可以为促进生产要素在区域间的合理配置,实现区域经济的"均衡"发展提供依据。

第一,从我国区域间税负差异对生产要素的区域流动的影响来看,针对不同的生产要素而言,影响程度并不完全相同,其中区域间的税负差异对资本要素的区域间流动的影响程度最为明显,或者说税负差异是导致资本要素在区域间不均衡流动的一个重要原因。为了促进区域经济的均衡发展,首先就要均衡区域间的税负差异,特别是针对资本要素影响最为明显的企业所得税来说,要降低区域间企业所得税税负差异水平,尽管我国的企业所得税的法定税率不高,为25%,但是资本要素有效税率偏高,阻碍了资本生产要素的有效流动,并扭曲了家庭的"消费——储蓄"决策,将导致资本积累和投资的不足,影响了总体经济增长的水平和速度。因此针对我国资本生产要素的自由流动,特别是针对企业所得税对资本要素会产生一定的影响,围绕资本要素的企业所得税法定税率应该降低。

第二,从区域范围来看,区域性减税存在一定的空间。实证分析表明,税收负担对区域生产要素流动的影响呈现出两个特点:(1)从影响性质上讲,影响都是负面的,即现行的区域税负水平对生产要素的流入都起到了阻碍作用;(2)从影响程度上讲,区域间的税负的差异使得生产要素在不同区域间存在流入和流出的可能,即具有不同程度的显著性。这一结论充分表明,全国各区域均存在一定的减税空间。如何通过减税,特别是降低直接税税负来均衡各区域的生产要素的规模,引导生产要素的合理流动,应该与各区域的产业结构调整相结合。从三大直辖市区域的经济特点来看,应该大力发展现代服务业,降低第三产业的所得税税负,吸引生产要素向第三产业流动;从东部区域来看,减税应该致力于发展资本技术密集型产业和先进制造业,借助原有的资本和劳动力要素的积累促进产业升级;从中部区域来看,减税需要与中部区域国有经济比重高、区域优势不突出的特殊性相结合,可以大力发展重工业;而西部区域工业化水平较低,但劳动力要素丰富,可以通过招商引资大力发展劳动密集型产业及相关加工制造业,进而提高其工业化水平。

第三,围绕劳动力生产要素的个人所得税改革是目前"结构性减税"改革的一个重要方面,根据前面的论述,税收会对劳动力流动产生一些影响,特别是对个人所得税来说,其主要是为了调节收入分配差距,而并非调节劳动力配置的有效政策工具,而且在我国现实条件下,个人所得税收入占税收总收入的比重较小,在 2011 年仅仅占到了 6.75% 左右,个人所得税的主体功能并非调节资源配置,改革应定位于充分发挥其调节收入差距的作用。目前我国居民收入分配差距逐步扩大,并呈现不断加速趋势,同时个人所得税中高收入者偷逃税款严重,是造成劳动力跨区域流动的原因之一。因此改革个人所得税首先要发挥其调节收入的职能,不断加大对高收入者的调节力度,以增强其调节收入分配的能力。

第四,规范政府间的税收竞争。尽管区域间围绕流动性生产要素所展开的税收竞争对区域经济增长具有一定的促进作用,但是过度的税收竞争也会引起生产要素的过度聚集,特别是资本要素规模的超长增长问题,降低了整体投资区域配置绩效,导致宏观经济过度波动,对总体经济长期的持续性发展带来损害,并且会造成竞争失败区域的税源外流。为了防止极化效应形成区域间贫富差异拉大,努力发挥税收竞争对社会经济的积极作用,而尽量避免"有害的税收竞争"(OECD,1998),因此一方面,要进一步理顺改革和发展的秩序,规范中央和地方间的财权、事权的划分,推进区域间基本公共服务均衡化制度,使区域间能够基本在同一个起点上展开竞争,从而协调区域经济社会发展的步伐。另一方面,可能更为重要的是,需要优化现行税制,适度减轻税负,强化税法执行中的严肃性;明确地方政府的职能界限,促进地方政府职能转化,也是消除区域恶性税收竞争的重要制度基础。

参考文献

[1] 段艳平.转移支付对区域间基本公共服务均等化效果的实证分析[J].前沿,2011(4):45-4646.

[2] 汪冲.资本集聚、税收互动与纵向税收竞争[J].经济学(季刊),2011(3):24-25.

[3] 李治国.中国区域间资本流动:基于 Feldstein-Horioka 方法的检验[J].统计研究,2008(10):35-36.

[4] 刘溶沧,马栓友.论税收与经济增长——对中国劳动、资本和消费征税的效应分析[J].中国社会科学,2002(1):56-57.

[5] 何辉,经庭如.区域间税负差异对区域经济协调发展的影响效应分析[J].湖南财经高等专科学校学报,2007(4):14-16.

[6] 林颖.我国区域间税负差异原因的实证分析[J].税务研究,2009(8):17-18.

［7］龚六堂,谢丹阳.我国省份之间的要素流动和边际生产率的差异分析[J].经济研究,2004(1):26-27.

［8］段雨澜.区域间税负差异与区域经济的非均衡发展[J],财经论丛,2003(5):56-57.

［9］王小鲁,樊纲.中国经济增长的可持续性——跨世纪的回顾与展望[M],北京:经济科学出版社,2000:156-167.

［10］Theil，H. Statistical Decomposition Analysis. Amsterdam：North Holland Publishing Co. 1972:335-341.

［11］Barro，R.J.，Xavier Sala-i-Martin. Convergence across U.S. States and Regions. Brookings Papers on Economic Activity I, 1991: 107-182.

［12］Chow Gregory C. Capital Formation and Economic Growth in China. Quarterly Journal of Economics，1993: 809-842.

附录二　政策附件

国家税务总局关于印发《进一步完善税收分析工作机制的意见》的通知

税总发〔2014〕94 号

各省、自治区、直辖市和计划单列市国家税务局、地方税务局,局内各单位:

随着我国国民经济的持续稳定增长和经济发展方式的逐步优化,对税收收入的管理要求不断提高,税收分析在税务部门加快税收现代化进程,全面推进税制改革,服务经济社会发展以及参与国际税收合作等方面的重要性日益凸现。

近年来,税务总局和各级税务机关围绕组织收入、加强征管、优化税制、服务经济等税务部门的中心和重点工作,依托税收信息化的数据优势,对加强税收分析,提升税收分析效能的机制、方法和途径等开展了积极探索,取得了一定的成绩。但与此同时,我们也应看到当前税收分析的角度、方法和工具还不够科学,分析开展的机制还没有建立,分析工作的保障也都没有就绪,距离税务总局党组提出的打造税收分析系列"拳头产品"的要求还有很大差距,亟需在前期工作的基础上做出更大的突破。

为进一步做好税收分析工作,逐步建立一套科学高效的税收分析机制,充分发挥其在税收管理工作中的职能作用,税务总局研究制定了《进一步完善税收分析工作机制的意见》,现印发给你们。税务总局各司局和各级税务机关要依据此意见,一方面认真开展落实工作,另一方面结合本单位和本地区实际情况,力争有所创新。各省税务机关请于 2014 年 9 月 10 日前将对本通知的贯彻落实情况以书面形式上报税务总局(收入规划核算司),税务总局将对此开展督办考核。

国家税务总局

2014 年 8 月 11 日

进一步完善税收分析工作机制的意见

一、指导思想

做好税收分析,要在宏观思维上着眼于当前国家的大政方针、改革攻坚的热点难点以及税收的中心工作。当前乃至今后一段时期内,税收分析的指导思想是,以党的十八大和十八届三中全会精神为指导,以实现税收现代化宏伟蓝图为目标,以服务大局和提升站位为引领,以组织收入和加强征管为立足点,以数据管理和信息技术为支撑,以人才队伍和协作机制为保障,着力开展税收形势分析、政策效应分析、税收风险分析、经济运行分析,努力打造税收分析拳头产品,逐步提高税收管理的质量和效率,为税收事业持续快速发展做出积极贡献。

二、框架体系

国家税务总局是国务院主管税收工作的职能部门,主要任务有四个方面,一是组织筹集税收收入,二是对纳税人遵循税法的行为进行服务和监督,三是对税收政策制定和修改提出意见和建议,四是作为经济管理部门对宏观经济运行加以判断和分析。税收分析作为实现税收职能的工具和方法,根据以上四项工作任务,包括四个方面内容,即税收形势分析、税收风险分析、政策效应分析和经济运行分析。

税收形势分析是通过对税收走势的研判,从宏观上准确剖析收入增减变化原因,客观反映计划执行中存在的问题,准确提出加强组织收入工作的措施。其目的主要有两个方面:一是通过清晰明了的分析报告,向上级领导汇报税收收入乃至财政收入运行的最新特点和状况,让领导掌握最及时的第一手信息;二是提供组织收入的抓手,开展组织收入工作要因时制宜,有的放矢,在税收形势严峻的时候,要通过税收形势分析着力从宏观和中观上查找税收征收中存在的薄弱环节,而在收入形势较好时,则要通过分析着重指出组织收入中存在的虚收现象,夯实收入基础,涵养经济税源。

税收风险分析是运用税收与经济运行中的宏观微观数据,开展关键指标比对,发现税收征管和纳税遵从中存在的风险点,指引征管资源的合理配置,为组织收入服务。税收征管中主要存在着两个方面的风险,一是税收流失的风险,也就是征管中出现的应征未征;二是虚收的风险,就是寅吃卯粮、收过头税或是税收优惠政策执行不到位。税收风险分析就是要在税收形势分析的宏观指导下,分时期、分阶段利用宏观经济和微观企业的数据开展各个层面的比对,寻找征收管理中的薄弱点、空白点和盲点,对症下药,为征管、评估和稽查的资源配置指明方向。

政策效应分析是从事前、事中和事后密切跟踪税制改革和税收政策变动的实施情况,测算税收政策变动对经济、税收的定量影响,提出调整和优化建议。其主要目的在于提高税收决策的科学水平,通过对税收政策实施的事前、事中和事后的跟踪调查研究,采取定性和定量多种分析方法,对改革实施的税收和经济影响加以描述和测算,从而增强税收改革方案、税收政策调整方案的科学性,为建立起有利于科学发展的税收制度打下基础,加强税收调控经济和收入分配的重要作用。

经济运行分析是利用税收大数据优势,从税收角度观察和反映我国经济运行状况,把握经济发展方式转变进程,折射经济社会发展中值得关注的问题。经济运行分析旨在透过税收放眼经济,利用税收数据反映经济运行状况及经济结构调整情况,系统研究税收数据在监测国民经济运行中的应用,揭示税源发展中存在的问题,为党中央国务院和各级党委政府宏观决策提供意见和建议。

三、运行机制

要进一步深入推进税收分析工作,打破税收分析面临的瓶颈,就必须在"提升站位、依法治税、深化改革、倾情带队"的税收工作主线引领下,围绕实现税收现代化的总体目标,通过在系统上下范围内的整体性安排,建立一个有机的、可持续的、利于科学调度的税收分析运行机制,形成上下联动、横向互动的税收分析氛围,使税收分析能够真正地为组织收入服务,为加强征管服务,为税制改革服务,为宏观决策服务。科学、高效的税收分析运行机制,就是围绕税收形势分析、税收风险分析、政策效应分析、经济运行分析等四类分析内容,在打造完备的信息数据体系的基础上,运用定性和定量的分析方法,明晰各部门、各层级的分析职责,构建横向分工协作、纵向紧密联动的分析制度和各种闭环工作流程,促进税收分析制度化、系统化、科学化的形成,为不断打造税收分析的拳头产品奠定坚实的基础。

（一）横向税收分析工作职责

1. 税收形势分析，由收入规划核算部门牵头开展，其他各业务部门配合。收入规划核算部门负责税收收入总体情况分析，从宏观上把握面的情况，包括总结特点、分析原因、查找问题、预测走势、工作建议等，根据不同阶段的税收发展状况确定下一时期组织收入工作的方向，并定期向人大、政府、发改委等外部门提供分析报告；其他各业务部门负责配合牵头部门，继续在中观和微观层次上开展分析，从深层次角度解释税收收入的现象和原因。在工作流程上：（1）收入规划核算部门从税种、行业和地区的角度，认真分析查找组织收入、征管过程或经济运行中存在的问题，其他各业务部门结合自身业务进行问题查找；（2）由局领导召集相关业务部门召开税收分析预备会，预测税收预算完成的前景，商讨和确定正式分析会的研讨内容，一方面，从税种的角度，确定各业务部门需要深度分析的问题，另一方面，从地区的角度，确定参会下级单位及其重点分析的内容，并由收入规划核算部门负责推送；（3）在税收分析会上，各相关业务部门和参会地区针对商定的主题进行深入研究和探讨，确定下一阶段组织收入工作中需要解决的问题，明确各单位工作职责；（4）各业务部门和地区根据会议要求及时应对，开展调研，深入分析，制定措施，跟踪落实，评估成效；（5）各单位将工作情况形成书面材料，报送局领导，并择重点专报国务院领导或各级政府领导。

2. 税收风险分析，由收入规划核算部门、征管科技部门和大企业税收管理部门牵头，结合货物劳务税、所得税、财产行为税、国际税务和稽查等部门共同开展工作，定期召开碰头会，研究确定工作重点，形成税收分析——风险查找——任务推送——工作落实——结果反馈——加强管理的闭环。

税务总局层面主要开展三项分析工作：一是由收入规划核算司在宏观上开展税收风险分析，估算收入能力，考察税法遵从，评价征管质量，并根据组织收入工作的现实情况和一定时期内的客观需要，确定风险分析的目标，按照税种、行业和地区等不同的角度，衡量税负差异，测算税收流失，并将结果推送相关业务司局和地区；二是由大企业管理司在微观上对大企业开展独立的风险分析，查找大企业税收征管的风险点和薄弱点，并将识别结果推送主管业务机关应对；三是由各业务司局根据自身掌握的数据，对分管业务开展分析，如货物劳务税、所得税、财产行为税、征管科技、国际税务等司局利用税收征管数据，稽查局利用稽查数据，收入规划核算司利用重点税源数据，在日常工作中按照行业、地区、规模等维度分别开展细致、专业的税收风险分析,并将分析结果按规定程序向下级推送。风险应对单位要及时将应对结果予以反馈,风险推送单位根据反馈内容对各地区工作情况进行综合考评,并适时将这项工作纳入绩效考核。省局及以下单位根据各自特点,参照上述办法开展税收风险分析工作。

此外,征管科技司按照职责安排,做好对省局以下单位微观层面税收风险分析的指导工作,确定制度规范和业务流程,建立、整合税收风险分析模型和指标体系,开展税收风险管理的培训和绩效考核等。

3. 政策效应分析,由收入规划核算部门牵头,各业务部门共同开展。政策法规和税种管理等业务部门担负税收政策制定和完善的任务,在政策出台前从定性的角度分析改革对经济运行的影响,从定量的角度测算对税收收入的影响;掌握税收分析数据和具备数理模型专业人才的收入规划核算部门,从定量的角度对政策实施所带来的税收收入效应和经济效应进行分析。在工作流程上:(1)在各项重大的税制改革方案和税收政策调整实施前,政策法规和税种管理部门就实际需要,向收入规划核算部门提出税收收入和经济效应影响测算要求;(2)收入规划核算部门根据税政部门提供的税制改革方案,组织人员搜集数据,构建模型,测算结果,形成报告提交相关司局;(3)相关业务司局参考定量测算结果,对政策改革和调整方案进行进一步论证、修改;(4)政策实施后,收入规划核算部门根据所掌握的税收经济数据,对实施效果进行跟踪测算和评价,开展事后效应评估,形成报告送局领导,并提交相关政策制定部门。

4. 经济运行分析,由收入规划核算部门牵头,联合科研所开展,从税收收入的税种、产业、行业、地区、结构等不同视角客观反映宏观经济运行状况,揭示存在的问题,预测发展的趋势。主要包括:(1)加强对各类税收数据的深度挖掘,利用微观数据反映投资、消费、分配、就业、生产率等关键指标运行情况,据以对经济发展方式转变情况进行分析;(2)密切跟踪高耗能等宏观调控的重点行业以及国家支持优先发展的装备制造业、现代服务业等行业的生产经营情况及趋势,及时反映国民经济结构调整情况;(3)研究生成一套能够直接、准确地反映国民经济运行和发展方式转变情况的指标体系,定期监测和分析经济运行态势。相关研究成果报局领导,同时向政府及有关部门提供。

(二)纵向税收分析工作职责

税收分析工作实行层级管理,分税务总局、省局、市局和区县局四级。上级税务机关负责对下级税务机关税收分析工作进行指导和监督,下级税务机关要按照上级税务机关的要求开展税收分析工作,并反馈税收分析的具体执行情况。

其中,税收形势分析在各层级分别开展,定期向上级税务机关和本级政府部门报送税收形势分析报告,分析当前税收运行状况,预测未来税收走势;同时针对上级税务机关推送的重点分析内容,进行深度的细化分析,制定解决措施,并上报工作情况和效果。政策效应分析和经济运行分析重点在税务总局和省局开展,定期向上级税务机关或者本级政府部门报送分析报告,市局和县区局自行选择开展,不作具体要求。各级税务机关都要加强税收风险分析,各层级的主要职责如下。

税务总局:税收分析的司令部和指挥部,主要职责有四方面,一是研究税收收入能力估算和纳税人税法遵从,以确定税收风险管理的战略目标规划;二是确定税收风险分析的阶段性目标,根据不同阶段组织收入工作的具体需求,在宏观上制定风险分析的阶段重点、方法策略、主要措施和实施步骤;三是承担税收风险分析的发起,主要针对宏观、中观层面和一些大企业开展风险分析,查找全国范围内税收风险发生的可能行业、地区和大企业,将分析出的结果向省局推送;四是对省局及以下单位的微观风险分析工作开展指导,研究持续改进和加强管理的措施。税务总局在税收风险分析上注重宏观分析和引领作用。

省、市、区县局:税收风险分析的深入识别、统筹和应对部门。省局结合税务总局推送任务和本地区实际情况,更深入地识别本省范围内税收风险发生的可能行业、地区和企业,对重大案件和重点税源企业开展纳税评估、税务审计和税务稽查,并将其他风险点进一步向市局推送。市局接收省局的风险任务后,联合区县局,首先,对不同风险进行等级排序;其次,结合自身应对风险的人力和财力资源状况,对风险分析的任务加以落实,确定风险应对的组织方式,统筹评估力量的集约使用;最后,采取风险提醒、纳税评估、税务审计、反避税调查、税务稽查等差异化手段实施应对。同时,各级局均负责对上级单位反馈税收风险应对的结果。

(三) 税收电子数据统筹管理

由信息技术管理部门牵头,一是税收数据采集管理方面,建立高效便捷的信息采集渠道,实行税收电子数据统一采集、统一存储、统一管理,扩大纳税人端信息的采集范围,加大第三方信息采集力度,提高数据采集效率;二是在数据质量管理方面,从数据采集、数据传输、数据应用等各环节,对数据进行审核,建立信息系统异常数据检查、清理的工作机制，推动数据质量不断提高；三是在数据处理方面，按照各部门的税收数据分析需求，利用已有的数据资源，对税收数据进行加工、处理和统计；四是在数据分析工具方面，引进先进的数据分析和挖掘工具，为税收分析提供技术支撑。

（四）上下联动税收分析工作渠道

为加强横向与纵向的工作合力，完善各层级的分工协助机制，要建立四条沟通渠道。一是信息传递渠道，各级税务机关开展税收分析，都需要下级部门提供的数据信息支持，包括落实税收政策信息、重点税源变化状况、地区性经济政策变化信息，这些信息有的是经常性的，有的是临时性的，要进行统一的归并整合，便于管理。二是任务推送渠道，开展税收风险分析，查找的风险点，需要推送到下级税务部门加以核查，从而开展纳税评估、税务审计和税务稽查，顺畅的任务推送渠道必不可少，要定期向下级机关推送到企业层面的税收风险点。三是共享协作渠道，税务机关开展税收分析，税务总局和各地均有一些好的经验做法和优秀报告，要在税务总局开发贡献平台，开放权限，便于互相学习，同时，税收分析的很多工作也要集思广益，要定期召开一些交流会和工作会，促进系统上下共同进步。四是监督考核渠道，无论是上级推送的风险任务，还是绩效考核中提及的税收分析报告的报送，都要对结果进行考核评价，并予以激励和批评，要构建专业的考评体系，促进税收分析工作的有效开展。

四、工作要求

做好税收分析工作既要立足税收自身，又要跳出税收之外；既要系统开展好四类分析，又要形成科学完善的闭环机制；既要发挥好税务部门大数据的优势，又要充分借助外部力量，使税收分析有深度、有广度、有特色、有效果，努力打造系列拳头产品，力争为各级政府报送独一无二的分析材料。

（一）开拓思路，突破思维约束

首先，要树立税收经济思维，从税收角度观察和反映我国经济运行状况，把握经济发展方式转变进程，折射经济社会发展中值得关注的问题，为党政领导决策服务，为经济社会发展大局服务。其次，要树立税收风险思维，通过对税种、行业、地区等维度的差异性分析，查找收入风险点，提升堵漏增收水平。再次，要树立开放性思维,拓宽税收分析视野,从税收角度观察全球经济形势,跟踪国外宏观调控走向,准确分析国际经济政治态势对我国经济税收发展的影响。最后,要树立大局意识,破除狭隘的部门意识,树立整体观、大局观,形成部门之间、系统上下、单位内外通力合作的税收分析工作格局。

(二)凝聚焦点,突破选题局限

首先,要紧抓重点。对于体现组织收入工作成果的税收形势分析和反映宏观经济状况的经济运行分析等重点问题,一定要抓住不放,结合形势变化,做深做细做透。其次,要善抢热点。对于经济税收运行中的新情况新问题、各级党委政府的经济工作重心、经济税收方面新出台的政策措施等热点问题,一定要急抓善抢,注重时效,及时开展分析研究,为各级领导决策服务。最后,要敢碰难点,对于政策、制度以及经济自身运行等的原因产生的税收管理难点,一定要不畏困难、敢于碰硬,积极组织人员开展调研分析,查找原因,提出参考性意见建议。

(三)创新方法,突破手段限制

首先,要不断健全税收分析指标体系,注重收集和整理税收经济分析工作中已经采用的分析指标,丰富和完善适应各类税收分析新要求的税收分析指标,科学组合各指标之间的对应关系,做到前后呼应,彼此衔接,形成一个科学、严密的逻辑体系。其次,要建立科学的税收分析模型,提高分析模型的可读性、开放性和实用性,形成税收分析精品。最后,要掌握先进税收分析工具,在不断完善和改进传统分析工具的基础上,尤其应尽快掌握数据挖掘分析技术,提高对税收大数据"金矿"的开采能力,丰富税收分析的内容和深度。

(四)强化管理,突破数据制约

首先,要统一数据指标口径,严格规范税务部门内部各项指标,明确数据定义和来源,改变税收数据指标同名异义、同义异名、数出多门、口径不一的局面,确保口径明晰、数据一致。其次,要整合各部门数据分析需求,利用已有数据资源,在各级税务部门构建界面友好的数据共享平台,推进数据的共享、共用。

(五)注重培养,突破人才短板

首先,要注重培训提升和实践锻炼。进一步健全培训机制,建立税务总局、省局、市局三级培训体系,充分利用系统内外资源,扩大培训规模,提高培训质量,通过培训,启发思路、开拓视野、提高能力,提升税收分析人员的专业理论素质。要注重实践锻炼提升,鼓励干中学、学中干,通过自身的努力和实践,增加对税收分析工作的理解和感悟,提高实战能力。其次,要注重领军人才培养和分析队伍建设。高度重视税收分析方面的领军人才培养,发挥优秀税收分析人员"领头雁"的示范作用,通过多种渠道为他们创造展现机会,鼓励多出精品。针对性地招录或引进专业人才,加强税收分析人才使用管理,健全考评机制,完善激励机制,建设一支高素质税收分析人才队伍。最后,要注重集中课题攻关和分散工作锻炼相统筹。针对当前税收分析专业人才相对不足且岗位分散的现状,在开展重大税收课题分析时,实行集中办公的形式,在重点研究项目上实现突破;在日常工作中,鼓励税收分析人员结合工作职责和研究方向,多学习、多调研、多出成果,在自身岗位上发挥作用。

(六) 巧借外力,突破资源瓶颈

首先,可以邀请科研院所、大专院校等外部机构专家学者参与税收分析课题,主动借助外部力量,实现优势互补,形成分析合力。其次,要加强与外部门的合作交流,积极参与各级发改委、统计局等部门的研究项目,取长补短,及时掌握经济社会的发展状况。最后,要借鉴发达国家的成熟经验与做法,通过邀请发达国家税务部门实际从事税收经济分析的专家来华举办培训班或与我方人员共同研讨等方式,学习和了解国外税收分析发展状况和分析手段,做到为我所用。

国家税务总局关于进一步支持和服务长江三角洲区域一体化发展若干措施的通知

税总函〔2020〕138 号

国家税务总局上海、江苏、浙江、宁波、安徽省(市)税务局,驻上海特派员办事处:

为深入贯彻落实党中央、国务院关于推动长江三角洲(以下简称"长三角")区域一体化发展的决策部署,更好发挥税收服务国家重大发展战略的作用,税务总局决定进一步推出以下 10 项助力长三角一体化高质量发展的税收征管服务措施:

一、提升税收大数据服务能力

推动长三角区域税收数据共享共用,积极打造税收"服务共同体""征管共同体"和"信息共同体"。利用税收大数据,加大长三角区域税收经济联合分析力度。根据区域产业布局,拓展产业链、供应链分析,为长三角区域企业实现产供销上下游精准对接提供支持。

二、深化增值税电子发票应用

将长三角区域部分城市列入首批增值税专用发票电子化试点范围。进一步提升电子发票公共服务平台支撑能力,加大增值税电子普通发票推广力度。

三、推行"五税合一"综合申报

进一步简并征期,将城镇土地使用税、房产税、印花税(按次申报的除外)、土地增值税等四个税种统一按季申报。纳税人在申报上述四个税种和企业所得税时,可选择通过电子税务局进行税种综合申报,实现"一张报表、一次申报、一次缴款、一张凭证"。

四、探索推进纳税申报预填服务

增值税小规模纳税人通过电子税务局申报时,系统自动归集纳税人发票开具、房产及土地税源等数据,自动判断应申报税种,自动推送预填数据,由纳税人确认后一次完成各税种申报。

五、简化增值税即征即退事项办理流程

对除纳税信用级别为 C 级、D 级以外的纳税人,在软件产品、动漫企业、安置残疾人就业、新型墙体材料、资源综合利用产品及劳务、风力发电、管道运输服务、飞机维修劳务、铂金交易、黄金交易、有形动产融资租赁服务等 11 项增值税即征即退事项办理中,简并报送资料,减少环节,提高效率。

六、加快土地增值税免税优惠办理

对除纳税信用级别为 C 级、D 级以外的纳税人,推进土地增值税免税事项办理环节的简并,进一步优化办理方式,减少资料报送,促进纳税人更快享受免税优惠。

七、推进服务贸易对外付汇便利化

进一步优化服务贸易对外支付流程,在服务贸易等项目对外支付税务备案电子化的基础上,推进税务备案信息与银行间同步共享,更好满足纳税人异地付汇业务需要。

八、统筹开展税收风险管理

依托税务总局云平台大数据等数据资源,实现长三角区域涉税风险信息和风险模型共享。统筹跨区域风险管理任务,避免对区域内跨省经营企业的重复检查。

九、推进税收政策执行标准规范统一

对税收法律、法规、规章、规范性文件及税务总局其他文件明确规定由各省(市)税务机关自行确定执行标准的税收政策,根据实际情况研究协调在长三角区域统一执行标准。

十、构建统一的税收执法清单体系

将长三角区域统一的税务行政处罚裁量基准与长三角区域通办涉税事项清单、"一网通办"任务清单相衔接,构建长三角区域统一的税收执法清单体系。

以上措施,由国家税务总局上海市税务局牵头,江苏、浙江、宁波、安徽省(市)税务局共同抓好落实。

国家税务总局

2020 年 7 月 31 日

国家税务总局关于全面推进营改增试点分析
工作优化纳税服务的通知①

税总发〔2016〕95 号

各省、自治区、直辖市和计划单列市国家税务局、地方税务局:

全面推开营改增试点即将进入全面分析阶段,为更好地推进各项试点工作,

---

① 现国、地税已合并,文中相应机构名称已调整。

确保所有行业税负只减不增,各级税务机关要立足于"聚焦分析,精准服务",继续弘扬精益求精的工匠精神,以从严从实从细的工作态度,再接再厉打赢"分析好"这场战役,现就全面推进试点分析优化纳税服务工作通知如下:

一、全面推进试点分析工作

(一)深入开展试点运行情况分析

充分利用税收大数据,全面分析掌握建筑、房地产、金融、生活服务业纳入营改增试点后,在登记户数、行业动态等方面的基本情况;梳理分析纳税人在发票开具、纳税申报、政策适用等方面的运行情况;查找分析税务机关在发票供应、发票代开、申报受理、纳税服务、系统保障等方面工作情况和存在的问题,为有针对性地改进税务部门工作和更好地服务纳税人夯实基础。

(二)细致开展试点行业税负分析

准确把握行业税负分析的基本原则,采取点面结合的方法,全面跟踪和客观真实反映4大行业及其细分的小行业税负变化情况。对税负变化异常的企业和行业,要从税制特点、政策变化、征管状况、经营管理、投资周期等多个角度全面分析原因,积极帮助纳税人解决面临的问题。

(三)深入做好改革试点效应分析

加强营改增后税收收入总量和结构变化分析,细致掌握4个试点行业、"3+7"试点行业和原增值税纳税人的税收变化情况。要以翔实的数据为基础,以真实的案例为依据,多维度、多层次、多视角地分析和反映营改增在促进经济结构转型升级、优化产业分工、扩大投资规模、提高就业水平等方面的效应,客观评价营改增工作成效。各级国税局、地税局要根据工作需求,建立联合分析团队,共同开展营改增效应专题分析,提高分析工作的全面性、有效性。

二、积极运用分析结果服务纳税人

(四)优化发票领用服务

针对7月份增值税发票需求量将大幅增加的情况,提前制定预案,保障发票窗口和自助终端的票种、票量齐全充足。通过增设窗口、增配自助终端、提供网上预申请、运用二维码技术采集、完善信息系统功能、简化操作流程等方式提高发票发放和代开发票效率,缓解办税服务厅工作压力。

（五）延长7月纳税申报期

针对7月份按月申报和按季申报叠加的实际，税务总局决定将7月份增值税纳税申报期延长至7月20日。各地国税机关要提前做好应对申报业务量大幅增加的准备，改进服务措施，强化服务保障，采取网上办税、预约办税、设立专窗、提前预审等有效措施合理分流疏导，确保7月申报期平稳运行。

（六）细化申报表填报辅导

细致梳理归纳申报表填报中的问题，分类做好填报辅导，使纳税人准确掌握报表各项指标，尤其是《本期抵扣进项税额结构明细表》和《营改增税负分析测算明细表》有关指标的数据口径和表间逻辑关系，帮助纳税人准确完整填报。

（七）完善电子申报系统功能

进一步优化电子申报系统功能，着力为纳税人增进界面友好、操作简便的申报体验。对申报数据进行必要的电子化逻辑校验，对填写不准确、不规范的数据项，通过技术手段及时提示纳税人更正，降低申报差错，提高申报质量和效率。

（八）强化引导性政策培训

充分运用试点分析成果，加强对试点纳税人针对性、引导性、反复性培训，帮助纳税人强化对增值税制度的理解和政策掌握，促进内部管理更加规范、财务核算更加健全、经营方式更加优化、经营决策更加科学，充分享受改革带来的制度红利。

（九）开展同业税负比较分析服务

细致分析同一行业纳税人税负差异情况，积极帮助税负高于同业平均水平的纳税人深入查找原因，比较税负差距，促进其通过改善经营管理、落实进项抵扣政策等方式，合理降低税负水平。

（十）做好纳税人涉税风险提示

针对分析中发现纳税人在发票开具、纳税申报、政策适用等方面存在的不准确、不规范、不到位等问题，主管税务机关要及时主动提醒纳税人，并积极帮助纠正解决，防范可能引发的涉税风险。

（十一）健全税企沟通机制

通过座谈会、入户走访、征求意见等方式，加强与纳税人、行业协会之间的沟通。广泛听取纳税人意见建议，以纳税人需求为导向，主动为纳税人答疑解惑，提升纳税人对营改增工作的满意度。

（十二）深化服务资源共享

各地国税局、地税局要加大办税服务资源整合力度，统筹利用对方办税场所开展纳税服务工作。加快推出发票办理、申报纳税、证明开具等6大类业务24种表证单书免填单服务。各级地税局要积极争取当地政府支持，运用信息化手段，加强与房地产交易管理等部门的业务和技术融合，简化优化二手房交易办税办证流程，减少纳税人信息重复录入，提高办理效率。

（十三）推进国地税合作

升级推行《国家税务局　地方税务局合作工作规范（3.0版）》，合作事项由44个增加至51个，并完善合作内容，细化落实标准，实现国税、地税联合办税服务场所能够办理双方纳税人的税务登记信息补录、纳税申报、发票管理、税收优惠事项受理、税收证明等相关业务，增进纳税人办税便利的获得感。

（十四）强化服务单位监管和纳税人权益保护

充分尊重纳税人意见，允许自愿选择具有服务资格的增值税税控系统服务单位。各级国税部门要加强对服务单位的监管，对服务不到位、违规搭售设备或软件、乱收费的，依法依规严肃处理。进一步畅通12366热线等纳税人投诉反映渠道，严格执行《纳税服务投诉管理办法》，切实维护好纳税人合法权益。

三、积极运用分析结果服务经济发展

（十五）积极服务于优化营商环境

要通过试点分析进一步推动营改增政策落实落地，发挥好营改增促进税收经济秩序规范的作用，为纳税人营造更加公平的税收环境和更加优良的营商环境。

（十六）积极服务于培育经济发展新动能

充分挖掘试点分析数据与经济运行的内在联系，深入分析营改增带来的经济税源变化，把握经济结构变动特点，积极为拉动经济增长、促进经济结构转型升级、培育经济发展新动能建言献策。

（十七）积极服务于加强和改善社会治理

充分利用试点分析形成的大数据优势，及时妥善回应社会关切，推进涉税信息共享，拓展税收大数据在强化社会管理和公共服务中的作用领域，促进社会治理水平提升。

四、积极运用分析结果服务税收工作改进

(十八) 精准推进政策调整完善

针对分析中发现的政策问题,要进一步畅通反馈渠道,健全解决机制。对需要完善调整的政策,税务部门要会同财政部门深入调研,广泛听取意见建议,为上级财税部门决策提供参考依据。

(十九) 精准实施税收管理改进

适应全面推开营改增试点后的新要求,升级推行《全国税收征管规范(1.2版)》。针对分析中发现的管理问题,细致研究、分类处理。属于操作执行方面的问题要立即纠正、全力整改;属于管理制度和信息系统方面的问题,要尽快组织对相关制度和系统进行调整完善。同时,建立健全经验交流机制,促进各地经验互鉴、管理互助。

(二十) 精准加大督查考核力度

针对分析中反映的突出问题和薄弱环节,要进一步加大专项督查和考核力度,推动尽快加以改进。对有问题未及时整改,有短板未及时弥补的,该通报的通报,该问责的问责。通过严督实考,促进营改增试点工作持续提升、持续完善。

国家税务总局
2016 年 6 月 20 日

国家税务总局关于印发《深化大企业税收
服务与管理改革实施方案》的通知①

税总发〔2015〕157 号

各省、自治区、直辖市和计划单列市国家税务局、地方税务局:

为贯彻落实中共中央办公厅、国务院办公厅印发的《深化国税、地税征管体制改革方案》(以下简称《改革方案》),深入推进大企业税收服务与管理改革,国家税务总局按照《改革方案》确定的基本原则和目标任务,制定了《深化大企业税收服务与管理改革实施方案》(以下简称《实施方案》)。

---

① 现国、地税已合并,文中相应机构名称已调整。

现将《实施方案》印发给你们，请结合《改革方案》试点工作要求和大企业税收服务与管理工作实际，有计划、分步骤地推进《实施方案》贯彻执行。各级税务机关领导班子要切实负起领导责任，认真抓好《实施方案》及相关改革任务的贯彻落实。对于工作进程中遇到的问题，要认真研究，及时反映，积极推进解决。

国家税务总局

2015 年 12 月 30 日

深化大企业税收服务与管理改革实施方案

为贯彻落实《深化国税、地税征管体制改革方案》（以下简称《改革方案》），深入推进大企业税收服务与管理改革，按照国家税务总局（以下简称总局）党组统一部署，制定本实施方案。

一、总体要求

（一）指导思想

按照党中央、国务院全面深化改革、推进国家治理体系和治理能力现代化的总体要求，贯彻落实《改革方案》确定的基本原则和目标任务，对纳税人实施分类分级管理，提升大企业税收管理层级，抓住全国千户集团这个"关键少数"，加强国税、地税合作，推动大企业税收服务深度融合、执法适度整合、信息高度聚合，着力解决当前大企业税收管理中信息不对称、能力不对等、服务不到位、管理不适应等问题，提升大企业税收服务与管理质效，为我国大企业持续健康发展提供良好的税收环境。

（二）工作目标

按照《改革方案》精神，以全国千户集团和各省（自治区、直辖市和计划单列市）国家税务局、地方税务局（以下简称省局）确定的大企业为服务与管理对象，通过完善大企业纳税服务机制，创新大企业个性化纳税服务产品和方式，提供大企业税收政策确定性服务，提升税法遵从度和纳税人满意度；通过转变大企业税收管理方式，将大企业复杂涉税事项提升至总局、省局统筹管理，逐步实现大企业税收服务与管理的全国一体化运作，力争在 2020 年实现大企业税收管理现代化。

（三）工作原则

全面落实《改革方案》所确定的依法治税、便民办税、科学效能、协同共治、有序推进基本原则，针对大企业税收工作特点，强调以下工作原则。

——分类管理，提升层级。在按规模对纳税人进行分类的基础上，将大企业按行业、风险等级等标准进行细分，实施针对性管理。在涉税基础事项实行属地管理、不改变税款入库级次的前提下，将大企业复杂涉税事项提升至总局、省局统筹管理。

——平衡治理，合作遵从。坚持服务和管理并重，通过优化大企业纳税服务预防和消除税收风险，注重在税收风险管理中满足大企业特殊服务需求。通过税企合作，引导大企业完善税务风险内控体系，提高税务风险防控能力，实现自觉的税法遵从。

——风险导向，数据驱动。以防范税收风险为导向，科学配置征管资源，形成覆盖"数据采集—风险分析—推送应对—反馈考核"全流程的闭环管理。顺应大数据和"互联网＋"时代潮流，推进业务与技术的深度融合，积极实现大数据对大企业税收服务与管理的支撑作用。

——国地联合，部门协同。建立健全大企业税收管理国税、地税合作机制，整合部门资源，加强信息共享，提高工作效率，减轻大企业负担。税务机关内部各部门在大企业税收服务与管理工作中各尽其责，协同工作，结果共用，避免多头执法和重复检查。

二、主要任务

（一）优化大企业个性化纳税服务

1. 创新大企业个性化纳税服务方式

总局指导省局，借助手机 APP、微信等互联网工具，为大企业提供政策咨询、业务交流等服务；定期向大企业提示共性的、行业性的及有关重大事项的税收风险，突出事前预防；探索建立大企业重大涉税事项报告制度，规范报告事项内容及程序，针对涉税问题提出服务和管理的意见建议。

2. 提供大企业税收政策确定性服务

总局指导省局，对大企业执行税收政策遇到的热点难点问题，提供专业的政策解读，确保税法适用的确定性和税法执行的统一性；定期征集大企业意见建议，为完善税收政策和管理制度提供参考；随着相关法律法规修订，总局探索建立复杂涉税事项事先裁定制度,推进大企业税收事先裁定工作。

3. 完善大企业税务风险内控制度

总局指导省局,制定并完善大企业税务风险内控测试指标体系,组织开展大企业税务风险内控调查和测试工作,引导和推动大企业完善税务风险内控体系;选择税务风险内控制度较为完善、税法遵从度较高的大企业,签订《税收遵从合作协议》,引导和约束税企双方共同信守承诺、防范风险。

4. 健全大企业税收服务协调机制

总局、省局两级建立税企高层对话机制;改进大企业涉税事项处理机制,规范大企业涉税诉求的受理和回复工作,快速、准确地回应大企业涉税诉求;完善大企业涉税事项协调会议机制,及时解决重大、复杂涉税事项;推进国税、地税合作,联合为大企业提供个性化纳税服务,减轻大企业办税负担,实现征纳双方的良性互动。

(二) 转变大企业税收管理方式

5. 开展总局省局两级税收风险统筹分析

总局按照工作规划、年度计划和相关部署,以及省局提出的税收风险管理工作建议,制定大企业税收风险管理战略规划和年度计划;总局组建千户集团税收风险分析专业团队,以税收风险分析平台为载体,采取计算机风险扫描、人工专业复评的"人机结合"方式,联合省局大企业税收管理部门,跨区域统筹开展千户集团税收风险分析;针对行业代表性集团开展典型调查,提高分析的精准度;设立大企业税收风险分析专家委员会,提出确定、统一的政策执行意见,形成税收风险分析报告。

省局大企业税收管理部门配合总局,跨区域统筹开展千户集团税收风险分析;负责总部在本省的千户集团的沟通协调工作;参照总局对千户集团风险分析方法,统筹开展本省大企业的税收风险分析。

6. 实施风险任务统一推送差别化应对

总局税收风险管理领导小组办公室(以下简称"风险办")扎口管理,统一推送千户集团税收风险应对任务。总局大企业税收管理司(以下简称大企业管理司)将税收风险分析报告报送总局"风险办",同时抄送省局大企业税收管理部门。省局大企业税收管理部门针对总局推送的风险应对任务,主动对接省局"风险办",研究细化总局推送的风险应对任务。

省局"风险办"根据总局"风险办"推送和省局大企业税收管理部门报送的风

险应对任务清单,按照风险等级推送给相应税务机关风险应对主体,开展差别化风险应对。地(市)局按照省局"风险办"的要求开展风险应对,接受省局大企业税收管理部门的专业指导。

7. 加强风险应对过程管控

总局大企业管理司负责全国千户集团税收风险应对工作的专业指导,风险应对结果的分析评价和绩效考核,跨省风险应对事项的统筹协调;省局大企业税收管理部门负责本省范围内大企业税收风险应对工作的专业指导,风险应对结果的分析评价和绩效考核,协调本省范围内风险应对主体解决具有大企业特征的涉税风险问题。

省局、地(市)局风险应对主体负责将风险应对结果报送省局"风险办",同时报送省局大企业税收管理部门;省局"风险办"负责将风险应对结果报送总局"风险办";省局大企业税收管理部门负责对风险应对结果进行加工整理,形成个案分析报告和综合分析报告,一并报送总局大企业管理司,并且提出风险分析和应对工作建议。

8. 深化风险应对结果应用

各级税收风险分析和应对部门根据反馈结果,及时优化风险分析工具,更新税收风险特征库和大企业基础信息库。各级税务机关针对税收管理中的薄弱环节,加强大企业日常税源监控和税收征管,根据税收风险管理中发现的税收法律和政策问题,提出完善税收立法、调整税收政策的意见建议。各级大企业税收管理部门根据税收风险分析和应对结果,提出后期开展税收风险管理的工作建议;针对了解掌握的大企业税收风险状况,向大企业提出税收风险防控建议,指导大企业完善税收风险内控机制。

(三)创新大企业税源监控分析

9. 梳理集团企业一户式组织架构

总局重点聚焦千户集团,各省国税局、地税局联合聚焦集团总部在本省的千户集团和省局确定的大企业,共同采集并定期更新集团及其成员企业信息。总局联合省局梳理集团成员企业间层级关系,形成集团一户式组织架构。

10. 拓展集团企业大数据信息资源

运用大数据理念拓展信息来源,总局联合省局广泛采集、归集税收征管信息、第三方信息和互联网信息,依法督促纳税人提交或配合税务机关抽取、复制其电子账簿、会计凭证报表和有关资料等信息。在规范统一数据标准的基础上,做好历史数据校验清理,强化增量数据质量控制,切实做好数据的安全保密工作。

11. 建立集团企业税源监控体系

总局联合省局梳理各类与经济发展密切相关的税源、税收数据项,明确数据来源和取数口径,建立科学的税源监控指标体系。依托税收风险分析平台,从集团维度重点监控集团及其成员企业纳税和经营情况,跟踪税源增长状况,反映集团税收发展趋势。

12. 开展集团企业税收经济分析

在总局、省局层面开展集团企业税收经济分析,实施省国税局、地税局联合分析。开展集团税收形势分析,提出加强集团企业税收管理的意见建议;开展集团运行状况分析,从税收角度反映经济发展动态,揭示经济社会发展中值得关注的重大问题;开展集团政策效应分析,跟踪税制改革和减免税政策的实施情况,测算税收政策变动对经济、税收等方面的影响。加强与高等院校、科研机构合作,深入挖掘集团企业数据,研究构建具有鲜明特色的大企业税收经济指数。

(四)强化大企业税收保障体系

13. 健全组织保障

对总局大企业管理司的工作职责和内设机构进行调整;对北京市国家税务局第五直属税务分局的管理体制、机构职责进行改革,实现一体化运作。

加强省局、地(市)局大企业税收管理职责和工作力量。省局大企业税收管理部门配合总局,跨区域统筹开展千户集团税收风险分析,统筹开展本省大企业税收经济分析和税收风险分析;根据省局"风险办"推送任务组织开展风险应对,指导协调千户集团本省成员企业和本省大企业税收风险应对,为千户集团本省成员企业和本省大企业提供个性化纳税服务。市局大企业税收管理部门在省局大企业税收管理部门统筹协调下开展大企业税收服务与管理工作。

14. 强化信息化保障

按照总局统一部署,在金税三期工程框架内,实现千户集团、省局确定大企业的税收经济分析和税收风险分析业务需求。加强总局、省局层面的统筹协调,建立数据集中共享、集中应用和业务运维的常态化工作机制。顺应"互联网+"发展趋势,依托移动互联、云计算、大数据等新技术,加强知识管理,开展个性化税收服务,实现跨区域、跨国税地税的网络协同管理。

15. 优化人力资源保障

将数量充足、素质优秀的人力资源配置到大企业税收管理部门，推进大企业税收风险管理专业团队的结构优化；发挥全国税务领军人才的引领作用，在大企业税收风险管理领域打造税务领军人才实践锻炼基地；创新外部人力资源利用方式，探索采取政府购买服务方式引进高端人才。

16. 加强廉政内控保障

在大企业税收服务与管理工作全过程嵌入两权监督、分权制衡的内控机制，依靠制度和科技加强对大企业税收风险分析应对的全过程监督管理，明确大企业税收管理信息化防控标准和具体措施，细化大企业税收服务管理人员的廉政建设要求，进一步防范执法风险和廉政风险。

三、组织实施

按照总局《关于深入学习贯彻落实〈深化国税、地税征管体制改革方案〉的意见》的统一部署，结合《改革方案》试点工作要求和大企业税收服务与管理工作实际，有计划、分步骤地推进各项改革措施的全面落实。

（一）2015年年底前，制定《实施方案》及相关配套制度；开展第一批运用大数据加强大企业税收服务与监管工作试点；组建千户集团税收风险分析专业机构，开展部分行业、部分集团的税收风险分析和税收经济分析。

（二）2016年上半年，落实《改革方案》要求和总局的统一部署，在辽宁、上海、江苏、河南、重庆开展综合试点，在广东、深圳、四川、陕西开展专项试点，运行分类分级管理机制，提升大企业个性化纳税服务和税收风险管理等复杂涉税事项的管理层级，推进大企业税收服务与管理改革；各试点省份要认真抓好《实施方案》的组织实施，并于2016年1月底前将试点工作方案报送总局大企业管理司，鼓励非试点省份积极开展大企业税收服务与管理改革的探索实践；完成第一批运用大数据加强大企业服务与监管试点工作的风险分析识别及分类分级应对工作，并启动第二批试点。

（三）2016年下半年，总结试点经验，在全国推广实施；完成第二批大企业税收服务与监管试点企业的风险分析及应对任务推送；依托金税三期工程决策支持系统，试行"数据采集—风险分析—推送应对—反馈考核"工作流程，全面运行千户集团税收风险分析应对工作机制，总局、省局两级统筹开展税收风险分析，分类分级实施差别化风险应对。

（四）2017年以后，按照总局统一部署，持续深化大企业税收服务与管理改革，形成成熟的业务体系、制度体系、技术体系和组织体系，力争在2020年实现大企业税收管理现代化目标。

国家税务总局关于印发《税收分析工作制度》的通知

国税发〔2007〕46号

各省、自治区、直辖市和计划单列市国家税务局、地方税务局，局内各单位：

近年来，各级税务机关积极开展税收分析工作，特别是通过建立税收经济分析、企业纳税评估、税源监控和税务稽查的互动机制，推进税收科学化、精细化管理，及时发现税收征管中的薄弱环节和存在的问题，提高税收征管的质量和效率，取得了明显成效。但也存在一些地区对税收分析重视不够，缺乏税收分析的长效机制和制度保证，税收分析与经济税源和税收征管相脱节，仍然停留在传统的收入进度分析的层面上等问题。为进一步规范税收分析工作，提升全系统税收分析水平，国家税务总局制定了《税收分析工作制度》，现印发给你们，请认真贯彻执行。各级税务机关要树立正确的税收经济观，充分认识税收分析在税收管理中的重要地位，深化税收分析，促进税收职能更加有效地发挥。

国家税务总局
二〇〇七年四月十三日

税收分析工作制度

第一章 总 则

第一条 为进一步加强税收管理，规范税收分析工作，提升税收分析水平，提高税收征管的质量和效率，根据国家有关税收法律法规，制定本制度。

第二条 税收分析是运用科学的理论和方法，对一定时期内税收与经济税源、税收政策、税收征管等相关影响因素及其相互关系进行分析、评价，查找税收管理中存在的问题,进而提出完善税收政策、加强税收征管的措施建议的一项综合性管理活动。它是税收管理的重要内容和环节,是促进税收科学化精细化管理、充分发挥税收职能的重要手段。

第三条　税收分析的主要内容包括:税负分析、税收弹性分析、税源分析、税收关联分析等。

第四条　税收分析根据工作需要,运用多种分析方法,从宏观和微观层面进行常规分析和专题分析。常规分析主要动态反映当期(月、季、年)税收收入情况;专题分析主要反映特定税收问题或现象。

第五条　税收分析坚持实事求是、从经济到税收、定性与定量相结合、宏观与微观相结合的原则。

第六条　按照建立健全税收经济分析、企业纳税评估、税源监控和税务稽查之间互动机制的要求,通过税收经济分析,及时发现征管中存在的问题,为企业纳税评估和税源监控提供参考,企业纳税评估和税务稽查又促进税收分析水平进一步提高。

第七条　税务总局和省、市、县税务机关的税收分析工作适用本制度。县以下基层税务分局、税务所的税收分析工作可参照本制度进行。

第二章　税收分析工作职责

第八条　税收分析工作实行层级管理,分税务总局和省、市、县税务机关4级管理,上级税务机关负责对下级税务机关税收分析工作进行指导和监督,下级税务机关要对上级税务机关反馈税收分析的具体执行情况。

第九条　税务总局税收分析工作职责主要包括:

(一)定期开展全国宏观税负、税收弹性以及税种和行业与对应经济指标相关关系的宏观分析;组织进行全国纳税能力估算,开展税收征收率的测算和分析工作;组织开展税收政策变动及重大税收征管措施对税收收入影响的跟踪分析;定期开展全国税收预测。

(二)定期发布税务总局监控重点税源企业分行业税负标准和税负预警指标,通报行业和重点税源企业的税负率、利润率、平均物耗等指标及变动情况。

(三)实行月度税收分析会议制度,提出完善政策、加强管理的措施建议;实行税收收入分析报告与通报制度;实行税收分析档案管理制度;开展税收调研分析工作。

(四)建立健全全国规范统一的税收分析指标体系和方法体系,研究建立税收分析预测模型,协调开发税收分析软件并推广使用。

(五)制定与完善税收分析工作制度,举办税收分析业务培训与交流,指导各地税收分析工作。

第十条 省、市税务机关税收分析工作的主要职责是贯彻上级税收分析工作要求,负责分析和监控本地区及行业税源、税收情况,推动本级税收分析工作,组织指导下一级做好税收分析工作。

第十一条 县税务机关税收分析工作的主要职责包括贯彻上级税收分析工作要求,开展本地区经济税源分析调查,做好税收日常分析和专题分析,特别是做好本地区重点税源企业的税收微观分析,并做好税收分析的上报和信息反馈工作,为上级领导决策和加强税源管理提供可靠依据。

第三章 税收分析工作机制

第十二条 税收分析工作机制的内容主要包括月度税收分析会、地区税收分析会、税收情况报告通报、定期税收预测、经济税源调查以及税收分析档案管理等。

第十三条 月度税收分析会。各级税务机关原则上每月召开税收收入分析会(至少每季度召开一次),分析把握税收形势,研究加强税收征管、完善税收政策的措施。税收收入分析会由主要局领导主持,计统、税种管理、征收管理以及税源管理等部门参加。计统部门负责税收收入综合情况分析,税种管理部门负责分管税种收入情况及政策执行情况分析,征收管理部门负责征管措施成效分析,税源管理部门负责税源情况分析。

第十四条 地区税收分析会。地区税收分析会至少每季度召开一次。会议由税务机关的局领导或计统部门组织,一般由下级税务机关负责税收分析工作的人员参加,必要时分管计统工作的局领导参加,并扩大到税种管理、征收管理、税源管理等部门以及行业主管部门和企业财务人员。地区税收分析会要针对问题进行专题讨论,避免流于形式。

第十五条 税收情况报告和通报。各地税务机关要每月向上级税务机关报告、向下级税务机关通报税收收入完成情况,及时分析收入形势,发现问题,提出建议,促进征管质量和效率的提高以及组织收入工作的顺利开展。当收入情况发生异常波动或出现较大问题时,要及时汇报或通报。

第十六条　定期税收预测。包括年度预测和月度预测。年度预测通常一年进行 4 次,分别在 7 月份、10 月份、11 月份和 12 月份进行。月度预测一般每月 2 次,分别在每月的上旬和中旬进行。基层税款征收单位的月度预测要在纳税申报的基础上,综合考虑税款预缴入库等因素进行。省、市、县税务机关税收预测要充分考虑下级预测和税款所属期宏观经济运行情况。

第十七条　经济税源调查。经济税源调查的内容主要包括产业、行业、企业生产经营情况,工商登记信息、企业资金状况等相关情况,实现应征、上缴入库税收情况,税收政策执行情况,征管措施实施情况,税制变化、政策调整影响税收情况等。经济税源调查可采取全面调查或抽样调查、经常性调查或一次性调查、案头调查或实地调查等方式,在实际工作中要根据调查目的,科学确定调查方式。

第十八条　建立税收分析档案。要对开展税收分析所必需的税收收入情况、影响税源和税收变动的各种因素、主要宏观经济指标、重点税源生产经营情况等数据、文字资料,按照规范、完整、及时、准确、连贯的原则建立税收分析档案,对其实行动态管理和连续性分析,充分挖掘使用税收分析档案资料,深化本级税收分析,并按规定层层上报。

第四章　常规税收分析工作流程

第十九条　常规税收分析工作流程:获取和查阅税收及相关资料——加工整理形成各种分析图表——分析人员共同研究讨论收入形势和分析重点——撰写内部分析报告——专题会议研究——行文向上级报告、向下级通报收入情况——整理税收分析档案——跟踪了解分析中所发现问题的成因及改进措施的落实情况。

第二十条　税收及相关资料具体包括税收月快报、税收会计统计报表、重点税源监控资料、税收分析档案等税收情况,以及有关经济税源信息和新出台的税收政策、征管措施等。要将上述相关数据信息融入到月度税收分析中,以扩展月度税收分析的数据源和信息量,丰富月度税收分析内容。

第二十一条　月度税收分析时间要求。税务总局每个月份终了后 5 日内完成税收月快报数据采集和情况搜集,6 日内完成会计统计报表数据采集,25 日内完成重点税源监控资料采集;10 日内完成税收分析报告;15 日内税务总局召开办公会专题分析税收收入,研究加强税收征管的措施;按要求完成向全国人大、国务院的税收完成情况报告;15 日内完成对各省收入情况通报;整理税收分析档案。各地上述税收分析工作时间安排相应提前。

第二十二条 月度税收分析报告、通报和分析档案。税收收入(或税种、行业税收)同比增幅超过 30% 或出现下降的省税务机关月份终了后 4 日内向税务总局上报主要增减原因分析;省税务机关月份终了后 10 日内正式行文向税务总局报告、向下级税务机关通报收入情况;按规定时间向税务总局报送税收分析档案。市、县税务机关上述税收分析工作时间安排相应提前。

第五章 税收分析指标体系

第二十三条 税收分析指标体系包括基础指标和分析指标。基础指标主要包括税收计统业务指标、税收征管业务指标和经济指标。分析指标按分析工作需要根据基础指标加工而成。

第二十四条 税收计统业务指标包括税收月(旬)快报、会计统计报表、重点税源监控资料、税收分析档案等目前计统部门核算、统计的数据指标。

第二十五条 税收征管业务指标包括税收征收管理系统、出口退税管理系统以及其他管理软件中的税务登记、纳税申报、税款征收和入库等相关数据指标。

第二十六条 经济指标主要包括与税收分析相关的国内生产总值、工商业增加值、社会消费品零售总额、物价、企业利润总额、进出口贸易额等宏观经济指标以及行业、企业生产经营情况指标。

第二十七条 分析指标主要由基础指标经过运算加工而成,用于反映税收内部状况、税收与经济关系以及税收征收管理水平等情况。

第二十八条 要统一指标定义,规范指标口径,确保各项数据及时、准确、完整。加强部门之间的协调配合,建立稳定顺畅的信息交流机制。运用各种先进工具加强对各类数据的整理和应用,充分挖掘数据利用价值。

第六章 税收分析方法与内容

第二十九条 税收分析方法包括对比分析法、因素分析法以及数理统计分析法。

（一）对比分析法。通过各项税收指标之间或者税收与经济指标之间的对比来描述税收形势、揭示收入中存在的问题。税收数据的对比分析通常包括规模、结构、增减、进度、关联税种等方面的对比分析，税收与经济的对比分析主要采用税负和弹性两种方法。

（二）因素分析法。从经济、政策、征管以及特殊因素等方面对税收、税源进行分析。其中，经济因素包括经济规模、产业结构、企业效益以及产品价格等变化情况；政策因素主要是指税收政策调整对税收、税源的影响；征管因素主要包括加强税源管理和各税种管理、清理欠税、查补税款等对税收收入的影响；特殊因素主要是一次性、不可比的增收、减收因素。

（三）数理统计分析法。运用一元或多元统计分析、时间序列分析等数理统计理论和方法，借助先进统计分析工具，利用历史数据，建立税收分析预测模型，对税收与相关影响因素的相关关系进行量化分析。

第三十条 税收分析内容具体包括税负分析、税收弹性分析、税源分析和税收关联分析等。

（一）税负分析。分为宏观税负分析和微观税负分析，宏观税负分析包括地区税负、税种税负、行业税负等分析，如地区税收总量与地区生产总值对比，工商业增值税与工商业增加值对比，企业所得税与企业利润对比，行业税收与相关经济指标对比等，反映宏观层面的税负情况；微观税负分析是针对企业层面的税负分析，通常采取同行业税负比较的方式，揭示企业税负与同行业税负的差异，查找税收征管漏洞。

（二）税收弹性分析。分为总量弹性分析和分量弹性分析。总量弹性分析是从全国（地区）税收总量和经济总量上做弹性分析，分析税收增长与经济增长是否协调；分量弹性分析是从税种、税目、行业以及企业税收等分量上与对应税基或相关经济指标进行细化的弹性分析，分析税收增长与经济增长是否协调。要注意剔除税收收入中特殊因素的影响，以免因特殊增收减收因素影响真实的弹性，掩盖税收征管中的问题。

（三）税源分析。通过企业生产经营活动的投入产出和税负率等指标的分析对企业财务核算和纳税申报质量进行评判。利用工商、银行、统计以及行业主管等外部门数据，细致测算判断企业税源状况。通过对宏观经济数据的分析，开展税种间税基关系的研究,开展增值税、营业税①、企业所得税等主要税种的纳税能力估算,从宏观层面测算分析各地税源状况和征收率,减少税收流失。

(四)税收关联分析。对有相关关系的各种税收、税源数据进行对比分析,包括发票销售额与申报表应税销售额,申报应征税收与入库税款和欠税,增值税与所得税,宏观经济和企业财务经营状况与税收、税源等关联数据分析,有效地发现企业纳税申报、税款征收和入库中存在的问题,加强税收管理。

第三十一条 税收分析应从宏观和微观两个层面进行。

(一)宏观分析反映全国或地区、税种、行业税收总量等宏观领域税收与经济总量的关系,包括税收与经济关系研究、税源测算、纳税能力估算等。运用税负比较、弹性分析等手段从宏观层面揭示税收增长与经济发展是否协调、税源管理和征收情况是否正常。

(二)微观分析反映微观领域税款征收入库情况。通过对企业生产经营活动的监控分析、与同行业平均税负比较以及纳税评估等手段,及时发现企业财务核算和纳税申报中可能存在的问题,发现征管的薄弱环节,进而提出堵塞漏洞、加强征管的建议。

第三十二条 税收分析有常规分析和专题分析两种形式。

(一)常规分析。主要反映当期(月、季、年)税收收入的总体情况和形势,其主要内容有:准确判断和客观描述税收收入形势;深入透彻分析税收增减变化的原因,进行各主要税种、行业的税收与相关经济情况的对比分析;发现税源变动、征收管理以及政策执行中存在的问题;预测收入趋势,提出加强税收管理、完善税收政策的措施建议。

(二)专题分析。主要对税收中特定问题或现象进行分析,通常包括:对问题或现象进行客观描述;对问题或现象产生的根源进行分析;对发展趋势做出预测;提出改进的措施建议。

第三十三条 上述各类分析既相对独立又密切相关。在实际工作中,要将各种分析有机结合起来,全面、完整地反映税收和税源状况,及时、准确地反映税收管理中存在的问题,提出有价值的意见和建议,通过全面分析,提高税收征管的质量和效率。

---

① 营业税改征增值税后,有关营业税的规定停止执行。

第七章　税收分析组织保障与考核

第三十四条　按照税收分析工作的要求,建立局领导统一领导、计统部门牵头负责、有关部门共同参与、上下级密切配合的税收分析保障体系。县以上税务机关的计统部门是税收分析的综合部门,要配备一定数量的懂经济税收、数理统计和计算机技术的高素质人才。

第三十五条　开展多种形式的税收分析培训,提高税收分析人员的素质,造就一支高水平的税收分析专家队伍。

第三十六条　定期开展税收分析工作情况检查,将分析工作开展情况作为税收工作目标管理的一项重要内容。

第三十七条　定期开展优秀税收分析报告评审,对通过分析反映问题深入、指导实践效果突出的,给予表彰、奖励,激发税收分析人员的积极性和创造性。

第三十八条　各级税务机关要建立税收分析人才库,及时将理论素养高、实践能力强的分析人员纳入人才库,加强对分析人才的培养和使用。

第八章　附　则

第三十九条　各省税务机关可根据本制度制订实施方案,报税务总局备案。

第四十条　本制度自发布之日起执行。

国家税务总局关于切实加强税收分析工作的通知

国税发〔2005〕88号

各省、自治区、直辖市和计划单列市国家税务局、地方税务局:

近年来,各地按照总局要求,结合实际情况,不断加强税收分析工作,取得了一定成效。但地区开展不平衡、总体分析水平不高、深度不够的状况仍很突出。究其原因,一是一些地区对税收分析工作重视不够,相关部门参与分析不够;二是基础工作不扎实,数据质量不高,分析档案建立不全,分析方法欠缺;三是分析人员匮乏,现有人员素质有待进一步提高。为有效解决上述问题,各地税务机关要建立税收分析长效机制,切实加强和推动全系统的税收分析工作。

一、进一步提高对税收分析工作重要性的认识

税收分析是准确判断税收收入形势、及时发现组织收入工作中存在的问题、推进税收科学化、精细化管理的一项重要工作,对反映和检验税收征管的质量与效率、反馈和监督税收法律政策执行情况、保障国家预算圆满完成具有十分重要的意义。税收分析既是组织收入工作的重要内容,同时也是加强征管、监控税源变化、评估各地税收与经济发展是否协调的重要方式。各级税务机关领导务必充分认识加强税收分析工作的重要意义,通过建立制度、夯实基础、充实力量、加强培训等方式,尽快提升本地区的税收分析水平。

二、建立和完善定期税收分析制度

(一)建立月度收入分析制度

各级税务机关每月要召开一次收入分析专题会议,由局主要领导主持,有关管理部门参加,就税收收入情况、收入中存在的问题以及如何做好下阶段税收工作进行研究部署。计划统计、税种管理、征收管理以及税源管理等部门在分析中要相互配合,积极协作,确保全面、准确地揭示税收增减变化的各种原因。

(二)实行地区收入分析会制度

各级税务机关要实行地区收入分析会制度。根据本地区税收形势和收入分析工作开展情况,适时召集下级税务机关研究问题,指导工作。会议由上级税务机关的局领导或计统部门主持,一般由下级机关负责收入分析工作的人员参加,必要时可扩大到税政、征管以及税源管理等部门。地区收入分析会要采用专题分析的形式,对所拟问题逐项讨论,深入研究,确保取得实效。

(三)坚持税收分析报告和通报制度

要切实坚持按月对上报送税收分析报告、对下进行收入情况通报的制度。进一步提高收入分析报告的质量,全面准确地反映税收收入情况和存在的问题,提出加强组织收入工作的要求。要提高分析的时效性,当收入发生异常波动或出现重大问题时,要随时向上级机关报告。上级机关要根据本地区总体税收形势,及时通报影响收入的共性问题,指出需要深入分析的重点问题,指导各地更好地开展分析工作。

三、切实加强税收分析基础工作

（一）提高数据质量，扩大信息量

要严格执行税收会计制度，加强对税收资金的严密核算，做到如实统计上报，坚决防止和杜绝人为调整、弄虚作假的行为，保证各项税收数据的真实准确。要充分运用信息化手段，不断扩大信息量，逐步将企业生产经营情况、税款申报和入库情况、发票使用和抵扣情况等纳入税收分析数据的范畴。要积极与统计部门、行业主管部门衔接，尽可能全面地掌握地区经济和行业经济信息。要充分利用现代化手段对上述信息进行有效整合，从微观、宏观、横向、纵向等多个方面对税收情况进行全方位、多角度的描述、对比和分析。

（二）做好税收分析建档和应用工作

税收分析档案对各级税务机关记录税收收入变化的主要原因、反映政策执行和征管效能情况、保持税收分析工作的连续性具有重要的意义。各级税务机关要严格按照《国家税务总局关于做好 2005 年税收分析档案建设工作的通知》（国税函〔2005〕251 号）要求，结合本地实际情况，切实做好税收分析档案的建立和报送工作，将影响收入变化的重大因素全面、完整、系统、真实地记入档案，不断提高档案质量。同时充分运用档案资料对收入情况进行连续、系统、深入的分析，为深化分析和加强征管服务。

（三）加强重点税源监控工作

对总局要求报送的重点税源企业资料，要按照规定的范围、内容和时间及时、准确地上报。要进一步加强重点税源数据在税收分析和纳税评估中的应用，做到从宏观上找问题、在微观上找原因。充分利用信息化建设成果，不断扩大重点税源监控范围，有条件的地区要尽快实现由重点税源监控向整体税源监控的过渡。

（四）积极开展调查研究

目前影响税源和税收变动的因素日趋复杂。要紧紧围绕税收分析面临的主要问题、热点问题进行调查研究：一是加强对重点地区、重点税种、重点行业、重点企业经济税收情况的调查研究，揭示税收增减变化的内在原因；二是加强政策执行情况调查,及时反映各项政策对税收收入的影响,评价和反馈政策实施的效果;三是开展征管成效调查,研究各项征管措施取得的成效及其对收入产生的影响,促进征管质量和效率的提高。在调查中,要深入基层征收机关和企业,掌握第一手资料,确保调查取得实效。

四、拓宽分析思路完善分析方法

(一)拓宽税收分析思路

要进一步拓宽税收分析思路。既要加强税收增长分析,更要加强税收与相关经济指标的分析,尤其要重视对与流转税、所得税税基关系密切的 GDP、工(商)业增加值、物价指数、企业销售收入、利润、固定资产投资、进出口贸易等经济指标的分析。既要分析税收任务完成进度,更要分析宏观税负、增长弹性等征管质量指标,尤其是各级国税局要特别重视工业(商业)增加值与工业(商业)增值税关系的对比分析。既要加强对税收增幅的一般性宏观分析,更要加强对影响增幅的原因等深层次微观分析,尤其要向影响宏观税负、弹性系数的重点地区、重点企业延伸,并从中及时发现征管的漏洞和薄弱环节,指导基层开展纳税评估和税务稽查,进一步提高征管的质量和效率。

(二)完善税收分析方法

要结合本地区税源和税收特点,研究运用科学实用的税收分析方法提高分析质量。继续进行税收与经济关系研究,确定各税种、税目税收收入与相关经济指标的对比分析方法,在实践中加以运用并不断完善。研究税收应征数在分析中应用的具体方法,更加深入地反映税源、税收、欠缴、缓征以及减免税等情况。筛选、提炼和运用适合税收分析的各种数理统计分析方法,建立税收分析模型,推进税收分析向深度和广度不断扩展。

(三)制定税收分析规程

加强税收分析工作需要制定统一、规范的税收分析规程,明确分析工作的任务、程序和方法。第一,要及时分析,每月在收入数字统计出来后,要立即了解和剖析影响收入的主要因素,将相关情况记入税收分析档案并及时上报;第二,要按照收入与应征比较、与相关经济指标比较等方法,对税收收入及各税种、各地区收入情况进行分析,发现存在问题,分析税收增减变化的原因;第三,撰写内部税收分析报告,召开各部门共同参加的收入分析会,实事求是地反映和分析当期税收收入情况,揭示存在的问题,提出改进和加强工作的意见及建议;第四,在内部分析的基础上起草文件,对上报告,对下通报,提出解决问题、做好工作的措施和要求。

(四)提高税收预测水平

税收预测是分析工作的延伸。要不断完善定期税收预测制度,积极开展月度预测和年度预测。月度预测要以企业申报数为基础,以促进基层征收机关加强对税源的管理和对税款入库情况的监控。年度预测主要以当年经济、税收形势为基础,结合历年收入规律和税收政策变动情况、征管情况来进行。要逐步研究开发各个税种的预测模型,提高预测的科学性和准确性。

五、将税收分析与纳税评估、税务稽查相结合

在进行税收分析时,要从宏观着眼、微观着手,将影响税收增减变化以及与经济增长不协调的原因,一步步具体到地区、行业和企业进行分析,通过逐层剖析全面准确的揭示问题;税收分析要与纳税评估紧密结合,对分析中发现的指标异常企业,税源管理部门要重点进行纳税评估;对涉嫌偷、逃、骗税的,要按照《纳税评估管理办法(试行)》的要求,及时移交稽查部门处理。

六、加强业务培训和分析队伍建设

要高度重视税收分析队伍的建设,积极选拔数理统计、财税经济等专业人才充实到分析队伍中来。切实加强对现有分析人员的业务培训,总局将继续举办税收分析高级研修班和短期培训班,各地要结合实际,积极开展多种形式的学习、培训和交流活动,培养一批有影响的税收分析专家,建设一支一流的分析队伍,更好地满足税收工作需要。

各级税务机关要充分认识建立税收分析长效机制、加强税收分析工作的重要意义,按照上述要求,结合本地情况,认真研究,周密部署,尽快建立、完善和落实有关制度,全面加强各项基础工作,保证和促进税收分析工作的深入开展。总局将着重开展税收分析规程的制定和分析方法的完善工作,并对各地分析制度建立情况、分析档案报送和使用情况以及其他有关工作进行检查。对各地在加强税收分析工作方面好的做法和经验,总局将及时总结推广。

参 考 文 献

[1] 郭庆旺.税收与经济发展[M].北京:中国财政经济出版社,1995.

[2] 钱晟.税收负担的经济分析[M].北京:中国人民大学出版社,2000.

[3] 王雍军.税制优化原理[M].北京:中国财政经济出版社,1995.

[4] 项怀诚.中国财政管理[M].北京:中国财政经济出版社,2001.

[5] 郭庆旺,赵志耘,公共经济学.2 版.[M].北京:高等教育出版社,2012.

[6] 郭庆旺,等.公共经济学大辞典[M].北京:经济科学出版社,1999.

[7] 刘新利.税收分析概述[M].北京:中国税务出版社,2000.

[8] 焦瑞进.税源监控管理及其数据应用分析[M].北京:中国税务出版社,2005.

[9] 赵喜红等.税收分析理论与方法[M].北京:中国市场出版社,2013.

[10] 谭荣华.税收数据分析方法与应用[M].北京:中国税务出版社,2012.

[11] 王敏.经济税收分析方法、模型和系统实现研究[M].北京:经济科学出版社,2010.

[12] 焦瑞进.微观税收分析指标体系及方法[M].北京:中国税务出版社,2012.

[13] 王国清.税收经济学[M].成都:西南财经大学出版社,2006.

[14] 胡怡建.税收经济学[M].北京:经济科学出版社,2009.

[15] 焦瑞进.宏观税收分析方法与指标体系[M].北京:中国财政经济出版社,2007.

[16] 蒋中一.数理经济学的基本方法[M].北京:商务印书馆,2001.

[17] 李晖.税收经济分析方法与实证研究[M].北京:冶金工业出版社,2020.

[18] 郝如玉.当代税收理论研究[M].北京:中国财政经济出版社,2008.

[19] 杨志勇.税收经济学[M].大连:东北财经大学出版社,2011.

[20] 杨斌.治税的效率和公平——宏观税收管理理论与方法的研究[M].北京:经济科学出版社,1999.

[21] 钱斌华.探索税收与经济的互动性:税收指数的模型与实证[M].上海:立信会计出版社,2017.

[22] 赵岩.税源管理问题研究[D].厦门大学,2004.

[23] 张维迎.博弈论与信息经济学[M].上海:上海人民出版社,1996.

[24] 中国国际税收研究会课题组.当代税源管理新论[M].北京:人民出版社,2005.